**CON
BOOK.**

NICK MARTIN
MIT ANITA VETTER

DIE GEILSTE LÜCKE IM LEBENSLAUF

6 Jahre Weltreisen

Folgen Sie uns!

Wir informieren Sie gerne und regelmäßig über Neuigkeiten aus der Welt des CONBOOK Verlags. Folgen Sie uns für News, Stories und Informationen zu unseren Büchern, Themen und Autoren.

www.conbook-verlag.de/newsletter
www.facebook.com/conbook
www.instagram.com/conbook_verlag

ALLE NEWS, TOURDATEN UND MEHR UNTER WWW.DIEGEILSTELUECKEIMLEBENSLAUF.DE

2. Auflage
© Conbook Medien GmbH, Neuss 2019
Alle Rechte vorbehalten.

www.conbook-verlag.de

Fotos: Nick Martin, Helga Walter (79, 80, 82),
Stefanie Oeffner (102, 182 o., 197, 203 o., 204 u.), Julius Luca König (266)
Einbandgestaltung: Birgit Kohlhaas, kohlhaas-buchgestaltung.de,
unter Verwendung eines Motivs von Ronny Barthel, www.ccm-agency.eu
Satz: Weiß-Freiburg GmbH – Grafik und Buchgestaltung
Druck: Multiprint, Bulgaria

ISBN 978-3-95889-249-1

Für meine Neffen Joshua und Samuel.
Damit ihr wisst, dass euch die Welt offen steht.

Für alle, denen ich bisher auf meinen Reisen begegnet bin und noch begegnen werde.
Ihr seid der Grund, warum das Abenteuer da draußen so einzigartig ist.

Für meine Familie.
Danke für eure Unterstützung.

Für dich.
Damit du nie aufhörst, deinem Herzen zu folgen.

INHALTSVERZEICHNIS

PROLOG EL SALVADOR, 2016 10

KAPITEL 1 NEUSEELAND 13
ZURÜCK AUF ANFANG 14
AUF NACH NEUSEELAND 15
WHAT IS IT GOOD FOR? 17
AM ARSCH DER WELT 18
DIE SÜDINSEL 19
HONEY-MUSTARD-NUDELN UND AAL 21

KAPITEL 2 AUF IN DIE WELT 22
ALLES ANDERS 23
ONE-WAY-TICKET NACH MEXIKO 25
DER WURM 27
BACARDI FEELING 29
MEXIKANISCHES STREETFOOD 29
BERSHKO 31
BOB MARLEY 32
DIE RUINEN DER MAYAS 34
DIE TOILETTEN VON SAN CRISTÓBAL DE LAS CASAS 35
HORROR-BUSFAHRT 37
PLASTIK-PANDA 38
GRAS UND SKORPIONE 39
DAS ERSTE MAL SURFEN 41

KAPITEL 3 AUF HOHER SEE 43
KÄPT'N GARY 43
DAS LEUCHTENDE MEER 44
DER THUNFISCH 50
DER HURRIKAN 52
KEINE WORTE MEHR 56
NACHTRAG 58

KAPITEL 4 IM LAND DER UNBEGRENZTEN MÖGLICHKEITEN 59
CINCO DE MAYO, BABY! 60
KA-CHING! 61
EIN AKKORDEON IN VEGAS 63
MAGIC MIKE 65
WER BIST DU EIGENTLICH? 68
FREMDE FREUNDE 70
I NEED A DOLLAR, DOLLAR 70
DER UNGLAUBLICHE HULK 72

KAPITEL 5 DER RUF DER WÄLDER 75
DIE HUNGERSPIELE 76
INTO THE WILD 78
KÄLTE 83
LEBE DEINEN TRAUM 86
MÄNNERURLAUB 90
HASS UND FREUNDSCHAFT 94
AMERICAN FOOTBALL 95
EMPIRE STATE OF MIND 99

KAPITEL 6 MAL WIEDER PAZIFIK 101
HAIHAPPEN 102
FIDSCHI-TIME! 104
BANG, BANG (HE SHOT ME DOWN) 105
PLANÄNDERUNG 111
MANA ISLAND 112
NEXT STOP: AUSTRALIEN 115
VANLIFE 119
HOME SWEET FREMANTLE 121

KAPITEL 7 SÜDOSTASIENTEUER 124
NO HAVE! 125
PINGPONG 126
ANGKOR WAT 129
EINE NEUE UHR 132
WORK STATT TRAVEL 139

KAPITEL 8 HOME, BITTERSWEET HOME 143
DIE RÜCKKEHR 144
REVERSE CULTURE SHOCK 144
IDIOTENSCHULUNG 147
GANZ UNTEN 148
DER 23. DEZEMBER 148
BERGAUF 150

KAPITEL 9 AUF ZU NEUEN ABENTEUERN 153
MEXIKO, DIE ZWEITE 154
SCHMUGGLER 155
HAVANNA 158
RICO 160
NACH DEM HURRIKAN 162

KAPITEL 10 AUF DEM »GRINGO TRAIL« 165
INTERNATIONALE GEWÄSSER 166
CHICKEN-BUSSE 166
NEUJAHR IM DSCHUNGEL 168
HÖHLENMENSCHEN 169
GETRENNTE WEGE 172
EL TUNCO 174
DISTRICT 13 175
»OUUUH!« 179
SCHACHMATT 181
DIE ZEIT DES PIZZABÄCKERS 183
STRÖMUNG 184
SEAFOOD-PASTA IN PANAMA STADT 184

KAPITEL 11 BIENVENIDOS A SÜDAMERIKA! 187
DURCH HOHE WELLEN INS PARADIES 188
WIEDER EIN KATAMARAN 190
KAMIKAZE-BUSFAHRER 191
PABLOS ZUHAUSE 193
DIE KREUZIGUNG JESU 194
SCHOKOLADEN-KOMA 195
KOLUMBIEN IM SCHNELLDURCHLAUF 195

HOP ON, HOP OFF	197
AUSSER PUSTE	198
DIE VERRÜCKTE KOKOSNUSS	199
PERFEKTE WELLE	201
JOHN NICK WAYNE UND DAS SCHOKOKEKSMONOPOL	202
HUMMELN	204
KAPITEL 12 ABGEFAHREN ABENTEUERLICH	**205**
DROGENOPFER	206
IN DER HÄNGEMATTE ÜBER DEN AMAZONAS	207
FAULTIERE, PIRANHAS UND TURBO-MOSKITOS	209
EIN BAD IM FLUSS	212
AYAHUASCA-ZEREMONIE	214
LAUF, FORREST!	218
DEATH ROAD	223
IN DER SALZWÜSTE	225
WELCOME TO MIAMI	229
THE HITCHHIKER'S GUIDE TO NORTH CAROLINA	230
RICHIE RICH	235
KAPITEL 13 WIEDER VEREINT	**239**
DOPPELPACK-GLÜCK	240
GERMAN SUNSET	242
EIN IRRER MIT DREIZACK	243
ZURÜCK IN NEUSEELAND	244
WAIT FOR IT... ZZZZZ	246
GOODBYE AGAIN	248
KAPITEL 14 SHIT GETS REAL	**249**
WIEDER ZU HAUSE	250
KAMPF UM DEN SCHWEIZER TRAUMJOB	251
ALS SWISS EXPLORER UM DIE WELT	254
WEITER GEHT'S	255
FIGHT!	256
FISHFA	257
AUSGERAUBT	258
BAYERISCHE HERZLICHKEIT	261
DIE BÜROKRATIEHÖLLE VON MANILA	262
SURF SIDE OF LIFE	264
DIE FREUNDLICHSTEN MENSCHEN DER WELT	267
DIE GEILSTE LÜCKE IM LEBENSLAUF	271
GLÜCK KANN MAN NICHT KAUFEN. EIN MOTORRAD SCHON.	274
ALLES FÜGT SICH	278
EPILOG	282
NACHWORT VON ANITA VETTER	284

PROLOG
EL SALVADOR, 2016

SOYAPANGO. EIN GHETTO. WER HÄTTE GEDACHT, DASS ICH GENAU DORT EINEN FREUND FÜRS LEBEN FINDEN WÜRDE.

Zwei Schüsse zerreißen den Lärm der Nacht. Ich sitze sofort kerzengerade im Bett, um mich herum Dunkelheit. Mein Herz schlägt mir bis zum Hals und hämmert in meinen Schläfen.

Bleib ruhig: Wo bist du?

Meine Augen suchen in der Dunkelheit umher. Ich sitze auf einem kleinen Bett, in einem winzigen fensterlosen Raum. Direkt vor mir steht eine Kommode, darauf liegt mein Backpack.

O Gott, waren das Schüsse?

Konzentrier dich. Schließ die Augen: Wo genau bist du?

Du bist in El Salvador, bei Borkman, in seinem Zimmer. Hinter dem Vorhang liegt der Rest der Wohnung. Dort schlafen Borkman, seine Mutter und sein Bruder. Sei leise, weck sie nicht, beruhige dich erst mal. Atme langsam ein und aus.

Waren das wirklich Schüsse?

Oder waren es vielleicht einfach Feuerwerkskörper?

Das ist es bestimmt.

Doch ich merke selbst, dass ich nur versuche, mir die Sache schönzureden. Warum sollte gerade jetzt jemand Böller zünden – und dann auch nur zwei? Aber es könnten ja vielleicht doch …? Nein – ich weiß, dass mein Kopf versucht, eine einfache, ungefährliche Erklärung zu finden. Eine, die mir weismacht, dass hier alles in Ordnung ist und dass ich nicht bis zum Hals in einer Gefahrensituation stecke.

Ich sitze auf der Bettkante des kleinen Bettes, Schweiß steht auf meiner Stirn, läuft langsam meine Schläfen herunter. Mein T-Shirt klebt an meinem Rücken. Ich habe Angst. Ich bewege mich nicht und höre in die Stille des Raums. In den Lärm draußen.

Es ist der Lärm von Soyapango, District 13, San Salvador, der Hauptstadt von El Salvador.

Ich bin hier, mitten im Ghetto, weil ich die Welt bereisen wollte, Abenteuer erleben, Menschen und Kulturen kennenlernen. Jetzt, in meiner dritten Nacht, sind draußen Schüsse gefallen. Mein Puls rast noch immer. Ich stütze meine Ellenbogen auf die Knie, lege die Stirn in meine Handflächen. Ich habe wochenlang darauf hingefiebert, hierherzukommen.

Aber das? Will ich das?

Ich lausche, ob noch mehr Schüsse fallen. Ob Menschen sich nähern, durch unsere Straße rennen oder sogar in das Haus eindringen, in dem ich bin.

Die Hitze steht unterm Dach. Es ist stickig.

Hey, es wird nichts weiter passieren. Ich bin bei Borkman, er ist Zahnarzt. Wer hat es schon auf einen Zahnarzt abgesehen, der gerade mal 300 Dollar im Monat verdient? Borkman lebt hier schon sein ganzes Leben – und noch viel wichtiger: Er lebt noch!

Um mich herum surrt es. Moskitos überall. Dieses Sirren geht mir auf den Sack. Aber langsam denke ich klarer. Mehr als eine halbe Stunde ist jetzt vergangen, und es gab keine weiteren Schüsse. Ich lege mich langsam auf den Rücken, starre ins Dunkel, atme aus.

Am Morgen erfahre ich, dass es ein 17-jähriger Junge war, der in der Nacht durch zwei Kugeln sein Leben verlor.

Auf meinen Reisen habe ich vieles erlebt – Furchtbares wie in El Salvador, Schönes, Trauriges und Aufregendes. Dinge, die ich irgendwann mit 80 Jahren meinen Enkeln am Kamin erzählen werde. Sie werden sagen: »Opa, erzähl von damals.« Und ich werde mehr Geschichten haben, als ich ihnen je erzählen könnte. Sie werden trotzdem immer dieselben hören wollen.

»Erzähl noch mal die, als du zum ersten Mal bei Borkman in El Salvador warst.«

Ich werde sagen: »Die bei Borkman? Schon wieder? Na gut, setzt euch hin.«

Dann werde ich ihnen erzählen, wie das alles anfing mit meinen Reisen. Dass ich die ganze Welt entdecken wollte – Berge, Seen, Ozeane. Dass ich den Wind spüren und frei sein wollte. Fremde Gewürze schmecken und andere Kulturen erleben. Wie mich das Fernweh und diese Lust auf das Leben bis nach Mittelamerika führten, in einen fensterlosen Raum, mitten in ein gefährliches Ghetto, in dem Morde nahezu alltäglich waren. Wie ich dort einen Freund fürs Leben fand, einen Zahnarzt. Wie seine Familie mich mit einer Herzlichkeit aufnahm, die wärmte wie ein Sonnenstrahl. Wie mich das Wissen darum in dieser Nacht beruhigte und mich zurück in einen traumlosen Schlaf fallen ließ.

Ich werde ihnen erzählen, dass die Welt nicht nur schön ist, Reisen nicht nur ange-

> …dass es sich immer lohnt, seinen Horizont zu erweitern und Vertrauen zu haben

nehm, Angst ein bedrohliches, schreckliches Gefühl. Und ich werde ihnen erzählen, dass ich auch genau deswegen gereist bin – selbst wenn ich mich mehr als einmal nach Hause gewünscht habe. Dass es sich trotzdem gelohnt hat. Dass es sich immer lohnt, seinen Horizont zu erweitern und Vertrauen zu haben. Dass man auch in einem fremden Land, in tiefer Nacht und mit einer Furcht, die man nie zuvor gespürt hat, tief in seinem Innern wissen kann: Ich tue echt genau das Richtige.

Und dass einen dieses Wissen den Weg weiterführt.

Die Nacht in El Salvador ist mittlerweile mehr als drei Jahre her. Dennoch erinnere ich mich an fast jede einzelne Sekunde. Extremsituationen wie diese brennen sich einfach in dein Hirn ein wie Brandzeichen. Diese Erfahrung habe ich oft gemacht – in den Jahren vorher, aber auch in den Jahren, die auf dieses Erlebnis folgten. Wenn man so lange die Welt bereist wie ich, hat man unglaublich viele Abenteuer erlebt – gute und schlechte, große und kleine – und genau davon möchte ich euch erzählen. Deshalb beginnen wir doch einfach von vorne…

KAPITEL 1
NEUSEELAND

RAUS AUS DEM ALLTAG, REIN INS VERGNÜGEN. DIESER WAGEN HAT ALLES INS ROLLEN GEBRACHT UND MEIN LEBEN KOMPLETT AUF DEN KOPF GESTELLT. ZU RECHT.

ZURÜCK AUF ANFANG

Einige Jahre zuvor hatte ich von all dem noch keine Ahnung. Ich wusste nichts von El Salvador, seiner Hauptstadt, von Borkman – und ganz sicher nichts von nächtlichen Schüssen. Genau genommen wusste ich nicht einmal, wie man einen Backpack richtig packt. Im Gegenteil: Ich war ganz typisch in Deutschland als Arbeitnehmer unterwegs.

Ich steckte mitten in einer Ausbildung zum Informations- und Telekommunikationskaufmann – wurde also Fachhändler einer Computersoftware für kaufmännische Unternehmen, die sich um Buchhaltung, Rechnungswesen, Produktion und Warenwirtschaft drehte. Besonders zu Beginn meiner Ausbildung saß ich die meiste Zeit im Supportcenter, das neben mir aus zwei weiteren Mitarbeitern bestand. Jeder von uns hatte einen kleinen Schreibtisch mit zwei Bildschirmen – und wer sich in Sachen Kundensupport ein bisschen auskennt, weiß, dass es hier nur darum geht, den ganzen Tag am Computer zu sitzen und darauf zu warten, dass Leute anrufen, die irgendwelche Probleme haben. Letztendlich war es ein »Psychojob«, denn die meisten Kunden, die anriefen, nahmen alles komplett persönlich. Viele ließen ihren Frust an uns aus, es war immer alles super dringend und die Software ihrer Meinung nach sowieso kompletter Mist. Meine Kollegen und ich bauten also in unserer Arbeitszeit Probleme nach, um Lösungen zu finden – und am Ende handelte es sich zu 99 Prozent dann doch um einfache Anwendungsfehler der lieben Kunden, die jedoch immer König sind.

Im Anschluss an meine Ausbildung wurde ich in die Festanstellung übernommen, mittlerweile mit etwas verändertem Aufgabenfeld. Mein Chef hatte irgendwann erkannt, dass ich mehr im Vertrieb zu Hause bin. Da war ich also nun, ich trug Anzug, fuhr einen schicken Dienstwagen und besuchte Kunden vor Ort: Software vorzeigen, Demoversionen installieren, Verkäufe abschließen und Provisionen kassieren. Montag bis Freitag stand ich früh auf, machte mir Kaffee, fuhr mit dem Auto zur Arbeit, rauchte eine Zigarette, arbeitete von 8.30 Uhr bis 17.30 Uhr – und dann fuhr ich wieder nach Hause. Am Wochenende ging ich mit Freunden weg, ins Kino, auf Partys, im Sommer auf Festivals. Sonntagabend machte ich es mir pünktlich um 20.15 Uhr auf meinem schönen roten Sofa vor dem Röhrenfernseher bequem. Am Montag dann alles von vorne. So ging es tagein, tagaus, insgesamt viereinhalb Jahre, unterbrochen von ein- bis zweiwöchigen Urlauben.

Und dann kam Neuseeland.

Genauer: Es kam der März 2009 – und mit ihm die Idee, nach Neuseeland zu reisen. Ich schätze, ich muss niemandem erklären, was März in Deutschland bedeutet: Es dämmert, wenn du aufstehst, und es dämmert, wenn du wieder heimkommst. Zwischendrin leuchtet dich künstliches Bürolicht an, und in den Zigarettenpausen frierst du dir auf dem Balkon den Hintern ab. Was sich gegen Ende des Herbsts andeutet und über den Jahreswechsel richtig schön anstaut, erreicht Anfang März seinen ultimativen Höhepunkt: die Winterdepression. Wir sind alle chronisch untersommert, blass, haben Vitamin-D-Mangel und laufen herum wie Zombies. Hey, ich hatte die Möglichkeit, diesem tristen, grauen, trüben, kalten, extrem ekligen Deutschlandwetter für drei Wochen komplett zu entfliehen. Ich sag's, wie es ist: Lange überlegen musste ich nicht.

NICHT DER STRAND, DEN ICH ANVISIERT HATTE. ABER WIE SO OFT HAT DAS LEBEN EINIGE ÜBERRASCHUNGEN PARAT.

AUF NACH NEUSEELAND

Total motiviert buchte ich einen Flug über Seoul nach Auckland sowie einen Campervan vor Ort und kramte den alten US-Army-Rucksack meines Vaters aus dem Schrank. Vor mir lag mein erster richtiger größerer Backpackingtrip! Ich stopfte alles Mögliche in den Rucksack: zwei Paar Sneakers, Flipflops, Wanderboots, Thermounterwäsche, Fleecejacke, Regenjacke, Mütze – also viel zu viel.

So spazierte ich einige Tage später mit rund 30 Kilo auf dem Rücken aus dem Flughafen in Auckland, einer Großstadt auf der Nordinsel, und knallte mit Karacho in eine Wand aus brennender Sonne. Komplett *pale*, also ausgeblichen weiß, wie ich war, fühlten sich die 25 Grad Außentemperatur an wie eine Sauna nach drei Aufgüssen: BÄMM!

Ich riss mir sofort meine Klamotten vom Leib, stand am Ende nur noch im T-Shirt da und freute mich wie ein kleines Kind: »Wohoo! Drei Wochen keine Arbeit! Endlich Urlaub! Endlich weg aus diesem Job! Einfach mal herumreisen!«

Mit diesem abgefahren euphorischen Gefühl im Bauch stolperte ich, von der Sonne geblendet, meinem Campervan der Firma Wicked Campers entgegen – einem alten, komplett bunten Exemplar, das mit jeder Beule »YEEEHAAA!« in die Welt zu brüllen schien. Ich schmiss meinen Backpack hinten rein, drehte das Radio auf und fuhr los. Ich wollte einfach nur raus aus Auckland, in die Wildnis, in die Natur – Ahnung von Neuseeland hatte ich keine. Ich wusste nur: Es soll verdammt schön sein. Und: Hier wurde *Der Herr der Ringe* gedreht. Läuft.

Todmüde, aber vollgepumpt mit Endorphinen fuhr ich Richtung Osten. Mein Ziel sollte eine Halbinsel 55 Kilometer östlich von Auckland sein. Die Coromandel Peninsula ist eigentlich ein lang gezogenes Stückchen Festland, das sich jedoch anfühlt wie eine Insel. Dort sollte ein berühmter Strand sein, der Hot Water Beach. Bei Ebbe laufen die Menschen hier raus und buddeln sich kleine Löcher in den Sand, aus denen plötzlich warmes Thermalwasser nach oben steigt und die selbst gebauten Badewannen füllt – kleine natürliche heiße Quellen.

Das war der Plan. Mit meiner Landkarte auf dem Lenkrad und Oldschool-Hip-Hop aus den Lautsprechern fuhr ich also direkt auf dieses Ziel zu – und dran vorbei. Ich hatte keine Ahnung, wo ich war, aber ein dampfender Strand kam einfach nirgends in Sicht. Ich hatte keine Lust, weiter Kreise zu drehen, und landete schließlich gut gelaunt an einem anderen Strand. Kurzerhand entschloss ich: Ja, hier will ich übernachten. Ich zuckelte mit dem Van den Kies hinunter, sprang aus dem Auto und zog tief die Luft ein: Meer!

Ein paar Stunden später hatte ich mich in meinem Van eingerichtet und saß mit Klapptisch, Klappstühlen und einer Flasche Rotwein vor der geöffneten Seitentür. Während eines Strandspaziergangs hatte ich nach und nach trockenes Schwemmholz aufgesammelt, das jetzt auf einem Haufen zu meinen Füßen nur darauf wartete, ein knisterndes Lagerfeuer zu werden. Gesagt, getan – und wenn man in Neuseeland mit dem Camper unterwegs ist und anfängt, einen Feuerplatz zu bauen, bleibt man nicht lange alleine. Nach und nach gesellten sich andere Backpacker zu mir. Da waren Leute aus Deutschland, aus Frankreich, aus England, aus Irland. Am Ende reihten wir unsere Vans einfach aneinander und setzten uns alle zusammen um das Lagerfeuer. Ich war im Paradies.

Trotz meiner Müdigkeit war an Schlaf überhaupt nicht zu denken. Ich war so gespannt auf alles, was kommen würde. Gleichzeitig saß ich mit tellergroßen Augen vor den ganzen »echten« Backpackern und kam aus dem Staunen nicht mehr heraus. Das waren wirkliche Backpacker, die Dinge sagten wie: »Ich bin schon seit drei Monaten unterwegs« oder »Die letzten sechs Monate bin ich in Asien herumgereist«.

> **Vor einem Tag hatte mich noch der graue Himmel in Deutschland angegammelt, jetzt saß ich hier in kurzer Hose und Hoodie neben diesen krassen Menschen am anderen Ende der Welt.**

Für mich war es damals komplett surreal, dass man für so lange Zeit reisen konnte. Ich war, ehrlich gesagt, schon von meinen drei Wochen absolut begeistert. So saßen wir zusammen, und ich lauschte spannenden Geschichten über Kambodscha, den Amazonas in Peru, andere Kulturen, Abenteuer, die ich sonst nur aus *Indiana-Jones*-Filmen kannte, oder über wilde Partys am Strand. Gebannt hörte ich den Erzählungen eines französischen Pärchens zu, das schon eine komplette Welt-

reise hinter sich hatte. Während das Lagerfeuer immer weiter schrumpfte, wurde mein Herz immer größer. Vor einem Tag hatte mich noch der graue Himmel in Deutschland angegammelt, jetzt saß ich hier in kurzer Hose und Hoodie neben diesen krassen Menschen am anderen Ende der Welt. Ich hörte das Feuer knistern, die Wellen rauschen, und eine warme Brise wehte mir um die Nase – es war wie ein wahnsinniger Traum.

Das war mein erster Abend in Neuseeland.

Als sich nach und nach alle in ihre Betten verkrochen, saß ich noch eine Weile draußen. Ich trank den Rest des Rotweins und fühlte mich vollgefressen mit Marshmallows und Keksen. Irgendwann legte ich mich dann auch in meinen Van und ließ die Schiebetür einen ganz kleinen Spalt auf. Es war dunkel, hinten durch das Fenster konnte ich den klaren Sternenhimmel sehen, das Meer spielte den Sound der Nacht, und ich war einfach nur glücklich. Ich konnte mich nicht daran erinnern, wann ich das letzte Mal so komplett ausgeglichen im Moment gelebt hatte. Ich dachte nicht an Arbeit, an Kunden, an Projekte oder ob meine Urlaubsvertretung ihren Job hinbekäme. Das alles war einfach ausgeblendet. Vor mir lagen Abenteuer und unendliche Tage in Neuseeland. Als ich da so lag, hinten im Van, fing ich an, richtig breit zu grinsen.

Und das hörte die nächsten drei Wochen auch nicht mehr auf.

Das französische Pärchen vom Abend zuvor schlenderte am nächsten Morgen in brüllender Hitze an meinem Bus vorbei, begrüßte mich fröhlich und lud mich direkt zum Frühstück ein. Kurze Zeit später saß ich mit einem Kaffee in der Hand am Campingtisch, vor mir einen Crêpe, und fragte typisch deutsch: »Was habt ihr so vor? Was ist euer Plan? Wohin geht's bei euch als nächstes?«

»Keine Ahnung«, kam es zurück.

Ich nahm einen Schluck Kaffee und drehte den Kopf in Richtung Meer.

»Krass«, dachte ich, »ich hab eigentlich auch keine Ahnung.«

Rückblickend kann ich heute sagen: Ich hatte wirklich so was von überhaupt keine Ahnung.

WHAT IS IT GOOD FOR?

Warum ist das so, dass wir in Deutschland immer und für alles Pläne haben? Egal, für was – was du täglich machst, was du in dieser Woche vorhast, in den nächsten Wochen, in den kommenden fünf Jahren. Warum heißt es: »Wo sehen Sie sich in zehn Jahren?« Warum heißt es nicht: »Wo sehen sie sich genau jetzt?«

In dem Moment, am Frühstückstisch, beschloss ich, diese zwei kleinen Wörter der Franzosen zu verinnerlichen, aufzusaugen: »keine Ahnung«. Ich saß dort am Strand auf dem kleinen Campingstuhl, trank meinen Kaffee, schaute auf das Meer – und ließ los. Kein »Ich muss fort, ich muss einpacken, ich muss da und dahin«. Ich lebte in den Tag hinein, genoss das Fehlen von Zeitdruck. Das war der Wahnsinn.

Als ich Lust hatte, fuhr ich die ganze Coromandel Peninsula hinauf, bog dann nach Süden ab und betrachtete die sich im Fünfminutentakt ändernde, fast unwirklich anmutende Landschaft, die aus Meeresbuchten, Wiesen, Bergen und türkisen Bächen bestand. Irgendwann erreichte ich den Lake Taupo, der so ziemlich genau in der Mitte von Neuseelands Nordinsel liegt. Ich stieg in einem Hostel ab und lernte sofort wieder eine Menge Leute kennen – Weltreisende, Work-and-Traveller, Abenteurer.

Einer von denen schlug vor: »Wie sieht's aus – Fallschirmspringen?«

Ich dachte: »Alles klar, lass uns Fallschirm springen!«

Wenig später lief ich in einem roten Sprunganzug über das Rollfeld auf ein kleines Flugzeug zu. Mein Skydiving-Buddy Chris erklärte mir, auf was ich achten müsse. Ich war mega nervös, und Chris bemerkte natürlich die unter einer hauchdünnen Schicht Coolness pochende Aufregung.

»Relax einfach, ich mach alles, du genießt nur den Flug!«

Ich dachte nur: »Ja, krass, du steigst jetzt gleich in ein kleines Flugzeug, und es fliegt

EINE NICHT GANZ ALLTÄGLICHE FRAGE: WIE ATMET MAN BEIM FALLSCHIRMSPRINGEN?

ganz, ganz hoch, und du springst dann da raus. Bist du eigentlich bescheuert?«

Chris sah meinen Blick, lachte und fing an, diesen 70er-Jahre-Song von Edwin Starr zu singen: »What is it good for? Absolutely nothing!«

Dann hob die Kiste ab. 12.000 Fuß. Hinten im Flugzeuginnenraum drängten sich insgesamt zwölf Leute aneinander. Sechs davon, wir Backpacker, zugegebenermaßen reichlich bleich im Gesicht, die anderen sechs, die Sprungbuddys, hätten entspannter kaum sein können. Als wären 12.000 Fuß nicht genug, schallte plötzlich die Stimme des Piloten durch das Flugzeug: »Do you want some no gravity?«

Bitte was?

Schon begann der Steilflug von gefühlt 90 Grad nach oben. Das war der harmlose Teil. Denn direkt im Anschluss ging es im krassen Sturzflug nach unten. Die Schwerkraft wurde einfach ausgehebelt, und wir alle hoben ein paar Zentimeter von unseren Sitzen ab.

»Oh, wow! Scheiße! Scheiße! Was geht ab?«, war ungefähr alles, was ich noch denken konnte – und da blinkte die rote Leuchte im Flugzeug: drei Minuten bis zum Sprung.

Ganz ehrlich, ich habe eigentlich keine Höhenangst. Aber dann packte mich Chris, und es hieß: Auf zur Tür! Keine Ahnung, wo mein Magen da mittlerweile war, jedenfalls nicht dort, wo er eigentlich hingehört. Als ich dann am Flugzeugrand saß – wie ein kleines Känguru an Chris' Bauch gebunden – sah ich runter auf die schöne Landschaft, und es war alles einfach nur irre. In der Höhe setzt dein

Gefühl für Distanz aus, genau genommen realisierst du gar nicht, wie hoch das alles eigentlich ist. Es sieht aus wie eine Postkarte.

Chris streckte meine Arme aus, verschränkte sie vor meiner Brust, legte seine Hand an meine Stirn und schob meinen Kopf zurück auf seine Schulter.

»What is it good for?«, brüllte er durch den Wind in mein Ohr.

»Ab… Abso… Absolutely nothing?«, krächzte ich fragend zurück – und dann stürzten wir auch schon dem Abgrund entgegen.

Mein Adrenalinspiegel wiederum schnellte hoch wie dieses kleine Metallding bei Hau den Lukas auf dem Jahrmarkt. PÄNG!

Was mir allerdings vorher niemand gesagt hatte: Wie verdammt soll man eigentlich atmen, wenn einem die Luft in einer solchen Geschwindigkeit entgegen fliegt? Es war der Hammer! Schnell fand ich heraus: Einfach Mund auf und Zunge raus, dann funktioniert das Atmen ganz von selbst – auch wenn's scheiße aussieht. Chris hatte praktischerweise so einen kleinen Fotoapparat in seiner Hand und hielt das Ganze für die Ewigkeit fest.

Ich lebte für diese knappe Minute freien Fall. Sollte irgendjemand jemals Probleme haben, ins Hier und Jetzt zu kommen: Echt, spring Fallschirm! Ein bisschen Sorge hatte ich noch vor dem Moment, an dem Chris die Leine ziehen würde. Doch anstatt eines wirbelsäulenzerschmetternden Rucks glitten wir einfach so in einen sanften Abflug. Mein Körper fühlte sich an wie unter Starkstrom, gleichzeitig war mein Kopf völlig frei. Grinsend segelte ich mit Blick auf diesen wahnsinnig blauen See dem Boden entgegen. Kaum unten angekommen, platzte es auch schon aus mir heraus wie aus Baby Sinclair von der Dino-Serie: »Noch mal!«

AM ARSCH DER WELT

Ich fuhr weiter auf der Nordinsel herum und irgendwann erreichte ich die Stadt Rotorua. Schlammtümpel, Geysire und Heißwasserquellen geben sich hier die Klinke in die Hand. Weil die Stadt direkt auf einem Vulkan erbaut worden ist, kann man hier überall heißen Dampf sehen, der aus Erdspalten oder kleinen Tümpeln austritt. Es gibt natürliche Schwefelseen mit ganz verrückten Farben wie Pink oder Türkis. So etwas Abgefahrenes hatte ich bisher noch nicht gesehen, und ich freute mich, in die Stadt reinzufahren. Alles war einfach total schön. Doch kaum öffnete ich die Tür, um aus dem Auto auszusteigen, drehte es mir auch schon den Magen um, und ich musste fast brechen. Denn eines war mir nicht bewusst – was hauptsächlich daran lag, dass ich mit geschlossenen Türen und Fenstern fuhr: Die ganze Stadt stank nach faulen Eiern. Klar: Schwefel.

Die Natur also war wirklich traumhaft. Aber wirklich lange habe ich es dort nicht ausgehalten, in der Stinkestadt Rotorua. Oder wie ich sie fortan bezeichnete: das »Arschloch der Welt«.

DIESER SCHWEFELGERUCH ERINNERT AN SCHWER BEKÖMMLICHE NAHRUNGSMITTEL IM VERDAUUNGSTRAKT.

DIE SÜDINSEL

Von den drei Wochen Neuseeland verbrachte ich die ersten eineinhalb Wochen auf der Nordinsel und die darauf folgenden eineinhalb Wochen auf der Südinsel. Dort machte ich mich auf den Weg die Westküste hinunter, die komplett am Meer entlangführt und deshalb zu den bekanntesten Roadtrip-Strecken Neuseelands gehört. Immer wieder tauchen hier sogenannte Pancake Rocks auf, die so heißen, weil sie aussehen wie gestapelte Pfannkuchen. Das Klima auf der Südinsel ist etwas kälter, und schließlich fand ich mich mitten im Regenwetter wieder. Zwei Tage fuhr und lief ich in Fleece- und Regenjacke durch die Gegend und hielt gefühlt alle fünf Minuten an, um Fotos von der atemberaubenden Landschaft zu schießen.

Unbedingt sehen wollte ich den berühmten Franz Josef Glacier, einen ungefähr zehn Kilometer langen Gletscher im Westland-Nationalpark. Ich wollte eine Gletschertour machen, vielleicht auch einen Helikopterrundflug buchen. Ziemlich schnell fand ich jedoch heraus, dass ich nicht als Einziger auf diese Idee gekommen war. Auf den Parkplätzen vor dem Gletscher stapelten sich die Campervans. Auf Touristengruppen und Massenwanderungen hatte ich absolut keine Lust, also schoss ich ein paar Bilder und setze mich wieder in den Van.

Ungefähr 25 Kilometer weiter südlich wurde ich für meine Entscheidung mit dem Fox Glacier belohnt. Hier fand ich ein traumhaft schönes Hostel samt Whirlpool und setzte mein Franz-Josef-Vorhaben trotzdem um – nur eben am Fox-Gletscher. Am nächsten Tag stand ich um acht Uhr morgens bereit und bekam zunächst Spikes an die Wanderschuhe gebunden. Dann ging die Gletschertour los. Unser Guide schlug mit einem Eispickel kleine Treppenstufen ins gefrorene Wasser, und ich bestaunte die kristallklaren, fast türkisen Eiswände. An einer ungefähr zwei bis drei Meter hohen Gletscherwand probierten wir uns im Freeclimbing. Ich kam höchstens eineinhalb Meter hoch – dann hatte ich Angst, trotz Spikes abzurutschen und mir alle Knochen zu brechen. Wie in *Cliffhanger* kam ich mir trotzdem vor.

ES GIBT KEIN SCHLECHTES WETTER. NUR SCHLECHTE KLEIDUNG. UND SCHLECHTEN STIL – WIE MAN UNSCHWER ERKENNEN KANN. ABER DER HIKE WAR ECHT MEGA!

ECHT BEEINDRUCKEND, SO EINEN GLETSCHER MAL LIVE ZU SEHEN

Den ganzen Tag wanderten wir, während unser Guide uns eine Menge spannender Dinge über den Gletscher erzählte.

Einen Tag später setzte ich auch noch die Idee mit dem Helikopterflug um und klebte mit der Nase an der Scheibe, während der Pilot auf verschiedene Drehorte von *Der Herr der Ringe* zeigte.

Ich könnte stundenlang von den unendlichen drei Wochen in Neuseeland erzählen – von der Landschaft, den Menschen, meinen Abenteuern und Gedanken. Zusammengefasst waren diese drei Wochen am anderen Ende der Welt ein absoluter Traum. Aus dem es aber langsam aufzuwachen hieß.

> **Zusammengefasst waren diese drei Wochen am anderen Ende der Welt ein absoluter Traum.**

BILBO, FRODO & LEGOLAS LASSEN GRÜSSEN: HIER WANDERTEN *DIE GEFÄHRTEN* FRÖHLICH UMHER. PERFEKTE SICHT AUS EINEM HELIKOPTER!

HONEY-MUSTARD-NUDELN UND AAL

Ebenso wie meine erste Nacht in Neuseeland wird auch der letzte Abend mir für immer in Erinnerung bleiben. Es war weniger romantisch und euphorisch, es gab keinen Strand und keine Wellen. Ich stand in einer Hostelküche zurück in Auckland, von wo aus am nächsten Tag mein Flieger in die Heimat abheben sollte.

Ich starrte auf den Topf, in dem mein Nudelwasser langsam zu blubbern anfing, und dachte an all die Eindrücke der letzten Wochen. Ich dachte an die schöne Zeit, die ich im Hier und Jetzt verbracht hatte und in der mein Arbeitsalltag zu Hause nicht vorkam. In mir wallte das Gefühl hoch, dass ich nicht zurück, sondern in Neuseeland bleiben wollte. Ich fühlte mich elend. Elend war übrigens auch mein Essen: Nudeln mit einer fertigen Honig-Senf-Sauce aus dem Glas. Gar nicht mal so lecker.

Neben mir bereitete derweil ein Japaner einen selbst gefangenen Aal zu. Er filetierte und rührte parallel in einer Weißweinsauce – das machte mein Abendessen nicht gerade besser. Er bemerkte meinen angeekelten Blick auf die Nudeln. Dann geschah das, was mir in Neuseeland bereits so oft passiert war: Er lud mich ein, den Aal mit ihm gemeinsam zu essen.

Es war jedes Mal unglaublich schön, wenn wildfremde Menschen mir anboten, zu teilen. Nicht weil sie es mussten oder sich verpflichtet fühlten, sondern einfach, weil sie es wollten. Man kannte sich nicht, aber man fühlte sich verbunden. Dieses Miteinander statt Gegeneinander war etwas, das auch ich mir für immer bewahren wollte, ganz egal, wo mich die Zukunft noch hinführen sollte.

An meinem letzten Abend, an dem mein Herz schon so schwer geworden war, erfuhr ich also erneut, wie anders die Reisenden waren. Alles ist einfach, leicht, open-minded. Ich war das einfach nicht gewohnt aus Deutschland und genoss jede Sekunde davon. Zu Hause gab es das nicht. Jeder hatte sein eigenes Essen. Mein Haus, mein Auto, mein Boot, meins ist meins. Hier war das anders. Egal, aus welcher Ecke der Welt die Menschen kamen, die ich kennenlernte, ob es Neuseeländer waren, Australier, Engländer, Italiener, Franzosen, Schweden – alle waren offen und hatten eine komplett andere Sicht auf die Welt, eine ganz andere Mentalität. Das hat mir gut getan. Neuseeland besuchen war, als ob mir jemand die Seele geöffnet und einfach mit einer Taschenlampe mitten hineingeleuchtet hätte. Und dieses Licht, das habe ich so was von aufgesaugt und in mir behalten.

ALLE WEGE FÜHREN NACH ROM. UND DIE STRASSEN NEUSEELANDS FÜHREN ZU LACHENDEN GESICHTERN, STAUNEN UND ABENTEUERLUST.

KAPITEL 2
AUF IN DIE WELT

ALLES ANDERS

Und dann stand ich mit meinem Backpack plötzlich wieder am Frankfurter Flughafen. Ich zog mein Handy aus der Tasche, schaltete es ein, und schon pingte Nachricht um Nachricht in meinen Posteingang. Fragen und Anweisungen von Arbeitskollegen, Termine … wie sehr hatte ich das vermisst. Nicht.

Es war April, es war kalt – und im Büro herrschte nach wie vor Stress. Keiner von meinen Kollegen hatte Urlaub gehabt, hier hatte sich nichts geändert – in mir drin jedoch alles. Drei Wochen lang hatte man mich aus meinem kleinen Aquarium herausgerissen, ins Meer gesetzt, nur um mich dann wieder einzufangen und zu sagen: »Bitteschön. Weitermachen.«

> Ich wollte so viel mehr von der Welt sehen. Ich rief mir die Geschichten ins Gedächtnis, welche die anderen Reisenden in Neuseeland erzählt hatten, von den Orten, an denen sie gewesen waren, oder den Abenteuern, die sie erlebt hatten.

Meine anfänglich noch vorhaltende Euphorie und diese Motivation, die jeder nach einem Urlaub verspürt, verzogen sich nach und nach. Ich landete wieder in der Alltagsroutine, auf dem roten Sofa vor meinem Röhrenfernseher, spielte *FIFA* und ging abends ins Bett, nur um am nächsten Tag wieder ins Büro zu fahren. Anzug, Kaffee, Kippe, Auto, Kunden, Verkäufe, Provision. Das Backpackinggefühl in mir wurde immer dünner. Doch zu meinem Glück ließ es mich nie ganz los. Neuseeland hatte definitiv etwas in mir verändert, nur wusste ich zunächst nicht, was das war. Ich begann zu grübeln, saß oft einfach da und dachte nach. Mitte Juni führte mein innerer Kampf dann zu einer Erkenntnis: »Nein, Nick, so geht es nicht weiter.«

Ich wollte nicht mehr in diesem Arbeitnehmerleben funktionieren. Ich wollte etwas erleben, reisen, raus, selber jemand sein, der sagen konnte: »Was ich mache? Ich bin gerade auf Weltreise. Wohin als nächstes? Keine Ahnung.«

Ich wollte so viel mehr von der Welt sehen. Ich rief mir die Geschichten ins Gedächtnis, welche die anderen Reisenden in Neuseeland erzählt hatten, von den Orten, an denen sie gewesen waren, oder den Abenteuern, die sie erlebt hatten.

Ich schaute auf mein Dasein als IT-Systemkaufmann, damals 22 Jahre alt, mit einem Nettoeinkommen von etwas über 1.150 Euro plus Firmenwagen. Mein Karriereplan lag fertig abgesteckt vor mir: nur noch Vertrieb, teure Anzüge, größere Autos, mehr Geld, irgendwann ein eigenes Vertriebsteam, irgendwann Niederlassungsleiter. Vor Neuseeland war meine Vision: Karriere machen und Kohle verdienen. Nach Neuseeland schmeckte das alles irgendwie schal.

»Herr Martin, wo sehen Sie sich im Alter von 45 Jahren?«, fragte ich mich.

»Mmh … alles erreicht, viel Geld, materielle Dinge, ein sozialer Status, bei dem Freunde und Bekannte bewundernd zu mir aufblicken. Ich bin wer und kann mir Dinge leisten.«

Absolut nicht.

Bewunderung von anderen, viel Geld, Dingen hinterherjagen – wozu?

Zuerst sprach ich meine Gedanken gegenüber meinem Kollegen und Ausbilder Antonio aus: »Antonio, ich glaube, ich muss die Welt sehen, ein Sabbatjahr machen.«

Antonio schaute mich lange an. Auf der einen Seite war er total enttäuscht, da er sehr viel Energie in meine Ausbildung gesteckt hatte. Auf der anderen Seite konnte er mich verstehen und bestärkte mich schließlich in meinem Vorhaben. So kam es, dass ich zu Hause an meinem Schreibtisch saß und für meinen Chef ein Schriftstück ausarbeitete: Nick und das Sabbatjahr. Zwei Jahre lang für zwei Drittel des Gehalts arbeiten, das dritte Jahr eine Auszeit nehmen und das zuvor eingesparte Geld ausgezahlt bekommen. Ich hatte unwahrscheinliche Angst, meinem Chef diesen Vorschlag zu unterbreiten – trotzdem bat ich ihn um einen Termin.

Wenige Tage später saß ich in unserem tristen Besprechungsraum. Eigentlich ließ sich unser gesamtes Büro mit dem Wort »trist« beschreiben: Es gab keine Bilder, keine Pflanzen, nur weiße Tische, weiße Wände, graue Konferenztelefone, die farblich auf den ebenso grauen Boden abgestimmt waren, lauter herumliegende Kabel und eine Kaffeemaschine, die hin und wieder gemächlich vor sich hinblubberte. Draußen regnete es, drinnen war es kalt, und ich war nervös. Mein Chef saß mir gegenüber und las mein Papier durch. Ab und zu nickte er, sagte aber lange nichts. Schließlich hob er den Kopf und räusperte sich:

»Hör zu, Nick. Wir sind eine kleine Firma, wir haben dich betriebsbedingt ausgebildet, und wir brauchen dich. So, wie du das hier vorschlägst, funktioniert das nicht.«

Mein Herz rutschte mir in die Hose, und ich bekam sofort einen Kloß im Hals.

In meiner Show *6 Jahre Weltreisen – die geilste Lücke im Lebenslauf* erzähle ich an dieser Stelle zum Scherz gerne, wie ich auf diese Ansage hin sofort von meinem Stuhl aufsprang, einmal kräftig auf den Boden spuckte und »ICH KÜNDIGE!« rief.

Die Wirklichkeit sah anders aus: Ich fing umstandslos an zu heulen. Ich, Nick, der gerade noch mit einem coolen Van zu den Klängen von De La Soul, Busta Rhymes und Eminem durch Neuseeland gecruist war, saß meinem Chef gegenüber und flennte. Ich sah meinen Traum davontreiben, das Leben mit 45 vor mir und tat schließlich das Einzige, was ich in dem Moment tun konnte: Ich kündigte tatsächlich.

Jedoch sagte ich das längst nicht so cool, wie ich es gerne gesagt hätte. Mehr so wie ein Häufchen Elend. Denn in mir drin hatte ich ziemlichen Schiss vor meiner eigenen Courage. Ich war immerhin gerade dabei, mein eigenes Sicherheitsnetz zu zerschneiden. Schon in der nächsten Sekunde spielte sich in meinem Kopf ein grausamer Film ab, der in etwa zeigte, wie ich mein Leben in die Tonne trat. Ich hatte Angst, dass ich die falsche Entscheidung traf, es nicht würde rückgängig machen können, und ich fürchtete auch das negative Feedback meines sozialen Umfeldes.

Vor mir aber lag eine leuchtende Zukunft. Weltreise. Ja, Mann.

»Nick, ich will dir zwei Dinge sagen«, erwiderte mein Chef. »Einmal als Freund und einmal als Arbeitgeber. Als Freund sage ich dir, dass ich es verdammt mutig finde, dass du bereit bist, diesen Schritt zu gehen. Ich wünsche dir dafür alles Gute, und ich hoffe, dass du nicht irgendwann als Obdachloser in der Gosse Chicagos endest.«

Er lächelte mich an. Er meinte es aufrichtig und freundlich.

»Als Chef allerdings muss ich jetzt die Notbremse ziehen. Wenn du es wirklich ernst meinst, können wir ab sofort kein Geld mehr in dich investieren. Als Chef muss ich hier an die Firma und meine Mitarbeiter denken.«

Zack, saß ich wieder im Kundensupport. Keine Workshops, keine Seminare, kein Auto mehr. Dem kleinen Bruder meines besten Kumpels kaufte ich einen alten Roller ab, und bis Ende des Jahres fuhr ich mit dieser Kiste zur Arbeit. Im Winter fror ich mir dabei wieder ordentlich den Hintern ab. Hatte ich vorher schon wenig Motivation gehabt, nun hatte ich wirklich gar keinen Bock mehr. Aber im Endeffekt war diese letzte Zeit in der Firma gut. Denn sie half mir dabei, meinen Entschluss zu festigen. Der Abschied fiel mir leichter.

Im Dezember lagen ein langer, nasser, kalter Herbst und ein halber Winter hinter mir. Vor mir aber lag eine leuchtende Zukunft. Weltreise. Ja, Mann.

ONE-WAY-TICKET NACH MEXIKO

Am 1. Januar 2010 war ich frei. Endlich frei. Mehr als ein halbes Jahr hatte mich nur dieser eine Gedanke über Wasser gehalten (beziehungsweise auf meinem klapprigen Motorroller durch den Arbeitswinter getragen): 2010 wird dein Jahr! Der Beginn einer neuen Ära. Der Anfang eines neuen Lebens. In meinem Kopf sparte ich nicht mit mächtigen, bedeutungsschweren Formulierungen. Ich blickte in den Silvesterhimmel. Es knallte und zischte um mich herum, es explodierte über mir – und in mir drin breitete sich ein wahnsinnig kribbelndes Gefühl aus: die pure Vorfreude. Noch waren ein paar Wochen Zeit, bis ich die Segel streichen und mein erstes Ziel auf meiner ersten Weltreise ansteuern würde: Mexiko.

Ich hatte keine Ahnung, was mich erwartet. Ich wusste nur, was ich zurücklassen würde. Das war nicht weniger als mein bisheriges Leben. Dass mir der Abschied schwerer fallen würde als gedacht, kam mir noch nicht in den Sinn, als die Silvesterraketen in den Himmel starteten. Auch nicht, als sich alle meine Freunde am 7. Februar im Café Klug in Würzburg versammelten und mich gebührend verabschiedeten. Reichlich angetrunken und mit einem T-Shirt in der Hand, das mein bester Freund mir zum Abschied geschenkt hatte, krabbelte ich im Anschluss zu Hause in mein Bett. Auf dem T-Shirt stand in großer Schrift »Nick goes round the world«. Genau das hatte ich jetzt vor: in 365 Tagen um die Welt. Bevor ich einschlief, meldete sich mundwinkelzuckend mein Neuseeland-Grinsen zurück. Es konnte losgehen.

»Lebe deinen Traum«

Am 11. Februar brachte mich meine ganze Familie zum Flughafen. Meine Mutter hatte schon auf der Autofahrt reichlich Tränen gelassen – und auch in meinem Hals bildete sich ein dicker Kloß. Ich bin an sich kein Freund von riesengroßen Abschiedsszenen, aber was soll man machen. Mein Bruder, der viel mehr als nur das ist, sondern auch mein enger und wirklich guter Freund, hatte mir ein Klappmesser mit gravierter Klinge geschenkt. Momentan steckte es tief in meinem Backpack, den ich als Gepäck aufgab. Da stand ich dann – nur noch mit einem Handgepäckrucksack auf den Schultern – und kämpfte mal wieder mit den Tränen. Dafür, dass ich bisher wert darauf gelegt hatte, als echt cooler Typ rüberzukommen, hatte ich neuerdings ganz schön viel Pipi in den Augen. Ein Blick auf meine aufgelöste Mutter machte das Ganze nicht besser. Als dann mein Bruder in seine Tasche griff und mir ein ebenfalls graviertes Zippo-Feuerzeug in die Hand drückte, brachen schließlich alle Dämme. »Lebe deinen Traum« stand darauf. Ich fiel ihm in die Arme und ließ ihn ewig nicht los. Mein Vater klatschte irgendwann ab, als wäre ich eine besonders begehrte Dame auf einem Ball, bei der die Typen Schlange stehen. Es war einfach nur rührend. Die Hände auf meine Schultern gelegt, schaute mein Vater mir in die Augen und sagte: »Nick, es war schön, dich als den Menschen, der du bist, kennengelernt zu haben. Wenn wir uns wiedersehen, wirst du ein anderer sein.« Dann reichte er mir die Hand und zog mich für eine innige Umarmung an sich. Zu diesem Zeitpunkt sollte ich noch nicht begreifen, was er damit meinte. Mir standen die Tränen allerdings eh bis unter die Augenbrauen, und mein Kopf war so aufnahmefähig wie ein vollgesogener Schwamm. Was mir von diesem Abschied in Erinnerung geblieben ist, war auf jeden Fall dieser Gedanke: Wie sehr ich meine Familie doch liebte! Im Alltag übersieht man das Glück oft. Aber was war es für ein Glück, eine solche Familie zu haben. Ein so festes Band. Auch wenn ich diese drei Menschen jetzt ein ganzes Jahr nicht sehen sollte, niemand war näher an meinem Herzen.

Mit einem Blick zurück machte ich mich auf den Weg zum Security-Check. Meine Familie wollte hinter der Glaswand stehen bleiben, bis ich außer Sichtweite war. Gedankenverloren legte ich meinen Rucksack auf das Band, leerte meine Taschen aus, schnallte den Gürtel ab und wartete, bis mich der gelangweilt dreinblickende Security-Mann durch den Körperscanner winkte. Irgendwie erwartete ich fast, dass das Ding gleich aufgeregt lospiepsen würde – denn konnte es wirklich wahr sein? Ging es jetzt endlich los?

Natürlich nicht.

Der Security-Mann blickte ernst zu mir hoch, forderte einen weiteren Kollegen an, und beide schauten stirnrunzelnd auf ein massives Sicherheitsproblem: mein Zippo-Feuerzeug. »Lebe deinen Traum« entpuppte sich als »Du kommst hier nicht rein«.

»Das bleibt hier«, meinte Security-Mann A streng und deutete auf ein großes Schild mit Gegenständen, die im Passagierraum verboten waren – wie zum Beispiel mit Benzin gefüllte Feuerzeuge.

Security-Mann B verschränkte die Arme und nickte bestätigend.

»Aber…«, begann ich leise. Meine Tränen, die gerade erst getrocknet waren, machten sich bereit für Runde zwei. Egal was ich auch vorbrachte von wegen »Abschiedsgeschenk« und »lange Weltreise« und »Erinnerung an meinen Bruder«, es war vergebens. Ich machte eine Riesenszene mit sehr viel Weinen. Doch die beiden Gesichter der Security-Männer kannten nur zwei Wörter: keine Chance.

»Aber, das ist doch nur ein Feuerzeug, nichts Gefährliches«, heulte ich weiter.

»Das funktioniert so nicht«, kam es von meinen neuen Feinden.

»Und wenn ich die Schale abnehme – und meinem Bruder den Rest wiedergebe, damit er es aufhebt?« Mit einer Handbewegung zeigte ich auf meine Familie, welche die ganze Situation hinter der Scheibe sehr bewegt mitverfolgte: Mein Bruder weinte mittlerweile auch wieder. Wir mussten ein Anblick für die Götter gewesen sein.

Schließlich ließ sich einer der Security-Männer erweichen, winkte seinem Kollegen zu und öffnete eine Spezialtür. Mein Bruder und ich rannten gleichzeitig los, auf halber Strecke fielen wir uns nahezu verzweifelt in die Arme.

»Ich kann's nicht mitnehmen!«, schluchzte ich in seine Schulter.

»Ist okay, ist okay, ich bewahre es auf«, heulte er zurück.

Nach einem vernehmlichen Räuspern seitens Security-Mann B lösten wir uns wieder voneinander. Ich musste zurück. Den Rest des Security-Checks brachte ich schniefend hinter mich. Was die Sicherheitsleute dachten, war mir herzlich egal. Schließlich drehte ich mich ein letztes Mal um und winkte meinen drei Menschen zu, wie Jim Carrey in *The Truman Show*, als er seine bisherige Welt verließ: »Guten Tag, guten Abend und gute Nacht.« Dann war ich weg.

Mit leerem Kopf und verheulten Augen saß ich schließlich im Flugzeug. Als wir uns langsam übers Rollfeld in die Startposition bewegten, hatte ich noch immer nicht realisiert, dass das gerade passierte. Monatelang war ich mit den Vorbereitungen beschäftigt gewesen: Route planen, die ersten Flüge buchen, Equipment kaufen, Geld verdienen. Insgesamt startete ich mit 9.000 Euro in mein Reiseabenteuer. Darauf war ich mächtig stolz, denn ich hatte mir jeden Cent allein zusammengespart – nicht nur durch meine Arbeit als IT-Systemkaufmann, sondern auch indem ich mir als Barkeeper im Würzburger Café Schönborn sehr viele Nächte um die Ohren geschlagen hatte.

Mein Vater, der in England geboren ist, hatte es in seinen jungen Jahren ganz ähnlich gemacht: Er war in den 70ern ebenfalls viel gereist, unter anderem als Dachdecker in Kanada, und war mit 400 Pfund gestartet. Meine Planung war ganz einfach: Für jeden Tag knapp 25 Euro – mit 9.000 Euro sollte ich also ein Jahr lang hinkommen. Das dachte ich jedenfalls. Als wir abends gegen 22 Uhr in Cancún, Mexiko, landeten und ich mich mit einem Taxi auf den Weg zu meinem ersten Ziel machte, bemerkte ich den Fehler im Budgetplan. Denn schon der erste Taxifahrer identifizierte mich als Grünschnabel-Backpacker und haute mich gründlich übers Ohr.

Die gnadenlos übertreuerte Fahrt entpuppte sich auch sonst als absolut nervenaufreibend. Die Nacht war warm, und durch die offenen Autofenster wehten mir unbekannte Gerüche entgegen. Insgesamt ein Ambiente zum Vorlehnen und interessiert aus dem Fenster schauen. Doch ich Profi hatte mir wenige Tage vor meinem Reisestart natürlich noch einen Gruselfilm angeschaut, der Kidnapping und Menschenhandel in Mexiko zum Thema hatte. Dementsprechend unentspannt saß ich also im Fond des Wagens und kämpfte mit Aufregung und einem reichlich komischen Gefühl in der Magengegend.

Wir fuhren etwa eine Stunde von der eher touristischen Großstadt Cancún nach Playa del Carmen, einem alten Fischerort, der sich mittlerweile zur Stadt mit dem höchsten Bevölkerungswachstum Mexikos gemausert hatte. Sowohl Cancún als auch Playa del Carmen befinden sich im Südosten Mexikos auf der Halbinsel Yucatán, die den Golf von Mexiko vom Karibischen Meer trennt.

Mal von dem VHS-Kurs Spanisch, den ich zu Hause belegt hatte, abgesehen, war mir Spanisch noch sehr fern. Aus diesem Grund sah mein Plan vor, in Playa del Carmen für ein paar Wochen eine Sprachschule zu besuchen. Sofern wir denn dort ankommen würden, denn noch saß ich verängstigt in diesem Taxi, das mit halsbrecherischer Geschwindigkeit über den Highway fuhr. Immer wieder mussten wir an Grenzposten halten, an denen vollbewaffnete Militärs uns zum Aussteigen aufforderten und unsere Reisepässe verlangten. Als ich schließlich am Hostel ankam, checkte ich ein, ließ meinen Backpack fallen und schlief den Schlaf der Gerechten.

Am nächsten Tag sah die Welt schon wieder ganz anders aus. Ich wachte recht früh auf, was vermutlich an erhöhter Wachsamkeit wegen all der ungewohnten Geräusche und Gerüche lag. Einmal die Augen aufgeschlagen, packte mich die Unternehmungslust. Eine Woche hatte ich zum Einleben im Hostel eingeplant, danach würde meine Sprachschule beginnen. Jetzt wollte ich also sehen, wo ich gelandet war. Draußen herumlaufen. Etwas essen. Beschwingt schlüpfte ich in meine Shorts, machte mich auf den Weg und spazierte den ganzen Tag am Meer herum. Klug, wie ich war, natürlich oberkörperfrei und ohne Sonnencreme. Den Rest der Woche verarztete ich dann meinen Ganzkörpersonnenbrand.

DER WURM

Nach der ersten sonnenverbrannten Woche, während der ich Playa del Carmen erkundete und alle neuen Eindrücke aufsaugte, begann also mein Sprachkurs. Die Sprachschule hatte eine Art Kooperation mit Anwohnern, die Sprachschüler bei sich aufnehmen konnten. Ich landete bei Juanita, meiner mexikanischen Gastmama, die mit ihrem völlig unerzogenen Hundewelpen Rocky in einem großen Haus samt Gästehaus-Anbau wohnte. In Letzterem kam ich unter.

Als ich das erste Mal meine neue Bude betrat und meine Handvoll Kleidungsstücke in einen riesigen Wandschrank räumte, kam ich mir ein bisschen vor wie Brian aus der Serie *O. C., California*, der auch in einem Poolhaus gewohnt

hatte. Neben dem überdimensionalen Kleiderschrank gab es zwei Betten, ein Bad – und vor der Tür Rocky. Der kleine Welpe einer mir unbekannten Rasse hatte zwei riesige Kulleraugen und schien immer nur darauf zu warten, dass ich aus der Tür trat. Rocky durfte nicht ins Haus, lebte also auf dem Hof – und wurde mein Kumpel. Morgens, bevor ich ging, nachmittags, wenn ich von der Sprachschule kam, immer nahm ich mir Zeit und spielte eine Weile mit ihm. Ich ahnte, dass das wohl sonst niemand tat.

In der Sprachschule traf ich dann auf meine Lehrerin, eine quirlige Mexikanerin namens Issaura. Neben mir bestand meine Klasse aus der Italienerin Martina, Andrea aus Tschechien und einer Schweizerin. Insgesamt gab

MEINE SPRACHSCHULE IN PLAYA DEL CARMEN. NEBEN GUTEN SANDWICHES GAB ES AUCH LECKERE SMOOTHIES. UND SPANISCH KONNTE ICH NEBENBEI AUCH LERNEN.

Nahezu jeder Tag der vier Wochen Playa del Carmen verlief nach demselben Schema: verkatert aufstehen, mit Rocky spielen, frühstücken – und fast immer pünktlich um 9 Uhr in der Sprachschule antanzen. Der Unterricht ging bis ungefähr 14 Uhr, unterbrochen von einer halbstündigen Mittagspause gegen 11 Uhr. War man motiviert, buchte man im Anschluss an den Schultag noch eine Einzelstunde. Ich war motiviert. Das bedeutete: Gegen 15 Uhr machte ich mich auf den Rückweg zum Haus von Juanita, die jeden Tag mit selbstgekochtem mexikanischem Essen auf mich wartete. Nach dem Essen kümmerte ich mich meist um die Hausaufgaben, die uns Issaura jeden Tag aufs Auge drückte. Manchmal verbrachten

es in der Sprachschule vier oder fünf Klassen, in denen jeweils unterschiedliche Level Spanisch unterrichtet wurden. Die Sprachschüler kamen zu großen Teilen aus Deutschland und der Schweiz, was mich anfangs ziemlich nervte. In jeder Pause stand man zusammen und redete deutsch. So würde das nichts werden, dachte ich, und hängte mich mehr und mehr an Martina aus Italien. Martina nämlich hatte einen entscheidenden Vorteil, mal abgesehen davon, dass sie super nett und lustig war: Sie sprach kein Wort Englisch. Da ich kein Italienisch beherrschte, blieb uns nichts anderes übrig, als Spanisch zu sprechen. Es stellte sich heraus, dass sie Spanisch schon viel besser konnte als ich, deshalb lernte ich von ihr eine Menge. Doch gerade anfangs, als ich nur sehr bruchstückhaft und wahllos spanische Wortfetzen aneinanderreihte, hatten wir Schwierigkeiten, zu kommunizieren. Dennoch verstanden wir uns prima.

MEZCAL: HIER MIT ORANGE UND CHILIPULVER. EXOTISCHE VARIANTE (AUCH GETESTET): MIT MARACUJASAFT UND KAKAOBOHNE

MARTINA WAR DER GRUND, WARUM ICH SO SCHNELL SPANISCH GELERNT HABE! JETZT SPRECHE ICH ALS FRANKE ALLERDINGS SPANISCH MIT ITALIENISCHEM AKZENT.

wir Sprachschüler die Nachmittage auch am Strand, hörten Musik und genossen einfach das Leben. In jedem Fall trafen wir uns abends zum gemeinsamen Essen. Von dort aus ging es dann in diverse Bars und Clubs.

Playa del Carmen, muss man wissen, ist nämlich eine Partystadt. Für mich, gerade mal 23 Jahre alt, kam das wie gerufen. Was hatte ich Spaß auf der Quinta, der örtlichen Partymeile. Hier bestellte man sich nicht einfach eine Flasche Bier, hier gab es immer nur sehr große Cocktails für sehr wenig Geld. Cuba Libre, Gin Tonic, Whisky Cola, Mojito – für je zwei bis drei Euro pro halben Liter machten wir die Nacht zum Tag und nahmen die Billigfusel-Kopfschmerzen am nächsten Morgen gern in Kauf.

An einem dieser Abende in Playa del Carmen probierte ich zum ersten Mal Mezcal, das Lieblingsgetränk der Mexikaner. Die berühmteste Mezcal-Sorte kennt man auch im Rest der Welt: den Tequila. In Mexiko jedenfalls ist Mezcal so beliebt, dass es eigens Mezcal-Bars gibt, in denen man auch wirklich nur Mezcal trinkt. Eine davon, Mescalino, war die Mezcal-Bar unserer Wahl. Irgendwann am Abend landeten wir einfach immer dort.

Selbst wenn kein Etikett auf einer Mezcal-Flasche klebt, ist sie schnell zu erkennen, denn traditionell schwimmt oft ein Wurm drin. Der Wurm ist eigentlich kein richtiger Wurm, sondern entweder eine Schmetterlingsraupe oder eine Mottenlarve. Beide Insekten sind Parasiten, die sich von der Agavenpflanze ernähren, aus der Mezcal gewonnen wird.

Ich hatte nach und nach auch mexikanische Freunde gefunden, die abends mit uns in besagter Mezcal-Bar saßen. Von ihnen lernte ich die folgende Regel: Wer den letzten Shot aus einer Flasche Mezcal trank, musste auch den Wurm essen. Natürlich passierte mir das dann über kurz oder lang auch mal. Das Gute an dieser kleinen Tradition: Am Grund der Flasche angekommen, bist du für gewöhnlich schon so jenseits von Gut und Böse, dass du kein Problem mehr damit hast, Würmer zu essen. Ich kann mich erinnern, dass ich so ein Ding mal gegessen habe – aber wie es schmeckte? Keine Ahnung.

BACARDI FEELING

Ich stand mitten in der Nacht am Strand hinter dem Blue Parrot, einem Club in Playa del Carmen. Mein offenes Hemd flatterte mir um den Oberkörper, in der Hand hielt ich einen Mojito. Vor mir rollten kleine schwarze Wellen an den Strand, über mir leuchteten tausend Sterne. Neben mir tanzten lauter Menschen, ich mittendrin. Es war wahnsinnig heiß, und der Wind wehte Musik zu mir herüber: Bacardi Feeling. »Das Leben ist so schön«, dachte ich grinsend und gratulierte mir zum tausendsten Mal dazu, meinen zwei Bildschirmen in dem schmucklosen Büroraum den Rücken gekehrt zu haben.

MEXIKANISCHES STREETFOOD

Man kann getrost behaupten: Traditionelle mexikanische Getränke hatten es mir angetan. Doch abgesehen davon, bin ich seit meinen ersten Wochen als Backpack-Rookie der größte Fan von mexikanischem Essen, der auf diesem Planeten herumläuft. Kein Tag in Playa del Carmen verging, ohne dass ich mich auf Juanitas Essen freute oder an irgendeinem Streetfood-Imbiss neue Gerichte ausprobierte. So kam ich irgendwann auch an einem gelben Wagen vorbei, in dem ein Mexikaner Essen vor sich hinbrutzelte. Ich hatte ein ziemlich großes Loch im Magen und freute mich bereits auf einen Käsetaco oder eine Quesadilla – doch beides war bei dem Mann nicht zu bekommen. Er zeigte auf ein Schild mit fünf Wörtern, die offenbar sein Menü abbildeten. Leider sagte mir kein einziges dieser Wörter etwas. Kurzerhand fragte ich ihn, was denn sein Lieblingstaco sei, woraufhin er auf zwei der Wörter deutete. Ich nickte bestätigend und bestellte mir noch ein Dos Equis dazu, mein mexikanisches Lieblingsbier, und der Typ fing an, mein Gericht zusammenzustellen. Als er fertig war, schob er mir zwei Tacos zu, die irgendwie merkwürdig aussahen. Der eine sah interessant aus, der andere ... nun ja: anders. Ganz wohl war mir bei der Sache nicht, und leider sahen die Tacos nicht nur anders aus, sie schmeckten auch anders. Und zwar nicht gut. Ich kämpfte mich Stück für Stück vorwärts und gegen meinen Würgereiz. Immer ein Stück Taco, dann ein Schluck Bier. So brachte ich die Angelegenheit irgendwie hinter mich.

Als ich endlich den letzten Bissen mit dem restlichen Bier heruntergespült hatte, fragte ich den Mann, was genau ich eigentlich gegessen hätte. Er deutete wieder auf das Schild, offenbar verstand er nicht, dass ich nichts damit anzufangen wusste. Schließlich erklärte er mir mit Händen und Füßen, was genau ich da gekaut hatte. Ich muss sagen, dass ich damals sehr froh war, erst nach dem Essen gefragt zu haben. Denn auf meinen Tacos waren zerhäckselte, angebratene und mit Salsasauce gewürzte Augen, Sehnerven und Gehirne von Kühen. »Aha, okay«, sagte ich – und dachte: »Uäääh!!!« Nie, nie wieder würde ich das essen, so viel stand fest. Auch wenn ich mich seit diesem Moment klüger fühle und möglicherweise besser sehen kann.

An diesem Tag nahm ich mir vor, ab sofort öfter mal nachzufragen, wenn ich etwas nicht weiß. Fragen schadet ja bekanntlich nie. Wer nicht lesen, lernen oder hören will, der muss halt fühlen – beziehungsweise in diesem Fall: schmecken.

Bei Juanita passierte mir so etwas nie. Zwar habe ich bei ihren feurig scharfen Gerichten schon mal meinen halben Wasserhaushalt aus meinem Körper geschwitzt, aber ihr Essen war ausnahmslos großartig. Und das, obwohl wir essenstechnisch gar keinen so guten Start hatten. Ich war gerade erst ein paar Tage in der Sprachschule gewesen, da saß ich zu Hause bei Juanita am Tisch und genoss einmal mehr, was sie mir vorgesetzt hatte. Weil ich ihr zeigen wollte, wie gut ich mit meinem Spanisch vorankam, beschloss ich, ihr in ihrer Muttersprache zu sagen, wie glücklich mich ihr Essen machte. Ich erzählte ihr also, dass ich zu Hause selbst viel kochte und bereits besser

MEINE GASTMAMA JUANITA MIT IHRER FAMILIE: MEINE VERBALE ATTACKE HAT SIE MIR ZUM GLÜCK VERZIEHEN.

sei als meine Mutter. Ich hatte dies eigentlich als Kompliment gemeint, denn als offensichtlich begabter Gourmet hatte meine Freude an ihrem Essen so richtig Gewicht. Doch irgendwas war gewaltig schiefgelaufen. Juanita starrte mich an, schüttelte den Kopf, stand auf und ging in die Küche. Dort schlug sie mit einem gewaltigen Krachen das ganze Essen in die Spüle. Es folgte ein Türenknallen – und für den Rest des Tages habe ich meine Gastmutter nicht mehr zu Gesicht bekommen.

Am nächsten Tag erzählte ich Issaura, was passiert war. Sie hörte sich erst alles in Ruhe an, fing mittendrin an zu grinsen und kippte am Ende vor Lachen vom Stuhl. Ich war immer noch ratlos.

»Nick«, sagte Issaura. »Du hast ihr nicht gesagt, dass du besser kochen würdest als deine Mutter.«

»Nicht?«, fragte ich lahm.

»Nein.« Issaura kicherte weiter. »Genau genommen hast du Juanita ziemlich bestimmt mitgeteilt, dass du sehr viel besser kochst, als IHRE Mutter.«

Oha. Das war tatsächlich nicht gerade ein Kompliment – und mir wurde klar, dass man Juanita besser nicht mit Deine-Mutter-Witzen kam. Glücklicherweise konnte ich das Missverständnis wenig später aufklären und mich entschuldigen. Juanita war wieder besänftigt.

BERSHKO

Dank Issaura, Juanita, Martina und meinen mexikanischen Freunden wurde mein Spanisch von Tag zu Tag besser. Konnte ich anfangs gerade mal ein Bier bestellen und einer Frau offenbaren, was für wunderschöne Augen sie doch hatte, lief ich mittlerweile durch die Straßen und quatschte, ohne zu überlegen, mit den Leuten. Wie viel Anteil an diesem Erfolg Martina hatte, stellte sich heraus, als mich irgendwann ein Mexikaner danach fragte, ob ich aus Italien sei. Schon krass – und gleichzeitig sehr witzig: Da war ich als deutscher Typ auf einer Halbinsel in Mexiko und lernte von Martina Spanisch mit italienischem Akzent. Kurz: Ich fühlte mich pudelwohl und irgendwie auch »angekommen«. Das allerdings biss sich ein wenig damit, dass ich noch viel vorhatte auf meiner Weltreise. Dennoch war diese Zwischenstufe nach zu Hause und vor dem Weiterreisen für mich genau die richtige Entscheidung gewesen. Es gibt ein Sprichwort, das ursprünglich von einem Indianer stammt, der sich nach seiner ersten Eisenbahnfahrt auf den Bahnsteig setzte und seinen verwunderten Begleitern auf ihre fragenden Blicke hin sagte: »Wenn du an einen neuen Ort gelangst, warte. Es braucht Zeit, bis die Seele nachkommt.« Irgendwie war Playa del Carmen für mich dieser Bahnsteig gewesen. Es war eine tolle Zeit – und einige der Menschen, die ich damals kennengelernt habe, sind bis heute meine Freunde. Noch heute lachen besonders meine Klassenkameradinnen Martina und Andrea über eine Story, die mir meinen Spitznamen eingebracht hatte. Sie redeten damals im Klassenraum ständig über etwas, das sich Bershka nannte. Irgendwann wurde es mir zu bunt, und ich fragte, was denn dieses Bershka sei – etwas zu essen vielleicht? Die Mädels brachen in schallendes Gelächter aus und klärten mich auf: Bershka sei eine Modekette, und sie sprachen über Klamotten. Ich dachte nur: »Was sonst. War ja klar.« Von da an nannten sie mich nur noch *Bershko* – ich wehrte mich nicht, war aber zumindest froh über die männliche Endung im Spanischen.

WER SAGT EIGENTLICH, DASS LERNEN KEINEN SPASS MACHEN DARF? HIER WAREN SOGAR SPONTANE TANZEINLAGEN WÄHREND DES UNTERRICHTS AM STRAND ERLAUBT!

BOB MARLEY

Wenn man in Mexiko kürzere Strecken reist, stellt man sich für gewöhnlich an eine bestimmte Stelle und wartet auf ein Colectivo. Das sind Sammeltaxis, die ähnlich wie Busse bestimmte Routen abfahren. Eingeklemmt zwischen meinen Backpacks und mit dem Kopf an der Scheibe döste ich träge während einer solchen, knapp 45 Minuten langen, holprigen Fahrt zu meinem nächsten Ziel.

Gestern war mein Abschied in Playa del Carmen gewesen, und ich hatte einen ganz schönen Schädel. Alle waren gekommen: meine Lehrer, die anderen Sprachschüler, Freunde aus dem Ort. Zur Feier des Tages hatte ich für alle Spaghetti Bershko gekocht, eine Eigenkreation nahe an Bolognese, verfeinert mit viel Rotwein, Sahne, Karotten und Nüssen. Es war traurigschön, eine Mischung aus Abschiedsschmerz und Vorfreude.

Heute früh hatte Martina mich dann zum Colectivo-Abholpunkt gefahren. Ich grinste, als ich daran dachte, wie wir beide auf ihrer kleinen Vespa über den Highway gebrettert waren: die kleine Italienerin und der riesige Nick samt Helmen und Sonnenbrillen, einem überdimensionalen Backpack und einem weiteren kleinen Rucksack.

Das Bremsen des Colectivo riss mich aus meinen Gedanken. Ich öffnete die Augen und linste in die blendende Sonne nach draußen: Wir waren in Tulum angekommen. Der Fahrer gab mir mit einem Zeichen zu verstehen, dass ich hier aussteigen könne. Als sich der Staub des weiterfahrenden Autos legte, sah ich mich um: Ich stand mitten auf einer Straße, die noch etwa drei Kilometer vom Strand entfernt lag. Ich schulterte also meinen Backpack und machte mich auf den Weg. Schon nach kurzer Zeit lief mir der Schweiß aus allen Poren. Die Sonne brannte, der Rucksack wog unglaublich viel, und meine schweren Wanderboots fühlten sich an wie Zementklötze. Wasser hatte ich natürlich auch keines mehr – und obwohl die Strecke nicht allzu lang war, kam mir der Fußmarsch vor wie eine Ewigkeit. Meine Muskeln streikten, und ich hatte kaum noch Flüssigkeit im Körper. Als ich endlich den Strand erreichte und dann den kleinen Zeltplatz, auf dem ich mein Lager aufschlagen wollte, lag meine Zunge wie ein Fremdkörper in meinem Mund.

Der Zeltplatz bestand aus einem kleinen, leer stehenden, gemauerten Häuschen sowie einigen Palmen. Nach ungefähr 50 Metern begann ein blendend weißer Pudersandstrand. Auf halbem Weg reckte sich aus einer Düne eine kleine Strandbar hervor, in der den ganzen Tag Bob-Marley-Musik lief. Hier wurde Bier getrunken und Gras geraucht. Gäste gab es an der Bar und auf dem Zeltplatz so gut wie keine, alles war ziemlich verlassen. Ein großer, muskulöser Typ mit einer komplett kaputten – und wie er mir später erzählen sollte: zur Heilung mit Metallschrauben fixierten – Schulter stellte sich mir als Terminator vor. Eigentlich war sein Name Jared, und er kam aus Kanada.

»Terminator passt ganz gut«, dachte ich mit Blick auf seine halb reparierte Verletzung.
Eine Woche hingen wir zusammen auf diesem verlassenen Fleckchen Erde herum, kletterten auf Palmen, erkundeten Ruinen, aßen fast ausschließlich Kokosnüsse und Papayas, weil wir

VOLLGEPACKT MIT TOLLEN SACHEN, DIE DAS LEBEN SCHÖNER MACHEN: SO VERLIESS ICH PLAYA DEL CARMEN. MIT ABSOLUT KEINER AHNUNG WAS MIR ALLES BEVORSTEHT.

HIER LÄSST ES SICH GUT AUSHALTEN: BOB MARLEY HÖREN, »BOB MARLEY« RAUCHEN UND EIN KALTES BIER IN DER HÄNGEMATTE GENIESSEN.

keinen Bock hatten, zum nächsten Supermarkt zu wandern, und chillten zur Stimme von Bob Marley am Strand.

Die einzige Unterbrechung dieser Zeit bestand darin, dass ich zufällig Andrea aus meiner Sprachschule am Strand wiedertraf. Ihr Mann besaß in Tulum ein Hotel, und zusammen mit ihren Kindern verbrachte sie dort die Woche nach der Sprachschule. Sie lud mich ein, sie zu besuchen – und als ich mich schließlich aufgerafft hatte und den Weg dorthin marschiert war, stand ich nicht vor irgendeinem kleinen Bed & Breakfast, sondern vor einem Nobelhotel der Extraklasse, in der eine Nacht mal locker 800 Dollar kostete. Wir verbrachten einen schönen Tag zusammen mit ihrem Mann und ihren Kindern, doch was mir hauptsächlich in Erinnerung blieb, war der Rückweg zum Bob-Marley-Strand.

Ich war gerade losgelaufen, und obwohl es schon Abend wurde, brannte die Sonne noch immer. Wasser hatte ich natürlich wieder nicht dabei, und meine Lust, den ganzen Weg zu Fuß zurückzulegen, hielt sich sehr in Grenzen. Ich war noch nie getrampt, hatte, ehrlich gesagt, auch ein bisschen Angst davor, dennoch streckte ich, ohne lange nachzudenken, meinen Daumen raus. Nur Sekunden später hielt auch schon ein weißer Pick-up. Das hatte ich mir schwerer vorgestellt.

Ich stieg zu einem junggebliebenen Unternehmer Anfang 40 ins Auto. Dass der nicht gerade am Hungertuch nagte, erfasste ich mit einem Blick auf die Innenausstattung. Schon nach kurzer Zeit hatten wir den üblichen belanglosen Small Talk hinter uns gelassen und befanden uns mitten in einem intensiven Gespräch. Er erzählte mir, dass er im Leben vieles erreicht hatte und es ihm wirklich gut gehe.

»Klar, du kannst sagen: Glück gehabt. Ich weiß aber, es ist eine Frage der Einstellung. Du kannst alles negativ betrachten, aber auch in jeder Scheiße positive Seiten sehen. Es kommt immer darauf an, was du willst und was du aus deinem Leben machst«, sagte er.

Ich erzählte ihm, dass ich gekündigt und mich aufgemacht hatte, die Welt zu entdecken – und dass ich verstehe, was er mir sagen will. Die Fahrt war nicht lang, das Gespräch machte dennoch Eindruck auf mich. Am Zeltplatz angekommen, verabschiedete ich mich deshalb herzlich von ihm und wollte gerade die Autotür zuschlagen, da rief er mich zurück:

»Warte mal!«

Ich hielt inne. Er lehnte sich nach vorne, kramte in seinem Handschuhfach, zog seinen Geldbeutel hervor und drückte mir ein paar mexikanische Pesos in die Hand.

»Nick, ich finde es wirklich toll, was du machst. Trink davon ein paar Bier, geht auf meine Kappe!«

Überrascht bedankte ich mich und blickte ihm noch lange nach, als er die Straße wieder zurückfuhr. Dieses erste Mal Trampen war nur eines von vielen weiteren Erlebnissen, die noch kommen sollten und die mir zeigten, wie weltoffen und freundlich Menschen auf der ganzen Welt sind. Gepolt von negativen Nachrichten und Horrorstorys aus aller Welt, war die generelle Freundlichkeit, die mir immer und immer wieder begegnete, komplett neu für mich. Es war, als würde das Reisen mein in Schieflage geratenes Bild von der Menschheit geraderücken. Die Gefahr, die in anderen Ländern lauerte, böse Menschen, gefährliche Machenschaften – klar, das war und ist real – aber in welchem Verhältnis steht das alles zur Wirklichkeit? Obwohl Mexiko zu den gefährlicheren Ländern gehört, erlebte ich hier so viel Herzlichkeit und Freundlichkeit wie selten zuvor in meinem Leben. Das brachte mich zum Nachdenken – und es machte mich gleichzeitig unwahrscheinlich glücklich, zu erfahren, wie freundlich diese Welt eigentlich ist. Dieses Erlebnis knipste wieder eines dieser Lichter in meiner Seele an, die mein Leben heute so bereichern.

DIE RUINEN
DER MAYAS

DER WEG NACH PALENQUE. NEBEN BRÜLLAFFEN UND MAGIC MUSHROOMS GAB ES BEEINDRUCKENDE LANDSCHAFTEN ZU ENTDECKEN.

Ich wanderte allein durch den mexikanischen Dschungel und schlug mich durch dichtes Gestrüpp. Mein Ziel war die Maya-Ruinenstadt Palenque. Meine Erwartungen an die alten Ruinen waren groß. Als ich noch in Playa del Carmen war, hatte ich schon mal einen Ausflug zu einer Maya-Ausgrabungsstätte gemacht: Chichén Itzá. Doch das war, ehrlich gesagt, eine herbe Enttäuschung gewesen. Die ganze Stätte wimmelte nur so von Touristen, da es sich um ein UNESCO-Welterbe handelte. Deshalb startete ich mit Palenque einen neuen Versuch. Der schwierige, weil zugewucherte Weg dorthin ließ in jedem Fall auf ein besseres Ergebnis hoffen.

Am Tag zuvor war ich mit dem Bus so nahe wie möglich an Palenque herangefahren und hatte auf einem Zeltplatz mein Zweimannzelt aufgeschlagen. Am nächsten Tag machte ich mich auf den knapp eineinhalbstündigen Weg zu den Ruinen.

Im Palmen- und Buschdickicht wimmelte es nur so vor Getier: Insekten, Eidechsen, Grashüpfer. Was sich noch alles im Unterholz verbarg, darüber dachte ich am besten gar nicht nach. Überall zirpte und knarzte es vor sich hin und machte irgendwelche Geräusche, doch der ganze Lärm wurde durch das Blattwerk merkwürdig gedämpft. Ich befand mich das erste Mal mitten in einem Dschungel, so richtig mit Wasserläufen, unwegsamem Gelände und Trampelpfaden.

Irgendwann – mir taten schon die Beine weh und ich hatte einige Kratzer am Körper – lichtete sich der Wald, und ich fand mich auf einer Anhöhe wieder. Der Blick, der sich mir eröffnete, machte mich sprachlos und ließ mich die eineinhalb Stunden Marsch auf der Stelle vergessen: Vor mir breitete sich ein riesengroßes Areal mit Maya-Ruinen aus. Ein blauer Himmel lag über den teils zugewucherten Bauten, einige Vögel flogen darüber, und nur hier und da sah ich ein paar Wanderer in aller Stille herumlaufen. Ich konnte mich kaum sattsehen, so schön war diese Aussicht, die mich direkt in eine vergessene Zeit blicken ließ. Vor Hunderten von Jahren war hier reges Treiben gewesen. Hier hatten Menschen gelebt, genau solche Menschen wie du und ich, nur in einer ganz anderen Welt. Und doch stand ich genau jetzt am selben Ort wie sie damals. Ein komisches Gefühl, das mich zugleich freute und andächtig werden ließ. Langsam setzte ich meinen Weg durch die Ruinen fort.

Meine Erwartungen an Palenque wurden mehr als übertroffen. Den ganzen Tag lief und kletterte ich in dem großen Gelände herum und versuchte, mich in diese alte Zeit hineinzuversetzen. Ich begegnete insgesamt höchstens 50 anderen Menschen – im Vergleich zu Chichén Itzá war Palenque quasi ausgestorben. Da das Areal so groß war, hatte ich eher das Gefühl, dort allein zu sein. Bis heute kann ich sagen, dass Palenque die schönste Ruinenstadt ist, die ich je gesehen habe.

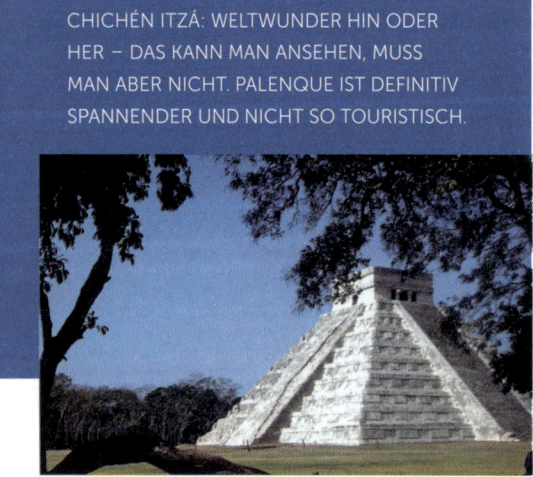

CHICHÉN ITZÁ: WELTWUNDER HIN ODER HER – DAS KANN MAN ANSEHEN, MUSS MAN ABER NICHT. PALENQUE IST DEFINITIV SPANNENDER UND NICHT SO TOURISTISCH.

DIE TOILETTEN VON SAN CRISTÓBAL DE LAS CASAS

Eine Sache, die viele zentralamerikanische Länder gemeinsam haben, ist parfümiertes Toilettenpapier. In den WCs hängt deshalb immer ein so schwerer Geruch wie in Douglas-Filialen. Das hat folgenden Grund: Toilettenpapier darf nicht mit runtergespült werden, weil die Rohre zu dünn sind oder der Wasserdruck zu niedrig. Tut man es doch, riskiert man eine ordentliche Verstopfung – und dann hat man den Salat. Deshalb wirft man das Toilettenpapier nach dem Klogang ganz elegant in einen Papierkorb. Damit es weiterhin möglich ist, zu atmen, ist der Krempel eben parfümiert. Eine gefährliche Mischung, wie ich finde.

Leider ist das mit den Verstopfungen nicht nur bei Toilettenpapier der Fall, sondern auch wenn man… ich sage mal: ein umfangreicheres Geschäft erledigt. Diese sehr unangenehme Erfahrung sollte ich in San Cristóbal de las Casas machen. Diese Stadt liegt weiter im Süden von Mexiko. Hier hatte ich in einem Hostel einige Argentinier kennengelernt, drei Frauen und zwei Männer, und wir hatten noch vor, gemeinsam auszugehen.. Wie es Hostels so an sich haben, teilen sich mehrere Leute eine Toilette. Auf jeden Fall – keine Ahnung, an was es lag, ob ich zu viel gegessen hatte oder einfach das Falsche – hatte ich auf dieser Gemeinschaftstoilette noch etwas Geschäftliches zu erledigen. Etwas Großes. Als ich gerade die Spülung betätigte, klopfte eine der Argentinierinnen an die Tür.

»Kleinen Moment«, rief ich und wollte mir noch die Hände waschen.

Aus der Toilette kamen komische Geräusche, die eindeutig nicht nach normalem Abgang klangen. Mit einem Blick stellte ich fest: Die Toilette läuft nicht ab. Verdammt. Ich betätigte erneut die Spülung. Doch es wurde nicht besser. Strudelnd füllte sich das Toilettenbecken – und alles, was darin war, schwamm gemächlich vor sich hin. Draußen wartete die Argentinierin.

So ein Mist, dachte ich und suchte fieberhaft nach einer Toiletten-Saugglocke. Nichts. Auch keine Klobürste in Sicht. Ein erneutes Drücken der Spülung brachte rein gar nichts. Ob die Argentinierin immer noch wartete? Mir brach der Schweiß aus. So konnte ich auf keinen Fall die Tür öffnen. Erwähnte ich schon, dass die Dame ausgesprochen hübsch war? Was sollte ich sagen? Etwa: »Entschuldigung, ich hab ordentlich was in die Toilette gelegt – und nun schwimmt das da rum und geht nicht runter«? Auf keinen Fall.

> Ich bekam
> ein bisschen Panik –
> war das peinlich!
> Denk nach,
> was machst du jetzt?

Ich drehte mich in der winzigen Toilette um mich selbst und suchte nach irgendetwas, das mir helfen konnte. Nichts. Absolut nichts. Außer diesem beschissenen parfümierten Toilettenpapier. Sollte ich das Ganze damit herausangeln? Ich verwarf diesen Gedanken sofort wieder. Mein »Geschäft« im Papierkorb konnte auch keine Lösung sein. Ich bekam ein bisschen Panik – war das peinlich! Denk nach, was machst du jetzt?

Verzweifelt drückte ich noch ein paarmal auf die Spültaste.

Zwischenzeitlich klopfte es wieder.

»Nick, alles okay?«, kam es von draußen.

»Äh… ja, ja, äh… alles okay. Gleich fertig«, rief ich dünn zurück. Warum funktionierte diese dämliche Spülung nicht? Ich montierte den Spülkastendeckel ab – und konnte es nicht fassen: Da war überhaupt kein Druck auf der Leitung und das Spülwasser kam lediglich minimal tröpfelnd nachgelaufen. O nein, das gibt es doch nicht!

Mittlerweile schwitzte ich Blut und Wasser – aber ich hatte immer noch keinen Plan, wie ich diesen verdammten Haufen die Toilette runterkriegen sollte. Ich schaffte es einfach nicht. Ich wusste nur: Bevor ich eine Lösung gefunden hatte, würde ich auf keinen Fall diese Tür öffnen. Mittlerweile betätigte ich wider besseren Wissens panisch immer wieder die Klospülung. Als ob plötzlich eine wundersame Wasservermehrung stattgefunden hätte.

In meiner Verzweiflung wandte ich mich dem Waschbecken zu und drehte den Wasserhahn auf. Hier kam das Wasser etwas schneller. Ich schaute auf den Wasserstrahl. Dann zum Spülbecken. Dann wieder zum Wasserstrahl. Na gut. Hilft ja nichts. Also fand ich mich Wasser schaufelnd zwischen Waschbecken und Spülkasten wieder, als ob es um mein Leben ginge. Zumindest ging es hier um meinen Ruf.

Ich schaufelte und schaufelte mit beiden Händen, um dieses verdammte Ding vollzubekommen. Zwischendurch klopfte es immer wieder. Ich antwortete nicht mehr, ich hatte zu tun. Es ging langsam, aber es funktionierte: Der Spülkasten füllte sich. Ich wollte allerdings kein Risiko mehr eingehen und das Ding komplett vollmachen. So wie die Sachlage war, würde nur noch ordentlich Druck mich aus dieser Hölle retten. Betätigte ich die Spülung bei nur halb vollem Spülkasten, bestand die Gefahr, dass wieder nichts passierte oder die Toilette am Ende noch überlaufen würde. O Gott, nur das nicht. Ich schaufelte weiter. Mein T-Shirt klebte mir mittlerweile am Rücken, und ein Blick in den Spiegel zeigte einen panischen Typen mit hochrotem Kopf. Es klopfte wieder. Diesmal weiter oben. Es war einer der Argentinier, offenbar hatte das Mädel den anderen Bescheid gesagt, dass irgendwas nicht stimmte.

»Du, Nick?«, kam eine tiefe Stimme durch die Tür gedämpft zu mir rüber.

»Mmh-mmh?«, antwortete ich schwer beschäftigt.

»Brauchst du vielleicht bei irgendetwas Hilfe?«

»Äh nein, alles unter Kontrolle«, gab ich ausweichend zurück.

Dabei hätte ich ihn echt gerne um Hilfe gebeten. Unter Männern wäre das kein Problem gewesen. Aber wie sollte ich ihm sagen, dass ich verdammt noch mal sehr wohl Hilfe brauchte, ohne dass die drei wunderschönen Argentinierinnen alles mitbekamen?

Ich hatte es fast geschafft. Das Spülbecken war fast ganz gefüllt. Ich war vollkommen fertig. Ich stellte mich vor das Klo und legte die Hand auf den Spülknopf.

Jetzt oder nie.

Mit ausgetrocknetem Mund sah ich zu, wie ein Schwall Wasser in die Schüssel schwappte und den Wasserspiegel bedrohlich anhob. Plötzlich röhrte es einmal laut wie bei einer Flugzeugtoilette... und der Abfluss gab nach. Endlich.

Zitternd und schweißgebadet sank ich mit dem Rücken an der Wand herunter. Dem Himmel sei Dank.

Ich wusch mir die Hände, atmete einmal tief durch und öffnete die Tür. Fünf Augenpaare starrten mich an.

»Können wir los?«, sagte ich so cool wie möglich, was natürlich in krassem Gegensatz zu meinem derangierten Äußeren stand: knallroter Kopf und schweißnasses T-Shirt.

Was ich wohl nach Meinung der Argentinier in der Toilette angestellt habe, wollte ich gar nicht wissen.

Den Rest der Zeit in San Cristóbal erwähnte keiner von uns diese Episode. Es fragte auch niemand nach, und ein paar Tage später dachte niemand mehr daran. Hoffte ich. Stattdessen schauten wir uns in dieser wahnsinnig schnuckeligen Stadt um, machten einen Ausflug zu einem nahe gelegenen Canyon, fuhren mit Booten herum und freuten uns über jeden Tag. Dort in San Cristóbal bemerkte ich, dass ich einen echten Sprung gemacht hatte, was mein Spanisch betraf: Ich konnte mich das erste Mal wirklich mit anderen Menschen in dieser Sprache unterhalten. Besonders stolz war ich, als einer der Argentinier zu mir sagte: »Dein Spanisch ist total gut!«

»Estoy hablando español ahora mismo«, antwortete ich stolz, was so viel heißt wie: »Krass, ja, ich spreche wirklich genau in diesem Moment Spanisch!«

HORROR-BUSFAHRT

Keine Ahnung, ob mir in meinem ganzen Leben schon jemals so schlecht gewesen war. Ich saß auf einem winzigen Klo, mit den Knien stieß ich vorne an die Tür, der Spülkasten hinter mir schloss mit der Rückwand. Ich stöhnte. Obwohl mein Magen mittlerweile total leer sein musste, hörte und hörte es nicht auf. Kam der nächste Übelkeitsschwall, war ich gezwungen, schnell aufzustehen, mich mit heruntergelassenen Hosen umzudrehen, irgendwie hinzuknien und über die Schüssel zu hängen. Es kam nur noch Galle. Immer und immer wieder. Dann drehte ich mich wieder um und setzte mich auf die Schüssel. Mein Magen revoltierte.

Ich wusste nicht, ob es in mir drin unaufhörlich schwankte oder ob es nur an diesem völlig selbstmordgefährdeten Busfahrer lag, der mit so vielen Sachen über den Highway bretterte, dass ich mir regelmäßig das Steißbein oder den Kopf an irgendeiner dieser Spanplattenwände stieß. Mehr als fünf Stunden befand ich mich mittlerweile in diesem verkackten Bus – noch nicht ein einziges Mal hatte er angehalten. Ich sehnte den Stopp herbei, nicht nur, damit ich endlich ein wenig frische Luft schnappen könnte, sondern auch, weil ich erbärmlich fror. In Mexiko gibt es generell nur zwei Temperaturen: wahnsinnig heiß und arschkalt. Draußen – also für mich gerade meilenweit entfernt – war es so warm, dass man locker ein Spiegelei auf einem Stein braten könnte. Hier drinnen im Bus wunderte es mich, dass mein Atem nicht kondensierte. Oder besser gleich direkt als Eisblock auf den Boden krachte. Mit der Klimaanlage nahm es der Idiot jedenfalls ganz genau. Aber das taten sie hier irgendwie alle.

Als ich sicher war, dass mein Magen-Darm-Trakt einige Minuten Ruhe geben würde, schleppte ich mich zurück auf meinen Platz. Wobei auch das nicht wirklich ein Wort ist, was auf diese Hölle von einem Bus passte, denn Platz gab es hier wirklich so gut wie keinen. Zugegeben, ich bin nicht gerade klein, aber gegen diese Sardinendose auf Rädern konnte die Beinfreiheit in Billig-Airlines als »königlich« bezeichnet werden. Meine Knie konnte ich nur mit Gewalt zwischen die Sitze pressen – das rechte war mittlerweile verdreht und tat fürchterlich weh.

Mexiko ist ziemlich gut vernetzt mit Bussen. Du kannst im Prinzip jede erdenkliche Strecke, egal, wie lang diese ist, mit einem Linienbus zurücklegen. Das Problem ist nur: Du musst es tatsächlich auch, denn ohne Busse geht hier fast gar nichts. Ich hatte mir also an diesem Nachmittag in San Cristóbal ein Ticket gekauft mit dem Ziel, innerhalb von ungefähr 14 Stunden einmal quer durchs Landesinnere an die Westküste nach Puerto Escondido zu fahren. Weil ich noch etwas Zeit hatte, bevor der Bus losfahren sollte, machte ich einen Abstecher auf den Marktplatz, um etwas zu essen. Im Nachhinein kann man sagen, dass dies mein größter Fehler war. Ich kaufte mir eine Guacamole – und ich weiß noch, dass ich mich ein wenig über den Geschmack wunderte. Es schmeckte irgendwie... anders. Nicht so, wie ich es gewohnt war. Dennoch stopfte ich die komplette Portion in mich rein und machte mich anschließend auf den Weg zur Bushaltestelle.

Nicht lange, nachdem der Busfahrer seinen ersten Schnellstart mit quietschenden Reifen hingelegt hatte, fing es also an, in meinem Magen so ein bisschen zu rumoren. Eine Weile konnte ich das noch ignorieren, aber irgendwann ging es nicht mehr. Dann begann meine Odyssee auf diesem winzigen Busklo. Ohne ins Detail zu gehen: Es kam aus allen Öffnungen heraus, und ich fühlte mich, wie durch die Mangel gedreht. Im doppelten Sinn, wenn man bedenkt, dass ich bei jeder Kurve durch die Kabine geschleudert wurde. Absolut grün hinter den Ohren, was mexikanische Tiefkühl-Busfahrten anging, trug ich nur T-Shirt, Shorts und Flipflops, fror mir also zusätzlich noch den Hintern ab. Ich wechselte immer wieder zwischen dem engen Sitzplatz und dem winzigen Klo. Innerhalb des Klos wechselte ich vom Sitzen zum Drüberhängen.

Alle meine Klamotten – und von denen hatte ich auf meiner ersten Weltreise ja wirklich genug dabei – lagen derweil gut verstaut im Gepäckraum des Busses.

Als der Busfahrer nach sechs Stunden den ersten Stopp einlegte, hatte ich nicht eine Sekunde geschlafen, war geschwächt, mit den Nerven am Ende und fragte zähneklappernd, ob ich kurz an mein Gepäck dürfte. Mit meiner Thermounterwäsche, meinem Hoodie, dicken Socken und richtigen Schuhen ging es mir danach nicht wirklich besser, zumindest aber konnte ich die gefühlten minus zwanzig Grad aushalten. Mich für eine Busfahrt so kurz sie auch sein mochte – von meinem kompletten Gepäck zu trennen, das passierte mir in der Folge nie wieder. Doch auch wenn es nicht meine einzige Lebensmittelvergiftung bleiben sollte: Diese blieb für immer die schlimmste, schrecklichste Horror-Busfahrt meines Lebens.

PLASTIK-PANDA

Wenn es einem so richtig schlecht geht, man kaltschweißig versucht, die nächsten Minuten zu überstehen, glaubt man nicht daran, dass 14 Stunden jemals ein Ende nehmen könnten. Doch irgendwann brach der Morgen an, und ich hatte es hinter mir. Ich stieg zittrig in Puerto Escondido aus dem Bus. Mit nach wie vor starken Bauchschmerzen und meinem verdrehten Knie kratzte ich den letzten Rest Energie zusammen, schulterte mein Gepäck und machte mich auf die Suche nach einem Hostel.

Leider hatte ich mir den denkbar schlechtesten Zeitpunkt ausgesucht, um schnell an irgendeine Schlafgelegenheit zu kommen: die Semana Santa. Diese »heilige Woche« zwischen Palmsonntag und Ostersonntag ist in Mexiko eine ziemlich große Sache. In einer Küstenstadt wie Puerto Escondido war zu solch einer Feiertagszeit nirgends ein Hostelzimmer zu finden. Alles ausgebucht, seit Monaten schon. Aber was sollte ich machen. Ich schleppte mich also von Hostel zu Hostel, schwitze kalten Schweiß und hatte die ganze Zeit Angst, dass ich mir in die Hosen machen könnte. Nach einer Stunde fand ich ein Hostel, das noch einen einzigen Schlafplatz in einem 12-Bett-Zimmer übrig hatte. Ich überlegte nicht eine Sekunde und buchte. Ich wollte mich einfach nur noch hinlegen und schlafen, vorzugsweise mit einer Toilette in unmittelbarer Nähe.

Im Zimmer angekommen, stellte ich erleichtert fest, dass sich außer mir nur eine einzige Person darin aufhielt. Es war gerade erst Mittag, und so hatte ich die Hoffnung, trotz Zwölferzimmer wenigstens ein bisschen Ruhe zu bekommen. Ein Blick quer durch den Raum verriet mir, dass die andere Person eine junge Asiatin war, die tief und fest schlief. Mir auch egal, ich wollte von der Welt eh nichts mehr wissen. Ich ließ meinen Backpack und den kleinen Rucksack auf den Boden fallen, zog meine Schuhe aus und krabbelte unter die Decke. Doch Schlaf bekam ich leider nicht.

Es stellte sich nämlich heraus, dass die Asiatin im Bett am anderen Ende des Dorms der Super-GAU von einer Zimmernachbarin war. Jeder, der öfter mal in einem Mehrbettzimmer schläft, kann bezeugen, dass es diese eine Sache gibt, die einem wirklich den allerletzten Nerv raubt, wenn man versucht, ein Auge zuzubekommen: Plastiktütengeraschel. Dieses Geknister, wenn jemand irgendetwas in seinem Backpack sucht, auspackt, wegpackt oder was auch immer. An Position zwei der nervigsten Geräuschkulissen in einem Hostelzimmer stehen Reizhusten, schnarchen und wenn neben, über oder unter dir jemand Sex hat. Die Asiatin jedenfalls hatte keinen Sex, dafür aber hatte sie einen riesengroßen Pandabären als Kuscheltier dabei. Das Teil war wirklich riesig. Eigentlich ja niedlich, wenn jemand mit seinem Teddy kuschelt, um sich in einem fremden Land weniger allein zu fühlen. Nicht aber, wenn dieses Drecksvieh komplett in Plastikfolie eingewickelt ist. Die ganze Zeit hat diese blöde Kuh mit diesem Plastikding gekuschelt – und es knisterte in einer Tour. Ich bin fast ausgerastet. Dass ich irgendwann eingeschlafen bin, kann nur an absoluter und an Besinnungslosigkeit grenzender Erschöpfung gelegen haben.

Als ich am nächsten Tag erwachte, ging es mir besser. Ich konnte nach wie vor nicht wirklich etwas bei mir behalten, deshalb machte ich langsam, setzte mich eine Weile an den Strand und blickte aufs Meer hinaus. Das war für mich das erste Mal, dass ich Surfer in Action gesehen habe. Ich schaute eine ganze Weile zu und wusste: »Boah, das möchte ich auch. Ich möchte unbedingt surfen lernen.«

Daran war aber natürlich im Moment nicht zu denken. Also blieb ich sitzen und schaute. Nach und nach bemerkte ich, dass zwischen den Surfern viele Jetskis unterwegs waren. Immer wieder zogen die Jetski-Fahrer Surfer aus dem Wasser. Einen hatte es offenbar ziemlich schlimm erwischt, denn es sah so aus, als würden sie ihm am Strand eine Herzmassage verpassen, bevor er schließlich von Sanitätern abgeholt wurde. Nachdem ich das beobachtet hatte, beschloss ich, meine Surfstunden an einen anderen Ort zu verlegen. Deshalb machte ich mich in den nächsten Tagen auf den Weg nach Zipolite.

das Einzige sei, was er mir anbieten konnte. Für fünf bis sechs Euro pro Nacht bekam ich also ein Bett und hoffte, dass es hier wenigstens keine mit Plastikpandas kuschelnden Asiatinnen geben würde.

Als ich meinen Backpack hochnehmen wollte, hielt der Geschäftsführer des Hostels mich zurück. Er stand auf, griff unter seinen Tresen und übergab mir, was er mit »Our welcome gift for you!« betitelte: einen riesigen Joint. Verblüfft nahm ich das Ding in die Hand und machte mich auf den Weg in mein Zimmer.

Schon der erste Tag in Zipolite machte mir klar, dass ich die richtige Entscheidung getroffen hatte, hierherzukommen: Hier würde ich nach meiner Lebensmittelvergiftung mal so richtig die Seele baumeln lassen können. Das tat ich auch im wahrsten Sinne des Wortes, denn den ganzen restlichen Tag verbrachte ich in einer Hängematte vor dem Hostel. Auch wenn ich bei vollen Kräften gewesen wäre, hätte ich dasselbe getan, denn in Zipolite war es absolut windstill. Zusammen mit der glühenden Sonne ergab das ein Saunafeeling auf höchster Stufe.

GRAS UND SKORPIONE

Playa Zipolite ist eine kleine Strandgemeinde an einem südlichen Zipfel von Mexiko. Es ist einer der wenigen Orte im ganzen Staat, an dem FKK so halbwegs geduldet wird. Das war zwar nicht der Grund, warum ich Zipolite als mein nächstes Ziel ausgesucht hatte, aber es klang schon ein wenig nach entspannter Lebensart. 2010 war Zipolite ein winzig kleines Dorf mit zwei Straßen, in denen es zwei Hostels, eine Bäckerei und eine Art Bar gab. Ich marschierte in eines der Hostels und fragte, ob ich einen Rabatt auf ein Zimmer bekommen könne, wenn ich für eine längere Zeit bliebe. Da immer noch Semana Santa war, schüttelte der Geschäftsführer nur mit dem Kopf. Er saß an seinem Schreibtisch hinter dem Tresen und nuschelte mir zu, dass ein Bett in einem Dorm

EINFACH MAL AUF »PAUSE« DRÜCKEN: FUNKTIONIERT IN DER HÄNGEMATTE AM STRAND ERFAHRUNGSGEMÄSS SEHR GUT.

Ich baumelte also seit meiner Ankunft in der Hängematte vor mich hin und ließ die letzten Tage und Wochen Revue passieren, als sich jemand in die Hängematte neben mir setzte. Ich drehte meinen Kopf und sah, dass es der Geschäftsführer des Hostels war. Er grüßte und begann dann an irgendwas herumzufummeln. Ich streckte mich ein wenig und traute meinen Augen kaum: Er hatte rund ein Kilo Marihuana vor sich liegen und begann, das gepresste Zeug mit einem Grinder zu zerkleinern. Damit war er dann die komplette nächste Stunde beschäftigt. Klar, ich war in Mexiko, ganz unbekannt für Drogen ist dieses Land nun nicht – aber allein die Menge des Marihuanas und die absolute Ruhe und Selbstverständlichkeit, mit welcher der Typ neben mir ans Werk ging, erstaunten mich dann doch.

Als es Abend wurde, hatte ich meine Zimmernachbarn kennengelernt: ein Haufen lustiger Mexikaner. Wir setzten uns alle gemeinsam an den Strand, entzündeten ein Lagerfeuer und aßen frischen Fisch. Es war ganz anders als das Lagerfeuer an meinem ersten Abend in Neuseeland – so viel war in der Zwischenzeit passiert –, aber das Gefühl der Freiheit war dasselbe. Ich war volltrunken mit Glücksgefühlen. So gelaunt, beschloss ich, dass dies doch der perfekte Abend war, um eine Nacht unter freiem Himmel am Strand zu verbringen. Gesagt, getan – und während alle anderen sich nach und nach in ihre Betten verkrochen, holte ich meinen Schlafsack und machte es mir neben der gemächlich vor sich hinglühenden Feuerstelle bequem. Es war traumhaft. Eigentlich ist es fast verwerflich, mit so einem Sternenhimmel vor der Nase und solch einem Meeressound in den Ohren einzuschlafen. Aber vermutlich genau deshalb war ich innerhalb von Sekunden weg – und einen gefühlten Augenblick später war es auch schon wieder hell.

Ich genoss das langsame Aufwachen und die Geräusche um mich herum. Ich lag eine Weile da, öffnete die Augen und schaute durch die Gegend. Das Lagerfeuer war nur noch ein verkohlter Haufen, das Meer schwappte langsam vor sich hin, und um mich herum bemerkte ich lauter kleine Fußspuren im Sand. Sie sahen aus wie kleine Vogeltapse. »Niedlich«, dachte ich, »da war ja heute Nacht um mich herum ganz schön was los!« Die Vogeltapse führten rund um das Lagerfeuer, um meinen Schlafsack – einige endeten sogar dort und gingen auf der anderen Seite weiter. Also sind die Vögelchen sogar über mich drübergehüpft, als ich vor mich hinschlummerte. Das ist Freiheit! Mitten in der Natur schlafen, die klei-

nen Piephähne um einen herum – in meinem Gesicht machte sich schon wieder ein großes, zufriedenes Grinsen breit.

Ich stand auf, schüttelte meine Glieder und beschloss, dass das Einzige, was mir jetzt noch zu meiner vollkommenen Glückseligkeit fehlte, ein herrliches Frühstück war.

»Wo bist du denn gewesen?«, rief es mir aus dem Frühstücksraum entgegen. Meine neuen mexikanischen Freunde waren auch gerade dabei, ihre Glückseligkeit zu perfektionieren.

»Guten Morgen«, gab ich zurück. Und mit bewusster Beiläufigkeit in der Stimme fügte ich hinzu: »Och, ich habe heute Nacht am Strand geschlafen.« Wie um meine Aussage zu unterstreichen, streckte ich mich einmal aus und schlurfte dann zur Kaffeekanne.

Im Augenwinkel sah ich, dass der Geschäftsführer des Hostels unsere Begrüßung mitbekommen hatte und wie angewurzelt stehen geblieben war. Entgeistert schaute er mich an.

»Guten Morgen«, sagte ich auch zu ihm.

»Ja, sag mal, bist du völlig bescheuert?!«, brüllte er mich wie aus dem Nichts auf Spanisch an. Ich hielt erschrocken inne.

»Que pasa?«, fragte ich vorsichtig zurück. Hatte ich irgendetwas falsch gemacht? War der Kaffee nicht für die Gäste? Ich verstand es nicht.

»Du hast am Strand geschlafen?«, hakte er böse blickend nach.

»Äh … ja. Ist das verboten?«

»Nein, ist nicht verboten. Aber es macht hier keiner. Weil keiner lebensmüde ist!«, erwiderte er.

Dann erzählte er mir, dass der ganze Strand nur so von Skorpionen wimmelte. Ich dachte nur: »Puh, Glück gehabt, ich hab keinen gesehen.« Doch dann fielen mir diese ganzen niedlichen Vogeltapse ein. Die in Wirklichkeit keine Vogeltapse gewesen waren. Da hatte ich ohne Witz wie ein Murmeltier mitten in einem Nest voller Skorpione geschlafen. Keine Ahnung, ob die in meinem Schlafsack drin waren, auf jeden Fall waren sie um mich herum und auf mir drauf gewesen. Sofort wurde mir nachträglich flau im Magen. Offensichtlich hatte ich die Viecher erfolgreich weggepupst. Ein Hoch auf die Lebensmittelvergiftung.

DAS ERSTE MAL SURFEN

Seit ich die Surfer in Puerto Escondido beim Wellenreiten beobachtet hatte, war in mir stetig der Wunsch gewachsen, selber aufs Brett zu steigen. Es dauerte also nicht besonders lange, da stand ich eines Tages mit einem riesigen Surfbrett unterm Arm am Strand. Ich war am Nachmittag zuvor in Mazunte angekommen, das nur einige Kilometer westlich von Zipolite liegt. Nun spürte ich den Sand zwischen meinen Zehen und blickte aufs Meer. Es waren nur zwei oder drei andere Surfer draußen, und die Wellen machten keinen besonders gefährlichen Eindruck. Das würde laufen wie am Schnürchen. Auf einen Surflehrer oder einen dieser Touri-Surfkurse hatte ich dankend verzichtet. Natürlich hatte ich ein bisschen Bammel, aber das würde ich mir auf keinen Fall anmerken lassen. Ich machte mich also ziemlich profimäßig am Strand warm, hüpfte ein bisschen hin und her und dehnte meine Muskeln. Danach band ich mir die Leash an das Bein, eine Schnur, die einen mit dem Surfboard verbindet, damit dieses nicht bei der ersten Welle wegtreibt, und lief möglichst cool auf das Wasser zu. So weit so gut.

Ich blieb eine Weile im knöcheltiefen Wasser stehen und schaute lässig aufs Meer hinaus, als würde ich die Wellen oder den Wind checken – oder was auch immer. Gedacht habe ich in dem Moment vermutlich gar nichts außer: »Okay ... äh ... na gut.« Ich legte das Board aufs Wasser, und sofort begann es, hin und her zu schwappen. Mit einer Hand das Brett führend stakste ich tiefer ins Meer.

Alles, was danach passierte – vom Drauflegen aufs Board bis zum ersten Paddeln –, hatte mit Coolness absolut nichts mehr zu tun. Genau genommen sah ich aus wie eine Kaulquappe auf dem Herd: Ich rutschte permanent vom Brett und paddelte mir einen Wolf.

Das Ziel beim Rauspaddeln ist es, das sogenannte Line-up zu überwinden – also an den Punkt hinter den sich brechenden Wellen zu gelangen, an dem sich die Surfer sammeln, um auf die nächste heranrollende Welle zu warten, die es wert ist, geritten zu werden. Das allerdings lag für mich zunächst noch in ziemlich weiter Ferne: Ich kam nämlich gar nicht bis zum Line-up. Wieder und wieder paddelte ich gegen die Wellen – und wieder und wieder wurde ich vom Board gerissen. Nach einer Weile hatte ich gefühlt zwanzig Liter Salzwasser getrunken, meine Arme waren schwer wie Blei und mein Bauch vom Brett aufgeraut (der typische »Surf Rash«). Das Surfboard war mir aus jeder nur erdenklichen Stellung an alle nur erdenklichen Körperteile gekracht, und ich war immer noch die Kaulquappe auf dem Herd. Vom Strand aus hatten die Wellen wirklich gemächlich ausgesehen, mittendrin fühlten sie sich an wie Peitschenhiebe.

Gerät man unter eine Welle in einen Sog, kann man das Pech haben, immer weiterzutrudeln, von Wellensog zu Wellensog, bis man fast glaubt zu ertrinken. Die Luft wird aus dem Brustkorb gepresst und man verliert komplett die Orientierung. Diese Situation bezeichnen Surfer als Waschmaschine. Ich war also im Dauerwaschgang. Dabei muss ich im Nachhinein zugeben, dass das, was ich da erlebte, mit richtigen Waschmaschinen, wie ich sie später kennenlernen sollte, noch rein gar nichts zu tun hatte. Ich wurde einfach ein bisschen unter Wasser gedrückt, meine Augen brannten vom Salzwasser, ständig wurde ich vom wegspringenden Board mitgerissen und musste mich anschließend wieder die ganze Strecke vorkämpfen, die ich zurückgespült worden war. Ich fragte mich, wie Leute tatsächlich behaupten konnten, nach Surfen süchtig zu sein.

Aber mein Ego war gerade erst herausgefordert worden. Irgendwann – nach ein paar Minuten oder auch Tagen – kam ich das erste Mal prustend und keuchend hinter dem Line-up an. Davon, wie ich nun eine Welle nehme, geschweige denn aufstehen sollte, hatte ich jedoch keine Ahnung. Also probierte ich einfach drauflos.

Um es kurz zu machen: Ich probierte ungefähr eine geschlagene Stunde drauflos, während derer ich es nicht ein einziges Mal schaffte, auch nur ansatzweise ein Bein durchzudrücken. Aufgeben kam jedoch nicht infrage. Ich versuchte es immer und immer wieder. Welle kommt, paddeln, versuchen aufzustehen, runterfallen. Zurückpaddeln, warten, Welle kommt, paddeln, versuchen aufzustehen, runterfallen. Und wieder. Und wieder. Und wieder.

Meine Fingerspitzen waren mittlerweile komplett durchgeweicht und meine Knie aufgescheuert, aber ich kümmerte mich nicht darum. Irgendwann, ich weiß gar nicht genau wie, paddelte ich vor einer Welle und spürte plötzlich, wie mein Board getragen wurde, wie es gefühlt auf der Welle einrastete. So ähnlich, wie wenn man mit dem Auto in eine Waschanlage fährt: Es gibt diesen Moment, wo deine Reifen auf der Schiene greifen, und ab da geht alles von selbst. So war es in diesem Moment auch beim Surfen. Für einen Moment starrte ich auf das Board unter meiner Nase und merkte, dass ich fest auf der Welle lag. Dann drückte ich meine müden Arme hoch, winkelte ein Bein an und sprang auf. Einige wackelige Sekunden lang sah es so aus, als würde ich fallen, doch dann fing ich mich und fuhr schnurstracks und mit einem Affenzahn Richtung Strand. Wow, ich surfte!

Oder na ja: Ich stand zumindest. Ich hatte keinen Schimmer, wie ich nach links oder rechts lenken sollte, aber ich war einfach froh, nicht abzustürzen. Es war ein absolut erhebendes Gefühl. Ich jubelte und streckte eine Faust in die Luft. War das großartig! Ich schaute nach vorne, sah, wie mir der Strand entgegenkam, spürte, wie das Wasser um meine Füße spritzte, dann blickte ich runter auf die Wellen vor mir – und auf den Kopf, der einige Meter entfernt plötzlich auftauchte. Die Augen, die zu dem Kopf gehörten schauten mich an. Ich schaute zurück. In Millisekunden führten der Kopf und ich mit Blicken folgenden Dialog:

»Alter!«, brüllte der Kopf. »Siehst du nicht, dass du direkt auf mich zukommst? Willst du mich umbringen? Dreh ab!«

»ABER ICH KANN NICHT LENKEN!«, schrie ich.

»Mann, beweg dich! Wo soll ich denn jetzt noch hin?«, der Kopf war verzweifelt.

»WIE DENN? SAG MIR WIE?«, verzweifelte ich zurück.

Und dann – rumms – war es vorbei. In seiner Not war der Typ vor mir noch halbwegs abgetaucht, dennoch habe ich ihm mit dem Board schön über den Kopf rasiert.

Im Grunde ist es beim Surfen ganz einfach: Da, wo du hinguckst, da fährst du auch hin. Ich hatte panisch auf diesen Kopf gestarrt – und ihn damit zielgenau anvisiert. Sofort ließ ich mich vom Brett fallen und sprintete zurück in Richtung abgetauchter Kopf. Eine Sekunde später stieß der prustend und fluchend durch die Wasseroberfläche. Der Rest des Typs hing glücklicherweise auch noch dran. Es war ein ziemlich wütender Typ. Ich entschuldigte mich ungefähr eine Trillion Mal, erklärte, dass dies meine allererste Welle gewesen sei und ich absolut keinen Plan gehabt habe, wie ich ihm hätte ausweichen können. Ich fragte, ob alles in Ordnung mit ihm sei (es war alles in Ordnung), und lud ihn auf ein Bier am Strand ein. Noch immer böse fluchend schaute er mich an, dann nickte er.

So kam es, dass ich mit einem Mexikaner, den ich dabei fast umgebracht hatte, auf meinen ersten Surferfolg anstoß. Es sollte eine ganze Weile Zeit vergehen, bis ich den zweiten feierte, in einem ganz anderen Land, an einem ganz anderen Ende der Welt.

DAS LACHEN IST DEFINITIV AUFGESETZT. NACH MEINER ERSTEN SURFERFAHRUNG WAR ICH VÖLLIG FERTIG! ABER DIE ERFAHRUNG HAT EINEN STEIN INS ROLLEN GEBRACHT ...

KAPITEL 3
AUF HOHER SEE

KÄPT'N GARY

Damals, 2010, war Couchsurfing gerade in aller Munde. Man meldete sich auf einer Webseite an und konnte dort Locals finden, die einen umsonst bei sich übernachten ließen. Als Gegenleistung revanchierte man sich mit einem Essen oder unternahm zusammen etwas, wenn man wollte – ansonsten genoss man einfach zusammen Zeit und freute sich, auf diese Weise mit komplett fremden Menschen und ihren Geschichten in Kontakt zu kommen. Mit Blick auf mein Reisebudget feierte ich die Couchsurfing-Kiste als einen der großen Triumphe des Internets. Ich saß gerade in einem Internetcafé in Acapulco und klickte mich durch die Couchsurfing-Angebote in meiner Umgebung, da stieß ich auf die Anzeige eines Käpt'n Gary. Er bot an, auf seinem Katamaran zu übernachten. Perfekt, dachte ich und schrieb ihm eine Nachricht. Die Antwort kam umgehend: Klar, ich könne gerne zu ihm kommen, allerdings müsse ich mich ein wenig beeilen, er würde in zwei Tagen ablegen. Wenn ich es bis dahin schaffte, dürfte ich mitsegeln.

Käpt'n Garys Katamaran lag jedoch nicht bei Acapulco, sondern ungefähr eineinhalb Tage Busreise entfernt in Mazatlán. Nun musste ich eine Entscheidung treffen: Ich war gerade erst in Acapulco angekommen – sollte ich mir jetzt direkt ein Busticket kaufen und weiterfahren? Würde ich das zeitlich überhaupt schaffen? Ich könnte stattdessen in Acapulco bleiben und mich hier etwas umsehen. Dagegen stand die einmalige Gelegenheit, auf einem Katamaran über den Pazifik zu segeln.

Die Entscheidung fiel mir am Ende leicht. Zwar hatte ich wirklich wenig Lust, schon wieder ewig in so einer Tiefkühltruhe von Bus zu sitzen, aber die Alternative war auch nicht gerade verlockend. Als ich nämlich am Morgen in Acapulco aus dem Bus gestiegen war, voller Vorfreude auf das frühere mexikanische Miami, war ich ziemlich schnell sehr ernüchtert gewesen. Das für seine Klippenspringer berühmte und noch in den 60er- und 70er-Jahren von den größten Stars der Filmbranche hochfrequentierte Acapulco war schon lange zum letzten Loch mutiert. Hier bekämpften sich Drogenkartelle bis auf den Tod, weswegen die Stadt zu den gefährlichsten Orten der Welt zählt. Mehr Morde als hier gibt es kaum irgendwo. Schon bei meinen ersten Schritten vom Bus weg bemerkte ich eine alte Zeitung, die am Straßenrand lag. Auf dem Titelbild waren zwei Leichen ohne Kopf abgebildet. Offenbar war diese Art Morde zu begehen das Markenzeichen einer der ansässigen Drogenbanden. Ich war geschockt, denn solche Bilder gibt es zu Hause in keiner Zeitung, nicht einmal, um sich seine eigene Meinung zu BILDen. Von Sekunde eins an hatte ich in Acapulco kein besonders gutes Gefühl gehabt. Ich hatte nicht wirklich Angst, aber sicher fühlte ich mich auch nicht gerade.

Im Internetcafé schrieb ich Käpt'n Gary nach kurzem Abwägen also zurück, dass ich mich auf den Weg machen würde und mich freute. Ehe ich michs versah, saß ich also mal wieder in so einem fahrenden Nordpol – und das auch noch für eineinhalb Tage. Aber man muss ja auch immer das Positive sehen: Immerhin hatte ich keine Lebensmittelvergiftung und war warm angezogen.

In Mazatlán konnte ich mich gar nicht schnell genug zum Hafen durchfragen – und um Punkt acht Uhr morgens stand ich vor einer ansehnlichen Zahl Boote. Käpt'n Gary hatte mir in seiner E-Mail gesagt, er würde mich um zehn abholen, also war noch ein bisschen Zeit. Die verbrachte ich zunächst mit Frühstücks-Tacos – aber bald stellte ich fest, dass ich viel zu aufgeregt war, um in Ruhe einen Kaffee zu trinken. Also lief ich am Hafen herum und hielt Ausschau. Auf der Couchsurfing-Plattform hatte es ein Foto von Käpt'n Gary gegeben, und auch ein Katamaran war ja nicht gerade ein alltäglicher Anblick, nicht mal in einem Hafen. Aber weder von Käpt'n Gary noch von seinem Katamaran war etwas zu sehen. Ich lief den ganzen Hafen mehrfach ab, stahl mich sogar in das abgesperrte Areal, das nur für Fischer zugänglich war, aber: nichts. Ich setzte mich an den Hafen und wartete. Als um zehn Uhr immer noch nichts zu sehen war, verschlechterte sich meine Stimmung merklich. Da näherte sich vom Meer aus ein winziges Boot aus Holz. Ich beobachtete, wie jemand mühevoll seinen Weg durch den Hafen paddelte. Als das Boot dichter und dichter kam, erkannte ich, dass in dieser kleinen Nussschale ein Hüne von einem Typ saß. War das etwa Käpt'n Gary? Der Mann hörte auf zu paddeln und schaute sich um. Als er mich erblickte, rief er rüber: »Hey! Bist du Nick?«

»Ja!«, antwortete ich. »Bist du Käpt'n Gary?«

»Höchstpersönlich!«

»Soll das etwa ein Katamaran sein?«, grinste ich erleichtert. Er war also doch gekommen.

»Warte!«

Käpt'n Gary manövrierte sein Mini-Boot an den Steg, band es fest und kam zu mir herübergelaufen. Er war tatsächlich ein Hüne: sicher an die zwei Meter groß, muskelbepackt, mit tiefer Stimme und Vollbart. Wie sich herausstellte, lag der Katamaran draußen vor dem Hafen und Käpt'n Gary kam, um mich abzuholen. Später, als ich ihn besser kennenlernte, erfuhr ich, dass er ein ziemlicher Sparfuchs ist. Mit dem großen Katamaran in den Hafen zu fahren hätte ihn Geld gekostet – also behalf er sich mit seinem Paddelbötchen, auf das er jetzt mit einladender Geste zeigte.

Wenig später lernte ich an Bord des Katamarans den Rest der Crew kennen. Sie bestand neben Käpt'n Gary und mir aus noch zwei weiteren Typen: Emil aus Schweden und J. C. aus Portland, der eigentlich Daniel hieß, aber von niemandem so genannt wurde. Emil kam auf mich zu, streckte mir die Hand entgegen und erklärte mir fröhlich, dass er Deutsch sprechen könne – und zwar genau einen Satz.

»Aha, dann lass mal hören«, forderte ich ihn auf.

MEINE »HURRICANE CREW«: WIR HÄTTEN DEFINITIV EINE BOYBAND GRÜNDEN SOLLEN.

Emil antwortete feierlich mit schwedischem Akzent: »Ich habe Hackfleischsoße in meiner Unterhose.«

Ich mochte ihn sofort.

Käpt'n Garys Katamaran war ungefähr dreizehn Meter lang und trug den Namen *Crystal Blue Persuasion* – kristallblaue Überzeugung. Das passte, denn mit den drei anderen Jungs aufs blaue Meer rauszufahren klang für mich tatsächlich ziemlich überzeugend. Der Katamaran sah aus, wie man sich so ein riesiges Boot vorstellt: große weiße Segel, türkisblaue Sitzpolster, zwei lange Kufen an jeder Seite, in der Mitte verbunden durch eine Brücke, dazwischen ein gespanntes Netz. Ging ich unter Deck, stand ich zunächst in einer Art Aufenthaltsraum: Auf der einen Seite befanden sich

GANZ ENTSPANNT IM BEIBOOT SONNE GETANKT UND BIER GETRUNKEN: VOR SAN CABO DE LUCA WAR DIE WELT NOCH IN ORDNUNG.

SCHON MAL AUF EINEM KATAMARAN GESEGELT? LÄSST SICH AUSHALTEN! WENN MAN NICHT GERADE IN EIN HURRIKAN GERÄT ...

gab es hier noch einen winzigen Raum, in welchem Käpt'n Gary sein Seemannszeug ausgebreitet hatte: Karten, GPS, Lineale und Dreiecke, eine Taschenlampe und Werkzeug für die Motoren.

Als wir fertig eingerichtet waren, stiegen wir vier noch mal zurück in das kleine Holzboot und paddelten für Einkäufe an Land. Wir besorgten einen Haufen Gemüse und Toast – sowie jede Menge Bier. Laut Käpt'n Gary war es wichtig, den Katamaran-Kühlschrank immer ganz voll zu laden, damit er ordentlich kühlen konnte. Und mit was füllt man ihn da besser, als mit Pacifico, dem ortstypischen Dosenbier?

NORMALERWEISE SCHAUT DAS TRINKEN EINES BIERES IN DER WERBUNG IMMER BESSER AUS. GESCHMECKT HAT ES TROTZDEM!

zwei Tische und Sitzbänke, in denen Vorräte untergebracht waren, auf der anderen stand ein großer Kühlschrank. Links und rechts führten zwei kleine Treppen in die Innenräume der Kufen, die wiederum als Schlafzimmer genutzt wurden. In jeder Kufe gab es zwei Betten – eines ganz vorne in der Kufe, eines mehr in der Mitte. Die linke Kufe bezogen Emil und ich. Er schnappte sich die Schlafbank in der Mitte, ich warf mein Zeug auf das Bett in der Spitze. In der rechten Kufe wohnten Käpt'n Gary und J. C. Am hinteren Ende ihrer Kufe befanden sich die Motoren des Katamarans, außerdem

Zurück an Bord verstauten wir die ganzen Vorräte, und Käpt'n Gary steuerte den Katamaran aufs offene Meer. Dort angekommen, stellte er die Motoren ab, und wir segelten los. Ich stand neben ihm am Steuer, grinste durch die Gegend und genoss den Beginn von was auch immer da kommen sollte. Ich hoffte insgeheim, dass ich die Kiste auch bald steuern dürfte. Als hätte er meine Gedanken gelesen, trommelte Käpt'n Gary zur Crew-Versammlung. Er erklärte uns noch mal, wie das Ganze ablaufen sollte: Auf dem Katamaran musste immer einer von uns wach sein und das Steuer übernehmen. Das bedeutete, dass wir uns in vier Sechs-Stunden-Schichten abwechseln würden. Für den

GANZ HINTEN IM BILD: MEIN BETT IN DER LINKEN KUFE DER *CRYSTAL BLUE PERSUASION*

HIER WURDEN FRENCH TOASTS, FRISCHES SUSHI UND ANDERE LECKEREIEN ZUBEREITET.

Rest der Zeit, die wir nicht gerade schliefen, gab es außerdem Koch- und Putzschichten. In meinen Augen klang das alles fair, besonders freute ich mich natürlich auf das Segeln. Darauf ließ Käpt'n Gary uns auch nicht lange warten. Er zeigte uns, wie wir den Kompass lesen sollten und wie wir mit dem Steuer umzugehen hatten. Dann erklärte er uns, wie Segel und Wind zusammenspielten: Kam der Wind von links, bliesen die Segel nach rechts. Um gegenzusteuern, mussten wir also die Leinen auf der rechten Seite anziehen und die auf der linken etwas lockern, damit die Segel wieder straffer wurden. Das ließ er uns dann allesamt eine Weile ausprobieren. Ich schlug mich so »geht so«. Bei mir flatterten die Segel anfangs ordentlich hin und her, und bis zum Schluss habe ich nie ganz gerafft, wie man das richtig macht. Nach Käpt'n Gary war definitiv Emil der beste Segler. J. C. war auch nicht schlecht, jedoch hatte der von Anfang an richtige Probleme mit Seekrankheit. Wenn er keine Schicht hatte, lag er meistens unter Deck oder hing über der Reling und kotzte sich die Seele aus dem Leib.

Für Emil und mich hatte jedoch ein ganz großartiger Tag begonnen. Wir genossen jede Sekunde der neuen Segelerfahrung. Auf einem Katamaran zu reisen ist die pure Erholung. Es ist unglaublich leise, denn alles, was dich voranbringt, ist der Wind in den Segeln. Ich war das erste Mal auf einem Katamaran – und vollkommen begeistert. Als wir uns immer weiter vom Land entfernten, so weit, bis es nicht mehr zu sehen war, als wir uns in das Netz zwischen den Kufen chillten und das türkisblaue Wasser unter uns vorbeiziehen sahen, die salzige Luft, die uns um die Köpfe wehte – all das war einfach traumhaft. Traumhaft und sonnig. Käpt'n Gary zeigte uns am Nachmittag ein kleines Seil, das am Katamaran befestigt war. Das konnten wir uns schnappen, vorne ins Wasser springen, den Katamaran über uns hinwegsegeln und uns dann durch die Fluten mitziehen lassen. An diesem Tag wollte ich nirgendwo anders sein als genau da, wo ich war. Es war einfach nur großartig.

WENN MAN DEN DREH MAL RAUSHAT, IST SEGELN GAR NICHT SO SCHWER. ZUMINDEST BEI GUTEN WETTERBEDINGUNGEN.

Am Abend öffneten wir einige Pacifico-Dosen, kochten uns gemeinsam ein Abendessen, ließen den Tag ausklingen und waren glücklich. Bis auf J. C., der sich mal wieder übergab.

AN DER KÜSTE MEXIKOS KOMMT SO EINE ABKÜHLUNG ECHT GELEGEN!

DAS LEUCHTENDE MEER

Am zweiten Tag, nachdem ich die tolle Erfahrung gemacht hatte, mitten auf dem Ozean aufzuwachen und zum Frühstück leckeren French Toast zu genießen, gab mir Käpt'n Gary noch einmal Segelunterricht. In der Nacht würde meine erste Solo-Segelschicht stattfinden, und wir waren alle ausgesprochen daran interessiert, dass ich das auf die Reihe bekomme. Ich stand also am Steuerrad, Käpt'n Gary dicht neben mir, und ließ mir erneut ganz genau erklären, worauf ich beim Kompass zu achten habe, wie ich lenken musste, wenn der Wind die Richtung wechselte, und wie ich mich an den kleinen roten Fähnchen oben an den Segeln orientieren konnte. Nach einer Weile hatte auch ich dann den Bogen raus und segelte den Katamaran einigermaßen ordentlich durch die Gegend.

NACH DEN ZAUBERHAFTEN SONNENUNTERGÄNGEN FREUTE ICH MICH AUF DIE STERNENKLAREN NÄCHTE AUF DEM PAZIFIK.

Als es Abend wurde, stieg meine Nervosität dann doch ein wenig an. Sie blieb auch bis zu meinem Schichtbeginn um zwei Uhr morgens. Doch als es dann endlich soweit war, bemerkte ich, dass ich mir vollkommen unnötig Sorgen gemacht hatte. Ich stand in Boardshorts hinterm Steuer, es war wunderschön warm, und ich hörte Musik über meinen MP3-Player. Käpt'n Gary war noch wach und saß über seinen Karten, der Gedanke daran beruhigte mich und gab mir anfangs auch viel Sicherheit. Bevor er sich schließlich ins Bett aufmachte, kam er bei mir vorbei und fragte, ob alles okay sei. Er erklärte mir noch mal die Richtung, in die ich segeln sollte, und dann war ich alleine an Deck. Um mich herum war tiefste Nacht, alle schliefen, und ich segelte einen riesigen Katamaran durch den Pazifik. Was für ein krasses Gefühl!

Nachts auf dem Pazifik, wenn auf dem Boot kein Licht außer der schwachen Kompassbeleuchtung an ist, siehst du absolut nichts. Du kannst dir deine Hand direkt vor die Augen halten, du wirst sie nicht sehen, nicht einmal ihren Umriss, so stockduster ist es um dich herum. Das Einzige, was du siehst, ist ein unfassbarer Sternenhimmel. Er war noch viel großartiger, als ich ihn am Strand von Zipolite zu sehen bekommen hatte, denn jetzt war ich mitten auf dem Meer, und der Horizont erstreckte sich in alle Richtungen. Noch nie hatte der Sternenhimmel so komplett um mich herum stattgefunden, noch nie hatte ich solche blaugrün schimmernden Sternschnuppen mit so langen Schweifen gesehen. Das einzige Geräusch, das ich neben der leisen Musik aus meinen Kopfhörern hörte, war das Flattern der Segel im Wind.

So stand ich eine ganze Weile an Deck und hörte meiner Playlist und meinen Gedanken

AUF EINEM RADAR ERKENNT MAN SEHR GUT, WENN MAN IN DIE FALSCHE RICHTUNG SEGELT. DAS RADAR LÜGT NICHT.

zu, bis ich plötzlich im Augenwinkel ein Licht unter Wasser wahrnahm. Als ich genauer auf die Stelle schaute, sah ich, dass sich irgendetwas grell Leuchtendes neben dem Katamaran mitbewegte. Es waren sogar mehrere… Wesen? Sie schwammen in genau der gleichen Geschwindigkeit – und tauchten auf einmal unter dem Boot durch. Was zum Henker war das? Als erstes musste ich an Torpedos denken – denn was sonst würde mit Leuchtspuren völlig lautlos durchs Wasser gleiten? Aber Torpedos leuchteten ja auch nicht, oder? Die leuchtenden Dinger unter Wasser machten mir jedenfalls keine Angst, und ich beobachtete sie die ganze Zeit. Als ich Käpt'n Gary am nächs-

Ein unglaubliches Schauspiel

ten Morgen danach fragte, erklärte er mir, dass es Delfine gewesen sein müssen. Offenbar waren wir in diesem Moment über ein Feld mit fluoreszierendem Plankton gesegelt. Diese Art Plankton reagiert auf Bewegung, indem es wie Glühwürmchen zu leuchten anfängt. Das nenne man Biolumineszenz. Die Delfine hatten offenbar im Fahrwasser des Katamarans gespielt und dabei das Plankton aktiviert. Ein unglaubliches Schauspiel.

Dass es Delfine waren, wusste ich in der Nacht allerdings noch nicht. Ich fühlte mich durch die Dunkelheit, die Sternschnuppen und das mysteriöse Leuchten unter Wasser wie entrückt von dieser Welt. Als hätte jemand die Zeit angehalten. Oder die Welt. Oder beides. Alles war irgendwie in Ordnung.

Einige Minuten später kam es noch besser, denn nicht weit von mir entfernt hörte ich auf dem Meer ein Geräusch, das jeder kennt, selbst wenn er es noch nie live gehört hat: das Geräusch, wenn ein Wal eine Fontäne ausstößt. Es war unverkennbar! Da musste gar nicht weit von mir entfernt ein richtiger, echter Wal schwimmen. Ich war total aus dem Häuschen. Diese Nacht würde mir doch nie jemand glauben! Ich lehnte mich vor und streckte mich in die Richtung, aus der ich den Wal gehört hatte – doch keine Chance: Man sah ja nicht einmal seine eigene Hand vor Augen. Wie sollte ich da einen Wal erkennen können? Ich gab auf und schaute stattdessen hoch in den Sternenhimmel. In diesem Moment freute ich mich einfach nur, auf diesem Boot zu sein, meinen Traum wahr gemacht, den Job gekündigt und diese Weltreise begonnen zu haben. Ich konnte mich überhaupt nicht beruhigen, so glücklich war ich.

Und dann sah ich ihn tatsächlich.

In meinem rechten Augenwinkel begann es wie bei den Torpedo-Dingern in einem gelbgrünlichen Ton zu glitzern. Das Leuchten wurde stärker und änderte die Farbe von bläulich zu rötlich, dann wieder zu grün. Es wurde größer und größer. Auch wenn ich zu diesem Zeitpunkt noch keine Ahnung von Leuchtplankton hatte, dass da der Wal neben dem Katamaran tauchte, war deutlich zu sehen. Warum es um ihn herum leuchtete, darüber dachte ich überhaupt nicht nach. Ich schrie vor Freude! Es gab nur den Katamaran, die magische Atmosphäre, mich – und diesen riesigen Wal. Ich wollte am liebsten unter Deck rennen und die anderen wecken, aber ich musste am Steuerrad bleiben. Meine Gefühle schwappten fast über, als ich da an Deck hibbelig hin und her hüpfte und den Wal anschaute. Es war ein so unglaubliches Gefühl, ganz nahe an Extase oder solcher Freude, dass man sie kaum aushält. Wäre ich ein Maiskorn gewesen, ich wäre in dem Moment sofort zu Popcorn aufgeploppt – und zwar von selbst, ohne Mikrowelle. Es war das unglaublichste Ereignis, das ich bis dahin erleben durfte, es war der absolute Wahnsinn – und so ergreifend, dass mir am Ende auch noch die Tränen übers Gesicht liefen.

Als mich Emil um sechs Uhr früh ablösen kam, stand ich noch immer völlig entrückt hinterm Steuer und war knallwach. Ich erzählte ihm sofort von dieser unglaublichen Nacht. Er war begeistert – und natürlich auch ein bisschen traurig, dass er das alles verschlafen hatte. Obwohl ich jetzt eigentlich total müde sein sollte, war für mich an Schlaf mal wieder nicht zu denken. Ich war noch immer so voller Emotionen, dass ich sowieso kein Auge zubekommen würde. Also blieb ich noch eine Weile bei Emil und genoss es, meine Erlebnisse endlich mit jemandem teilen zu können.

DER THUNFISCH

Später am Tag hatte mich die Müdigkeit dann doch noch eingeholt, und ich war für ein paar Stunden in meine Kufen-Koje gekrochen. Als ich zurück an Deck krabbelte, war Käpt'n Gary gerade dabei, eine Angel auszuwerfen. Ich setzte mich auf die Sitzbank an Deck und schaute ihm zu. Es dauerte keine fünf Minuten, da war auch schon irgendwas am Haken: Die Angel sprang wild hin und her.

»Emil, übernimm mal das Ruder«, forderte Käpt'n Gary unseren Schweden auf und begann die Angel einzuziehen. Er kämpfte ziemlich mit dem, was da am Haken hing. J. C. und ich begannen, ihm unter Einsatz aller unserer Kräfte zu helfen. Wir zogen, gaben dem Druck wieder nach und zogen erneut. So ging das bestimmt eine Viertelstunde lang, bis wir endlich sahen, was wir da an Deck ziehen wollten: einen riesigen Thunfisch. Wir zogen und hievten – und schließlich hatten wir es geschafft. Käpt'n Gary fummelte den Haken aus dem Fisch und gab uns dann eine Lektion im Töten von Thunfischen.

»Damit der Thunfisch möglichst keine Schmerzen hat, nehmt ihr ein Messer und stecht es dem Tier oben zwischen die Augen. Richtig tief rein«, erklärte er, während er es gleichzeitig vorführte. Der Thunfisch hörte umgehend auf sich zu regen.

»Krass«, dachte ich. »Merk ich mir.«

Als Käpt'n Gary das Messer zufrieden lächelnd herauszog, war es allerdings auch schon wieder vorbei mit dem Tod, und der Thunfisch fing erneut wie wild an zu zappeln.

»Oh, shit!«, rief Käpt'n Gary und packte das Riesenvieh fester.

»Na ja, also wenn das nicht klappt, dann stecht ihr mit dem Messer noch mal von unten durch die Kiemen«, und er rammte die Klinge genau in diese Stelle. »So«, schloss er keuchend, »jetzt quält es sich auch nicht mehr, jetzt ist der Thunfisch tot und alles ist okay.«

Doch kaum zog er das Messer wieder heraus, ging der ganze Spuk von vorne los: Der Thunfisch zappelte und zappelte und war kaum zu halten. Käpt'n Gary verzog ärgerlich die Miene und fühlte wahrscheinlich auch seine Kompetenz massiv infrage gestellt. Emil, J. C. und ich blickten ihn jedenfalls zweifelnd an.

»Und wenn das immer noch nicht passt, dann müsst ihr es halt einfach noch mal von der Seite probieren.« Käpt'n Gary packte den

KÄPT'N GARY UND SEIN THUNFISCH: STOLZ WIE BOLLE WAREN WIR ALLE, ALS WIR DAS DING AUS DEM WASSER GEZOGEN HATTEN.

Thunfisch mit der linken Hand am Schwanz und stach dem Fisch so oft seitlich in den Kopf, bis er dann halt wirklich nicht mehr gelebt hat. Danach ließ er erschöpft die Arme sinken: »Und jetzt wird filetiert.«

An diesem Nachmittag lernte ich eine Menge über die Anatomie von Thunfischen und wie man möglichst viel Fleisch von den Knochen herunternimmt. Anschließend saßen wir mit Wasabi und Sojasauce beisammen und aßen das frischeste Sushi, das ich in meinem Leben je gegessen hatte.

Hinterher, mit vollem Magen und einer Dose Pacifico in der Hand, konnte ich gar nicht fassen, dass gerade erst der zweite Tag zu Ende ging. Ich fühlte mich, als wäre ich schon mindestens eine Woche auf diesem Katamaran. Ich chillte mich neben Emil ins Netz zwischen den Kufen, und wir unterhielten uns eine Weile.

»Hast du das gesehen?«, fragte Emil nach einer Weile und zeigte raus aufs Meer.

»Nein, was denn?« Ich kniff die Augen zusammen und blickte in die entsprechende Richtung.

KÄPT'N GARY UND DER TOTE THUNFISCH: KURZ VOR DEM FRISCHESTEN SUSHI MEINES LEBENS

»Irgendwas ist da gerade aus dem Wasser gehüpft und mit einem Klatschen wieder untergetaucht«, berichtete Emil verwundert.

Zusammen starrten wir auf die Stelle. Plötzlich sah ich es auch: Etwas sprang aus dem Wasser, es sah aus wie ein flacher Lappen, klatschte einmal in der Mitte zusammen und war wieder weg. Wir blickten fragend zu Käpt'n Gary, der unsere Unterhaltung gehört hatte.

»Das sind Rochen«, erklärte er uns.

Tatsächlich. Immer mehr kleine Rochen hüpften aus dem Wasser, klatschten sich in der Mitte einmal zusammen und tauchten dann

So etwas Lustiges hatte ich lange nicht gesehen.

wieder ein. Es war, als würden sie applaudieren. Ich musste lachen. So etwas Lustiges hatte ich lange nicht gesehen. Obwohl mich nach der gestrigen Nacht eigentlich kaum noch etwas wunderte, was das offene Meer zu bieten hatte. Auf jeden Fall schien in dem Moment irgendetwas in der Luft zu liegen, denn die Rochen waren nicht die einzigen Tiere, die es plötzlich aus dem Wasser trieb. Auf einmal surrten noch mehr Viecher um uns herum, nur viel dichter.

»Achtung – fliegende Fische!«, rief Käpt'n Gary lachend und amüsierte sich köstlich, als wir in Deckung gingen. Die Fische flogen tatsächlich, und zwar direkt um unsere Köpfe. Ein riesengroßer Schwarm hüpfte total schnell übers Wasser. Ein bisschen sahen sie aus wie Vögel. Der Unterschied wurde jedoch schnell offensichtlich: Die fliegenden Fische konnten keinen Millimeter steuern. Sie sprangen einfach aus dem Wasser – und dann ging es für sie nur noch geradeaus. Aber geradeaus, da war für viele eben unser Katamaran. Also krachten die Trottel in Massen an unser Boot. Es schienen nicht gerade die intelligentesten Tiere zu sein. Viele von ihnen schafften zwar den Sprung am Katamaran hoch, aber leider nicht über den Katamaran drüber. Deshalb sprangen Emil und ich auf und beeilten uns, die Fische aufzusammeln und wieder ins Wasser zu werfen. Zwei der armen Tropfe haben wir allerdings erst nach einer Stunde wiedergefunden. Die waren dann natürlich tot und steinhart. Aber sie gaben uns zumindest die Gelegenheit, sie in Ruhe anzusehen. Sie hatten tatsächlich Flossen, die sie wie Flügel aufspannen konnten. Wirklich abgefahren.

DER HURRIKAN

Ursprünglich lautete mein geheimer Plan, nach drei Tagen Katamaran in Cabo San Lucas von Bord zu gehen. Cabo San Lucas liegt an der südlichsten Spitze der mexikanischen Halbinsel Baja California. Von dort wollte ich mit dem Bus zurück nach Mexiko-Stadt fahren, um mich dann in ein Flugzeug nach Atlanta in den USA zu setzen. Der Plan war gut, er war sogar sehr gut, und er passte wirklich toll in meine ursprüngliche Reiseroute. Doch in den letzten drei Tagen an Bord der *Crystal Blue Persuation* hatte ich so viele Erkenntnisse und Erfahrungen gewonnen, dass ich dabei den Deutschen in mir irgendwie verloren hatte. Ein gutes Gefühl. Ich ließ also den Plan Plan sein – und blieb. Ab jetzt hieß es für mich »immer der Nase nach« – oder wie Käpt'n Gary als Amerikaner sagen würde: »Go with the flow!« oder »Play it by ear!«. Das jedenfalls würde ich ab sofort tun.

In Cabo San Lucas gingen wir für einen Abend an Land und erfreuten sämtliche Touristen in Strandnähe, als wir vier Kerle in unserem kleinen Holzboot zum Ufer gepaddelt kamen. Wir waren wirklich ein Bild für die Götter, und wir hatten extrem gute Laune. Sogar J. C. ging es an dem Abend ausnahmsweise mal richtig gut. Aber wir waren ja auch an Land. Seine körperliche Verfassung änderte sich schlagartig, als wir am nächsten Tag, bepackt mit neuen Vorräten, wieder in See stachen. Ich weiß wirklich nicht, wie J. C. das die ganze Zeit ausgehalten hat, aber er hat wirklich gelitten. Allerdings sollte er damit nicht mehr lange alleine bleiben.

An Bord, besonders in der Nacht, wurde es nämlich nach und nach kälter, während wir in meilenweiter Entfernung vom Land die Küste Baja Californias hochsegelten. Hatte ich bei meiner ersten Nachtschicht noch in Flipflops und Shorts herumgestanden, zog ich jetzt immer öfter lange Hosen und feste Schuhe an. Irgendwann reichte auch ein Hoodie nicht mehr aus. Laut Käpt'n Gary lag die plötzliche Kälte an den eisigen Winden, die von Alaska her übers Meer zogen. Was passiert, wenn

EINGEPACKT IN ALLE KLAMOTTEN, DIE ICH AUF DER REISE DABEIHATTE – DAZU NOCH HEISSEN INGWERTEE GEGEN DIE KLIRRENDE KÄLTE

kalte auf warme Luft trifft, wissen wir alle spätestens seit unserer Schulzeit – und so dauerte es nicht lange, bis die ersten Gewitter über uns hereinbrachen. Eigentlich mag ich Donnern und Blitzen, es kann sogar sehr heimelig sein, wenn man beispielsweise vor einem flackernden Kaminfeuer sitzt und ein Haus um sich herum hat. Mitten auf dem Pazifik allerdings sah die Sache ganz anders aus. Das Meer wurde rauer, die Wellen immer höher. Als nächstes Etappenziel hatten wir Ensenada an der nördlichen Spitze von Baja California unweit von Tijuana an der Grenze zu den USA anvisiert und für die Strecke ungefähr fünf Tage eingeplant. So wie das Wetter jetzt umschwang, ahnten selbst wir Segelneulinge, dass es deutlich länger dauern könnte.

Ich hätte nicht gedacht, dass J. C.s Übelkeit noch eine Steigerung erfahren könnte, aber der arme Kerl wurde immer grüner im Gesicht, je mehr die Winde uns hin und her schleuderten. Er knabberte zum Frühstück höchstens noch an einer Karotte – und selbst die war schneller wieder im Meer, als wir anderen unsere French Toasts aufessen konnten. Auch mir wurde langsam, aber sicher flau im Magen. Die Winde nahmen keinesfalls ab oder gönnten uns mal eine Verschnaufpause, im Gegenteil: Sie wurden immer stärker. Ich war nicht sonderlich begeistert von dem Wetter, das gebe ich zu, aber besorgt war ich noch nicht. Das änderte sich, als Käpt'n Gary uns mitteilte, dass wir mitten in einem ausgewachsenen Hurrikan steckten. Ab sofort wirkten die Wellen bedrohlicher auf mich, der Wind schärfer, der Donner lauter und die Blitze zischender. Es wurde so richtig ungemütlich auf dem Katamaran, den die Wellen immer steiler ankippten und dann wieder klatschend fallen ließen. Mit jeder Welle bohrte sich die Kiste gefühlt senkrecht in die Luft, nur um auf der Spitze der Welle wieder abzustürzen. In meinem Bett vorne in der Kufe hatte ich ohne Pause genau das gleiche Gefühl, das ich bisher nur von schwindelerregend hohen Achterbahnen kannte. Zudem war es ohrenbetäubend laut. Die Kufenspitze, in die mein Bett eingepasst war, maß vorne gerade mal einen Meter Breite. Ich lag also mit den Ohren direkt in den Wellen, einzig getrennt durch die Kunststoff-Außenhülle des Katamarans.

In der schlimmsten der Sturmnächte war der Lärm kaum noch auszuhalten. Es war gerade drei Tage her, dass wir in Cabo San Lucas gefeiert hatten. Dieser Abend fühlte sich mittlerweile unendliche Welten weit entfernt an. Ich stützte mich mit beiden Armen an den Kufen-Innenwänden ab, um nicht ständig durch die Gegend geschleudert zu werden, und glaubte, dass dieser Albtraum nie ein Ende nehmen würde. Das war jetzt die zweite Horror-Nacht meiner Weltreise: erst die Lebensmittelvergiftung auf der Bustoilette, jetzt ein Hurrikan-Inferno auf dem Pazifik. In solchen Momenten wünschte ich mich fast nach Hause. Seit Stunden versuchte ich wenn auch keinen Schlaf, dann doch wenigstens so etwas wie ein leichtes Dösen hinzukriegen. Aber der Lärm und das Achterbahngefühl ließen das kaum zu. So lag ich im Dunkeln, hielt einfach nur durch – und erschrak fürchterlich, als mich plötzlich etwas am Arm packte. Im Dustern konnte ich kaum etwas erkennen, ich sah nur eine Hand, dann einen Arm – und erst als er näher herankam, sah ich das Gesicht von Emil, in dem deutlich Furcht zu lesen war. So einen Gesichtsausdruck hatte ich noch nie bei ihm gesehen. Er schüttelte mich am Arm, starrte mich an und brüllte: »Nick, ich habe Hackfleischsoße in meiner Unterhose!« Wäre es mir nicht ähnlich gegangen, ich hätte in diesem Moment laut losgelacht.

»Käpt'n Gary will, dass wir alle an Deck kommen. Wir müssen irgendwie die Segel einholen, weil der Wind zu stark wird!«, brüllte Emil weiter.

Sofort stand ich auf und zog innerhalb weniger Sekunden alles an, was mein Backpack hergab. Dann stolperte ich die Treppen zum Deck hoch. Ich hatte durch den Lärm und die Achterbahn in der Kufe bereits die Vermutung gehabt, dass das Unwetter noch mal ordentlich an Stärke zugelegt hatte. Was mir dann aber an Deck entgegenschlug, war noch um einiges furchteinflößender. Hinter dem Steuerrad klemmte Käpt'n Gary und versuchte, Wind und Regen zu trotzen. Als ich in sein Gesicht sah, sackte mir das Herz komplett in die Hose. Wenn du als Segelanfänger, der wirklich überhaupt keine Ahnung hat, mitten auf dem Pazifik in einem Hurrikan steckst, dann verlierst du allein deshalb nicht die Fassung, weil du weißt, dass ja noch ein zwei Meter großer Hünen-Kapitän da ist, der alles im Griff hat. Siehst du allerdings in dessen Augen die blanke Angst stehen, ist das ein richtiges Scheißgefühl. Als Käpt'n Gary bemerkte, dass wir alle an Deck standen, schrie er uns durch den Sturm an: »Ganz egal, was ihr macht, ihr werdet euch nirgendwo auf diesem Katamaran bewegen, solange ihr euch nicht irgendwo festhaltet!«

Wir drei starrten zu ihm rüber wie verschreckte Rehkitze.

»Habt ihr das verstanden?«, brüllte er.

Wir nickten allesamt und klammerten uns sofort irgendwo fest.

Käpt'n Gary war klar, was uns erst so langsam ins Bewusstsein drang: Würde einer von uns bei diesem Schwanken kurz das Gleichgewicht verlieren und stürzen, die nächste Welle würde ihn ohne Umschweife sofort von Bord spülen. In dem Fall gäbe es nicht die geringste Chance auf ein Zurück. Der Katamaran wäre im Nu weg, und die Wellen waren so unberechenbar, dass es unmöglich sein dürfte, sich überhaupt über Wasser zu halten. Wer hier von Bord ging, würde nicht wiederkommen.

Mir war schlecht, und ich kämpfte im Sekundentakt gegen die aufwallende Panik.

Insofern war es gut, dass Käpt'n Gary uns sofort Anweisungen zurief. Besser irgendetwas tun, als sich weiter sämtliche Schreckensszenarien auszumalen, die viel zu real werden konnten.

»Wir müssen sofort die Segel einholen, die werden dem Wind nicht weiter standhalten. J. C., du übernimmst das Steuer!« J. C. kämpfte sich schwankend vor und ergriff Käpt'n Garys Arm, der ihn zu sich zog.

»Nick, Emil, ihr klettert nach vorne und haltet euch bereit. Sobald J. C. richtig steht, zieht ihr, so schnell ihr könnt, die Segel runter!«

Während Emil und ich auf allen Vieren die Kufen entlangkrabbelten, versuchte Käpt'n Gary den Mast, den es bald aus der Verankerung reißen würde, mit seinem ganzen Körpergewicht zu stabilisieren. Uns war klar: Die Segel mussten runter – und zwar sofort.

J. C. hatte uns alle im Blick, und als wir auf Position waren, lenkte er den Katamaran direkt in den Wind. Das war nötig, denn vom Wind gespannte Segel waren unmöglich einzuholen. Schaffte J. C. es, das Boot in dieser Hölle von See genau auszurichten, würden die Segel anfangen zu flattern. Ohne die Spannung im Tuch wären wir dann in der Lage, es runterzuziehen. Soweit Käpt'n Garys Plan, den wir sofort begriffen.

Nach einigen Minuten bekam es J. C. tatsächlich hin, den Katamaran in den Wind zu lenken. Die Segel begannen hin und her zu flattern, und Emil und ich zogen um unser Leben, jeder auf einer Seite des Katamarans. Es ging nur sehr langsam, Zentimeter für Zentimeter, voran. Meine Finger waren nach wenigen Minuten starr vor Kälte, aber die Panik ließ mich das kaum spüren. Wir versuchten, die riesigen Segel weiter und weiter zu uns heranzuziehen. Vom Regen und Meerwasser vollgezogen war das Tuch irre schwer. Als wir es vielleicht zu einem Drittel eingefahren hatten, kam J. C. vom Kurs ab. Ich weiß bis heute nicht, wie ihm das passieren konnte. Vielleicht musste er sich plötzlich wieder übergeben und riss in der Kotz-Bewegung das Steuer mit, vielleicht hat es ihn aber bei den hohen Wellen auch mal eben kurz umgefegt. Die Folge war jedenfalls verheerend, denn sofort spannten sich die Segel mit einem lauten Knall wieder. Mir, der ich gerade noch ein Stück davon in der Hand gehalten hatte, riss es fast den Arm aus dem Gelenk. Weil der Wind aus Emils Richtung kam, beulten sich die Segel sofort in meine Richtung aus und knallten mir mit aller Macht ins Gesicht. Es war, als würde ich mit Mike Tyson im Ring stehen – ohne Arme. Mir gingen sofort sämtliche Lichter aus, und ich fiel bewusstlos um. Ich war einige Sekunden komplett ausgeknockt.

»Halt ihn fest! Halt ihn bloß fest!«

Das Nächste, was ich mitbekam, war wieder ein Druck am Arm, genau wie zuvor, als mich Emil in der Kufe über die Hackfleischsoße in seiner Unterhose informiert hatte. Kurz hatte ich ein Déjà-vu, denn ich sah erneut Emils Gesicht, als ich meinen Kopf drehte, um erkennen zu können, was mich am Arm gepackt hatte. Doch im nächsten Moment waren die Kälte, der Regen, der Sturm und die peitschenden Segel wieder da. Ich hörte Käpt'n Gary brüllen: »Halt ihn fest! Halt ihn bloß fest!«

Das tat Emil in wilder Panik: Er hielt mich fest, so fest er konnte. Hätte er das nicht getan, wer weiß, ob mich dann nicht die nächste Welle für immer von Bord gespült hätte. Nach wie vor kämpfte J. C. mit dem Steuer und versuchte, den Katamaran wieder in den Wind zu lenken, noch immer tat Käpt'n Gary alles, um den Mast irgendwie in der Verankerung zu halten, während Emil und ich uns mit aller Macht an das Boot und aneinander klammerten.

Und dann riss das größere der beiden Segel.

Mit einem mächtigen Ratschen, das selbst durch den Lärm des Sturms überdeutlich zu hören war, klaffte ein Loch im Segel, und das Tuch schlug wild um sich. Gleichzeitig löste sich von irgendwo ein Seil, das ebenfalls unkontrolliert über das Deck peitschte. Das einzig Positive an der jetzigen Situation war, dass der Mast ohne den Druck des gespannten Segels nicht mehr drohte, aus der Verankerung zu kippen. Käpt'n Gary kletterte deshalb zurück und übernahm wieder das Steuer. Emil und ich zogen uns gemeinsam zu den anderen auf die hintere Seite des Katamarans. Käpt'n Gary war nur noch am Fluchen, funktionierte aber wie eine Maschine. Er versuchte den Motor zu starten, aber irgendetwas funktionierte nicht.

»So eine Scheiße, verdammt!«

»Was ist los?«, brüllte ich ihm zu.

»Das gottverdammte Seil hat sich um die Schiffsschraube gelegt«, rief er zurück.

Ein Blick bestätigte, was er sagte: Ein weiteres Seil hatte sich gelöst und komplett in einer der Schrauben verheddert. Das war der Moment, in dem ich wirkliche Todesangst bekam. Es ging einfach alles schief. Der Sturm, die Wellen von überall, der wackelnde Mast, mein Knock-out durch das Segel, das dann auch noch gerissen war. Ich schaute mich panisch nach dem Holzboot um. In meinem von Angst getriebenen Hirn kam ich auf die irrwitzige Idee, dass wir uns vielleicht damit retten könnten. Doch genau in dem Moment, als ich es erblickte, bohrte sich der Katamaran die nächste steile Welle hoch. Wassermassen preschten über das Deck und rissen unsere Paddel mit. Sie waren einfach weg. Mir stockte der Atem. Ich sah, wie das Segel hin und her klatschte, das peitschende Seil ständig drohte, einen von uns zu erwischen, und ich sah die Furcht in Käpt'n Garys Augen. Wir waren alle mit den Nerven am Ende und schrien wild herum. Ich weiß nicht mehr, woran ich in diesen Augenblicken dachte, aber im Nachhinein kann ich versichern: Wer Todesangst erlebt, denkt nicht daran, wie er aussieht, wie viel Geld er auf dem Konto hat, was die Freunde gerade machen, wo die nächste Reise hingeht oder an irgendwelche Erfahrungen. Eigentlich hat man nur einen einzigen fokussierten Gedanken: Ich will überleben. Doch auf diesem Katamaran gab es einfach nichts mehr, an das wir unsere Hoffnungen klammern konnten, kein einziges Zeichen der Sicherheit. Keine Sicherheit, dass der Sturm vorbeigehen würde, dass irgendwann die Sonne wieder schiene, dass wir uns würden festhalten können oder der Katamaran selbst das alles kräftemäßig aushielte. Wenn wir uns im Alltag bewegen, gibt es immer diese allgegenwärtige Grundsicherheit. Wir wissen, dass wir das nächste Mittagessen bekommen werden, dass zu Hause das WiFi funktioniert und dass Wasser aus der Leitung kommt, wenn wir den Hahn aufdrehen. Wir haben allein durch unsere Umgebung ein Sicherheitsgefühl, das uns so gut wie nie bewusst ist. Ist diese Umgebungssicherheit aber plötzlich weg, spürt man das sofort. Das war in dieser Nacht auf dem Pazifik der Fall. Ich fühlte mich vollkommen ausgeliefert und schutzlos. Zum ersten Mal verstand ich so richtig das Bild vom seidenen Faden, an dem das eigene Leben hängen kann.

»Fuuuuuuck!«, brüllte Käpt'n Gary hinterm Steuer.

Wir schauten ihn alle an, fertig und am Ende unserer Kräfte.

»Wir müssen die Schraube freibekommen und irgendwie aus diesem Sturm raus!«

Suchend wandte Käpt'n Gary sich um und bückte sich, um ein Seil aufzuheben. Er wickelte es auf, band das eine Ende um die Reling, das andere fest um seinen Bauch. Er blickte er zu uns rüber und schrie uns mit weit aufgerissenen Augen an: »Ich werde da jetzt runterklettern und diese Schraube freilegen. Ihr haltet das Seil fest. Unter keinen Umständen lässt irgendjemand auch nur eine Sekunde los!«

Wir packten sofort das Seil. Käpt'n Gary schaltete alle verfügbaren Lichter an, schnappte sich ein Messer und klemmte es sich zwischen die Zähne. Dann kletterte er über die Reling – und war weg. Obwohl ich bereits bis auf die Knochen durchgefroren war, wurde mir innerlich noch kälter. Käpt'n Gary war jetzt im Wasser. Was, wenn da irgendwas passierte? Was, wenn er durch eine Welle an die Seite des Katamarans geschleudert würde? Was, wenn er sich an der Schraube den Kopf aufschlüge? Was, wenn ein Hai käme? Ohne Käpt'n Gary wären wir nur noch drei Mitte 20-jährige, segelunerfahrene Backpacker auf einem manövrierunfähigen Katamaran mitten auf dem von einem Hurrikan gebeutelten Pazifik mit zwölf Meter hohen Wellen. Wenn dieser Fall eintreten würde, da war ich sicher, würden wir für immer Mitte 20 bleiben – und zwar auf dem Grund des Meeres.

Doch Käpt'n Gary tauchte wieder auf. Nach Minuten, die mir mindestens wie Stunden vorkamen, hatte er es geschafft, das Seil zu durchtrennen. Nass bis auf die Knochen kletterte er wieder hinters Steuer. Mit uns Dreien war nichts mehr anzufangen, wir klammerten uns einfach nur noch irgendwo fest, während Käpt'n Gary die Motoren anwarf und

> **Ich erkenne heute Herausforderungen, wo ich vorher nur Probleme gesehen hatte.**

den Katamaran durch die Wellen lenkte. Es dauerte die ganze Nacht, aber irgendwann, auch wenn es zwischendurch beinahe unmöglich schien, hatten wir den Sturm hinter uns gelassen.

Wenn dir einmal etwas widerfährt, das dich so richtig in Todesangst versetzt, denkst du anders über das Leben nach. Ich will nicht behaupten, dass dieses Erlebnis auf dem Katamaran eine sinnstiftende Lektion für mich gewesen ist, aber ich merkte, dass ich fortan komplett anders an Dinge heranging. Insofern war der Hurrikan ein einschneidendes Erlebnis gewesen, nach dem vieles anders war als zuvor. Ich erkenne heute Herausforderungen, wo ich vorher nur Probleme gesehen hatte. Wenn ich heutzutage an einer Bushaltestelle stehe, beobachte ich manche Menschen und wundere mich über ihren Zorn, weil der Bus ein paar Minuten Verspätung hat. Dass ich über vollkommen nichtige Dinge in Rage gerate, passiert mir einfach nicht mehr. Tritt doch einmal so ein Fall ein, dass ich wütend werde oder mich über irgendetwas Unwichtiges ärgere, halte ich sehr schnell inne und besinne mich. So ist es jedenfalls bei mir. Der Hurrikan hat mich nie wieder richtig losgelassen.

KEINE WORTE MEHR

Als wir gegen Morgen endlich wieder auf etwas ruhigerer See unterwegs waren, hatten wir das Gröbste geschafft. Die Wellen waren nicht mehr zwölf Meter hoch, aber das Wetter war trotzdem noch richtig schlecht und unser Segel nach wie vor gerissen. Vor uns tauchte eine kleine Insel auf, und wir beschlossen, in ihrem Windschatten zu ankern, um uns auszuruhen. Das Echolot in Käpt'n Garys kleiner Zentrale zeigte jedoch einen sehr unebenen Boden, der es uns schwer machte, den Anker zu legen. Als wir also versuchten, den Anker ins Wasser zu jagen, stellten wir fest, dass dies nicht einfach werden würde. Außerdem offenbarten sich weitere Schäden am Katamaran: Normalerweise können der tonnenschwere Anker und seine Kette per Kurbel ins Wasser gelassen und wieder hochgezogen werden. Die Kurbel jedoch war kaputt. Auch der Ankerlocker, ein kleiner Metallstift zum Fixieren der Kette, war von Bord gespült worden. Der Boden machte es notwendig, dass wir den Anker mehrfach auslegen und wieder hochziehen mussten – und das alles ohne mechanische Unterstützung. Wir ließen also den Anker ins Wasser, stellten fest, dass er nicht griff, und hievten ihn wieder aus dem Wasser. Wir zogen zu viert an der schweren Kette. Zwischendurch Pause machen konnten wir nicht, denn sobald wir losließen, rasselte die Kette wieder Richtung Grund. Ohne den Ankerlocker hieß es also jedes Mal: alles oder nichts. Wir waren übermüdet, hungrig, vollkommen erschöpft – und mussten die mehrere Hundert Kilo schwere Ankerkonstruktion nicht nur einmal oder zweimal, auch nicht drei- oder viermal, sondern ganze fünf Male wieder hochziehen. Unsere Nerven lagen blank. Irgendwann schrien wir uns nur noch gegenseitig an. Irgendwer rutschte immer mal ab, und die anderen drei hob es fast über Bord. Käpt'n Gary quetschte sich um ein Haar die Hand ein. Insgesamt brauchten wir vier Stun-

SCHON MAL VERSUCHT, MIT EINER NADEL DURCH DREI LAGEN SEGEL ZU STECHEN?

den, bis der Katamaran endlich fest vor Anker lag. Wir fielen alle umgehend ins Bett und in einen tiefen Schlaf.

Als wir wieder halbwegs beisammen waren, versuchten wir, das Segel zu reparieren. Dazu nutzten wir Stücke eines ebenfalls gerissenen Ersatzsegels. Natürlich gab es wieder kein passendes Werkzeug, und wir mühten uns stundenlang ab, eine Nadel, die sich nicht für das Material eignete, durch drei Lagen Segeltuch zu prügeln. Nach mindestens 60 oder 70 Stichen waren unsere Fingerkuppen komplett im Arsch. Mit der vergangenen Nacht und der Geschichte mit dem Anker in den Gliedern, fingen wir vier uns beim Nähen des Segels richtig an zu hassen. J. C. war überhaupt nicht mehr ansprechbar, Emil und ich bekamen uns in die Haare und schrien uns an, und Käpt'n Gary hackte auf J. C. herum, weil ihm dieses ewige Gekotze auf die Nerven ging. Wären wir nicht am Ende unserer Kräfte gewesen, es hätte nicht viel gefehlt und es wäre zwischen uns zu einer ausgewachsenen Schlägerei gekommen. Es war auf jeden Fall spannend, am eigenen Leib zu erfahren, was eine Extremsituation mit einer Gruppe von Menschen machen kann. In dem Moment dachte ich darüber natürlich nicht nach, sondern kochte innerlich vor Wut über einfach alles.

Ich weiß nicht wie, aber schließlich haben wir es gemeinsam geschafft, das Segel zu reparieren und den gottverdammten Anker zurück an Deck zu ziehen. Als wir losfuhren, wurde sehr schnell klar, dass wir meilenweit vom Kurs abgekommen waren. Zusätzlich kam der Wind so stark aus der Richtung, in die wir segeln wollten, dass uns nichts anderes übrig blieb, als uns in einem ewigen Zickzackkurs langsam vorwärtszubewegen. Das warf uns zeitlich noch mehr zurück. Ich wollte einfach nur noch weg von diesem Boot, weg von den Jungs, weg vom Wasser und diesem ekelhaften Wetter. Ich hielt es kaum noch aus.

Nachdem wir die Hälfte der Strecke hinter uns gebracht hatten, gingen wir noch einmal an Land, weil es noch viele kleinere Schäden am Katamaran gab, die zwar nicht gravierend waren, aber trotzdem behoben werden mussten. Auf jeden Fall brauchten wir einen Ankerlocker, wenn wir uns nicht gegenseitig mit der Kette erdrosseln oder diverse Finger verlieren wollten. Unsere provisorische Naht am Segel musste auch verbessert werden, denn ein starker Wind würde ausreichen, alles wieder zu zerfetzen. Wir machten also Stopp an der erstbesten Stelle, die uns begegnete. Dabei handelte es sich nicht um einen richtigen Hafen, sondern lediglich um eine Art Raststätte für Boote. Dennoch gelang es uns, viele Ersatzteile und ordentliches Nähzeug von den anderen Seglern zu bekommen. Mir wurde die elende Aufgabe zugeteilt, in einen von Käpt'n Garys riesengroßen Wetsuits zu steigen und mit ihm gemeinsam die Außenwände des Katamarans zu überprüfen. Langsam

SIEHT WÄRMER AUS, ALS ES TATSÄCHLICH WAR: EIN KLEINER ZUFLUCHTSORT NACH DEM HURRIKAN, UM EIN PAAR REPARATUREN ZU ERLEDIGEN.

hatte ich wirklich genug von dieser Kälte. Schon nach Sekunden im Wasser fror ich so erbärmlich, dass ich froh wie noch nie war, mir in die Hose zu pinkeln. Ganz ehrlich: Wenn man drauf ist, wie wir drauf waren, macht einem so etwas überhaupt nichts mehr aus, und man genießt die 37 Grad warme Pisse, die einem wenigstens ganz kurz den Körper wärmt. Zu kurz allerdings. Als ich zurück an Bord kam, war ich so erfroren, dass ich Schwierigkeiten mit der Koordination hatte. Meine Hände zitterten so stark, dass ich es lange nicht schaffte, den Dosenöffner in die Rille einer Thunfischdose zu klemmen. Ich hatte solchen Hunger und brauchte dringend Energie, um meinen erlahmten Körper zu heizen, aber ich bekam diese Scheißthunfischdose nicht auf. Verpflegungstechnisch waren wir jetzt bei den Dosen aus den Vorratskammern unter den Sitzen angekommen. Aus den geplanten fünf bis sechs Tagen waren mittlerweile sieben geworden – und wir hatten noch mindestens drei Tage vor uns. Auf dem Segelrastplatz gab es keinen Supermarkt, also mussten wir uns mit dem durchkämpfen, was wir noch hatten: Thunfisch aus der Dose, Oliven aus dem Glas und staubtrockene Cracker. Aus dem Speisen wie die Könige in herrlichem Sonnenschein war ein zähes Kauen in absoluter Kälte geworden. Was für ein tiefer Fall. Am schlimmsten war, dass auch das Bier alle war.

Als wir nach drei Tagen endlich den Hafen von Ensenada erreichten, redeten wir vier Jungs nicht mehr viel miteinander. Nicht weil wir uns nicht mehr gemocht hätten oder im Bösen auseinandergegangen wären – wir hatten nur einfach keine Worte mehr übrig.

NACHTRAG

Als ich mich für dieses Buch intensiv mit diesem Teil der Geschichte beschäftigte, versetzte mich das so komplett in die Zeit zurück, dass ich das Gefühl hatte, alles erneut zu durchleben. Ich fühlte echte Freude, als ich an die ersten Tage und diese unglaubliche Begegnung mit dem Wal dachte, gluckste vor mich hin,

als ich mich an Emils großartigen deutschen Hackfleisch-Satz erinnerte, und spürte Gänsehaut beim Gedanken an die Hurrikan-Nacht. Der Abschied war merkwürdig still gewesen, nachdem wir so viel durchlebt hatten. Wir stiegen gemeinsam von Bord, küssten den staubigen mexikanischen Boden und gingen dann jeder seiner Wege. Ich checkte mich direkt in ein Hotel ein, das *Hotel California* hieß und mich sofort an das gleichnamige Lied denken ließ. Ein schönes Lied. Ich kaufte mir haufenweise Chips und Snickers, nahm eine unendlich lange heiße Dusche und versuchte, so viel Schlaf nachzuholen, wie ich konnte. Zwei, drei Tage hatte ich mit Motion Sickness zu kämpfen, dem Schwanken, nachdem man mehrere Tage auf See gewesen war. Im Grunde genommen ist das wie seekrank sein, nur eben an Land.

Von den anderen Jungs hörte ich einige Tage nichts, ich denke, wir alle brauchten eine Pause, um die Erlebnisse zu verarbeiten. Trotz der ganzen Streitereien am Ende – so ein Abenteuer schweißt für immer zusammen. Wir alle verdanken uns mehr oder weniger das Leben. J. C. hatte es als absoluter Segelanfänger und am Ende seiner körperlichen Kräfte nach tagelanger Seekrankheit hinbekommen, den Katamaran durch eine Sturmflut zu steuern. Emil hatte mich festgehalten, als ich bewusstlos an Deck lag. Käpt'n Gary war in einer selbstmörderischen Aktion während eines ausgewachsenen Hurrikans von Bord geklettert, einzig durch ein Seil gesichert. Wir haben gegeben, was wir konnten, und es gemeinsam geschafft, das alles zu überstehen. Eins war deshalb sicher: Wir würden niemals den Kontakt zueinander verlieren. Und das haben wir bis heute nicht. Fast zehn Jahre später bin ich immer noch auf der Welt unterwegs, genau wie Emil, der ein ganz ähnliches Leben führt wie ich. J. C. arbeitet heute als Jongleur und Performance Artist, verkleidet sich dafür manchmal als Clown und nennt sich Cirque Quirk. Und Käpt'n Gary ... tja, der hat das »Käpt'n« abgelegt und sich als Handwerker mit seiner Frau in den USA niedergelassen. Ich schätze, ein besserer Handwerker ist in der Gegend, in der er wohnt, nicht zu finden.

KAPITEL 4
IM LAND DER UNBEGRENZTEN MÖGLICHKEITEN

CINCO DE MAYO, BABY!

Drei Monate Mexiko waren vorbei, und ich stand am 2. Mai 2010 – einen Tag vor meinem 24. Geburtstag – an der Grenze zu den USA zwischen Tijuana und San Diego. In meiner Tasche befanden sich noch ganze 20 Dollar – eine Punktlandung, denn die Einreise kostete mich genau 19 Dollar. Als ich an der Reihe war, meine Papiere vorgezeigt und das Geld abgedrückt hatte, betrat ich also das Land der unbegrenzten Möglichkeiten mit genau einem US-Dollar in der Tasche.

Während der ersten Tage in San Diego kam ich per Couchsurfing bei Thi unter, einer Vietnamesin, die schon im Alter von drei Jahren mit ihren Eltern in die USA eingewandert war. Thi wurde eine gute Freundin, doch zunächst verbrachten wir einfach ein bisschen Zeit zusammen, bis sie für einige Tage verreisen musste. Für mich hieß das: Ich brauchte eine neue Couchsurfing-Lösung. Die kam wenig später in Form von Abraham daher, einem mexikanisch-amerikanischen Typ in meinem Alter. Er hatte überhaupt kein Problem damit, dass ich gleich eine ganze Woche bleiben wollte. Während ich bei ihm wohnte, gesellten sich noch zwei weitere Couchsurferinnen dazu: Janina und Norina, beide Anfang 20, beide aus Deutschland. Zusammen mit Abrahams Nachbar, Michael, einem Österreicher, der Hotelmanagement studierte und gerade ein Auslandssemester in San Diego machte, hatte sich im Nu eine super Clique zusammengefunden. Ich kochte für alle Hackbällchen mit Kartoffelbrei, wir gingen feiern, cruisten in Michaels Cabrio durch die Stadt, machten einen Roadtrip zum Grand Canyon und hatten einfach eine wirklich gute Zeit.

Einer unserer gemeinsamen Abende hat sich besonders in mein Gedächtnis eingebrannt. Wir kamen nämlich auf die Idee, den mexikanischen Feiertag Cinco de Mayo in Tijuana zu feiern. Also setzten wir fünf uns in Abrahams Cabrio und fuhren los. In Tijuana zogen wir die ganze Nacht durch die Straßen, Bars und Clubs der Stadt, bis Michael, der am nächsten Tag arbeiten musste und deshalb nüchtern geblieben war, zum Aufbruch drängte. Besonders erinnerungswürdig ist diese Nacht aber nicht wegen der Feierei, sondern vor allem wegen der Rückreise in die USA. Michael hatte nämlich vergessen, seinen Reisepass einzupacken. Was bei der Einreise nach Mexiko gar kein Thema gewesen war, weil es in Mexiko niemanden interessiert hatte, wer da aus den USA ins Land kam, gestaltete sich auf der Rückreise nun als echtes Problem. Dass wir vier anderen stockbesoffen waren und ich es besonders eilig hatte, weil ich dringend auf die Toilette musste, machte die ganze Sache nicht besser. Wir durften nicht einreisen. Stattdessen lotste man uns auf den Grenzparkplatz und verbot uns mit einem gebrüllten »YOU GONNA STAY IN THE CAR!« auszusteigen. Mir stand das Wasser schon bis in die Augen, so drückte mir die Blase, aber es gab kein Erbarmen.

Eine halbe Stunde später – wir saßen noch immer in der Karre – sahen wir eine Polizeieskorte mit Blaulicht näherkommen, die einen Pick-up-Truck zu uns auf den Parkplatz geleitete. Erst wirkte alles ganz harmlos, doch dann ging plötzlich alles ganz schnell: Es gab gezogene

Waffen, es wurde herumgebrüllt, Handschellen blitzten auf, und gefährlich bellende Drogenspürhunde wurden auf den Pick-up-Truck losgelassen. Mit großen Augen und offenen Mündern verfolgten wir fünf eingequetschten und durchgefeierten Freude, was sich wie im Autokino vor unserer Nase abspielte: die Hunde fanden eine Menge Drogen, der Fahrer wurde abgeführt – es fehlte eigentlich nur noch ein angeschossener Bruce Willis, der sich zu uns umdrehte und mit einem Nicken »Yippie-ya-yeah, Schweinebacke!« sagte.

Als die ganze Mannschaft einschließlich des überführten Drogenschmugglers abgezogen war, schwiegen wir noch ungefähr eine halbe Millisekunde. Dann quatschten wir alle völlig aufgedreht wild durcheinander:

»OH. MY. GOD! Was war das denn?!«
»Wie die den Typen da rausgezerrt haben…!«
»Was geht denn hier ab!???«

Endlich wurde gegen eines unserer Seitenfenster geklopft, und zwei Grenzbeamte bedeuteten uns, ihnen zu folgen. Jetzt waren also wir dran. Sie stellten uns vor die Wahl: Entweder wir würden 200 Dollar bezahlen und dürften alle fünf einreisen. Oder: Wir ließen Michael an der Grenze zurück, müssten den Pass aus San Diego holen und dann wiederkommen, um ihn auszulösen. Ein wenig irritiert und noch jenseits irgendeiner Form von Nüchternheit fragte ich den Officer: »Also, Sie würden uns vier hier weiterfahren lassen, obwohl wir betrunken sind?«

Der Grenzbeamte schaute mich gereizt an:
»I'm not the fucking Highway Patrol. I'm the Border Patrol.«

Na gut. Weil keiner von uns 200 Dollar dabei hatte – nicht einmal wir alle zusammen – ließen wir Michael also zurück. Zu Hause in San Diego wurde neben dem Suchen von Michaels Reisepass erst mal der Kühlschrank geplündert. Danach machten Abraham und ich uns nochmals auf den Weg zur Grenze, um unseren einzigen nüchternen Fahrer abzuholen. Der hatte in unserer Abwesenheit trotzdem Spaß gehabt und erzählte uns später, als wir ihn endlich mit nach San Diego nehmen durften, dass er sich die Zeit mit ein paar Einbürgerungstests vertrieben hatte, die er zur Probe hatte ausfüllen dürfen.

KA-CHING!

Alles hat ein Ende, und so kam auch der Tag, an dem Norina und Janina sich auf ihre Rückreise nach Deutschland machten. Es blieben also Abraham, Michael und ich. Aus meiner geplanten Woche San Diego waren mittlerweile zwei geworden, und ich hatte auch nicht vor, bald abzureisen. Dazu gefiel es mir einfach viel zu gut, Zeit mit den beiden Jungs – und mittlerweile auch wieder Thi – zu verbringen.

Das Thema »Las Vegas« kam auf. Wahnsinnig weit entfernt war die berühmt-berüchtigte Wüstenstadt nicht, und wir drei Jungs beschlossen relativ spontan, einen zweiten Roadtrip anzugehen. Michael kramte ein paar Hotelgutscheine aus seiner Wohnung, und drei Tage Tropicana Hotel in Las Vegas waren geritzt. Aufgeregt fuhren wir die knapp sechs Stunden mit dem Auto, schrammten an L.A. vorbei und passierten die Grenze von Kalifornien nach Nevada. Als wir unserem Ziel näher kamen, war es bereits stockdunkel. Las Vegas kannte ich bisher nur aus dem Fernsehen oder aus Filmen. Deshalb war ich vollkommen aus dem Häuschen, als das »Fledermausland« ein Ende nahm, und wir mit offenem Verdeck und dem Nachtwind in unseren Gesichtern euphorisch an diesem berühmten Schild vorbeirasten, das jeder von Fotos kennt und auf dem in großen Lettern steht: Welcome to fabulous Las Vegas!

»Yeah!«, schrie Abraham in die Nacht. »Vegas, baby, Vegas!«

Michael und ich stimmten ein.

Es war ein großartiger Moment.

Mit einem Grinsen im Gesicht ließ ich mich zurück in den Sitz fallen. »Ja, Mann«, dachte ich, »welcome to fabulous Las Vegas, Nick!«

Wir konnten gar nicht schnell genug einchecken und unsere Sachen ins Zimmer werfen, da waren wir auch schon auf dem Las-Vegas-Strip und saugten alles in uns auf. Das MGM Grand, das New York-New York mit der Freiheitsstatue, der Caesars Palace mit seinen riesigen Springbrunnen, das Bellagio, das Mirage, das Luxor Hotel mit der Pyramide… Las Vegas hörte gar nicht mehr auf. Alles leuchtete, alles blinkte, alles war aufregend und versetzte uns in eine Art Rausch. Wir liefen durch die Casinos und schauten uns alles an: die Spieltische, die Menschen, die Croupiers, die Automaten. Wenn ich früher an Las Vegas gedacht hatte, stellte ich mir immer vor, dass alles total modern sei, nur Gold, Silber und glänzende Messingbeschläge. Die Realität war ein bisschen anders: Besonders in den Hotels waren die Teppiche dreckig und durchgetreten, und weil überall geraucht wurde, machten die Räume einen eher schäbigen Eindruck. Das bemerkte ich jedoch nur am Rande – und unserer Stimmung tat es keinen Abbruch. In den Casinos spielten wir an den einarmigen Banditen und liefen von Spieltisch zu Spieltisch. Während sich Abraham nach und nach immer mehr für Black Jack interessierte, waren es bei mir die Roulette-Tische, von denen ich

WER KENNT DAS ENDE VON *OCEAN'S ELEVEN*? GENAU WIE BRAD PITT UND CO. HABE ICH MICH GEFÜHLT BEI DIESEM ANBLICK.

angezogen wurde wie die Motten vom Licht.

Als wir in das vierte Casino stolperten, das MGM Grand, war es für mich so weit. Ich wechselte alles Geld, das ich dabei hatte, beim Casino-Cashier in Ein-Dollar-Scheine. Insgesamt waren es hundert Dollar, für einen Low-Budget-Backpacker also eine Menge Geld. Davon konnte ich normalerweise vier Tage leben, ganz egal, wo ich war. Aber jetzt war ich nun mal in Las Vegas – also los! Mit zwei Bündeln zu je fünfzig Dollar in den Taschen meiner Multifunktionshose schlenderte ich zu den Roulette-Tischen. Obwohl es nach wie vor hundert Dollar waren, fühlte es sich jetzt nach viel mehr an.

Die Leute um mich herum waren absolut verrückt: Überall sah ich die Spieler gewinnen und verlieren – aber nicht Kleinstbeträge, so wie ich es vorhatte, sondern direkt in Schritten von mehreren Hunderten oder Tausenden. Und schon kamen mir meine hundert Ein-Dollar-Noten wieder ziemlich mickrig vor. Ich machte trotzdem auf dicke Hose und fühlte mich wie Brad Pitt in *Ocean's 11*. Als der Croupier des Tisches, an dem ich gerade stand, um die Einsätze bat, zog ich also ein Bündel Geld aus der Tasche und fing umständlich an zu zählen. Zwischendurch schaute ich in die Runde und merkte, dass mich meine Mitspieler beobachteten. Also zählte ich weiter,

WHAT HAPPENS IN VEGAS …

obwohl ich genau wusste, dass das Bündel nach wie vor aus fünfzig Dollar bestand. Mit großer Geste zog ich schließlich ein Scheinchen aus dem Packen, schob es ganz gekonnt auf den Tisch und verkündete: »Ich setze einen Dollar. Auf Rot.« Das war der Mindesteinsatz.

Ein dicker Asiate neben mir fing an zu lachen und konterte mit 600 Dollar auf Schwarz.

Was ich bislang nicht gewusst hatte: Die Drinks für die Spieler an den Casino-Tischen kosten nichts. Immer mal wieder kommt also eine Bedienung vorbei und fragt dich, was du trinken möchtest. Je nachdem, wie viel Trinkgeld du ihr dann zusteckst, kommt sie bei dir öfter mal vorbei. Ich spielte also den Mindesteinsatz und betrank mich kostenlos. Ich mochte Las Vegas wirklich mit jeder Sekunde mehr.

KLEINER TIPP: JE MEHR TRINKGELD MAN DEN BEDIENUNGEN AN DEN SPIELTISCHEN GIBT, DESTO ÖFTER KOMMEN SIE, UM EINEN ZU »BELIEFERN«. UND DAS ANSONSTEN KOSTENLOS!

»No more bets!«

Gespannt verfolgten der dicke Asiate und ich, wie die Kugel über die Zahlen hüpfte, die über Gewinn oder Verlust meines ersten Dollars – und seiner 600 – entscheiden sollte. Von Rot nach Schwarz nach Rot, immer weiter. Das Spiel hatte mich sofort gefangen genommen, und ich war tierisch nervös.

»Red wins«, verkündete der Croupier plötzlich, und ich rastete komplett aus.

»Ja! Ka-ching! Ein Dollar mehr!«

Der dicke Asiate klopfte mir auf die Schulter. Es war ein so großartiges Gefühl, als hätte ich Tausende von Dollars gewonnen. Den Rest des Abends war ich vom Roulette nicht mehr wegzubekommen. Ich setzte meine Dollarnoten, manchmal verlor ich, manchmal gewann ich. Irgendwann gesellten sich Abraham und Michael dazu. Nach und nach waren wir auch ganz schön betrunken. Es wurde also Zeit, den Abend in einem Club ausklingen zu lassen.

Das war meine erste Nacht in Las Vegas – ich spielte, trank, feierte und tanzte zu blinkenden Lichtern und lachenden Mündern. Diese Nacht war *Ocean's 11*, *Ocean's 12* und *Ocean's 13* zusammen. Es war fast zu schön um wahr zu sein!

EIN AKKORDEON IN VEGAS

Der nächste Morgen war dann auf jeden Fall mehr *Hangover*. Mit einem Schädel wie von einem anderen Stern blinzelte ich ins Sonnenlicht, das schräg in unser Zimmer einfiel. Alles wirkte ganz schön staubig und abgerockt. Genau wie wir. Doch schon auf dem Weg zum Frühstück kehrte bei uns allen die Euphorie zurück: zweiter Tag Las Vegas! Ja, Mann!

Ein Blick in meinen Geldbeutel verriet mir, dass ich gestern mehr verloren als gewonnen hatte, denn es war nicht ein einziger lausiger Dollar mehr darin. Ich hatte alles komplett verspielt. Nun meldete sich mein schlechtes Gewissen: »Leute, ich hab mein ganzes Geld verzockt. Das kann ich echt nicht bringen.«

»Du hast gar nichts mehr?«, fragte Abraham.

»Nein, nichts.«

Ich nippte schweigend an meinem Kaffee.

»Irgendwie muss ich mir die Kohle zurückholen«, sagte ich zu niemand Bestimmtem.

Wir verfielen wieder in Schweigen.

Nach einer Weile brummte Michael ein paarmal überlegend vor sich hin, lehnte sich dann schließlich vor und schaute uns nacheinander an.

»Ich hätte da eine Idee«, sagte er.

Wir waren ganz Ohr.

Eine Stunde später stand ich bei vierzig Grad im Schatten auf einem Platz vorm New York-New York. Ich schaute zu Michael, der bereit zu sein schien, und dann zu Abraham, der die Straße hinunterblickte. Einige Touristen, die an uns vorbeischlenderten, schauten interessiert zu mir herüber. Ich setzte mir meine Sonnenbrille auf und zog mein Hemd zurecht. Die Lederhose schnitt mir ein bisschen in den Schritt.

»Was für eine Scheißidee eigentlich«, dachte ich, da löste Michael auch schon den Verschluss seines Akkordeons, das sich sofort ausdehnte und die ersten Töne ausspuckte.

Michael ist, wie gesagt, aus Österreich – und als echter Österreicher hatte er sowohl sein Akkordeon als auch eine Lederhose im Gepäck. Das passende Hemd steuerte Abraham bei. Michaels Plan war so einfach wie genial: Wir würden am Las-Vegas-Strip auf Streetperformer machen und die Leute mit musikalisch untermaltem Schuhplattler begeistern, wofür sie uns dann natürlich ihr Geld zuwerfen würden. Michael schickte sich also an, österreichische Wanderlieder in die Wüstenstadt zu pfeffern, Abraham sollte die Leute animieren und ich – ja, ich würde tanzen. Die Sache war nur die: Ich hatte keinen Schimmer von Schuhplattler. Aber wie schwer konnte das schon sein?

Jetzt standen, beziehungsweise saßen, wir also vor einem der größten Hotel-Casinos am Strip und schwitzten nervös vor uns hin.

»Dann mal los«, forderte Abraham uns auf.

Wenn ich nicht sicher bin, ob ich etwas wirklich machen soll oder nicht, überlege ich mir immer, wie es sich am nächsten Tag anfühlen würde, täte ich es nicht. Ist in meiner Vorstellung dann Platz für auch nur einen Funken Bereuen, dann tue ich es einfach.

Also tanzte ich.

Anfangs etwas verhalten, dann immer gelöster.

Ich schwang meine Beine, brüllte »Yehaaa!« und hakte mich bei den vorbeikommenden Touristen ein. Jeder echte Schuhplattler-Profi hätte meine Performance vermutlich mit einem mitleidigen Kopfschütteln bedacht, die amerikanischen Touristen aber waren begeistert. Im Nu stand ein Haufen Leute im Halbkreis um uns herum und klatschte im Takt. Die Zuschauer wollten Fotos mit uns schießen, einige forderten mich sogar zu einem Battle heraus. Ich moonwalkte, machte den Running Man, improvisierte und schwitzte mir einen Wolf. Michael haute währenddessen ordentlich in die Tasten und Abraham entpuppte sich als großartiger Animateur. Mit lauter Stimme pries er mich allen vorbeikommenden Leuten an, die meist neugierig und belustigt stehen blieben – und nicht wenige davon warfen uns Geld in den Hut. Wir ernteten viel Applaus.

Aufgekratzt von unserem Erfolg, beschlossen wir nach einer Stunde, zum MGM Grand weiterzuziehen. Hier hoben wir unsere Streetperformance auf ein ganz neues Level: Michael saß und spielte, und sobald jemand an ihm vorbeiging, schlich ich mich tanzend von hinten an und hakte mich bei den Leuten ein. Es war ausgesprochen lustig, und nur einige wenige scheuchten mich erbost weg. Irgendwann kam sogar eine Truppe indischer Junggesellinnen vorbei. Die Bachelorette wollte unbedingt lernen, wie man diesen traditionellen österreichischen Volkstanz machte. Also brachte ich es ihr bei. Oder zumindest das, was ich dafür hielt. Wir hatten unglaublichen Spaß, der leider nur deswegen ein Ende fand, weil die Security-Truppe des MGM Grand, angezogen von dem großen Menschenauflauf, vor die Tür trat und uns kurzerhand verscheuchte.

»Wenn ihr keine Streetperformance-Lizenz habt, rufen wir die Polizei!«, ließen die streng dreinblickenden Security-Typen uns wissen. Also packten wir nach insgesamt zwei Stunden unser Zeug zusammen und trabten zurück ins Tropicana Hotel, euphorisch bis zum Anschlag. Wären wir nicht verscheucht worden, wir hätten den ganzen Tag so weitergemacht. Der Kassensturz im Zimmer zeigte dann, dass unser Plan aufgegangen war: rund 50 Dollar hatten wir mit Michaels Idee verdient. Grandios.

Als wir zur Ruhe kamen, merkten wir, wie sehr wir uns in der Sonne verausgabt hatten. Also stürzte sich jeder von uns gefühlt fünf Liter Wasser hinein, und wir fielen für ein paar Stunden in die Betten. Kurz vorm Einschlafen dachte ich noch, dass es stimmte, was Tony Curtis mal über Las Vegas gesagt hatte: »If you know how to live in Vegas you can have the best time.«

MAGIC MIKE

Ich wurde unsanft von meinem Handyklingeln aus dem Schlaf gerissen. Noch benommen tastete ich danach.

»Äh … hi?«, fragte ich, als ich es mir ans Ohr hielt.

»Niiiiick!«, schallte es mir entgegen. »Wir sind in Las Vegas. Wie sieht es aus: Kommst du heute Abend vorbei?«

Es war Thi.

Schon in den ersten Tagen in San Diego hatte sie mir erzählt, dass sie bald wegen eines Junggesellinnenabschiedes in die Stadt fahren würde und dafür noch einen Stripper organisieren müsse. Sie hatte nicht konkret gefragt, ob ich diese Aufgabe übernehmen würde, aber sie hatte vorgeschlagen, dass ich doch mit ihr und den Mädels ein bisschen feiern könnte. Damals hatte ich gesagt: »Klar, warum nicht?«, aber die ganze Kiste nicht so ernstgenommen. Bei den Amerikanern ist es tatsächlich oft so, dass sie einfach super viel reden und Vorschläge für später machen, die dann aber nicht unbedingt in die Tat umgesetzt werden. In Deutschland vielleicht vergleichbar damit, wenn man einen alten Bekannten in der Stadt trifft, ein wenig Small Talk macht und sich dann mit der gegenseitigen Versicherung verabschiedet, dass man sich ja unbedingt bald wieder treffen müsse, aber schon von vornherein weiß, dass das nie passieren wird. Freundliches Gelaber halt. Deshalb war ich zwar nicht vollkommen unvorbereitet, aber doch ein wenig überrascht, als mir Thi am Telefon vorschlug, am Abend zur Bachelorette-Party zu kommen. Mittlerweile war ich gänzlich erwacht, dachte an die gerade verdienten Dollars – und sagte zu. Das würde mit Sicherheit kein langweiliger Abend werden.

ZWEI VERRÜCKTE, EINE IDEE: SCHUHPLATTLER IN VEGAS? JA, MANN!

Um kurz vor neun stand ich also in der Lobby des Paris Hotel und trieb mich vor den Fahrstühlen herum, für die man eine Schlüsselkarte brauchte. Die ich aber nicht besaß. Bei der nächsten Gelegenheit stellte ich mich deshalb einfach mit zu den Wartenden und tat, als wüsste ich genau, wo ich hinmuss. Thi hatte mir vor ein paar Stunden die Zimmernummer im 18. Stock gesimst, aber als sich die Aufzugtüren schließlich öffneten, bemerkte ich, dass ich ihr Zimmer auch von alleine gefunden hätte: Es war im ganzen langen Gang die einzige Tür, die mit pinken Luftballons geschmückt und hinter der aufgeregtes Kreischen zu hören war. Das war definitiv die Residenz von Thi und ihren Mädels.

Vor der Tür stehend, wollte ich zuerst ganz normal klopfen, überlegte mir aber dann, dass ich einen besseren Auftritt hinlegen könnte. Also hob ich die Hand und schlug – BAMM, BAMM, BAMM – dreimal mit Karacho gegen die Tür. Dahinter wurde es plötzlich mucksmäuschenstill. Ich lehnte mich in den Rahmen, kreuzte lässig die Beine hintereinander und tat so, als wäre ich Channing Tatum in *Magic Mike* höchstpersönlich. Ich hörte es ein wenig giggeln, dann wurde auch schon die Tür aufgerissen.

»NIIIIIIICK! OH MY GOOOOOD!«, kreischte es mir entgegen. In der Tür stand Thi, eingepackt in ein türkises Kleid und schon mit ordentlich Drehzahlen im Kopf. Ohne Umschweife packte sie mich am Kragen und zerrte mich ins Zimmer. Völlig entgeistert starrte ich auf die Szene, die sich mir bot: Sieben völlig angetüterte Asiatinnen, allesamt in türkisen Kleidern, kreischten, tanzten und lachten, als sie mich erblickten. Mir dämmerte, dass Thi ihre Stripper-Idee wohl schon kundgetan hatte. Zumindest war es das, was ich in den Augen der Mädels zu erkennen glaubte. Kichernd musterten sie mich: Wie immer trug ich meine Multifunktionshose, meine grünen Sneakers und ein klassisches Holzfällerhemd. Ich sah die Gedanken geradezu physisch vor mir, die sich in ihren Köpfen formten. Doch noch war ich ziemlich überfordert von der Situation und nahm erst einmal dankend jeden Drink entgegen, den mir die Mädels reichten. Und es waren eine Menge Drinks. Zunächst fragten mir alle Löcher in den Bauch, und ich erzählte meine Geschichte. Wir tanzten im Halbkreis, plauderten und tranken. Irgendwann kam die unvermeidliche Frage seitens einer Freundin der Bachelorette: »Und, bist du eigentlich hauptberuflich Stripper?«

SOLLTE IN MEINEN LEBENSLAUF:
ORT: EIN ZIMMER IM PARIS HOTEL IN VEGAS
BESCHÄFTIGUNG: STRIPPER

Ich hab es doch gewusst. Thi blickte mich augenzwinkernd an.

»Äh …«, antwortete ich wenig wortgewandt. »Ne, hauptberuflich nicht. Aber nebenberuflich mach ich das manchmal.«

Das konnte ja was werden. Was tat ich hier eigentlich?

Doch bevor ich Zeit hatte, weiter darüber nachzudenken, sprang die Bachelorette aufs Bett, schnappte sich das Radio, drehte die Musik voll auf und schaute mich erwartungsvoll an.

»Holy shit«, dachte ich. Und danach: »Na gut.«

Thi versetzte mir einen Stupser in die Seite, und ich blickte in die Runde: Sämtliche Augenpaare waren auf mich gerichtet, und verdächtig viele Vorderzähne nagten schelmisch an den zugehörigen Unterlippen. Was dann folgte, schreibe ich noch heute zu einem Großteil dem gewaltigen Alkoholpegel zu, den ich mittlerweile in meinem Blut hatte: Ich schnappte mir einen Stuhl, stellte ihn in die Mitte des Raumes und führte die Bachelorette tanzend zu ihrem Thron. Im Radio lief mittlerweile Lil Jon & The East Side Boyz mit *Get Low*. Also *to-the-window-to-the-wall*-te ich los und zog dabei langsam mein Hemd aus. Die Mädels rasteten komplett aus. Oberkörperfrei twerkte ich vor mich hin, wackelte mit dem Hintern auch direkt vor der Bachelorette und ließ mir lauter Dollar-Scheine zustecken. Ich hatte keine Ahnung, was ich eigentlich genau machen sollte, aber ich machte einfach nach, was ich selbst irgendwann an Striptease-Moves gesehen hatte. Ich schnappte mir den Kopf der Bachelorette und rieb ihn an meiner Brust, pfefferte meine Sneakers nacheinander in verschiedene Ecken des Zimmers und schickte mich dann an, meine Hose auszuziehen. Kurz überlegte ich, ob ich die Tatsache, dass meine Hosenbeine abzippbar waren, in meine kleine Show einbauen sollte, verwarf den Gedanken aber direkt wieder. Das konnte nur peinlich werden. Also zog ich meinen Gürtel raus und tat so, als würde ich der Bachelorette damit ein wenig den Hintern versohlen. Es wurde gekreischt und gekreischt. Einige Mädels tanzten auf den Betten, die Bacherlorette war vollkommen aus dem Häuschen. Ich nutzte die allgemeine Entrücktheit, rannte schnell ins Bad und schnappte mir ein Handtuch. Ganz blankziehen wollte ich dann doch nicht. Zurück im Zimmer entledigte ich mich hüftschwingend meiner Hose und wickelte mir das Handtuch um.

Ich weiß noch, dass ich irgendwann zwischendurch so was dachte wie: »O Mann, Nick, du bist das erste Mal in Las Vegas, das ist hier gerade mal der zweite Abend, und du hast schon in einem halben Dutzend Casinos gespielt, zu österreichischen Wanderliedern Schuhplattler getanzt, und nun stehst du hier in einem Hotelzimmer im Paris, strippst vor sieben volltrunkenen Asiatinnen, die du bis auf eine Ausnahme überhaupt nicht kennst, und lässt dich mit Dollars bewerfen. WAS. GEHT. AB?!«

Aber der Gedanke verflüchtigte sich schnell, denn mit einem gekonnten Ruck zog mir die Bachelorette unter meinem Handtuch die Boxershorts aus. Das war mir dann doch genug *to the wall*, für mich hieß es jetzt definitiv *to the window*. Ich zog mich langsam Po-wackelnd an die Fensterwand zurück, damit niemand mehr hinter mir stehen konnte. Hier tanzte ich mich dann noch ein bisschen ins Finale – ich verzichtete auf ein »Happy End« – und wickelte schließlich das Handtuch fest um meine Hüften. Mein bestes Stück bekam hier sicher niemand zu sehen. Erst später fiel mir auf, dass

> **Ich kam mir vor wie in einem schlechten Film. Oder wie in einem besonders guten, ich weiß es nicht.**

ich mich im Fenster klar und deutlich gespiegelt haben musste, aber das war auch egal. Die Mädchen waren vollauf zufrieden mit meiner Show. Da stand ich also verschwitzt, nur mit einem Handtuch bekleidet zwischen lauter Geldscheinen zu meinen Füßen, als die letzten Takte des Liedes verklangen. Ich kam mir vor wie in einem schlechten Film. Oder wie in einem besonders guten, ich weiß es nicht. Auf jeden Fall hatte es tatsächlich ziemlich Spaß gemacht. Und hey: Ich hatte erneut 30 Dollar verdient!

WER BIST DU EIGENTLICH?

Mit mega breiten Schultern und strotzend vor Selbstbewusstsein – immerhin hatte ich gerade bewiesen, dass ich es locker mit den Chippendales aufnehmen konnte – zog ich mit den Mädels in die Nacht von Las Vegas. Ich war so dermaßen der Hahn in einem Korb voll hysterisch gackernder Hühner, dass ich nicht aufhören konnte zu lachen. Was war das nur für eine Stadt?

Vor einem Club hielt Thi an und zerrte uns in die Eingangshalle. Ein Blick auf das Leuchtschild verriet mir, dass es sich um den X's Club handelte. Der war offenbar reichlich beliebt, denn es hatte sich bereits eine Schlange von 60 bis 70 Menschen gebildet, die geduldig darauf warteten, dass der Türsteher sie einließ. Als ich mir die Menschen genauer anschaute, bemerkte ich, dass ich ziemlich fehl am Platz war: Alle, jeder Mann und jede Frau, waren todschick gekleidet. Neben den ganzen Ballkleidern, Pailletten und Tuxedos stach ich mit meiner Multifunktionshose und dem Holzfällerhemd definitiv unangenehm heraus.

Die Mädels kümmerten sich derweil kein bisschen um die Schlange und liefen an allen vorbei direkt zum Türsteher. Ich war eingeschüchtert und hielt mich im Hintergrund. Sogar gänzlich im Hintergrund, denn ich stellte mich vorsichtshalber und typisch deutsch erst mal ganz hinten an und beobachtete, was die Mädchen da taten. Es schien nicht so, als hätten sie einen sonderlich ausgefeilten Plan: Alle quasselten und kicherten auf einen zwei mal zwei Meter großen Hünen von Türsteher ein. Thi umarmte ihn sogar. Offenbar waren sie mit ihrer Spontantaktik erfolgreich, denn sie wollten sich gerade aufmachen, um sich an den vorne Wartenden vorbei in den Club zu schieben. Da hörte ich Thi kreischen: »Hey, wo ist denn Nick?«

Hinten in der Schlange sank ich in mich zusammen und versuchte, ein wenig unsichtbarer zu werden. Zugegeben: schwer möglich in meinem Aufzug.

MANCHE BILDER BRAUCHEN EINFACH KEINE ERKLÄRUNG. ACH JA, THI IST JENE GANZ RECHTS …

Die Bachelorette aber hatte mich entdeckt. Anstatt mich jetzt so unauffällig wie möglich heranzuwinken, um zumindest die Wartenden nicht komplett zu verärgern, schrie sie aus Leibeskräften mit einer schrillen Stimme: »Nick! Huhuuu, Nick! Komm mal her!«

> **Doch plötzlich richtete sich der Türsteher wieder auf, breitete die Arme aus und ließ mit einem Lächeln seine kompletten Zähne aufblitzen.**

Alle drehten sich zu mir um. Mittlerweile hatte auch der letzte Hans in der Schlange mitbekommen, dass sich da sieben volltrunkene Asiatinnen vordrängeln wollten. Aber noch wurde bis auf allgemeines Stirnrunzeln kein Unmut geäußert. Noch schauten alle etwas perplex auf meine interessante Kleiderwahl.

Ich sah schließlich keinen Ausweg und musste das antreten, was ich insgeheim den »Walk of Shame« nannte. Langsam und unsicher ging ich also an der Schlange vorbei Richtung Türsteher. Der ließ mich keine Sekunde aus den Augen und durchbohrte mich regelrecht mit seinem Blick. Ich konnte mir sofort vorstellen, was er zu mir sagen würde: »Junge, ernsthaft? Schau dich mal an! Und dann sieh zu, dass du Land gewinnst.«

Je näher ich diesem Dwayne-The-Rock-Johnson-Verschnitt kam, desto langsamer wurde ich. Was unter anderem daran lag, dass er mich die ganze Zeit anstarrte. Finster anstarrte. Thi tippte den Türsteher an die Seite und flüsterte ihm irgendwas ins Ohr. Der beugte sich zu ihr herunter und ließ mich trotzdem nicht aus den Augen. Jetzt war ich nur noch ein paar Schritte entfernt und hatte wirklich überhaupt keinen Bock darauf, vor diesen ganzen Schnöseln fertiggemacht zu werden.

Doch plötzlich richtete sich der Türsteher wieder auf, breitete die Arme aus und ließ mit einem Lächeln seine kompletten Zähne aufblitzen.

»Nick! MY MAN!«, begrüßte er mich, gab mir einen Bodycheck und im Anschluss noch so ein Ghetto-Faust-Ding. Ich war vollkommen perplex. In der nächsten Sekunde packte mich der Typ auch schon an der Schulter und warf mich mit hohem Bogen in den Club. Die sieben Asiatinnen flogen direkt hinterher. Ich drehte mich um und erhaschte einen letzten Blick auf die wartenden Menschen in der Schlange. Genau wie ich verstanden die nur Bahnhof, und einige sahen definitiv so aus, als wollten sie sich umgehend beschweren. Ich schätze, bei dem Vorhaben blieb es dann auch, denn Dwayne setzte sofort wieder seine finstere Türsteher-Miene auf und tat, als sei nichts geschehen. Wie hatte Thi das gemacht? Ich weiß es bis heute nicht.

Im Club rastete ich dann völlig aus und genoss mein Leben. Die ganze Anspannung fiel mit einem ohrenbetäubenden Krachen, das nur ich hören konnte, zu Boden, und ich fand mich mit einem Long Island Ice Tea in der Hand auf der Tanzfläche wieder. Ich war so was von underdressed, stach heraus wie ein bunter Kanarienvogel – und fühlte mich wie der größte King. Ständig traten Leute an mich heran, später auch einige, die ich aus der Schlange wiedererkannte, und fragten mich, wer ich sei. In ihrer Welt konnte ich nur zwei Dinge sein: entweder unwahrscheinlich berühmt oder stinkend reich. Wie sonst wäre ich in diesem Aufzug und mit einer Entourage von sieben aufreizend gekleideten Asiatinnen an der Schlange vorbei in diesen Club reingekommen? Und offenbar war der furchteinflößende Türsteher da draußen auch noch ein Buddy von mir. Ich grinste mir ins Fäustchen und nippte an meinem Long Island Ice Tea.

»Excuse me, but who are you?«, fragte es mir von allen Seiten entgegen.

Ich gab die einzige Antwort, die ich geben konnte – diese aber mit aller Lebensfreude, die ich in meinen Adern hatte: »I'm a low budget backpacker from Germany!« Whoop whoop.

FREMDE FREUNDE

Zurück in San Diego hallte die Las-Vegas-Zeit noch eine ganze Weile in meinem Kopf nach. Dennoch hieß es für mich langsam aber sicher: Es muss weitergehen. Aus einer Woche San Diego war mittlerweile ein ganzer Monat geworden. Doch das Längerbleiben hatte sich gelohnt. Es ist eine der größeren Erkenntnisse, die meine Reisen für mich bereitgehalten haben: dass überall auf der Welt Menschen leben, die das eigene Leben bereichern und deren Leben man selbst auch bereichern kann. Als ich meine ersten Erfahrungen mit Couchsurfing sammelte, kam mir immer wieder ein Zitat von William Butler Yeats, einem irischen Dichter, in den Sinn: »There are no strangers here; Only friends you haven't yet met.« So war es tatsächlich. Käpt'n Gary, Emil, J. C., Thi, Michael, Abraham – das waren alles Fremde gewesen, bevor ich sie getroffen hatte. Wie viel hätte ich verpasst, nicht erlebt, wäre ich diesen Menschen nicht begegnet? Was, wenn ich ihnen und mir selbst nicht die Zeit gegeben hätte, dass wir uns besser kennenlernen? Viele, die mich bisher über meine Reisen ausgefragt haben und die selbst auch gerne die Koffer packen würden, aber sich nicht recht trauen, übersehen oft komplett, dass du auf Reisen nicht allein sein musst. Du triffst immer wieder auf tolle Menschen – und kannst das selbst auch beeinflussen. Couchsurfing ist dafür eine wunderbare Möglichkeit. Es hilft dir, Netzwerke vor Ort aufzubauen, die dich immer weitertragen. Manche Couchsurfinghosts, die zu Freunden wurden, vermittelten mich an ihre Bekannten und Verwandten in anderen Städten oder Ländern weiter. Zunächst völlig Unbekannte öffneten plötzlich Türen zu weiteren Orten, an denen man mich mit offenen Armen willkommen hieß. Als Couchsurfer bist du kein Fremder, der mit einem Stadtplan durch die Gegend rennt und Sehenswürdigkeiten abklappert. Du bist mit Menschen unterwegs, die vor Ort leben und die dir Dinge und Plätze zeigen können, die du als normaler Tourist wahrscheinlich gar nicht erleben oder sehen würdest. Dir werden ungeahnte Wege in einem Wald voller Möglichkeiten präsentiert, die du auch als Weltreisender mit einem kleinen Budget gehen kannst, ohne dabei viel Geld auszugeben. Das habe ich getan. Und es gab seither nicht eine Minute, in der ich diese Wege bereut hätte. Viel mehr noch: Ich bin sehr dankbar dafür, denn sie brachten mich zu Menschen, die in sehr kurzer Zeit sehr gute Freunde wurden und mit denen ich bis zum heutigen Tag regelmäßig Kontakt habe.

I NEED A DOLLAR, DOLLAR

Noch von San Diego aus hatte ich meine Eltern gebeten, mir etwas Geld von meinem Girokonto auf mein Reisekonto zu überweisen. Weil ich mir und meiner Sparsamkeit anfangs noch nicht sehr über den Weg traute – und auch ein bisschen aus Sicherheitsgründen –, hatte ich mir ein cleveres Prinzip ausgedacht: Ich verfügte immer nur über einen Teil meines Reisebudgets, der Rest lagerte auf meinem normalen deutschen Konto, für das ich keine Karten dabei hatte. Meinen Eltern hatte ich eine Bankvollmacht erteilt. Der Plan sah vor, dass sie mir immer mal wieder etwas Geld auf mein Reisekonto transferierten, wenn ich wieder Budget brauchte. So weit die Theorie. Ein Ridesharer hatte mich vor wenigen Minuten am Flughafen von San Francisco, meiner nächsten Station, rausgeschmissen, und nun stand ich am Bankautomaten, um mein komplett leeres Portemonnaie mit Bargeld zu füllen. Doch nach Eingabe meiner Geheimzahl erhielt ich zu meiner Verwunderung die Benachrichtigung, dass das Konto leider nicht gedeckt sei. Ich probierte es erneut, selbes Ergebnis.

In mir wallte kurz etwas Panik auf, dann rief ich mich zur Ruhe und bat jemanden um ein wenig Geld, damit ich an einem der Flugha-

fen-Internetterminals via Skype meine Eltern anrufen könnte. Damals, 2010, war die Welt weit entfernt von kostenfreien WiFi-Zonen.

Meine Eltern bestätigten kurz darauf meine Befürchtung: Das mit der Überweisung hatte leider nicht geklappt. Sie hatten es tatsächlich versucht, aber als Onlinebanking-Neulinge hatten sie nicht alles gleich durchblickt und erfolgreich dreimal das falsche Passwort eingegeben. Das hatte zu einer sofortigen Sperrung meines Kontos geführt. Erschwerenderweise kam hinzu, dass Wochenende und deshalb vor Montag niemand in der Bank zu erreichen war. Dass ich wirklich überhaupt kein Geld mehr hatte, nicht einen Cent, hatten meine Eltern nicht gewusst. Wir konnten also zum damaligen Zeitpunkt absolut nichts tun.

Da stand ich in einer mir völlig fremden Stadt an einem riesigen Flughafen, meine Konten waren gesperrt oder leer, ich hatte kein Bargeld mehr – und mal abgesehen davon auch noch keine Ahnung, wo zum Teufel ich an diesem Abend übernachten sollte. Eine Situation, die einem ganz schön Angst einjagen kann.

Tatsächlich ist es so, dass unser Gehirn von Natur aus und um unser Überleben zu gewährleisten, komplett auf Sicherheit gepolt ist. Es liebt bekannte, gewohnte Umgebungen und Situationen. Deshalb springt es auch sofort auf Alarm, wenn man plant, eine große Sache anzugehen, wie zum Beispiel eine Weltreise. Sofort spielt es Horror-Gruselfilme im Kopfkino ab: Was ist, wenn etwas passiert? Was tun, wenn es gefährlich wird? Vielleicht wirst du ausgeraubt? Bleib lieber hier, hier kennen wir uns aus!

Wenn du dich allerdings davon nicht zurückschrecken lässt und über deinen Schatten springst, lernst du immer mehr, mit diesen Situationen umzugehen – und sie verlieren ihren größten Schrecken. Auf Reisen war ich fast täglich zu irgendeinem Zeitpunkt außerhalb meiner Komfortzone. Anfangs war das anstrengend und ungemütlich, aber nach und nach wurde auch dies zur Gewohnheit. Ich stand also nicht am Flughafen und verlor vor Sorge den Kopf. Ich stand am Flughafen und sah mich einer – zugegebenermaßen recht unangenehmen – Herausforderung gegenüber, die es einfach zu lösen galt. Also machte ich mich auf den Weg aus diesem Schlamassel heraus.

Zuerst wollte ich die Sache mit dem Schlafplatz organisieren. Ich trampte also in die Stadt und suchte mir eine öffentliche Bibliothek mit frei nutzbarem Internet. Dort rief ich die Couchsurfing-Plattform auf und klickte zum ersten Mal auf die »Notfall-Couchsurfing-Funktion«. Hierbei geht eine Anfrage an sämtliche verfügbaren Couchsurfinghosts in der Umgebung raus. Dann hieß es warten. Ich legte mich vor der Bibliothek ins Gras und rannte immer mal wieder hinein und an den Computer, um zu checken, ob sich schon irgendwer gemeldet hatte. Beim dritten oder vierten Mal war endlich eine Nachricht da. Von Iwan, ungefähr Ende 40, mit freiem Schlafplatz in Chinatown. Zusammen mit einem weiteren Couchsurfer, einem Russen namens Alex, durfte ich ein paar Tage bei ihm auf einem Army-Feldbett pennen. Wie in San Diego erlebte ich auch in San Francisco allein durch die Bekanntschaft zu diesen beiden Typen eine ganze Menge. Ich hatte kein Geld, aber sie halfen mir aus, luden mich zum Essen ein uns gaben mir alles, was ich brauchte. Nur durch Iwan war es mir möglich, geheime Orte in der Stadt zu entdecken, wie zum Beispiel ein asiatisches Restaurant, das nur über eine Feuerleiter in einer finsteren Gasse und ein Labyrinth aus Gängen zu erreichen war. So etwas steht in keinem Reiseführer. Durch einen Zufall saß ich an einem anderen Tag mit Alex in der Jury eines Underground Catwalks – einer Art Modenschau für Nachwuchstalente. Ich hatte erneut so viele Erlebnisse in einer Stadt, die ich vom Stadtrundfahrtenbus aus nicht einmal hätte erahnen können. Gleichzeitig hatte ich mein Problem zu einer Herausforderung gemacht und diese dank der Freundlichkeit von völlig Fremden gelöst, die nun keine mehr waren.

DER UNGLAUB-LICHE HULK

Ich war endlich wieder flüssig – und unabhängig. So sehr mich die Hilfsbereitschaft der Menschen freute, jemandem auf der Tasche zu liegen ist einfach nie schön. Nach einem Zwischenstopp bei einer freundlichen Familie in Portland, wo ich das Eröffnungsspiel der Fußball-Weltmeisterschaft 2010 erlebte, nahm ich einen Rideshare nach Seattle. Hier erwartete mich ein absolutes Couchsurfing-Kontrastprogramm: Nach ein paar Nächten in einem Vorstadt-Bungalow mit Barbecue-Grill und Bernhardiner quetschte ich mich jetzt eine enge und steile Treppe im Flur eines ziemlich abgerockten Hauses im Bruchbudenstyle hoch. Unterm Dach erwarteten mich July und Brian, die beide etwas jünger als ich waren. Man merkte ihnen die Aufregung über die erste eigene Bude und die erst seit Kurzem offizielle Erlaubnis, Alkohol zu konsumieren, sogar mit fest geschlossenen Augen deutlich an. Beide waren irre lieb und herzlich, sodass ich mich von der ersten Sekunde an wohlfühlte. Die beiden hatten einen kleinen Welpen, der bislang noch keinen Namen bekommen hatte. An ihm begründete ich die Tradition, alle namenlosen Tiere, die ich treffe, auf den Namen Snickers zu taufen. Auch der kleine Hund schien, wie seine Besitzer, ein Herz aus Gold zu haben. Man konnte es ihm deshalb kaum übelnehmen, dass er ständig irgendwo hinpinkelte oder Geschäfte hinterließ.

Schon am ersten Abend war die Bude gerammelt voll mit Freunden von July und Brian. Alle starrten mich mit großen Augen an, als ich erzählte, dass ich meinen Job hingeworfen hatte und auf Weltreise gegangen war. Sie löcherten mich mit Fragen über Neuseeland, Mexiko, den Katamaran – und immer wieder auch über Deutschland. Es war, als wären sie Schwämme, die so viel wie möglich über diese Welt erfahren wollten, von der sie bisher noch nicht viel gesehen hatten. Ich konnte sie von Herzen verstehen.

»Was wollen wir morgen anstellen?«, fragte ein sehr hübsches Mädchen mit riesengroßen Knopfaugen und einem leicht asiatisch angehauchten Anime-Cartoon-Look, als wir spät in der Nacht im Wohnzimmer rumhingen. Sie hieß Hannah.

Ich hatte mir über den nächsten Tag noch keine Gedanken gemacht. Vielleicht ein bisschen Seattle anschauen?

»Was haltet ihr davon, wenn wir bei der Fremont Solstice Parade mitmachen?«, beantwortete Hannah ihre Frage selbst.

»Fremont-was?«, kam es von mir.

»Das ist so eine Art *crazy bike ride*, Leute treffen sich und fahren auf Fahrrädern durch Seattle.«

Aus meiner Sicht klang das nach einer echt guten Idee, und am nächsten Morgen machten wir uns deshalb früh auf die Socken. Wir, das waren Lizzy, eine weitere Freundin der WG, Hannah, Brian, July und ich. Wir fuhren mit dem Bus in die Stadt rein, liehen uns Fahrräder aus und erreichten zwei oder drei Blocks später schließlich eine riesengroße Lagerhalle. Ich nahm an, dass sie der Startpunkt der Fahrradtour war, denn vor der Halle standen Hunderte von Drahteseln. Wir stiegen von den Rädern und liefen zum Eingang. Ich weiß nicht, was ich damals eigentlich dachte in der Halle zu erleben: ein kleines Get-together vorm Losfahren, eine Rede, vielleicht noch eine Runde Getränke?

Draußen schien die Sonne an einem wolkenlosen Himmel, weshalb wir alle zunächst blind wie Maulwürfe in der Halle standen, nachdem wir sie betreten hatten. Während meine Augen versuchten, sich an die Dunkelheit zu gewöhnen, war meine Nase komplett am Start. Andersherum wäre es mir lieber gewesen, denn es stank entsetzlich.

»Igitt, wonach riecht es denn hier?«, wandte ich mich an Brian.

»Keine Ahnung, Mann«, kam es von irgendwo links von mir.

Langsam nahm ich Silhouetten wahr. Hunderte Menschen befanden sich in dieser übelriechenden Lagerhalle. Es roch wie in einer Wachsmalstiftfabrik, irgendwie extrem künstlich-chemisch, als würde jemand Reifen verbrennen. Nach und nach wurden die Umrisse klarer – und ich erkannte, dass es sich nicht nur um Hunderte Menschen handelte, sondern um Hunderte NACKTE Menschen. Holy shit, wo war ich denn hier reingeraten, in eine Orgie?

Ich fragte mich gerade, ob Lizzy, July und Hannah gewusst hatten, was hier los war, da packte mich letztere schon bei der Hand, und wir liefen tiefer in die Halle hinein. Ich erkannte, dass die Leute sich gegenseitig mit Körperfarbe anmalten. Das erklärte auch den widerlichen Geruch. Lauter Menschen in unterschiedlichen Stadien des Angemaltseins wuselten durch die Gegend. Manche waren einfach nur irgendwie bunt, einige schienen dafür schon seit Stunden hier zu sein, denn sie zierten detailreiche Bodypainting-Bilder. Was genau Hannah mit dem *crazy* vor dem *bike ride* gemeint hatte, drang jetzt erst in mein Bewusstsein: Die Fremont Solstice Parade war nicht nur irgendeine verrückte Fahrradtour, sie war eine alljährliche Tradition in Seattle, bei der um die 800 bunt bemalte Nacktradler durch die Stadt tourten. Das Ganze war eingebunden in eine Art künstlerisches Volksfest. Und Nick war mal wieder mittendrin statt nur dabei.

Hannah und Lizzy steuerten auf ein paar Leute zu, die sie offenbar kannten. Es handelte sich um weitere Freunde, die uns sogleich Platz machten, damit wir uns entkleiden und anmalen konnten. Als frischgebackener Las-Vegas-Stripper hätte ich cooler mit der Situation umgehen können, aber ich war noch ziemlich eingeschüchtert. Brian erging es, seinem Gesichtsausdruck nach zu schließen, ganz ähnlich. Nicht aber den Mädels: Die rissen sich im Nu die Klamotten vom Leib und begannen, sich anzupinseln. Das ließ Brian und mich natürlich nicht unbeeindruckt, und eine Weile wussten wir nicht recht, wo wir hinschauen sollten. Weil wir aber offenbar die Einzigen waren, die sich genierten, begannen wir schließlich auch, uns etwas umständlich ein Kleidungsstück nach dem anderen auszuziehen. Zum zweiten Mal auf dieser Reise

> NACKT MIT 800 ANDEREN MENSCHEN DURCH SEATTLE FAHRRAD FAHREN? KLAR, WARUM NICHT!?

trennte ich mich also umringt von Fremden von meiner Multifunktionshose. Ich dachte noch darüber nach, ob irgendeine Möglichkeit bestünde, wenigstens die Boxershorts anzubehalten, da war Brian bereits einen Schritt weiter und hatte blankgezogen.

»Ach komm, was soll's, Schwengel raus«, dachte ich und tat es ihm nach.

Es dauerte nicht allzu lange, da legten wir verklemmten Jungs unsere anfängliche Schüchternheit ab und begannen darüber nachzudenken, wie wir uns anmalen sollten. Ich startete mit einem knalligen Grün. Für ausgefeilte Malereien hatten wir vermutlich eh keine Zeit mehr, deshalb entschied ich kurzerhand, mich in die Comicfigur *The Incredible Hulk* zu verwandeln: alles Grün und nur der Boxershortsbereich Blau. Perfekt. Mein Oberkörper und meine Beine waren bereits fertig, und ich fing gerade damit an, meine Pobacken blau zu färben, als Hannah angerannt kam. Sie war eine Zeit lang verschwunden gewesen. Hannah war schon komplett mit Farbe überzogen und strahlte uns an.

»Schaut mal, ich bin eine Schneeflocke«, kicherte sie und streckte Brian und mir eine ihrer Brüste entgegen. Wir starrten sie mit offenen Mündern an. Hannah sah wirklich toll aus. Und sie war nackt.

»Do you want me to paint your balls?«

»Und hier bin ich Feuer!«, ergänzte sie und präsentierte uns ihre andere Brust. Offenbar war sie so etwas wie die vier Jahreszeiten. Brian und ich brabbelten irgendwas Zustimmendes vor uns hin. Wir waren eben junge Typen, die sich von hübschen, entkleideten Frauen schnell aus dem Konzept bringen ließen. Ich drehte mich schnell weg und arbeitete konzentriert an meinen blauen Pobacken weiter. Da tippte mir jemand auf die Schulter. Ich wandte mich um und sah mich wieder Hannah gegenüber.

»Do you want me to paint your balls?«, fragte sie grinsend und legte den Kopf schief.

Mir blieb ein bisschen die Spucke weg. Jetzt war ich doch froh, dass es in der Halle relativ duster war, denn einen roten Kopf hatte der unglaubliche Hulk sicher nicht.

»Also wenn du so fragst«, antwortete ich schließlich bemüht cool. »Na, aber gerne doch!«

Und Hannah begann tatsächlich mein bestes Stück mit blauer Farbe einzupinseln. Neben mir lachte Brian ohne Ende in sich hinein.

Wie sich herausstellte, war die Kombination nackter Po und Sattel keine besonders angenehme. Aber das trat in den Hintergrund, als wir schließlich in einem riesigen Pulk durch Seattle fuhren. Tausende Schaulustige säumten die Straßen und jubelten uns zu. Dieser *crazy bike ride* war offensichtlich eine echt große Sache in Seattle. Vor gerade 24 Stunden hatte ich zum ersten Mal einen Fuß in die Stadt gesetzt, nun war ich Teil eines berühmten Stadtfestes. Ich grölte meiner Rolle gemäß vor mich hin und rief immer wieder Hulks berühmtesten Satz: »Don't make me angry!«

SO EIN SATTEL »IM« HINTERN KANN SCHON UNGEMÜTLICH SEIN. FÜR DAS FOTO HAT DAS LACHEN NOCH GEREICHT.

KAPITEL 5
DER RUF DER WÄLDER

DIE HUNGER-SPIELE

»Am besten wäre es, wenn du kurz vor der Grenze aussteigst und zu Fuß weitergehst«, unterbrach Nancy die Stille. Eine Weile lang waren wir schweigend in ihrem Auto gefahren, nachdem wir uns unsere Leben erzählt hatten. Nancy war eine ungefähr 50 Jahre alte Frau, die mich netterweise per Rideshare mit nach Kanada nahm.

»Okay, und warum?« Ihr Vorschlag wunderte mich.

»Die Grenzbeamten könnten es nicht so gut aufnehmen, wenn man jemanden, den man eigentlich nicht kennt, mit nach Kanada nimmt. Könnte sein, dass sie misstrauisch werden und uns ewig löchern«, erklärte mir Nancy. »Wir machen es deshalb so: Ich lasse dich kurz vor der Grenze raus, du läufst zu Fuß rüber, und hinter der Grenze sammle ich dich wieder ein.«

So ganz blickte ich nicht durch, warum es ein Problem sein sollte, per Mitfahrgelegenheit nach Kanada zu reisen, aber in dem Fall war sie die Erfahrene von uns beiden. Also vertraute ich ihrem Urteil. Die Zeit in den USA war toll gewesen, jetzt freute ich mich auf Kanada. Ursprünglich hatte ich Vancouver City als nächstes Ziel ins Auge gefasst, aber während unserer Fahrt hatte Nancy vorgeschlagen, dass ich doch eine Weile mit nach Vancouver Island kommen könnte. Es war nämlich so: Nancy besaß ein Haus auf einer der vielen kleinen Inseln vor Vancouver Island. Sie wollte den Sommer dort verbringen und das große Grundstück, das zu ihrem Haus gehörte, auf Vordermann bringen. Gegen Kost und Logis könnte ich ihr für ein paar Tage dabei helfen, wenn ich wollte.

An der Grenze machten wir es dann genauso, wie sie es vorgeschlagen hatte. Was Nancy jedoch nicht eingeplant hatte: Am Ende sah es mindestens genauso merkwürdig aus, dass ich als einziger Fußgänger auf dem Highway zur Grenzstation lief. Das empfand der Grenzbeamte, der mich schon von weitem beobachtete, genauso. Wie viele Backpacker kamen schon alleine zu einem Highway-Grenzübergang angestiefelt? Vermutlich keiner. Das sagte er mir dann auch. Als er reichlich misstrauisch nach dem Grund fragte, erzählte ich ehrliche Haut ihm die ganze Story.

Er schaute mich eine Weile zweifelnd an. Dann fasste er zusammen: »Also, du sagst mir, dass du als junger Typ mit einer älteren Frau, die du erst seit ein paar Stunden kennst, nach Kanada reist, um dann mit ihr auf ihrem Grundstück, das etwas verwildert ist, eine Weile zu leben? Sie hat dich eben erst hier rausgelassen, damit du dann zu Fuß über die Grenze gehst, und danach wieder in ihr Auto steigst?«

»Ja, genau«, bestätigte ich. Gleichzeitig merkte ich selbst, wie schräg diese Geschichte in seinen Ohren klingen musste. Ich fragte mich, ob ich vielleicht doch ein bisschen zu viel erzählt hatte.

> **Sein Blick wanderte wieder zu mir, und er musterte mich. Anschließend warf er erneut einen Blick in meine Dokumente**

Der Grenzbeamte atmete hörbar aus, warf einen Blick in meinen Reisepass, den er in der einen Hand hielt, während er sich mit der anderen auf den Tresen stützte. Sein Blick wanderte wieder zu mir, und er musterte mich. Anschließend warf er erneut einen Blick in meine Dokumente, presste ein bisschen die Lippen zusammen und setzte schließlich kopfschüttelnd den kanadischen Stempel in meinen Reisepass.

»Geht mich ja auch nichts an. It's your business.«

Vermutlich hielt er Nancy und mich für zwei Spinner, die zu oft *Die Reifeprüfung* gesehen hatten. Aber wie auch immer: Ich hatte einen neuen Stempel in meinem Pass, und kurze Zeit später saß ich wieder bei Nancy im Wagen.

VORHER VS. NACHHER, NACH TAGELANGEM ARBEITEN: EIN FEUERPLATZ MIT TIEFER GELEGTER FEUERSTELLE, RÜCKENLEHNEN AUS HOLZ UND HINTEN NOCH EIN BONSAIGARTEN

Von der Zeit in Vancouver Island ist mir vor allem die unglaubliche Schönheit der Natur im Gedächtnis geblieben. Und generell ticken die Uhren auf den Inseln anders: Niemand schließt ab, jeder hilft dem anderen aus – und von Stress oder Chaos ist man hier meilenweit entfernt. Aber wie überall auf der Welt gab es auch hier eine Ausnahme. Deshalb war das, was mir in weniger guter Erinnerung blieb, ausgerechnet die Zeit bei Nancy. Anfangs machte mir die Arbeit auf ihrem Grundstück wirklich Spaß. Nach ein paar Tagen gesellte sich sogar ein zweiter Reisender dazu, mit dem ich mich gut verstand: Jason aus Kanada. Er war mit seinem Bus auf dem Weg quer durchs Land und ergriff wie ich die Gelegenheit, gegen Arbeitskraft ein wenig Geld zu sparen. Es dauerte allerdings nicht lange, bis uns dämmerte, dass es Nancy vor allem um billige Arbeitskraft ging. Wir schliefen draußen auf dem Grundstück, sie hatte also nicht sonderlich viel Stress mit dem Logis, und auch bei der Kost war sie äußerst geizig: Wir verrichteten jeden Tag schwere körperliche Arbeit und hatten so gut wie immer Hunger. Als sie eines Tages nicht da war, plünderten wir kurzerhand ihren Kühlschrank, in dem sie einen Haufen wunderbarer Vorräte vor uns versteckte – und es kam zu einem kleinen Eklat. Nach zwei weiteren Tagen, in denen sich nichts besserte, schmissen wir deshalb unser Zeug in Jasons Wagen und verabschiedeten uns leichten Herzens.

Die nächsten Tage verbrachten wir zwei Jungs alleine auf Cortes Island. Jason hatte ein Zodiac-Schlauchboot dabei, und das benutzten wir fast die ganze Zeit. Von ihm lernte ich noch mal richtig, was ich bei Käpt'n Gary schon so halb mitbekommen hatte: wie man angelt. Wir fischten Regenbogenforellen, brieten sie über Lagerfeuer und übernachteten mitten in der Natur auf kleinen Inselchen unter wahnsinnig schönen Sternenhimmeln. Wir lernten andere Kanadier kennen, wurden auf eine denkwürdige White Party eingeladen,

DA BIN ICH DABEI: ABENTEUER JEGLICHER ART IM KÜHLEN NASS.

SCHNELL MIT DEM KANU RAUSGEPADDELT UND SELBST DAS ABENDESSEN GEFISCHT. ABER JA DIE SCHWIMMWESTE NICHT VERGESSEN! SAFETY FIRST.

bei der alle Gäste komplett weiß angezogen sein mussten, schlichen uns in eine geschlossene Ferienanlage und chillten dort im warmen Wasser der Whirlpools bis unsere Haut so schrumpelig war wie die von Nacktmulchen. Ich könnte eine Menge von diesen Tagen unter freiem Himmel erzählen und von den kleinen Abenteuern, die auf Jason und mich gewartet hatten. Doch das Schönste war die komplette Naturverbundenheit insgesamt, die einen großen Eindruck auf mich gemacht hatte. Davon wollte ich mehr.

INTO THE WILD

Auf der Fähre von Cortes Island zurück nach Vancouver Island traf ich einen Typen, der so ziemlich der Inbegriff eines MacGyver-Verschnitts war. Vermutlich hatten die Drehbuchautoren der Serie ihn als Vorbild genommen. Wir kamen ins Gespräch, und er bot mir an, dass ich eine Nacht bei ihm schlafen könne.

In den letzten Tagen mitten in der Natur war das Internet nicht gut gewesen, und ich ergriff die Gelegenheit, mich auszuruhen und meine weitere Reise zu planen. Als wir bei ihm ankamen, staunte ich nicht schlecht: Der Typ sah nicht nur aus wie MacGyver, er war MacGyver höchstpersönlich. Denn hinter seinem Haus befand sich ein Hof mit wirklich allem, was das Survival-Herz begehrt. Ich war natürlich auch nicht schlecht ausgestattet und zeigte ihm meine Ausrüstung: Vor meiner Reise hatte ich sämtliche Camping- und Outdoorshops geplündert, hatte einen Haufen Karabiner dabei, ein mehrteiliges Campingkocher- und Geschirr-Set und alles, von dem ich dachte, dass ich es für eine Weltreise unbedingt brauchen würde. Unter anderem besaß ich auch ein sogenanntes Permanentfeuerzeug. Das sieht aus wie ein kleines Zippo, ist aber eine Art wiederverwendbares und mit Benzin und Watte gefülltes Streichholz. Das beäugte er lächelnd, stand auf und kramte ein wenig in seinem Zeug herum. Als er wiederkam, hielt er mir ein etwa DIN-A4-großes Lupenglas hin und erklärte mir, dass dies viel besser sei, als mein Anfängerfeuerzeug. Klar, da gab es auch kein Benzin, das alle werden konnte. Er zeigte mir, in welchem Winkel ich es über trockenes Gras oder Holz halten müsse, um in Windeseile

> Ich war angefixt von der Vorstellung, alleine Zeit in der Natur zu verbringen.

damit Feuer zu machen. Ich war ganz angetan davon, was er bemerkte, und so schenkte er mir das Ding kurzerhand. Er belud mich noch mit einem Seil, das ich sicher brauchen konnte, und nahm mich am nächsten Morgen sogar noch ein Stück weiter in den Norden hoch mit. Als nächstes Etappenziel hatte ich mir Tofino, ganz im Norden von Vancouver Island ausgesucht – und da wollte ich zum großen Teil auch hinwandern. Ich war, wie gesagt, seit den Tagen mit Jason sehr angefixt von der Vorstellung, alleine Zeit in der Natur zu verbringen. Ich dachte an den Film *Into the wild* – schließlich befand ich mich gar nicht so weit entfernt von der Gegend, in der er spielt.

Als ich durch Kanada reiste, befand sich das Gewicht meines Reisegepäcks auf dem Höhepunkt. So kraxelte ich mit ganzen 30 Kilo auf dem Rücken durch die Wälder von Vancouver Island. Es war unfassbar anstrengend, aber es war trotzdem ein tolles Gefühl. Ich wanderte, fuhr ab und zu per Anhalter, wenn mal ein Auto vorbeikam, und wanderte dann wieder weiter. Am späten Nachmittag kreuzte ich einen Creek, das ist ein meist nur zeitweise ausgetrockneter Flusslauf. Bei diesem rann in der Mitte noch ein kleines Bächlein gemächlich vor sich hin. Ich blickte mich um: Vor mir lag das Flussbett, drumherum erhoben sich majestätische Wälder, und in der Ferne war eine massive Gebirgswand zu sehen. Besser könnte es keine Postkarte einfangen. Ich beschloss, dass dies genau der Ort sein sollte, an dem ich meine erste Solo-Nacht in der kanadischen Wildnis verbringen würde.

Ich kletterte also runter zum Flussbett, baute mein Zelt im weichen Kies auf und fing an, alles für ein ordentliches Outdoor-Abendessen vorzubereiten. Ausgestattet hatte ich mich am Morgen mit Kartoffeln, Möhren, Mais, Thunfisch – sogar eine Dose Bier befand sich in meinem Gepäck, die ich jetzt zum Kühlen in das Bächlein stellte. Mit meinem neuen Lupenglas entzündete ich ein Lagerfeuer, und genüsslich kauend setzte ich mich davor. Was war das nur für ein tolles Leben. War ich nicht gerade noch jeden Tag auf dieser Klapperkiste von Roller frierend in ein kleines kahles Büro mitten in Deutschland gefahren? Nur um mich dann von irgendwelchen Leuten den ganzen Tag anfauchen zu lassen, obwohl sie meist selber Schuld an ihren Softwareproblemen waren? Und jetzt saß ich hier: Nick 2.0, mitten in der kanadischen Wildnis, umgeben von riesigen Bäumen, durch die der Wind rauschte, und mit Blick auf ein von der Abendsonne angestrahltes Gebirgsmassiv. Wenn ich noch irgendwelche Zweifel an meiner Entscheidung gehabt hätte, wären sie spätestens jetzt vom Wind davongetragen worden. Selbst für diesen einen Abend, den ich mit jeder Faser meines Körpers aufs Intensivste wahrnahm, hätte sich das alles gelohnt. Ich stand auf, streckte mich, fischte die Bierdose aus dem Bach und trank in großen Zügen die ersten Schlucke. Es war so großartig. Ich war komplett allein mit mir und meinen Gedanken: Es gab kein Smartphone in meiner Tasche, keine Bar um die Ecke, keine anderen Backpacker mit Gitarren, nicht mal ein Buch, das ich unbedingt weiterlesen wollte. Nie hatte ich meinen Umgebungsgeräuschen so viel Aufmerksamkeit geschenkt: dem Knistern des Lagerfeuers, dem Rauschen der Bäume, dem leise plätschernden Wasser, meinem eigenen Atem.

Die Sonne ging immer weiter unter. Um mich herum war es schon düster, aber die Bergwand erstrahlte noch immer goldgelb. Ich leerte die Bierdose und schnappte mir dann meine wiederverschließbare Essenstüte. Ich war zwar noch grün hinter den Outdoor-Ohren, aber selbst ich wusste eines ganz genau: Wenn du in den kanadischen Wäldern wild campst, häng dein Essen an einen Baum, sonst lockt es im besten Fall Ungeziefer und im schlimmsten Fall Bären an. Ich stopfte also alles, was ich noch an Essen besaß in den Beutel, an dem ich einen Karabiner befestigte. An diesen band ich ein langes Seil, dessen Ende ich um einen großen Stein wickelte. Dann machte ich mich auf die Suche nach einem Baum, der einen starken Ast zu bieten hatte. Ich wog den Stein ein paarmal in meiner Hand, damit er gut lag, dann warf ich ihn mit einem kräftigen Schwung nach oben, sodass er auf der anderen Seite wieder herunterfiel. So konnte ich meine Essenstüte weit nach oben ziehen und in der Luft baumeln lassen. Das Gewicht des Steines sorgte dafür, dass die Tüte sich oben hielt. Als ich zurück zu meinem kleinen Camp ging, fröstelte ich etwas. Ich zog mir meinen Hoodie über und machte mich daran, mein Campinggeschirr abzuwaschen. Als es endgültig Nacht wurde und sich sogar die Gebirgswand dunkel gefärbt hatte, kroch ich ins Zelt und verstaute meinen Rucksack darin. Eine Weile lag ich noch wach und lauschte den Naturgeräuschen um mich herum, dann war ich auch schon eingeschlafen.

Mitten in der Nacht wachte ich plötzlich auf. Etwas hatte mich geweckt. Meine Nasenspitze war eiskalt, aber in meinem Schlafsack hatte sich eine wohlige Wärme ausgebreitet. Ich lauschte eine Weile in die Stille und war schon wieder dabei, einzunicken, als ich ein Geräusch hörte, ein leises Klimpern. Sofort war ich hellwach. Ich hielt die Luft an. War da wirklich ein Geräusch gewesen, oder hatte ich mir das eingebildet?

Nein, da war es erneut.

Es klimperte eindeutig, vielleicht war es auch eine Art Schaben.

Ich lauschte angestrengt weiter.

O, bitte lass es keinen Bären sein!

So schön es ist, ganz alleine in der Natur zu campen und die pure Wildnis um sich herum zu haben: Wenn du nachts ein Geräusch hörst, das sich nicht eindeutig einordnen lässt, ist es plötzlich gar nicht mehr so schön, alleine in der Natur zu campen und die pure Wildnis um sich herum zu haben. Da draußen war irgendwas Lebendiges, und es handelte sich definitiv nicht um mich. Mein Herz nahm dies zum Anlass, ein wenig schneller zu schlagen. Kurz ging ich mögliche Erklärungen durch: Der Wind, der meine Tüte gegen den Baum schlug? Kann nicht sein, was soll da klimpern? Ein paar Erdmännchen, die... ja, was sollten die tun, damit es klimpert? In Wirklichkeit versuchte ich den einen grausigen Gedanken zu vertreiben, der sich in mein Bewusstsein schob: ein Bär? O, bitte lass es keinen Bären sein!

Ich wurde ein wenig panisch. Was hatte ich zu meiner Verteidigung dabei? Ein Lupenglas, ein paar Seile, ein halbes Dutzend Karabiner... und ein Messer. Das Messer! Das war gut. Ich atmete gepresst aus. Mit einem Messer konnte ich mich zur Not irgendwie verteidigen, es dem Mistvieh ins Auge rammen. Langsam tastete meine Hand zu meinem Backpack. Nur keine Geräusche machen. Draußen klimperte es wieder. Was zur Hölle klimperte da draußen?

In der nächsten Sekunde stockte mein Atem, und mir fiel es siedend heiß ein: Ich Idiot hatte mein gesamtes Campinggeschirr am Fluss stehen lassen! Ich Volldepp! Es war zwar abgespült, aber ein Bär konnte doch sicherlich riechen, dass damit vor nicht allzu langer Zeit ein herrliches Essen gekocht worden war. Jetzt, da ich wusste, woher die Geräusche kamen, nahm ich sie noch deutlicher wahr: Jemand... oder etwas... durchwühlte das ganze Geschirr: den Topf, die Teller, das Besteck, meine Tasse – und das Messer. O nein! Wie lange würde es dauern, bis mein Zelt in den Fokus rückte? Immerhin war ich selbst auch ein ganz ordentliches Stückchen Fleisch. Mir drehte sich der Magen um, und ich lag steif wie ein Brett auf meiner Isomatte. Was sollte ich jetzt tun?

Ich hörte Schritte im Kies. Fast wünschte ich mir, dass es Menschen wären, die mich schlimmstenfalls überfallen, aber nicht essen würden. Hoffte ich wenigstens. Doch die Schritte waren definitiv nicht von Menschen: Das Rascheln im Kies stammte von mehr als zwei Füßen. Vielleicht war es sogar eine ganze Bärenfamilie? Eine Bärenmutter, die ihre Jungen beschützte und mich zerfleischen würde? Scheiße, scheiße, scheiße. Mein Puls beschleunigte sich immer weiter, und ich hatte schreckliche Angst. Was genau tat man eigentlich, wenn man von einem Bären angegriffen wurde? Ich wusste, dass es nichts brachte, einfach wegzurennen. Bären sind auf kurzen Strecken sogar schneller als Pferde. Und wie genau sollte das aussehen? Sollte ich in meiner Boxershorts in den dunklen Wald rennen? Ich würde in meiner Panik mit ziemlicher Sicherheit einfach gegen den nächstbesten Baum rennen und mich selbst ausknocken. Oder ich würde mir ein Bein brechen. In beiden Fällen hätte die Bärenmutter dann leichtes Spiel, mich zu zerfetzen. Was bin ich für ein großartiger Survival-Outdoorer, der sein verdammtes Geschirr direkt am Fluss liegen lässt!

Eine Weile versuchte ich, so flach wie möglich zu atmen und mich keinen Millimeter zu bewegen: Ich würde nichts tun, was Aufmerksamkeit auf mich ziehen könnte. Doch es klapperte und schabte immer weiter. Die Schritte im Kies. Das Schnüffeln. Ich hielt die Ungewissheit nicht mehr aus. Immerhin bestand noch eine winzige Chance, dass es sich vielleicht doch um einen harmlosen Biber handelte.

Langsam bewegte ich meinen Oberkörper in Richtung Zelteingang. Mit den Fingern suchte ich die Zipper des Reißverschlusses. Als ich sie gefunden hatte, machte ich mich in Zeitlupe ans Werk. Ich wollte nicht das geringste Geräusch verursachen. Ganze fünf Minuten fummelte ich so langsam wie möglich am Zelteingang herum, bis ich den Reißverschluss Millimeter für Millimeter aufgezogen hatte. Durch das Loch passten gerade mal zwei meiner Finger. Ich richtete mich auf und lugte mit einem Auge nach draußen. Es war stockfinster, mein Campinggeschirr konnte ich nicht sehen, aber der Vollmond sorgte dafür, dass ich die Umgebung wenigstens in ihren Silhouetten erkennen konnte. Keine der Silhouetten bewegte sich. Als ich merkte, dass ich schon eine ganze Weile die Luft angehalten hatte, hörte ich plötzlich rechts von mir wieder Schritte im Kies. Nein, das waren eindeutig keine menschlichen Schritte. Aber besonders viele Füße waren es auch nicht. Meine Nerven waren zum Zerreißen gespannt. Ich änderte meine Position ein wenig, da mein Arm und mein Bein langsam anfingen zu krampfen, schaute wieder durch den kleinen Spalt – und da sah ich ihn: Ein riesiger Elch zeichnete sich gegen den Himmel ab. Offenbar war er eine Weile durch den Kies gelaufen und nun wieder an den Bach zurückgekehrt. Staunend betrachtete ich, wie er mit seiner Schnauze erneut klappernd in meinem Campinggeschirr wühlte. Er war auf der Suche nach etwas Essbarem, das war eindeutig. Ich atmete erleichtert aus. Ein Elch! Elche fressen keine Menschen, o Gott sei dank!

Wie gefährlich waren eigentlich große kanadische Elche?

Ich beobachtete das riesige Tier weiter. Als es sich komplett aufrichtete, kehrte meine Angst zurück: Wie gefährlich waren eigentlich große kanadische Elche? Ich hatte keine Ahnung. Besser, wenn ich weiterhin absolut keine Geräusche machte. Von einem Geweih aufgespießt zu werden konnte nicht wesentlich angenehmer sein, als sich von einer Bärenmutter zerfetzen zu lassen. Unendlich langsam zog ich den Reißverschluss an meinem Zelteingang wieder zu und legte mich in Zeitlupe wieder hin.

Ich weiß nicht genau, wann ich eingeschlafen bin, aber mit einem Ruck erwachte ich – und es war Morgen. Sofort verspannte ich mich erneut und mein Herz fing an zu pochen, als wäre es noch mitten in der Nacht. Langsam richtete ich mich auf. Mir ging immer noch ordentlich die Muffe, und ich traute mich kaum, das Zelt zu öffnen. Was, wenn der Elch – und vielleicht auch ein paar seiner Kumpels – noch immer vor meinem Zelt saß? Ich wartete ein paar Minuten und lauschte angestrengt. Doch bis auf das Plätschern des Baches und einigen hochmotivierten Vögeln war nichts Ungewöhnliches zu hören. Ich kämpfte mich müde aus meinem Schlafsack und zog vorsichtig den Reißverschluss des Zeltes auf. Nichts. Also wagte ich mich weiter vor und streckte meinen Kopf hinaus. Wunderbar frische Luft wehte mir ins Gesicht. Ich drehte den Kopf nach links und nach rechts, aber kein Elch war zu sehen. Also trat ich langsam vors Zelt und blickte mich komplett um. Alles war wie gestern Abend, bevor ich schlafen gegangen war. Ich lief ein paar Schritte zum Fluss und inspizierte mein Campinggeschirr. Es lag ein wenig verstreut herum, aber alles war heil,

82

also machte ich mich daran, es aufzusammeln und es in meinem Backpack zu verstauen. Dann ging ich wieder zum Fluss und wusch mir Gesicht und Oberkörper. Langsam fühlte ich mich etwas besser. Ich setzte mich eine Weile in den Kies, ließ mich von der Sonne trocknen und begann dann, mein Lager abzubauen. So schön es hier am Abend gewesen war, die Nacht hing mir schwer in den Knochen. Als ich mich ein wenig erholt hatte, packte ich meine Sachen und löste schließlich meine Essenstüte vom Seil. Ich fischte mir ein paar Reste heraus und machte mich wieder auf den Weg. Die 30 Kilo wogen nun noch ein wenig schwerer auf meinen müden Schultern.

KÄLTE

Je mehr der Tag vorrückte, desto wärmer wurde es. Schon gegen Mittag war mein T-Shirt unter dem schweren Backpack komplett durchgeschwitzt, und meine Wanderschuhe fühlten sich an wie zwei Backsteine, die ich nur mühsam vorwärts bewegen konnte. Ich hatte ziemlichen Durst und ärgerte mich, dass ich morgens am Bach nicht mehr getrunken hatte. Meine Wasserflasche war zwar noch fast gänzlich gefüllt, aber wer weiß, wann die nächste Gelegenheit kommen würde, sie aufzufüllen. Ich musste mit meiner Wasserration also sparsam umgehen. Immer wieder drehte ich mich auf der Landstraße um, in der Hoffnung, dass ich einen Teil der Strecke trampen könnte. Doch auf dieser Insel, zumal auf dieser nicht gerade hoch frequentierten Strecke konnte ich froh sein, wenn alle zwei Stunden mal ein Auto vorbeifuhr. Und dann musste es auch noch in die richtige Richtung fahren.

Am Nachmittag hatte ich Glück: Ein Auto hielt neben mir, und der Fahrer war bereit, mich in die nächste Ortschaft mitzunehmen. Vollkommen müde und durchgeschwitzt ließ ich mich auf den Beifahrersitz fallen und schloss die Augen. Meine Füße kochten in den dicken Schuhen bald über, mein Durst hatte nicht abgenommen, und mir fiel auf, dass ich seit den ein oder zwei Müsliriegeln am Morgen auch noch nichts gegessen hatte.

Viel zu schnell erreichten wir den kleinen Ort, an dessen Namen ich mich nicht mehr erinnere. Mein Plan war es gewesen, mich umzuschauen und zu entscheiden, ob ich hier eine Weile Halt machen sollte. Doch dann ließ ich mir sagen, dass mein eigentliches Ziel – Tofino – nicht mehr weit sei. Statt in diesem kleinen Ort zu bleiben, der weder Meer noch andere Vorzüge zu bieten hatte, kratzte ich meine Restenergie zusammen und ging direkt weiter. Im Nachhinein wäre es klüger gewesen, erst einmal etwas zu essen – aber ich ging davon aus, dass »nicht mehr weit« tatsächlich so etwas wie »ganz nah« bedeutete.

Ich brauchte mehrere Stunden, bis ich übermüdet und mit Blasen an den Füßen gegen 22.30 Uhr in Tofino ankam. Mein Magen knurrte mittlerweile beträchtlich, und ich hatte nur noch ein einziges Ziel vor Augen: ein Hostel finden, essen und sofort in einen tiefen, traumlosen Schlaf fallen. Eventuell wäre auch noch eine Dusche drin, denn ich stank mittlerweile wie ein Iltis.

> **Und da war es nun, das erste Mal auf meiner Weltreise: das Ende meiner körperlichen Kräfte.**

Also machte ich mich auf in das nächstbeste Hostel. Hier allerdings schüttelte man bedauernd den Kopf: Es sei absolut nichts zu machen, gerade finde in Tofino ein Windsurf-Contest statt, und die ganze Stadt sei komplett überbucht. Ähnliches hörte ich in Hostel Nummer zwei und Hostel Nummer drei. Meine Laune war auf dem absoluten Nullpunkt. Genau wie die Außentemperatur übrigens: Tofino liegt an der Westküste von Vancouver Island und heißt fast rund um die Uhr die geballte Power der Pazifikwinde willkommen. Mit voller Macht krachen die Winde, die einen ganzen Ozean Zeit hatten, sich aufzubauen und ordentlich herunterzukühlen, auf den kleinen Ort, der direkt am Meer liegt. Weil ich komplett nassgeschwitzt war, fror ich innerhalb kürzester Zeit erbärmlich. In jedem Hostel war es das Gleiche: kein Platz mehr – nein, auf der Couch dürfe ich nicht schlafen, alles sei voll, hier leider nicht. Es gab kein einziges freies Hostelbett, keinen Couchsurfingplatz, kein Motel, nichts. Und da war es nun, das erste Mal auf meiner Weltreise: das Ende meiner körperlichen Kräfte. Ich konnte einfach nicht mehr. Ich hatte Hunger, Durst, fühlte mich unwohl, meine Füße mit den Blasen taten unendlich weh, es war mitten in der Nacht, saukalt – und ich fand nirgends eine Unterkunft. Ich stieß mittlerweile auch an die Grenzen meiner mentalen Kräfte. Deshalb beschloss ich, auf das Reisebudget zu pfeifen und mir einfach das billigste Zimmer in einem Luxushotel zu leisten.

> **Mein Körper streikte – und auch mein Kopf gab mir zu verstehen, dass jetzt Schicht im Schacht sei, ich hatte mittlerweile richtige Aussetzer.**

Direkt am Strand entdeckte ich eines der Hotels, die ich unter normalen Umständen nicht angesteuert hätte. Doch in der Lobby wartete die nächste Enttäuschung: Der Rezeptionist schaute mich schon beim Eintreten in etwa so an wie jeder einzelne Hostelangestellte zuvor. Ich versuchte, seine Miene zu ignorieren, und erkundigte mich nach einem Zimmer. Doch es kam, wie es kommen musste: großer Windsurf-Contest, da sei nichts zu machen.

»Kann ich nicht wenigstens auf der Couch in der Lobby schlafen? Ich bin auch nach ein paar Stunden wieder weg«, wagte ich einen letzten Versuch.

»Nein, tut mir leid, das geht nicht«, kam die Antwort.

Ich atmete lange aus, stützte mich mit den Ellenbogen auf den Tresen und schloss die Augen. Das durfte doch alles nicht wahr sein.

»Wenn Sie am Hotel auf den Strandweg einbiegen und dann ungefähr acht Kilometer weiterlaufen, gelangen Sie an einen Campingplatz. Vielleicht finden Sie dort noch etwas«, schlug der Rezeptionist vor.

»Acht Kilometer? Ernsthaft?«, fragte ich gereizt zurück. Ich verlor langsam die Geduld. Würde der Typ nachts bei dem Wind noch acht Kilometer in die Richtung laufen, aus der er gerade hergekommen war? Was war das denn für ein beschissener Vorschlag?

Ohne ein weiteres Wort drehte ich mich um und verließ das Hotel. Irgendetwas wäre sicher gegangen, aber offenbar nicht für mich. Wäre ich nicht so entkräftet gewesen, ich hätte dem ordentlich die Meinung gegeigt. Stattdessen schlug ich nun langsam den Weg zum Strand ein. Schon nach ein paar Hundert Metern merkte ich, dass es einfach nicht mehr weiterging. Mein Körper streikte – und auch mein Kopf gab mir zu verstehen, dass jetzt Schicht im Schacht sei, ich hatte mittlerweile richtige Aussetzer. Dort am Strand war der Wind noch viel stärker als oben am Hotel, und meine Zähne schlugen klappernd aufeinander. Ich blickte mich um: Meerseitig klatschten die Wellen an den Strand, hinter mir lag das hell erleuchtete Hotel, vor mir war nichts als Dunkelheit, und auf der Landseite erhob sich eine kleine Düne. Dahinter konnte ich eine Art Bauzaun ausmachen. Weil ich keinen Schritt mehr vor oder zurückgehen konnte, schleppte ich mich hinter die kleine Düne und begann mein Zelt aufzubauen. Ich konnte genauso gut hier schlafen. Immerhin war ich minimal geschützt durch Düne und Bauzaun – auch wenn der Wind sich im Zelt noch genauso laut anhörte wie draußen. Wenigstens blies er mir nicht mehr mitten ins Gesicht. Was ich leider nicht durch Zeltwände aussperren konnte, war diese klirrende Kälte. Ich weiß nicht, wann mir zuletzt so bitterkalt gewesen war. Ich zog meinen nass geschwitzten Hoodie und das T-Shirt aus und fischte im Backpack nach Klamotten. Der trockene Stoff tat gut. Dann blickte ich auf meine Schuhe, die mussten als

Nächstes runter. Mir graute ein wenig davor, denn an meinen Fersen spürte ich die geplatzten Blasen, und ich wusste, dass diese Angelegenheit nur schmerzhaft werden konnte. Nacheinander zog ich die Wanderschuhe ab und biss dabei die Zähne zusammen. Als ich meine Füße befreit hatte, kamen mir zunächst Schweißfußwolken entgegen. Meine dicken Wollsocken waren komplett nass, und in den Fersen pochte der Schmerz. Langsam versuchte ich, die Socken auszuziehen, aber sie klebten am rohen Fleisch. Millimeter für Millimeter löste ich die Wolle von meinen Fersen, dabei stöhnte ich mehrmals vor Schmerz auf. Wie konnten so kleine Wunden nur so wehtun? Als ich die Socken von der Haut gelöst hatte, sah ich die aufgescheuerten Stellen und wusste warum. Besonders durch die aufgeweichte Haut sah das alles fürchterlich aus. Ich verarztete mich notdürftig mit Salbe und Pflastern aus meiner Reiseapotheke und versuchte dann, mit den Fersen nirgends mehr dranzustoßen. Blieb noch die eisige Kälte und mein Hunger. Ich krempelte meinen Backpack fast komplett auf links, doch alles, was ich fand, waren ein paar Teelichter, eine halbe Zwiebel und ein Stück Brot, das ich noch von der Fähre übrig hatte. Wann war das gewesen, vor drei Tagen? Wo war das ganze Essen von gestern hin? Hatte ich alles verbraucht?

Ich hatte.

Wütend über mich selbst zündete ich die Teelichter an und hoffte, dass sie wenigstens ein bisschen Wärme erzeugen würden. Ich versuchte sogar, die Zwiebel über den winzigen Flammen anzurösten, aber mehr als verbrannte Finger kam dabei nicht heraus. Das Brot schmeckte beschissen.

Ich war zu erschöpft, um jetzt noch einmal zurück in die Stadt zu laufen und etwas zu kaufen. An diesem Tag war ich in brütender Hitze sowie ohne ausreichend Essen und Trinken mit 30 Kilo auf dem Rücken mindestens 15 Kilometer gewandert. Für jemanden, bei dem so etwas nicht zur täglichen Sportroutine gehört, und nach einer durchwachten Elchnacht war das zu viel gewesen. Mir blieb nichts weiter übrig, als mich bibbernd in meinen Schlafsack zu kringeln und vor Erschöpfung einzuschlafen.

Reisen ist wunderschön, abwechslungsreich, abenteuerlich, voller Spaß und Freude, aber es hält auch jede Menge Herausforderungen bereit, die einen körperlich und mental an die Grenzen bringen. So war es bei mir nach den zwei Tagen Wandern auf Vancouver Island – und speziell an diesem kalten Abend am Strand von Tofino – gewesen. Als ich mit meinen schmer-

Es braucht manchmal unangenehme oder schwer zu ertragende Situationen, die einen erkennen lassen, wer man eigentlich ist.

zenden Füßen, meinem knurrenden Magen und durstig in meinem Schlafsack lag, war die Situation einfach nur scheiße. Ich konnte nichts Gutes daran finden und wünschte mich einfach nur in ein Bett. Im Nachhinein aber waren es genau solche Erlebnisse, aufgrund derer ich mich weiterentwickelt hatte. Ich wurde nicht reifer, weil ich gelernt hatte, auf einem Surfbrett zu stehen, ich erkannte nicht den Wert des Lebens, weil ich zum Bacardi-Jingle am Strand tanzte. Es braucht manchmal unangenehme oder schwer zu ertragende Situationen, die einen erkennen lassen, wer man eigentlich ist. Wie man in verschiedenen Situationen agiert und reagiert. In dieser Nacht wurde mir extrem bewusst, in was für einem Reichtum ich bisher gelebt hatte. Wenn ich zu Hause Durst hatte, war ein Wasserhahn nie weiter als ein paar Schritte entfernt. Hatte ich Hunger, brauchte es nur das Öffnen der Kühlschranktür. Und es war nicht nur Reichtum, in dem ich bisher gelebt hatte, es war Verschwendung. Wie oft hatten mindestens drei verschiedene Käsepackungen angebrochen in meinem Kühlschrank gelegen? Wie häufig hatte ich Lebensmittel weggeworfen, weil ich sie ein paar Tage nicht beachtet hatte und sie vergammelt waren? Man muss sich das auf der Zunge zergehen lassen: Ich hatte immer so viel um mich herum, dass ein Teil davon regelmäßig auf dem Müll gelandet ist. Es brauchte die völlige Erschöpfung, eine halbe Zwiebel und ein knochentrockenes Brot, um mir das vollends bewusst zu machen. Natürlich war mir auch vorher klar gewesen, dass viele Menschen auf der Welt Hunger leiden und wir uns glücklich schätzen können. Aber es gibt einen Unterschied zwischen wissen und erleben. Auch wenn ich an diesem Tag und in dieser Nacht nicht einmal den Bruchteil eines Bruchteils dessen gespürt hatte, woran andere Menschen täglich leiden, so war dieses Erlebnis doch zu einer Lektion für mich geworden. Seit dieser Nacht in Tofino betrachte ich insbesondere Lebensmittel mit unendlich mehr Wertschätzung als zuvor. Seit dieser Nacht gibt es bei mir keine Reste mehr auf dem Teller.

LEBE DEINEN TRAUM

Sagte ich schon, dass ich Couchsurfing liebe? Bekam ich auf meiner Weltreise die Möglichkeit, irgendwo bei »Locals« unterzukommen, pfiff ich auf Hostels und ihre Mehrbettzimmer und freute mich darüber, neue Menschen zu treffen sowie ein paar Tage an ihrem Leben teilzuhaben. In Kelowna, einer Stadt am Lake Okanagan, ungefähr vier Stunden Autofahrt von Vancouver City entfernt, lernte ich auf diese Weise Marc und Kat kennen. Beide waren um die 40 Jahre alt und lebten in einem schönen Haus mitten in der Stadt. Sie waren ehrlich interessiert an meiner bisherigen Reise, und so verbrachten wir schon den ersten gemeinsamen Abend mit Rotwein auf der Terrasse. Wir hatten gerade gegessen, und nun erzählten und erzählten wir. Mir fiel auf, wie viel ich schon zu berichten hatte – und wie sehr sich die Gespräche mittlerweile von den ersten Abenden in Mexiko unterschieden: Damals sprach ich von meinem Leben in Deutschland. Dieses war jetzt in weite Ferne gerückt und lediglich eine Randnotiz für den Gesprächseinstieg geworden. Mein altes Leben hatte Platz gemacht für die letzten Monate, die nun mehr Raum einnahmen und der Mittelpunkt meiner Erzählungen wurden. Gleichzeitig änderte sich auch meine Stimmung, Haltung und Körpersprache. Hatte sich früher alles darum gedreht, was ich nicht mehr wollte, stand nun das im Fokus, was ich liebte. Es war eine Veränderung, die ich mochte.

Marc und Kat waren die allerbesten Gastgeber. Besonders Marc schloss ich sofort ins Herz, denn er ist jemand, den man einfach nur umarmen möchte. Liebenswert und witzig ist auch seine größte Sucht: Er ist der absolute Leberwurst-Freak. Morgens, mittags, abends – für Marc könnte immer Leberwurst auf dem Tisch stehen. Gäbe es Leberwurst als Infusion, ich hege keinen Zweifel daran, dass er sich umgehend eine volle Dröhnung geben würde.

Noch am ersten Abend fragte ich die beiden, ob ihnen eine Möglichkeit einfiele, wie ich in Kelowna ein bisschen Geld verdienen könne, um meine Reisekasse aufzubessern.

»Na klar«, kam es von Leberwurst-Marc. »Du kannst mir helfen, das Boot zu reparieren.« Er deutete auf ein Segelboot, das aufgebockt vor uns im Garten stand. Marc war schon einige Zeit dabei, die Außenseite abzuschleifen. In den kommenden Tagen packte ich also mit an. Wir schliffen den ganzen alten Lack ab, besserten Löcher und Schrammen aus und versiegelten das Ganze wieder. Marc erklärte mir, wie ich vorgehen musste, und ich lernte immer mehr handwerkliche Kniffe dazu, was ich wirklich gut fand. Bisher war ich der totale Computerarbeiter gewesen, genau deshalb war es toll, endlich etwas Echtes zu machen, etwas mit den eigenen Händen.

Nach einer Woche, die wir zusammenlebten, am Boot werkelten und den einen oder anderen schönen Abend auf der Terrasse verbrachten, fragten die beiden mich, ob ich Lust hätte, am nächsten Tag zusammen mit ihnen und einigen Freunden campen zu gehen. Natürlich war ich sofort Feuer und Flamme. Am nächsten Morgen beluden wir also ihren Pick-up-Truck, trafen uns mit den anderen und fuhren in einer Kolonne aus drei Wagen in das

Umland von Kelowna. Kanadatypisch waren hier wieder die großartigsten Postkartenausblicke zu sehen. Wir schlugen unsere Zelte an einem naturbelassenen See auf, um den herum sich Baumriesen erhoben. Ich zog Schuhe und Socken aus und ging ein paar Schritte ins Wasser: Vor mir lag das klare Blau, links reckten sich riesige Berge in einen wolkenlosen Himmel und rechts sowie hinter mir war ich von Wald umgeben. Dass ich irgendwann einmal genug vom Anblick kanadischer Landschaften haben könnte, kann ich mir bis heute nicht mal im Traum vorstellen.

Nach und nach stießen weitere Freunde von Marc und Kat dazu, bis wir am Abend eine Truppe von ungefähr 14 Leuten waren. Wir tranken Bier und Wein, schwammen im See, machten uns Abendessen und versammelten uns, als es dunkel wurde, um ein großes Lagerfeuer.

Trotz der Dunkelheit schlug ein Freund von Kat vor, einen Spaziergang in den Wald zu unternehmen. Deshalb rüsteten wir uns alle mit Taschenlampen aus und tapsten lachend los. Ungefähr 20 Minuten stiegen wir eine Anhöhe hoch, die an ihrem höchsten Punkt in eine kleine Ebene mündete. Hier entdeckten wir riesige Steine, zufällig halbkreisförmig angeordnet, die komplett mit Moos bewachsen waren. Wir legten uns auf die großen Blöcke und betrachteten den Mond. Einer von Kats und Marcs Freunden ließ nach einer Weile eine kleine Tüte herumgehen, aus der sich jeder bediente. Als ich an der Reihe war, griff ich hinein und zog einen kleinen verschrumpelten Pilz heraus. Ich war überrascht, denn ich hatte mit Chips oder Erdnüssen gerechnet.

»Hast du schon mal Mushrooms gegessen?«, fragte Kat, die meine Irritation bemerkt hatte.

»Nein, um ehrlich zu sein nicht«, antwortete ich ihr.

»Sie wirken halluzinogen. Iss das nur, wenn du es möchtest.«

Auf meiner Reise war ich schon mehrfach mit dem Drogenthema in Kontakt gekommen. Man denke nur an den Marihuana-zerkleinernden Hostelbesitzer in Mexiko oder unser actionfilmreifes Erlebnis an der Grenze zwischen Tijuana und San Diego. Natürlich hatte ich mir in diesem Zuge auch Gedanken gemacht und beschlossen, dass ich auf meiner Weltreise verschiedene Dinge ausprobieren würde, wenn sie mir über den Weg liefen. Deshalb war ich auf einem Katamaran über den Pazifik gesegelt, war nackt durch Seattle geradelt und hatte allein in der kanadischen Wildnis gecampt. Die einzige Voraussetzung, die bei allen Erfahrungen, auf die ich neugierig sein würde, gegeben sein musste, war, dass ich ein gutes Gefühl dabei hatte sowie in einer körperlich und mental starken Verfassung war. Mit dem Pilz in der Hand blickte ich in die Runde: Ich war umgeben von lieben Menschen, die sich um mich kümmerten, ich wusste, wo ich schlafen würde, und fühlte, dass es mir gut ging. Die vom Mond beschienene Natur um mich herum war friedlich, das Moos weich – und so siegte meine Neugier.

Weil wir viel erzählten, während die Tüte noch ein oder zwei Runden drehte, wartete ich nicht gespannt in mich reinhorchend auf irgendeine Wirkung, die einsetzen würde. Doch nach einer Weile merkte ich, dass mich eine intensive innere Leichtigkeit erfasste. Ich legte mich auf den Rücken und hatte das Gefühl, dass mein Körper sich in die Natur einfügte. Er passte genau in die Form des Steines, war Teil der Bäume um mich herum, und mein Atem klang genauso wie der Wind, der durch die Blätter wehte. Ich fühlte mich wie schwerelos. Gleichzeitig wurden meine Gliedmaßen sehr schwer, was der inneren Leichtigkeit aber nicht entgegenstand – im Gegenteil: Es fühlte sich an, als wäre es so genau richtig. Immer wieder verschwand einer von uns im Wald, weil er oder sie sich erleichtern musste. Die Geräusche, die durch die Schritte entstanden, das Knacken der Äste, all das nahm ich übermäßig deutlich und wie in Zeitlupe wahr. Es war angenehm, schön, leicht. Als Marc mich anstieß und fragte, ob ich auch mal müsse, machten wir zwei uns auf und gingen ebenfalls ein paar Schritte ins Gebüsch. Dort stellten wir uns vor einen abgestorbenen Baum und giggelten vor uns hin, während wir pinkelten. Auf einmal, es geschah in meiner Wahrnehmung nach wie vor alles in Zeitlupe, brach der Ast, an dem Marc sich anlehnte. Wie verzögert verlor er das Gleichgewicht, fiel auf den weichen Waldboden und strampelte mit heruntergelassener Hose vor sich hin, um wieder hochzukommen. Ich konnte mich kaum auf den Beinen halten vor Lachen. Marc erging es ebenso. Wir kriegten uns überhaupt nicht mehr ein, es war ein wunderbares, befreiendes, schwereloses Lachen. Dass Marc sich bei seinem Sturz ein bisschen angepinkelt hatte, trieb uns nur noch mehr Tränen in die Augen. Als wir wieder auf unseren moosbewachsenen Steinen lagen, waren wir ganz aus der Puste. Immer wieder hörte ich es rechts von mir, wo Marc lag, im Dunkeln kichern, und immer wieder stimmte ich mit ein.

Nach ungefähr zwei Stunden machten wir uns alle wieder zurück auf den Weg zu unserem Lager. Wir ließen den Abend ausklingen, und irgendwann zog sich jeder in sein Zelt zurück.

Es war eine schöne Erfahrung, die Sache mit den Mushrooms, und ich bin froh, dass ich es ausprobiert habe. Allerdings ist es nie so gewesen, dass ich zu irgendeiner Zeit das Gefühl gehabt hätte, ich müsste jetzt jedes Wochenende Pilze in mich hineinstopfen.

Wenige Tage später neigte sich meine Zeit bei Kat und Marc dem Ende zu, und ich wurde von einer fast nervösen Vorfreude gepackt. In wenigen Tagen würde ich meinen Vater und meinen Bruder treffen, die ihre Urlaubstage eingesetzt hatten, um mich zwei Wochen zu begleiten. Sieben Monate waren seit dem tränenreichen Abschied am Flughafen Frankfurt vergangen, und ich freute mich irrsinnig, die beiden zu sehen. Sie würden in zwei Tagen im rund 600 Kilometer entfernten Calgary landen. Für mich bedeutete das auch den Wechsel in ein neue Provinz Kanadas: von British Columbia weiter ins Landesinnere nach Alberta.

An unserem letzten Abend genossen wir drei – Marc, Kat und ich – noch einmal ein Glas Rotwein auf der Terrasse. In den wenigen Tagen, die wir uns jetzt kannten, hatten wir uns sehr lieb gewonnen. Ich war überrascht, als Kat plötzlich aufschluchzte. Sie fing sich im nächsten Moment wieder und schenkte uns allen Rotwein nach.

»Weißt du, Nick, du machst alles richtig«, Kat bedachte mich mit einem warmen Blick.

»Wie meinst du das?«, erwiderte ich.

»Ach, einfach… du lebst deinen Traum. Du wolltest eine Weltreise machen, also hast du alle Hebel in Bewegung gesetzt, damit sich dieser Traum erfüllt – und zwar jetzt, nicht irgendwann. Du reist durch die Welt, du sammelst Erfahrungen für dein Leben. Die kann dir niemals wieder jemand wegnehmen.«

Ich ließ Kats Worte ein paar Sekunden auf mich wirken. Sie hatte recht. Gerührt nippte ich an meinem Wein und sah sie an.

»Danke, Kat«, ich lehnte mich in meinem Stuhl zurück.

»Ich möchte dir gern eine Geschichte erzählen, darf ich?«, fragte Kat.

»Gerne.«

Dann erzählte sie mir die Geschichte ihres Vaters.

Schon früh in seiner Kindheit lernte er das Segeln. Es machte ihm solchen Spaß und erfüllte ihn so sehr, dass aus einem anfänglichen Hobby eine echte Leidenschaft wurde. Jeden Tag nach der Schule – oder zumindest sooft es seine Freizeit zuließ – segelte Kats Vater auf den kanadischen Seen in der Umgebung. Er wurde älter und immer besser. Als Teenager gewann er Wettbewerbe, und nie verlor er den Spaß daran, die Segel auszurichten oder sein Boot in Schuss zu halten. Bei Wind und Wetter war er draußen auf dem Wasser. Mit Anfang 20 reifte ein Traum in ihm heran, der immer klarere Formen annahm: Er wollte sich aufmachen und die ganze Welt umsegeln – er allein.

Wenn Kats Vater nicht segelte, studierte er Seekarten, plante Routen, berechnete, was er an Ausrüstung und Proviant brauchte, und stellte sich vor, wie er die Ozeane durchquerte. Bevor er seine Pläne umsetzen konnte, begegnete er jedoch der zweiten großen Liebe seines Lebens neben dem Segeln: Kats Mutter. Die Weltumsegelung musste warten, nun wollte er ihr Herz gewinnen. Denn eine Frau wie sie, das wusste er, würde ihm kein zweites Mal begegnen. So verstrich die Zeit, und ein paar Jahre später heirateten die beiden. Dann wurde Kat geboren. Die Weltumsegelung war damit nicht aus seinen Gedanken verschwunden, aber nun rückten andere Dinge in den Vordergrund: Er hatte eine Familie gegründet, er musste Geld verdienen.

»Später«, sagte er sich, »ist dafür immer noch Zeit. Wenn Kat größer ist, werde ich die Segel setzen.«

Doch aus »später« wurde »irgendwann«, und schließlich fand der Traum seinen festen Platz in der Zeit kurz vorm Einschlafen. Kats Vater redete nach wie vor viel von seinem Vorhaben, aber es war kein konkreter Plan mehr für die nächste Zeit. Es war zu einem Plan für »irgendwann« geworden.

Kat wurde größer, sie kam in die Schule, wurde ein Teenager und dann erwachsen. Ihr Vater ging jeden Tag zur Arbeit, wie alle Väter. Die Miete musste bezahlt werden, der Kühlschrank ging kaputt, ein neues Auto war dringend nötig. Die Weltumsegelung stand ganz hinten auf der Liste. Vor ihr tauchten ungeduldig immer neue Dinge auf und sorgten dafür, dass sie nicht an die Reihe kam.

Erst als Kats Vater in Rente ging, war die Zeit gekommen. Eines Tages verkündete er Kat und ihrer Mutter: »Jetzt ist es so weit, ich werde es tun.« Sein Segelboot war schon viele Jahre abfahrbereit, nun konkretisierte er Routen, kaufte tatsächlich all die Sachen auf seiner Proviant- und Ausrüstungsliste und schmiedete gemeinsam mit seiner Familie den Plan, dass er zunächst alleine lossegeln würde, Kat und ihre Mutter dann aber irgendwann dazustoßen würden. Die Erfüllung seines Traumes wollte er zusammen mit den beiden wichtigsten Menschen in seinem Leben teilen, wenn auch nicht für die ganze Strecke, doch zumindest für einen Teil. So wie es auch in seinem Leben gewesen war.

Am letzten Abend vor seinem großen Abenteuer saßen Kat, ihre Mutter und ihr Vater mit einer Flasche Rotwein auf der Terrasse, genau wie Marc, Kat und ich es jetzt gerade taten. Als die Sonne unterging, schaute Kats Vater in die Ferne und sagte: »So lange habe ich davon geträumt, ich kann kaum glauben, dass es jetzt endlich soweit ist.« Voller Vorfreude leerte er sein Glas, stand auf, wünschte Kat eine gute Nacht und schlief Arm in Arm mit seiner Frau ein – ohne zu wissen, dass er nie wieder aufwachen sollte.

Kats Vater war in dieser Nacht unerwartet gestorben, während er schlief. Die Verzweiflung und die Trauer über seinen Tod zerrissen Kat und ihrer Mutter das Herz.

Kats Worte verursachten Gänsehaut auf meinen Armen und berührten mich im tiefsten Innern.

»Dieses Erlebnis hat mich tief geprägt.« Kat suchte mit Tränen in den Augen meinen Blick. »Deswegen, Nick, ist es richtig und unendlich wichtig für dein Glück, dass du deinen Traum angegangen bist. Du bist noch jung und hast auf dein Herz gehört. Es hat dir gesagt, dass du losgehen sollst, und du bist losgegangen. Du machst alles richtig, denn wer weiß: Wenn du es wieder und wieder verschoben hättest, dann wäre es vielleicht irgendwann zu spät gewesen, genau wie bei Dad.«

Kats Worte verursachten Gänsehaut auf meinen Armen und berührten mich im tiefsten Innern. Für ewig werde ich diesen Abend und die Geschichte von Kats Vater in mir bewahren, und nie werde ich den Ausdruck von Liebe und Trauer in Kats Gesicht vergessen, als sie mir davon erzählte.

»Wann immer ich in meinem Leben merke, dass ich dabei bin, etwas Wichtiges auf die lange Bank zu schieben«, schwor ich mir, »werde ich an Kats Vater denken.«

Egal wie alt man ist und was für Gründe und Ausreden es auch geben mag, Dinge nicht zu tun: Man sollte immer auf sein Herz hören und einfach machen, was es einem rät. Kats Vater hatte ein gutes Leben. Die meisten seiner Träume hatten sich erfüllt, einer der ganz großen war sicher das Glück mit seiner Familie. Ein Teil seines Herzens jedoch hatte immer hinaus auf den Ozean gewollt. Viele Jahre hatte er das innere Rufen und Drängen ignoriert – und gerade als er beschlossen hatte, seinem Herzen zu folgen, blieb es stehen.

MÄNNERURLAUB

Ich stand am Flughafen in Calgary und trat nervös von einem Fuß auf den anderen, den Blick die ganze Zeit auf die Tür der Ankunftshalle gerichtet. Sieben Monate hatte ich meinen Vater und meinen großen Bruder nicht gesehen, und jetzt würden sie gleich durch diese Tür dort kommen. Ich platzte beinahe vor Freude. Die Tür öffnete sich mit einem Zischen, und ich hielt aufgeregt inne, doch es kamen nur irgendwelche Leute durch, die ich nicht kannte. Ich konnte es kaum mehr abwarten. Ich freute mich darauf, die beiden an mich zu drücken, mit ihnen den reservierten Campervan für unseren kleinen Roadtrip abzuholen, und vor allem: endlich, endlich, endlich mal wieder in Ruhe mit beiden zu reden. Besonders mit meinem Vater.

DER MÄNNERURLAUB AUF DEM HÖHEPUNKT

Vor einiger Zeit, als ich noch auf Vancouver Island war, hatte ich mit meiner Mutter telefoniert. Sie hatte mir erzählt, dass es meinem Dad nicht besonders gut ging. Gesundheitlich war alles bestens, aber er hatte seinen Job verloren. Mein Vater hatte schon seit mehr als 30 Jahren als Computerspezialist in einem Krankenhaus der US-Armee gearbeitet. Als Chef seiner Abteilung hatte er dort nicht nur zahlreiche Mitarbeiter sondern jedes Jahr auch ein Budget in zweistelliger Millionenhöhe verantwortet, das einzig für die Computersicherheit ausgegeben wurde. Um es kurz zu machen: Mein Dad war ein ganz schön hohes Tier in seinem Beruf. Die US-Armee hatte jedoch das Krankenhaus geschlossen und alle Mitarbeiter, die keine US-Amerikaner waren, versetzt oder in eine Art Zwischenvertrag gelotst. Mein Vater, der ursprünglich aus England stammt und nach Deutschland gekommen war, als er meine Mutter kennengelernt hatte, war einer davon. Sein früherer Arbeitgeber bemühte sich um neue Jobs für die ehemaligen Angestellten, und mein Vater landete in einer neuen Firma. Hier war er zuständig dafür, Betriebsanleitungen vom Deutschen ins Englische zu übersetzen und in zigfacher Ausführung zu kopieren. Die komplette Unterforderung von heute auf morgen hatte bewirkt, dass mein Vater in eine Depression hineinschlitterte.

Als meine Mutter mir das erzählte, konnte ich mir das erst gar nicht vorstellen. Für mich war mein Vater immer die starke Persönlichkeit gewesen, das Vorbild, die echte Vaterfigur, die immer alles unter Kontrolle hatte und sich um uns alle kümmerte. Wenn mein Vater wankte, wankte meine Welt.

»Mach dir keine Sorgen, Nick«, sagte meine Mutter, als sie merkte, dass mich diese Neuigkeit ganz schön umhaute. »Das wird schon alles wieder mit dem Papa. Aber ich halte es für eine gute Idee, wenn er und Daniel alleine zu dir nach Kanada fahren und ihr so einen richtigen Jungs-Trip macht. Einfach nur er und seine Söhne. Was meinst du?«

So kam es, dass meine Mutter in Deutschland blieb, während Ray, mein Vater, und Daniel, mein Bruder, sich auf den Weg zu mir machten. So ist sie, meine Mutter: Sie hat das größte Herz der Welt, am richtigsten Platz, den es gibt.

Ein erneutes Zischen der Automatiktür riss mich aus meinen Gedanken. Ich streckte mich instinktiv ein wenig, obwohl da gar niemand war, über den ich drübergucken musste –, doch erneut kamen nur irgendwelche Leute heraus, die ich nicht kannte. Ich lief ungeduldig ein paar Schritte hin und her.

»Nick!«

Als ich hörte, wie mein Name gerufen wurde, drehte ich mich sofort wieder um – und da standen sie, bis über beide Ohren grinsend, vollbeladen mit Gepäck, und breiteten wie auf ein Stichwort beide die Arme aus: mein Dad und mein Bruder.

Gefühlt tausend Umarmungen später machten wir uns auf den Weg zur Autovermietung. Ich quasselte auf die beiden ein, die unter starkem Jetlag litten, und war unfassbar aufgeregt. Es war so toll, dass sie hier waren, gleichzeitig war es auch ein ganz komisches, fast schon unwirkliches Gefühl. Es war nicht unangenehm, einfach nur ungewohnt: Nie hatten wir uns so lange nicht gesehen, und nie waren wir drei zusammen in Kanada gewesen. Abgesehen davon auch noch nie auf einem zweiwöchigen Roadtrip durch die Rocky Mountains. Es war deshalb ein bisschen, als wollte ich das komische Gefühl wegquatschen. Weil die beiden nach dem stundenlangen Flug ziemlich fertig

waren, kümmerte ich mich um die ganzen Formalitäten, und wenig später fuhren wir drei mit dem frisch gemieteten Campervan vom Flughafengelände. Bevor es in die Wildnis ging, hielten wir zunächst an einem Supermarkt. Hier deckten wir uns mit allem ein, was wir in den nächsten Tagen brauchen würden. Dabei kosteten wir die Tatsache aus, dass wir einen richtigen Männerurlaub vor uns hatten: Wir stapelten ausschließlich Dinge wie Bohnen, Eier, Speck, Bier und Whisky in unserem Einkaufswagen. Wir waren alle drei aus dem Häuschen: Ich war freudig-aufgeregt, mein Vater und mein Bruder waren freudig-aufgeregt-müde. Aus diesem Grund machten wir an diesem Ankunftstag keine allzu große Strecke und steuerten einfach den nächstbesten Campingplatz außerhalb der Stadt an.

Als wir drei aus dem Auto stiegen, standen wir erst einmal eine Weile vor der atemberaubenden Kulisse der kanadischen Natur. Ich hatte mich schon eine Weile an ihr erfreut, für meinen Vater und meinen Bruder war es jedoch das erste tiefe Durchatmen. Ich wusste genau, wie sie sich fühlten. Bis spät in die Nacht brieten wir Steaks und Eier, kochten Bohnen, tranken Bier und rülpsten und furzten, wie nur echte Männer an echten Lagerfeuern in der echten Wildnis das konnten. Es war einfach außerordentlich wunderbar, und ich freute mich an jeder Sekunde. Nach sieben Monaten war es das erste Mal, dass ich mich fallen lassen konnte. Ich musste gerade nicht der starke Nick sein, der auf sich allein gestellt durch eine unbekannte Welt reiste. Jetzt war ich wieder Bruder und Sohn und hatte starke Schultern, an die ich mich anlehnen konnte. Bis zu diesem Zeitpunkt am Lagerfeuer, als die erste Wiedersehensaufregung verflogen war, hatte ich nicht gewusst, wie sehr mir genau dieses Gefühl gefehlt hatte.

HAT SICH ANGEFÜHLT WIE ZUCKERWATTE IM GANZEN KÖRPER: DAS WIEDERSEHEN MIT MEINEM BRUDER UND MEINEM DAD.

ECHT JETZT: KANADA SIEHT SO AUS WIE AUF DEN BILDERN!

Schon am nächsten Morgen, als wir alle mit einem Becher Kaffee in der Hand auf unseren Campingstühlen saßen, zeigte Kanada extra für uns, was es zu bieten hatte: Wir befanden uns auf einer kleinen Anhöhe direkt an einem See, und am anderen Ufer traten plötzlich zwei Timberwölfe aus dem Dickicht. Wir erstarrten und gaben keinen Laut mehr von uns, obwohl wir wirklich ein ganzes Stück weit weg waren. In meinem Kopf freute ich mich riesig: Wie schön war es, dass die beiden gleich so fantastisch von der Wildnis begrüßt wurden! Minutenlang saßen wir schweigend da, atmeten flach und beobachteten die beiden Wölfe. Als sie wieder im Wald verschwanden, redeten wir alle durcheinander.

»Wahnsinn! Wölfe! Und wie groß die waren!«

Den ganzen Morgen blieben wir auf den Campingstühlen sitzen und unterhielten uns. Irgendwann stand mein Bruder auf und ging zum See. Ich hatte schon seit dem Telefonat mit meiner Mutter so ein dringendes Bedürfnis, mit meinem Vater zu sprechen, dass ich diese erste Gelegenheit direkt beim Schopf packte und ihn fragte, wie es ihm ginge. Er erzählte mir von den letzten Wochen und wie deprimierend das alles gewesen war.

Mein Vater ist niemand, der besonders viel über seine Gefühle redet. Wie wir alle. Wir sprechen natürlich viel und offen miteinander, doch mehr über Alltägliches. Aber irgendwas hatten die sieben Monate verändert. Schon in diesem ersten Gespräch merkte ich das. Vielleicht war es so, weil mein Vater früher auch viel gereist war und wir nun eine neue gemeinsame Basis hatten. Es war ein wunderbares Vater-Sohn-Gespräch, das in einer festen Umarmung und auch mit feuchten Augen endete. Wir sprachen nicht nur darüber, wie es ihm ging, sondern auch darüber, was ich erlebt hatte. Zum ersten Mal bekam ich eine Ahnung davon, was er gemeint hatte, als er mir damals am Flughafen sagte, dass ich ein anderer werden würde. Es war ein ganz neues Level der Unterhaltung zwischen uns, und mir tat es unwahrscheinlich gut, mein Herz zu öffnen und die Gedanken der letzten Monate einer vertrauten Person gegenüber – einer der vertrautesten Personen überhaupt – laut auszusprechen.

Während der nächsten Tage fielen uns immer wieder Warnschilder auf. Darauf war zu lesen, dass es in der Gegend Bären gebe und was man im Falle einer Begegnung tun solle. Als Tipp war von Bärenabwehrspray die Rede. Im Supermarkt schauten wir uns die Sache deshalb genauer an. Auf der Pfefferspray-ähnlichen Verpackung stand in etwa, dass man unbedingt Ruhe bewahren solle, wenn man einem Bären über den Weg lief. Man solle das Spray in Richtung des Bären halten, den Wind einberechnen und warten, bis das Tier bis auf zwei Meter an einen herangekommen wäre. War es so weit, sollte man sprühen, was das Zeug hielt.

»Hä? Wer hat den Mist denn erfunden?« Ich drehte mich zu meinem Bruder. »Bis ich das Ding griffbereit und die Windrichtung bestimmt habe, ist das Vieh doch schon durch mich durchgelaufen und hat mich in zwei Hälften zerteilt.«

»Wenigstens hätte eine davon noch das Bärenspray«, erwiderte mein Bruder.

Wir lachten ausgelassen über diese mehr als fragwürdige Erfindung. Ich erzählte den beiden, dass es viel effektiver sei, beim Wandern einfach eine Menge Lärm zu machen. Bären haben nämlich relativ viel Angst vor Menschen, und sie legen es deshalb nicht unbedingt darauf an, auf uns Zweibeiner zu treffen. So liefen wir drei Martins also klatschend und brüllend durch den Wald, sangen *Yellow Submarine* von den Beatles und alle möglichen anderen Lieder, die uns einfielen.

Sobald ein See in unsere Nähe kam, packten wir die Angel meines Bruders aus und versuchten, unser Abendessen zu fischen. Ich war stolz, zeigen zu können, was ich von Käpt'n Gary und Jason gelernt hatte, mein Vater wiederum war stolz, während er uns zusah.

Obwohl ich für jede Sekunde dieser gemeinsamen Zeit dankbar war, merkte ich nach einer Woche eine Art Unruhe. Ich war so lange allein gewesen, jetzt aber keine einzige Minute mehr. Immer war jemand neben, vor oder hinter mir. Immer sprach irgendjemand, fragte mich irgendetwas oder erwartete irgendeine Antwort. Das war auf keinen Fall nervig, und ich wollte auch nicht, dass mein Bruder und mein Vater wieder weg waren, dennoch verlangte in mir alles nach ein bisschen Ruhe. Als wir gerade an einem Campingplatz unser Lager aufschlugen, entfernte ich mich ohne ein Wort und ging ein wenig spazieren. Irgendetwas nagte an mir. Wenn ich ehrlich zu mir war, wusste ich auch genau, was es war. Deshalb beschloss ich in diesem Moment, einfach ehrlich zu mir selbst zu sein.

Auf Reisen ist nicht immer alles Pommes und Disco, es ist vor allem auch eine sehr emotionale Zeit, weil man sich viel mit sich selbst und den eigenen Gedanken auseinandersetzt. Bei mir hatte das Wiedersehen mit meiner Familie etwas ausgelöst – und zwar den Gedanken an meine Rückkehr. Mir wurde so sehr bewusst, wie sehr mir mein Bruder und mein Vater gefehlt hatten, gleichzeitig aber auch, dass bereits mehr als die Hälfte meiner für ein Jahr geplanten Weltreise vergangen war. Das brachte mich in einen schmerzhaften Zwiespalt: Ich sehnte mich nach meiner Familie, gleichzeitig dämmerte mir aber, dass mir das eine Jahr reisen nicht reichen würde. Es war einfach zu kurz. Ich lief an den See und setzte mich dort ans Ufer. Meine Gedanken zogen mich herunter. Ich wusste, dass meine Mutter mich irgendwann wieder zu Hause haben wollte. Ich wusste, dass mein Bruder mich sehr vermisste. Genauso erging es meinem Vater. Das machte mich sehr traurig, denn für alle drei empfand ich dasselbe. Ich wusste einfach nicht, was ich tun sollte, sobald die nächsten sechs Monate um waren. Sollte ich wieder nach Hause fahren, zurück in mein altes Leben?

Plötzlich spürte ich eine Hand auf meiner Schulter.

»Ist alles klar bei dir?«, fragte Daniel, der hinter mir aufgetaucht war und sich nun neben mich setzte.

Ich drehte mich zu ihm um, einfach nur glücklich, dass er da war, und umarmte ihn ganz fest. In diesem Moment brachen bei mir alle Dämme, und ich schluchzte wie ein Schlosshund in seinen Hoodie. Ich konnte überhaupt nicht mehr aufhören. Mein Bruder sagte nichts, drückte mich nur ganz fest an sich und ließ mich weinen. Seine ganze Jacke wurde nass, und er klopfte mir immer wieder auf den Rücken, um mir zu zeigen, dass es in Ordnung war. Minutenlang verharrten wir so, und ich ließ alle Tränen raus, die rauswollten. Ich hatte kein Bedürfnis zu sprechen, nicht darüber, wie es mir ging, nicht darüber, wie sehr ich ihn vermisst hatte, und auch nicht darüber, dass sich in meinem Kopf der Plan verfestigte, länger zu Reisen als nur ein Jahr. Wie lange, das wusste ich nicht. Ein weiteres Jahr? Mehrere Jahre? Ich wusste nur, ich würde reisen müssen, so lange, bis ich mich selbst gefunden hatte. Vielleicht auch für immer. Mir war mit einem Mal bewusst geworden, was dies für meine Familie bedeuten würde. Was es für mich bedeuten würde. Ich würde nicht nur ein Leben leben, das ich mir sehnlichst wünschte, und Erfahrungen machen, die ich zu Hause nie erleben würde – ich würde damit auf die selbstverständliche und alltägliche Nähe meiner Familie verzichten. Das wog am schwersten, und als mir dies in seinem ganzen Umfang klar wurde, zerriss es mich fast. Es ging nicht beides. All das legte ich in die Umarmung – und mein Bruder verstand es.

> **Er wusste, dass mir selbst nicht klar war, wohin mich mein Weg führte. Aber tief in mir wusste ich, dass ich diesen Weg für mich gehen muss.**

Als wir uns irgendwann voneinander lösten, schaute ich meinem Bruder, der einer meiner besten Freunde ist, in die seinerseits verheulten Augen. Ich war so dankbar, dass es ihn gab, dass er mich verstand, dass er genau so ein großer Bruder für mich war, wie große Brüder eben sein sollten: bester Freund, starke Schulter, jemand, zu dem ich aufblicken konnte, jemand, der mich beschützte und der für immer für mich da ist. Er war das alles – und noch so viel mehr. Er verstand, dass Reisen nicht nur Abenteuer,

QUATSCHMACHEN KÖNNEN WIR.
IMMER. ÜBERALL.

HASS UND FREUNDSCHAFT

Von Calgary aus ging es über einen kurzen Stopp in Montreal weiter nach Toronto. Hier fand ich meinen nächsten Couchsurfing-Host. Ich hatte bisher viele Menschen getroffen und einige davon waren gute Freunde geworden. Genauso erging es mir mit Laura. Schon ihre ersten Worte, die sie in der Bibliothek, in der sie arbeitete und in der wir uns trafen, an mich richtete, waren denkwürdig:

»Nick, I hate you!«

Ich war gelinde gesagt etwas baff. Da kam eine Frau, die ich nie zuvor gesehen hatte und die mich netterweise auf ihrer Couch surfen ließ, auf mich zu und eröffnete mir, dass sie mich absolut nicht leiden konnte.

Sie meinte es natürlich nicht ganz so, wie sie es sagte. Es war vielmehr die Einleitung für ihr Bekenntnis, dass ich genau das Leben lebte, von dem sie schon lange träumte. Laura und ich verstanden uns blendend. Schon am zweiten Tag feierten wir den Geburtstag einer ihrer Freundinnen in einer Bar und hatten eine Menge Spaß. Als wir nachts nach Hause kamen, waren wir übermäßig hungrig. Ich puzzlete aus ihren Vorräten ein Essen zusammen, und wir schmissen sogar noch das Schokoladenfondue an. So saßen wir in unseren Schlafanzügen am Esstisch

Spaß und Party, sondern vor allem eine Reise zu einem selbst ist. Eine, die ich begonnen hatte und mit der ich in sechs Monaten nicht einfach würde aufhören können. Er wusste, dass mir selbst nicht klar war, wohin mich mein Weg führte oder wie lange das Ganze dauern sollte. Aber tief in mir wusste ich, dass ich diesen Weg für mich gehen muss. Ganz egal wohin er mich führen und wie lange er dauern sollte. Diese Entscheidung war keine leichte, aber was war ich froh, dass genau zu diesem Zeitpunkt mein Bruder an meiner Seite war. Auch wenn wir kein Wort gesprochen hatten: Ich hatte diese Entscheidung nicht alleine getroffen. Irgendwie hatten in diesen Minuten unsere Herzen miteinander kommuniziert. Und wie immer, wenn ich strauchelte, war mein Bruder da, um mich zu stützen. Ich begriff, was für ein großes Glück es war, ihn zu haben. Ein Sechser im Bruder-Lotto sozusagen.

Die zwei Wochen Roadtrip in Kanada werden wir drei nie vergessen. Wir hatten so viel Spaß und kamen uns dabei näher als jemals zuvor. Auch jeder für sich hatte eine gute Zeit und nahm sehr viel mit. Eine Sache blieb jedoch bei mir: Mein Bruder hatte es ernsthaft geschafft, die fehlenden Teile des Zippo-Feuerzeugs, das er mir bei meinem Aufbruch am Frankfurter Flughafen geschenkt hatte, in seinem Backpack mit nach Kanada zu schmuggeln. Das Feuerzeug war also wieder ganz.

»Genau wie ich«, dachte ich, als die beiden abgereist und ich wieder auf dem Weg war. Ich ließ das Feuerzeug aufschnappen, eine Flamme entstehen und den Deckel wieder zufallen. Ich grinste und lief weiter.

DER ANFANG EINER LANGJÄHRIGEN FREUNDSCHAFT ...

94

und unterhielten uns bis ins Morgengrauen. Noch heute ist Laura, die ursprünglich aus Gran Canaria stammt und mittlerweile wieder dort lebt, eine sehr gute Freundin. Mit manchen Menschen, die man trifft, fühlt es sich einfach so an, als würde man sich bereits Jahrzehnte kennen. Wir entwickelten eine so gute, von Anfang an rein platonische Freundschaft, dass sie mich zwei Jahre später sogar auf die Hochzeit meines Bruders begleitete. Selbst meine Mutter und sie schreiben sich gelegentlich Nachrichten auf Facebook. Wenn ich an meine Zeit in Toronto denke, dann sehe ich immer zuerst Lauras Gesicht vor mir und erinnere mich an den Spaß, den wir zusammen hatten. Toronto war meine letzte Station in Kanada gewesen. Als ich mich von Laura verabschiedete, hieß es für mich wie bei Chuck Berry: Back in the USA.

AMERICAN FOOTBALL

In den nächsten Tagen machte ich mich auf, um die Niagarafälle zu sehen. Nach dem Grenzübergang in die USA hieß mein nächster Halt Buffalo. Hier kam ich bei Chad unter, einem ehemaligen Arbeitskollegen meines Vaters, den ich noch aus Kindheitstagen kannte. Früher hatte Chad auch in Deutschland gelebt, war aber zusammen mit seiner deutschen Frau Carola und seinen drei Töchtern wieder nach Amerika zurückgekehrt. Chad hatte mittlerweile auch mitbekommen, dass ich eine Weltreise unternahm, und mir angeboten, eine Weile bei ihm und seiner Familie in Buffalo Station zu machen. Als ich noch klein war, besuchte uns Chad oft. Gemeinsam mit meinem Vater brachte er mir American Football näher. Seit dieser Zeit bin ich ein Fan des Football-Teams *Miami Dolphins*.

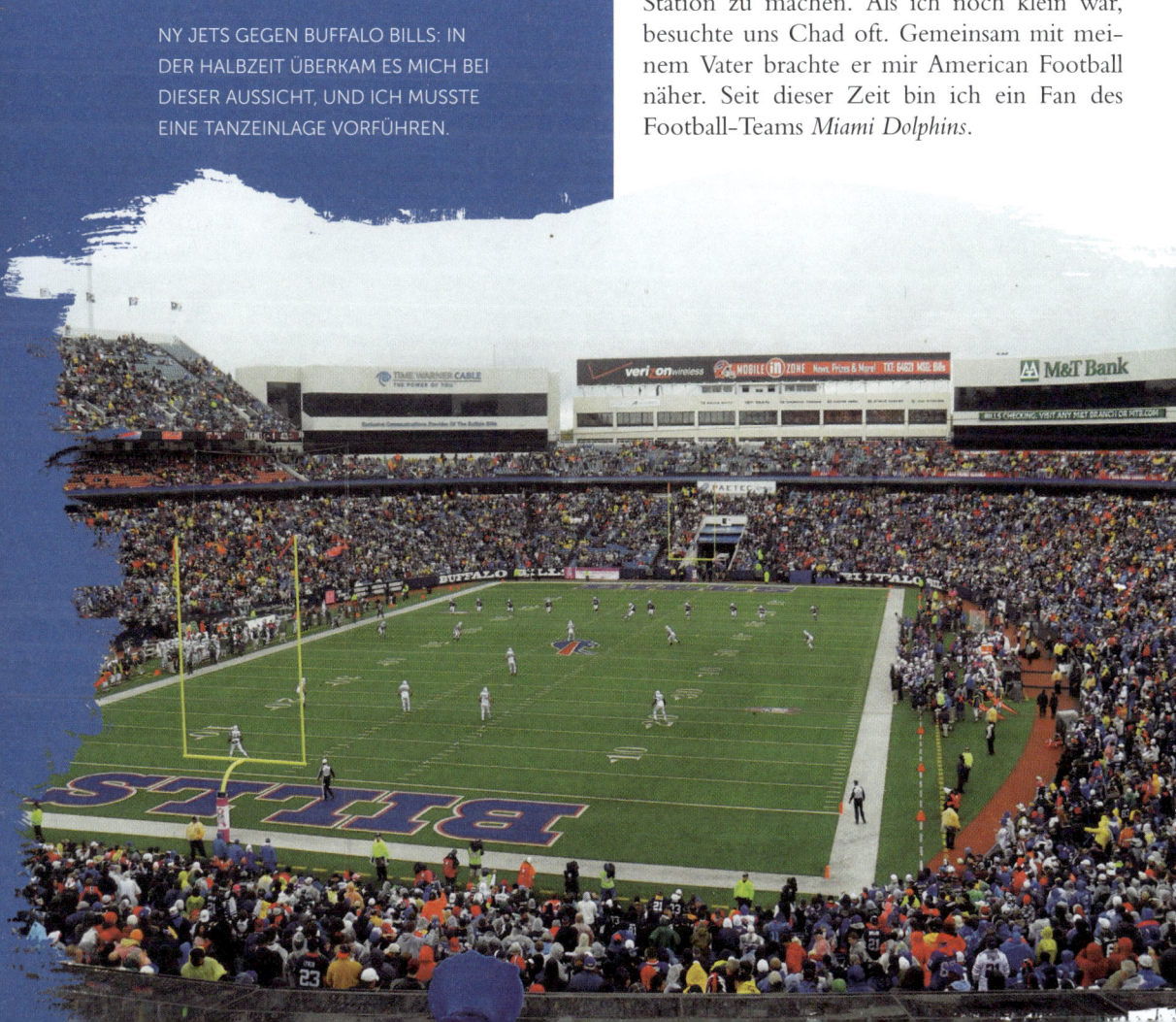

NY JETS GEGEN BUFFALO BILLS: IN DER HALBZEIT ÜBERKAM ES MICH BEI DIESER AUSSICHT, UND ICH MUSSTE EINE TANZEINLAGE VORFÜHREN.

Ich war gerade erst seit zwei Tagen bei Chad in Buffalo, da hatte er für mich bereits eine Überraschung parat.

»Nick, was hast du morgen vor? Irgendwelche Pläne?«, fragte er mich.

»Nein, bisher nicht«, antwortete ich nichtsahnend.

»Super«, sagte Chad. »Dann besuchen wir morgen zusammen dein erstes Live-Spiel der NFL – die Buffalo Bills spielen gegen die New York Jets.«

Ich hatte keine Ahnung, wie amerikanische Football-Fans die Spiele ihrer Mannschaften feierten. Wenn wir uns in Deutschland zu Fußball-Bundesligaspielen trafen, dann hatte das meist viel mit Bierkonsum zu tun. Damit lag ich bei den Amerikanern schon mal nicht ganz verkehrt. Sie hatten die ganze Sache aber noch ausgefeilt. Chad informierte mich darüber, dass das Spiel um 13 Uhr starten würde. Das hieß für uns: Um Punkt 9 Uhr trafen wir uns mit seinen Kumpels und deren Familien auf dem Parkplatz des Stadions. Alle kamen in Pick-up-Trucks, die bis unters Dach vollgeladen waren mit Essen, Trinken und fässerweise Bier. Diese Zeit vor dem Spiel hat sogar einen Namen: Tailgating. Übersetzt heißt das soviel wie »Heckklappenparty« – und das ist es im Grunde auch. Alle feierten fröhlich um die geöffneten Heckklappen ihrer Autos herum. Es wurden Grills aufgebaut, Bier wurde herumgereicht, die Kinder rannten zwischen den Autos hindurch, und jeder war von oben bis unten in seiner Fan-Montur eingekleidet. Weil wir in Buffalo waren, bildeten die Buffalo-Bills-Fans natürlich die Mehrheit. Es waren allerdings auch viele New-York-Jets-Unterstützer da – und ich erfuhr, dass diese Spielkombination eine emotional ziemlich aufgeladene Kiste war.

Unsere Gruppe bestand aus rund 20 Leuten, sechs Autos, zwei Grills und einem kleinen weißen Pavillon, der uns vor dem ab und zu einsetzenden Nieselregen schützte. Kaum war ich aus Chads Truck gestiegen, hatte ich auch schon den ersten Hotdog in der einen und einen roten Plastikbecher voll Bier in der anderen Hand. Ich staunte, wie gut organisiert die amerikanischen Football-Fans waren. Als hätten sie das Tailgating schon jahrelang einstudiert. Wobei, vermutlich hatten sie das ja auch.

Die Grills wurden befeuert, die Bierfässer angestochen – und schon ging es los mit den ersten Trinkspielen, allen voran natürlich *Beer Pong*, eine Art Tischtennis mit Bechern voller Bier, und *Shotgun*, also Dosenstechen. Beides sind auch in Deutschland bekannte Trinkspiele, deshalb musste mir keiner lange erklären, worum es ging. Innerhalb kürzester Zeit hatten wir alle ordentlich einen im Kahn.

»ZEEE GERMAN« MUSSTE HIER MAL MIT EINEM HANDSTAND AUF EINEM BIERFASS STEREOTYPE UNTER BEWEIS STELLEN.

Wenn man um 9 Uhr morgens mit Hotdogs, Bier und Trinkspielen startet, ist man naturgemäß voll wie eine Haubitze, wenn die Stadiontore sich dann endlich öffnen. Das traf auf jeden einzelnen von uns in vollem Maße zu. Genau wie in Deutschland ist es übrigens verboten, eigenen Alkohol mit ins Stadion zu nehmen. Betrunken, wie wir waren, wollten wir das System aushebeln und schmiedeten einen glorreichen Plan, der dazu führte, dass mir mit Panzerklebeband einige Bierflaschen an den Bauch geklebt wurden. Wir fühlten uns genial, und ich hatte kein Problem damit, als lebendiges Biertransportmittel herzuhalten. Meine rationale Entscheidungskraft war längst außer Gefecht gesetzt.

Es klappte richtig gut. Der Mann am Einlass tastete kurz auf Höhe meines Gürtels herum. Auch wenn das Bier unter meinem Hoodie und der Regenjacke ein bisschen warm wurde, freuten wir uns über unseren Coup wie kleine Kinder. Was zählt, ist schließlich die Mission. Und die war erfolgreich gewesen.

Bald darauf saß ich zwischen Chad und seinen Kumpels das erste Mal im Stadion bei einem echten NFL-Spiel. War das cool! Leider entpuppte sich das Spiel selbst als ziemliche Nullnummer, denn es kam einfach nicht so richtig in Gang. Das trübte meine Stimmung aber nicht besonders. Allein die Atmosphäre live mitzuerleben war der Wahnsinn. Ich bemerkte natürlich, dass die Euphorie der Menschen um mich herum nach und nach einer gewissen Ernüchterung wich. Wie sollte es auch anders sein? Da hatte man sich stundenlang druckbetankt, und nun gab es keine Touchdowns, keine Highlights, und kein bisschen Spannung lag in der Luft.

Mit Sicherheit bedingt durch meinen Alkoholpegel und meine generell ausgelassene Stimmung, beschloss ich, dass nun der Zeitpunkt gekommen war, der Welt etwas von meinem Glück zurückzugeben. Oder zumindest den enttäuschten Gesichtern in meiner direkten Umgebung. Wo ich doch schon mal in Buffalo war, so dachte ich, könnte ich den Leuten auch eine kleine Show bieten. In einer der Pausen sprang ich also kurzerhand auf und kletterte, ohne groß darüber nachzudenken, auf eine Art Vorsprung vor den Sitzreihen der ersten Etage, in der wir uns befanden. In meiner lustigen Welt sah der Vorsprung nämlich haargenau aus wie die Bühne, die ich brauchte. Oben angekommen, legte ich eine Tanzperformance hin, die sich gewaschen hatte. Innerhalb von Sekunden wurden Tausende von Football-Fans auf mich aufmerksam, begannen mir zuzugrölen und mich anzufeuern. Ich war total in meinem Element – erst Schuhplattler in Las Vegas, nun eine Tanzeinlage mit Breakdance-Moves im Football-Stadion in Buffalo. Man kann schon sagen, dass ich nicht so der zurückhaltende Typ bin. Ich war begeistert von meiner Idee, die Menge war begeistert, dass etwas Lustiges passierte. Die Einzigen, die nicht so begeistert waren, kamen gerade mit wütender Miene auf mich zu: die Security-Angestellten. Wenige Sekunden später war ich umzingelt, und man zog mich von meiner Bühne.

»Das war's für dich«, sagte einer der Typen. Die Menge protestierte und buhte die Sicherheitsleute aus.

»Let him go!«, hörte ich es aus allen Richtungen. Einige der Football-Fans liefen sogar neben uns her und redeten auf die Security-Typen ein: »It was just fun, you know, let him go!«

Ich stimmte ein wenig mit ein.

Schwarzenegger 1 und Schwarzenegger 2 kannten jedoch keine Gnade: »No, man, you're in trouble.«

Ohne Umwege wurde ich Richtung Treppe bugsiert und anschließend in die Katakomben unter dem Stadion. Chad, der den ganzen Weg hinter uns hergelaufen war und alles gefilmt hatte, versuchte ebenfalls, die Ordnungshüter milde zu stimmen. Doch keine Chance: Ich musste stehenbleiben und auf den Sheriff warten. In der Zwischenzeit wurde mir mein Reisepass abgenommen. Hier verstand ich keinen Spaß mehr. Nach wie vor recht betrunken, aber mit lauter Stimme klärte ich die Security-Angestellten über meine Rechte auf: »This is the property of the government of Germany, you are not allowed to take my passport away, I know my rights« oder so ähnlich.

Wenn ich ehrlich bin: Ich hätte mich selbst wohl auch nicht sonderlich ernst genommen. Als der Sheriff schließlich auf uns zukam, fühlte ich mich wie in einem Film – oder eher wie in einer Serie, denn der Mann sah eins zu eins aus wie Chuck Norris in *Walker, Texas Ranger*. Mit seinem Vollbart, dem Hut und seinen Cowboystiefeln ließ er sich von den Sicherheitsbeamten erklären, was vorgefallen war. So langsam dämmerte mir auch der Ernst der Lage. Die verstanden hier ja wirklich keinen Spaß! Ich klemmte noch immer zwischen den beiden Gorillas der Security, seitlich um uns herum standen Chad und unsere Parkplatzcrew. Der Sheriff nickte ein paarmal, trat einen Schritt auf mich zu und fixierte mich mit seinem Blick. Ich befürchte, dass ich zu diesem Zeitpunkt wohl etwas schielte. An der Körpersprache des Texas Rangers war jedenfalls deutlich abzulesen, dass er mich für eines der ärmsten Würstchen hielt, die ihm je untergekommen waren. Darin erkannte ich meine Chance. Wir Deutschen haben im englischsprachigen Ausland einen großen Nachteil, der sich in einer Situation wie dieser jedoch als knallharter Vorteil erweisen kann: Wir haben einen absolut saudämlichen Akzent. Der deutsche Akzent klingt in amerikanischen Ohren ein bisschen, als würde jemand sehr, sehr Dummes versuchen, die Welt sehr, sehr langsam zu verstehen. Dafür können wir nichts, es ist einfach so. Als mich also Sheriff Chuck Norris herablassend anblickte und fragte, was zum Geier ich da getrieben hatte, machte ich ein treudoofes Gesicht und zog mit dem kantigsten deutschen Akzent, den ich hervorzubringen in der Lage war, die Touristenkarte: »Ei wass dänzing inn se stadiong änd wantet tuh äntertain oll se assa piepel!«

WENN MAN GENAUER HINSCHAUT ...
ENDLICH MAL WIEDER DEUTSCHES BIER!

Der Sheriff seufzte entnervt auf und warf einen Blick auf seine polierten Schuhspitzen.

Ich erklärte ihm in meinem schlechtesten Englisch, dass das alles nicht böse gemeint war und ich einfach ein bisschen für gute Stimmung bei den enttäuschten Fans hatte sorgen wollen. Der Sheriff seufzte entnervt auf und warf einen Blick auf seine polierten Schuhspitzen. Es war ihm deutlich anzusehen, dass er auf Krawall aus gewesen war und mit Widerstand oder einer frechen Klappe meinerseits gerechnet hatte, der er ordentlich was hätte entgegensetzen wollen. Aber wer schreit schon einen grottendämlichen Deutschen an, dessen zwei Rest-Gehirnzellen ihn zu einer überaus bekloppten Idee angestiftet hatten? Mein Plan ging so was von auf: Er fragte mich zwar noch, ob ich denn nicht wisse, dass ich soeben gegen das Gesetz verstoßen hätte, doch bei meiner folgenden Antwort, warf er dann endgültig das Handtuch.

»Oh, ei did not 'now sät. Se geim was rilli bohring and ei soht ei wud äntertein all sie aser piepel so sey kän häf leik a big smeiel in sär häts.« Mit meiner bescheuerten Art nahm ich ihm sämtlichen Wind aus den Segeln. Ich versprach ihm, so etwas nie wieder zu tun, und schwor dies bei meiner Mutter. Ich hielt ihm sogar zwei überkreuzte Finger unter die Nase, um ihm meine ernsten Absichten auch visuell zu verdeutlichen. »Ei hierbai promiz bei mei mossa, sät ei will neva eva do id agän!« Das gab dem Sheriff vermutlich den Rest – und er mir daraufhin meinen Reisepass zurück. Er ließ mich laufen und vermutete wahrscheinlich, dass ich mich in nächster Zeit sowieso in irgendeine Wüste verlaufen und dort jämmerlich verdursten würde, so doof, wie ich war. Mit mir selbst zu leben, dachte er wohl, sei Strafe genug.

Zurück auf dem Parkplatz, außer Sichtweite des Gesetzes und seines verlängerten Arms in Cowboystiefeln, kamen wir alle aus dem Lachen nicht mehr heraus. Keine 24 Stunden nach meiner Rückreise in die USA war ich also meinem ersten Arrest erfolgreich von der Klinge gesprungen.

EMPIRE STATE OF MIND

Die Zeit bei Chad war großartig, vor allem auch, weil es sich ein bisschen wie Familie anfühlte. Es war einfach schön, bei jemandem zu leben, den man schon so lange kannte. Nach einiger Zeit begann es in meinen Reisefüßen allerdings wieder aufgeregt zu kribbeln. Buffalo liegt nämlich gar nicht weit von einer Stadt entfernt, die ich schon immer besuchen wollte: New York.

Als ich Chad von meinen Plänen erzählte, rief er eine Bekannte in meinem Alter an, die zusagte, mich im Big Apple aufzunehmen. Großartig: Ich konnte in einer der teuersten Städte der Welt ohne Probleme und Organisationsaufwand couchsurfen. Mein Reisenetzwerk wurde immer größer und besser. Am nächsten Tag machte ich mich also auf den Weg zu Rita nach Brooklyn.

Als der Bus in New York einfuhr, klebte ich mit dem Gesicht an der Scheibe. Ich war noch nie in dieser Stadt gewesen, kannte sie aber wie jeder andere aus zahlreichen Filmen, allen voran *Kevin allein in New York*. Es war genau, wie ich es mir vorgestellt hatte, und doch ganz anders. Kaum war der Bus angekommen, schulterte ich meinen Backpack und fuhr mit der U-Bahn Richtung Brooklyn. Ich war die ganze Zeit wie elektrisiert: New York! Wow!

In Brooklyn angekommen, lief ich noch immer mit tellergroßen Augen durch die Gegend. Lauter schmale Häuser drängten sich eng aneinander, alle mit Flachdächern und diesen Eingangstreppen, die ein paar Stufen zur Haustür führten. Ich hatte das alles schon so oft gesehen, zum Beispiel in der Serie *King of Queens*, aber nun zum ersten Mal in der Realität. Es war so schön.

Rita empfing mich, wie ich es von einer Bekannten Chads erwartet hatte: absolut herzlich. Sie umarmte mich, stellte mich ihrer Mitbewohnerin Miriam vor, und alle drei kamen wir sofort ins Quatschen. Die beiden waren total interessiert an meiner Geschichte, ich wiederum wollte alles über New York und über meine Gastgeberinnen wissen. Wir bestellten die typische New York Slice Pizza und saßen dann beim Sonnenuntergang auf dem Flachdach ihres Hauses. Das geteerte Dach war vom Tag noch angenehm warm, und von hier hatten wir einen atemberaubenden Blick über Downtown Manhattan: Ich sah die ganzen Wolkenkratzer und entdeckte sogar das Empire State Building. Der Himmel dahinter färbte sich langsam orange, rosa und rot. Mit der Pizza auf dem Schoß, den unglaublich sympathischen Mädels neben mir und dieser Aussicht, von der ich kaum den Blick abwenden konnte, erlebte ich einen absoluten Glücksmoment. Ich war endlich in der Stadt, die ich bisher nur von Bildern, aus Blockbustern, Serien, Musikvideos und dem Internet kannte. Ich konnte mein Glück nicht fassen und freute mich auf die nächsten Tage. In meinem Kopf schubste Frank Sinatra Udo Jürgens und sein *Ich war noch niemals in New York* von der Bühne, griff sich das Mikrofon und sang mit seiner tiefen, sonoren Stimme: *If I can make it there, I'll make it anywhere. It's up to you, New York, Neeeee-heeew Yooooooork!*

Als ich am nächsten Morgen erwachte, war ich so aufgeregt, dass ich gleichzeitig mit dem Augenöffnen auch schon auf den Beinen war. Alle anderen schliefen noch, also revanchierte

MIRI, RITA UND ICH AUF DEM DACH IN BROOKLYN, DAZU NOCH PIZZA, BIER UND »GEWÜRZZIGARETTCHEN«

ich mich für den netten Abend und machte Frühstück.

Als wir fertig waren, hielt mich einfach nichts mehr. Ich schnappte mir meinen iPod, steckte mir Geld in meine Hosentaschen und fuhr nach Manhattan. Hier saugte ich alles auf, mit all meinen Sinnen. Reisen ist wirklich die schönste Droge der Welt – mit Haut und Haaren fühlst du alles Neue, das dich umgibt. Ich sah die gelben Taxis, die berühmten Gebäude, hörte den amerikanischen Slang und die Polizeisirenen, roch den Dampf, der aus den Gullideckeln strömte, spürte die warme Spätsommerluft auf meiner Haut und den Asphalt unter meinen Schuhsohlen. Alles gelangte ungefiltert in meinen Kopf und brachte mein Herz zum Hüpfen. Mein ganzer Körper war voller Endorphine. Ich wanderte die Lexington Avenue entlang, begegnete Hip-Hop-Typen mit Boomboxen auf den Schultern, aß warme Blaubeermuffins, stieg hoch aufs Rockefeller Center und genoss die Aussicht auf die Skyline, den Hudson River sowie den Central Park und fand mich schließlich gedankenverloren am Ground Zero wieder, wo gerade das One World Trade Center gebaut wurde.

Als es dunkel war, besuchte ich den Times Square mit seinen Tausenden Lichtern und blinkenden Reklametafeln. Zahllose Menschen waren dort unterwegs. Ich traf den berühmten Naked Cowboy, der in einer weißen Unterhose samt Cowboyhut und -stiefeln Gitarre spielte, blieb bei Street-Performance-Gruppen stehen und staunte über die unfassbaren Breakdance-Moves, zu denen die Leute in der Lage waren.

So verbrachte ich beinahe jeden Tag in New York. Einmal sprang ich sogar über meinen Schatten und drückte einem der Tänzer am Times Square meine Kamera in die Hand, um ebenfalls ein paar Moves hinzulegen. Im Vergleich zu diesen Talenten sah ich sicherlich aus wie ein Stock im Mixer, aber hey: Ich hatte mit Breakdancern am New Yorker Times Square getanzt!

Die Abende verbrachte ich oft mit Rita und Miriam, wir machten uns Abendessen, setzten uns auf das warme Teerdach, und ich erzählte ihnen von meinem Tag. New York, das war für mich eine magische Stadt, in die ich mich voll und ganz verliebte.

Mit einem schweren Herzen, wie ich es bisher nur beim Abschied mir nahestehender Menschen kannte, verließ ich nach etwas mehr als einer Woche diesen wunderbaren Ort. Eines konnte ich jedoch mit absoluter Sicherheit sagen: Ich würde wiederkommen. Als der Morgen meines letzten Tages anbrach, schulterte ich mein Gepäck, verabschiedete mich von Rita und Miriam und stieg schließlich in eine Propellermaschine, die mich nach Philadelphia brachte. Meine Zeit in den USA neigte sich langsam dem Ende zu. Doch davor besuchte ich noch einmal Abraham und Thi in San Diego und unternahm mit Maria, die ich damals bei Abraham kennengelernt hatte, einen kleinen Roadtrip durch Arizona, Utah und Nevada. Zu meiner großen Freude traf ich auch noch einmal auf Marc und Kat. Die beiden feierten Halloween und ihren Hochzeitstag in Las Vegas. Als Maria und ich davon erfuhren, ließen wir es uns nicht nehmen, die beiden in der Casino-Stadt zu besuchen – und so bekam ich die einmalige Gelegenheit, in einer riesigen Penthouse-Suite des MGM Grand zu couchsurfen. Im Anschluss traf ich mich noch einmal mit Andrea, die ich vor einer gefühlten Ewigkeit in der mexikanischen Sprachschule kennengelernt hatte. Dann nahm ich meinen vorläufigen Abschied vom Land der unbegrenzten Möglichkeiten am Flughafen von L. A., als ich dort in eine Maschine stieg, die mich über die Datumsgrenze zu einer ganz anderen Ecke der Welt bringen sollte: den Fidschi-Inseln.

KAPITEL 6
MAL WIEDER PAZIFIK

HAIHAPPEN

Als ich im Flugzeug saß, hatte ich keine Ahnung, was mich erwarten würde. Meine Vorfreude war groß, einen genauen Plan, was ich dort tun würde, hatte ich allerdings nicht. Ich hatte mir in den letzten acht Monaten angewöhnt, einfach alles auf mich zukommen zu lassen, mir keine ausgefeilten Zeitabläufe zusammenzustellen und einfach im Hier und Jetzt zu leben. Schon am Flughafen auf Viti Levu, der Hauptinsel der Fidschis, schlugen mir mit voller Wucht das tropische Klima und die urige, herzliche Freundlichkeit der Fidschianer entgegen. Gegen nichts davon hatte ich etwas einzuwenden.

Schon in Mexiko, in den USA und in Kanada war ich dazu übergegangen, weniger auf die Reisetipps im Internet zu hören, sondern einfach die Leute um mich herum zu fragen, was sie empfehlen konnten. Hier auf Fidschi waren Reiseblogs oder -foren dann überhaupt nicht mehr nötig: Überall traf ich auf Backpacker oder Locals, und jeder von ihnen hatte etwas erlebt oder gesehen, was ich auf keinen Fall verpassen sollte. Einen der Tipps setzte ich sofort um. Es gibt auf Fidschi nämlich den sogenannten Bula-Pass. Das ist eine Art Fahrkarte für eine katamaranartige Fähre zu den Yasawa-Inseln.

Die Yasawa-Inseln bestehen aus sieben größeren Inseln und einer Menge kleineren, die meist komplett unbewohnt sind. Mit dem Bula-Pass kann man dann für eine bestimmte Anzahl von Tagen Inselhopping betreiben. Mit dabei sind dann auch Unterkunft und Verpflegung. Weil ich schon in den wenigen Tagen, die ich in Nadi verbrachte, überzeugt davon war, dass es mir auf Fidschi richtig gut gefallen würde, buchte ich direkt einen Bula-Pass für drei Wochen in der niedrigsten Kategorie: einer Kokosnuss. Alle Unterkünfte werden auf den Yasawa-Inseln mit einer, zwei oder drei Kokosnüssen bewertet. Je mehr Kokosnüsse, desto mehr Komfort wird geboten – und desto teurer wird das Ganze. Drei Kokosnüsse bedeutet in etwa: klimatisiertes Einzelzimmer mit Vollpension und vermutlich sogar jemandem, der die ganze Zeit ein Palmenblatt über deinen Kopf hält. Zwei Kokosnüsse vergleiche ich am ehesten mit einem normalen Hotel. Eine Kokosnuss wiederum bot alles, was man als Low-Budget-Traveler gebrauchen konnte, also zum Beispiel ein Bett in einem Hosteldorm.

Ich hatte mir die Fidschis immer als Malediven-Verschnitt vorgestellt, wo Superreiche ihre Flitterwochen verbrachten. Tatsächlich waren die Pazifikinseln der unkomplizierte Reisetraum eines jeden Backpackers. Gleichzeitig waren sie das Paradies auf Erden. Ich wohnte auf kleinen Mini-Inseln mit puderfeinen, weißen Sandstränden, leuchtend grünen Palmen und türkisblauem, klarem Wasser. Morgens konnte ich aus meiner Eine-Kokosnuss-Unterkunft hinausstolpern, einen Purzelbaum am Strand machen und lag direkt im Wasser. Streckte ich die Hand aus, begann unter mir schon irgendein Riff mit tausend exotischen Korallen und Fischen.

Jeden Tag unternahm ich Touren, für die wir Touristen extra mit einem kleinen Boot an Riffe gefahren wurden, um dort mit Flossen und Taucherbrille herumzupaddeln. An einem Morgen wollte ich es richtig wissen und buchte die Tour »Schnorcheln mit Haien«. Als ich zum verabredeten Zeitpunkt zu dem kleinen Boot kam, mit dem es aufs Meer hinausgehen sollte, standen dort schon acht andere Backpacker aus der ganzen Welt, die auf dieselbe Idee gekommen waren. Gemeinsam machten wir es uns auf dem Boot gemütlich, und dann ging es auch schon los Richtung Horizont. Eine gute halbe Stunde später drosselte der Bootsmann den Motor. Wir waren an einem langen Riff angekommen.

»Also, hier springt ihr rein und schnorchelt einfach nur am Riff entlang. Nach ungefähr 400 Metern gelangt ihr an eine Stelle, an der ihr ein großes Loch im Riff seht. Dort haltet ihr an, und ich sammle euch wieder ein.«

Neun Augenpaare starrten den Tourguide an. Ich nehme mal an, wir alle stellten uns insgeheim in etwa dieselben Fragen: »Wie? Jetzt sofort?« »400 Meter…? Das ist ja schon eine ganz schöne Strecke eigentlich?« »Sind da jetzt die Haie drin, oder was?« »Kommt nicht irgendwer mit einer… ja… Harpune mit, oder so?«

Weil niemand Anstalten machte, als Erster ins Wasser zu springen, fasste ich mir ein Herz. Ich zog mir die Flossen über meine Füße, setzte die Taucherbrille auf, nahm den Schnorchel in den Mund und ließ mich rückwärts vom Boot kippen. Jacques Cousteau hatte das geschafft, warum also nicht auch ich?

BÄMM… hatte ich auch schon einen Hai direkt vor der Nase, ungefähr zehn Meter unter mir. Aufgeregt und auch ein klein wenig panisch schrie ich in meinen Schnorchel: »SHARK! SHARK!«

Mit Brille und Schnorchel rückwärts vom Boot ins Wasser zu fallen ist keine ganz so einfache Angelegenheit. Es dauerte also ein paar Sekunden, bis ich mich orientiert, die Taucherbrille vom eingedrungenen Wasser befreit und den Schnorchel ausgepustet hatte. Kaum lag ich im Wasser, öffnete ich in meiner frisch entwässerten Brille zum ersten Mal die Augen und… BÄMM… hatte ich auch schon einen Hai direkt vor der Nase, ungefähr zehn Meter unter mir. Aufgeregt und auch ein klein wenig panisch schrie ich in meinen Schnorchel: »SHARK! SHARK!«

Die anderen acht Backpacker, die meinen waghalsigen Vorstoß ins Wasser beobachtet hatten, verstanden durch den Schnorchel und das Wasser vermutlich nur so viel wie: »Brrrmmmblll! Brrrmmmblll!«

Also zog ich den Schnorchel aus dem Mund und wiederholte völlig aus dem Häuschen: »Da ist ein Hai! Ein Hai! Direkt unter mir!«

Ich zeigte nach unten. Im selben Moment wurde mir bewusst, dass ich lieber den Hai im Auge behalten sollte, anstatt wie ein Kind auf einem Jahrmarkt herumzuzappeln. Also legte ich mich wieder ins Wasser und suchte die Gegend unter mir nach meinem neuen scharfzahnigen Kumpel ab. Von den anderen traute sich nun erst mal keiner ins Wasser. Ich jedoch hielt mich mit einer Hand hielt am Boot fest und spähte in die Tiefe unter mir. Da war er wieder, der Hai. Natürlich handelte es sich bei den Exemplaren, die an diesem Riff zu sehen waren, nicht um blutrünstige Monster, wie sie in Trash-Filmen zu sehen sind. Was hier unter Wasser königlich seine Bahnen zogen, waren eher kleinere Riffhaie.

Eine Weile beobachtete ich den Hai, wie er unter mir Kreise schwamm. Er hatte mich definitiv wahrgenommen, aber ließ sich überhaupt nicht aus der Ruhe bringen. Nach einer Weile entspannte ich mich ein wenig und wurde mutiger: Ich löste meine Hand vom Boot und begann, dem Hai am Riff entlang hinterherzuschnorcheln. Nach einer Weile tauchte ein zweiter auf und dann ein dritter. Ich bemerkte, dass die anderen sich nun auch ins Wasser trauten, und gemeinsam schnorchelten wir die 400 Meter Riff entlang. Selbst ohne Schnorchel im Mund und an Land hätte keiner das Bedürfnis gehabt zu sprechen. Wir versanken regelrecht in diesem phänomenalen Anblick. Neben den Haien war das Riff geradezu übervölkert von Fischen. Lauter Nemos und Doris schwammen in und um die bunten Korallen herum. Es war ein farbenprächtiges Spiel und eine komplett andere Welt. Ich konnte nur staunen. Die 400 Meter jedenfalls fühlten sich deshalb auch ziemlich kurz an. Genau wie der Bootsmann es uns angekündigt hatte, tat sich plötzlich ein etwa 20 Meter breites und schätzungsweise 15 Meter tiefes Loch im Riff auf. Die ins Meer brechenden Sonnenstrahlen leuchteten die Höhle komplett aus, und wir entdeckten drei Einheimische, die offenbar auf uns gewartet hatten. Einer von ihnen piekste mit einer Harpune kleine Fische auf, um die Haie anzufüttern. Die ließen sich nicht lange bitten und tauchten zahlreich in der kleinen Höhle auf. Es war ein krasses Gefühl, direkt über dieser Szenerie zu schnorcheln, und erneut ein mehr als atemberaubender Anblick.

FIDSCHI-TIME!

Die offizielle Amtssprache auf den Fidschis ist Englisch. Die Fidschianer sprechen jedoch hauptsächlich in ihrer eigenen Sprache: Fidschianisch. Auch wenn ich die Sprache bis heute nicht beherrsche, hatte ich recht schnell raus, dass sie so kompliziert nicht ist. Eigentlich reicht für die grundsätzliche Verständigung nur ein einziges Wort: Bula. So wie auch der Inselhopping-Pass heißt. Ich fand heraus, dass einfach alles »Bula« ist. Eigentlich heißt das Wort so viel wie »Hallo« oder »Wie geht's«. Dem häufigen Gebrauch nach zu urteilen, hat es aber einige weitere Bedeutungen, zum Beispiel »Gute Nacht«, »Ich muss einkaufen gehen«, »Ich habe einen Hangover« oder »Ich möchte ein Bier, bitte«. Die Fidschianer warfen sich das Wort hin und her wie einen Pingpongball. Im Prinzip konnte man über die Insel rennen und den ganzen Locals nur »Bula«, »Bula«, »Bula«, »Bula« zurufen – und schon hatte man quasi eine tagesfüllende Konversation.

Genau diese Unkompliziertheit lernte ich immer mehr zu lieben. Das ganze Dasein auf den Fidschis ist sehr entspannt. Die Fidschianer leben überhaupt in einer komplett anderen Zeit, und das meine ich nicht mit Blick auf die Zeitzone. Vielleicht träfe es eher zu, wenn man behauptete, dass die Fidschianer komplett außerhalb irgendeiner Zeit leben. Denn anders als wir Europäer richten sie sich überhaupt nicht nach Uhren. Es gibt keine Sätze wie: »Oha! Es ist schon 9 Uhr, Zeit für Frühstück!« oder »Wir treffen uns in einer Stunde am Strand!«. Bei den Fidschianern läuft alles nach Fidschi-Time. Wer also beispielsweise fragt, wann es Abendessen gibt, bekommt immer die gleiche Antwort, die jedes Mal von einem breiten Grinsen begleitet wird: »Hehe… Fidschi-Time!« Das kann bedeuten, dass die Teller bereits in zwei Minuten auf dem Tisch stehen, es kann aber auch bedeuten, dass es erst in zwei Stunden Essen gibt – oder auch gar nicht. Anfangs war das für mich als immer noch zeitorientierten Europäer ganz schön gewöhnungsbedürftig. Aber ich ließ mich auf diese stressfreie Lebensart ein und mochte sie schon nach Kurzem wahnsinnig gerne.

BANG, BANG (HE SHOT ME DOWN)

Das warme Süßwasser lief an mir herunter und wusch Salz, Sand und Sonnencreme von meinem Körper. Rick saß ein Stück entfernt im Sand und lachte: »Die haben uns so was von abgezogen!«

»Aber echt, wir sind solche Loser«, kam es von James.

Ich stand mit geschlossenen Augen unter einer Stranddusche und stimmte in das Geplänkel der anderen mit ein. Gerade hatten wir unzählige Partien Volleyball gegen eine Truppe Fidschianer verloren. Fidschianer lieben Volleyball und spielen es in jeder freien Minute. Dementsprechend gut sind sie darin. Wer gegen Fidschianer im Volleyball antritt, sollte prinzipiell mit einer Niederlage rechnen. Ein Team aus Backpackern und Touristen kann noch so talentiert sein, gegen die ganzen Spielzüge, Tricks und Kniffe der Locals gibt es einfach keine Chance.

Als wir endgültig aufgegeben hatten, waren wir ins Meer gesprungen, um uns abzukühlen. Rick aus Manchester und James aus Irland hatte ich hier auf Kuata Island kennengelernt, eine weitere der Fidschi-Inseln. Wir verstanden uns richtig gut und hatten uns auch schon öfter gesehen. Auf den Fidschis trifft man immer die gleichen Leute. Jetzt hatten wir uns endgültig angefreundet.

»Nick!«, rief es aus einer anderen Richtung.

Ich hatte noch immer die Augen geschlossen und ließ das Wasser auf mich niederprasseln. Nach mehreren Stunden Volleyball genoss ich die lauwarme Erfrischung. Als ich meinen Namen hörte, wusch ich gerade kopfüber meine Haare aus.

»Nick! Look! Open your eyes!«, rief es erneut.

Es war einer der Fidschianer. Ich strich mir Wasser und Haare aus dem Gesicht und schaute

> **Gerade als ich wieder zu Knox blickte, bemerkte ich einen erschrockenen Ausdruck in seinem Blick, hörte einen dumpfen Schlag und spürte eine Taubheit in meinem rechten Daumen. Ich wankte zwei Schritte nach hinten.**

in die Richtung, aus der er gerufen hatte. Keine zwei Meter vor mir stand Knox, der im Hostel arbeitete und einer von den Jungs war, die uns gerade so derbe beim Volleyball fertiggemacht hatten. Knox hatte ein riesiges Grinsen im Gesicht und hielt eine Harpune im Arm, die er auf mich gerichtet hatte. Wir alle hatten nach dem Spiel schon eine ganze Weile am Strand herumgealbert, deshalb empfand ich die Situation nicht als Bedrohung. Knox machte einfach ein bisschen albernen Spaß.

»Willst du mich abschießen, oder was?«

Ich nestelte mit der einen Hand noch immer an meinen Haaren herum, die andere hatte ich bei meinen Worten an die Brust gelegt. Knox lachte, visierte mich an und sprang ein bisschen auf der Stelle herum. Dann passierten drei Dinge nahezu gleichzeitig: Gerade als ich wieder zu Knox blickte, bemerkte ich einen erschrockenen Ausdruck in seinem Blick, hörte einen dumpfen Schlag und spürte eine Taubheit in meinem rechten Daumen. Ich wankte zwei Schritte nach hinten.

Was war passiert?

Alles um mich herum war still.

Ich schaute an mir herunter und bekam einen Schock. Knox' Harpune war offenbar geladen gewesen, und wie es aussah, war er versehentlich auf den Auslöser gekommen. Anders konnte ich mir das Bild, das ich sah, nicht erklären: Ein etwa ein Meter langer Speer hatte sich durch den Daumen meiner rechten Hand in meine Brust gebohrt. Ich realisierte das jedoch kaum. Um mich herum ertönten einige Schreie. Das Blut rauschte mir mit aller Macht in den Ohren, und ich atmete schnell. Bis heute kann ich mich an die nächsten Minuten nicht richtig erinnern, aber Rick erzählte es mir später so:

Ich hatte einige Sekunden auf das Harpunengeschoss gestarrt und dann irre laut »FUUUUUCK!« geschrien. Im nächsten Moment zog und zerrte ich mit der linken Hand am Speer, um ihn aus meiner Brust zu reißen. Als ich das geschafft hatte, war um mich herum bereits eine große Blutlache entstanden, die dadurch, dass ich nass war und die Dusche noch vor sich hintröpfelte, ziemlich schnell an Umfang zunahm. Ich brüllte und umfasste mit zitternden Fingern erneut den Speer, um ihn durch meinen Daumen zurückzuschieben. Beim zweiten Anlauf hatte ich es geschafft.

Den Moment, als ich den blutigen Speer neben mir in den Sand fallen ließ, sehe ich bis heute deutlich vor mir. Um mich herum war das reinste Chaos ausgebrochen. Die Frauen schrien, die Männer redeten panisch auf mich ein: »Nick, ist alles okay?« »Scheiße! Geht es dir gut?« »O Gott, fuck!«

Auch Knox, der in seiner Panik noch immer die Harpune in der Hand hielt, brüllte auf mich ein: »Nick, I'm so sorry! Ich wollte das nicht! Das war ein Versehen! Spürst du Schmerzen? Was sollen wir machen?«

In meinem Kopf überschlugen sich die Gedanken. Mir wurde eiskalt, und mein ganzer Körper begann wie verrückt zu zittern.

»Nein, du verdammter Idiot! Ich hab keine Schmerzen! Ich habe einen Schock!«

Mir schlotterten die Beine, ich atmete schnell und flach. Das Blut lief an mir herunter und mir wurde immer wieder schwarz vor Augen. Aus irgendeinem Grund brachte ich das mit Zucker in Verbindung.

»Bringt mir eine Cola, mein Kreislauf spielt verrückt. Und Zigaretten!« Ich setzte mich hin. Die anderen rannten immer noch wie verrückt hin und her. Zwei Backpacker waren losgeeilt, um ein Erste-Hilfe-Set zu holen. Ich versuchte, mich zu beruhigen. Meine Gedanken sprangen hin und her, kehrten aber immer wieder zum selben Punkt zurück: Gerade hatte sich ein Harpunenspeer durch meine Hand in meine Brust gebohrt. Ich hatte ihn herausgezogen. Da war ein Fremdkörper in meiner Brust gewesen. Was soll ich jetzt machen? Was kann passieren? Versuch, ruhig zu atmen.

Ich rieb mit den Fingerspitzen meiner linken Hand an meinen Ohrläppchen. In irgendeinem Film hatte ich mal gesehen, dass das helfen soll. War es *Bad Boys 2*? Ich glaube, es war *Bad Boys 2*. Vor meinem inneren Auge sah ich Martin Lawrence, der seine Ohrläppchen anfasste und dabei »Woosah, woosah« vor sich hinmurmelte.

Ich weiß nicht, warum ich auf so irre Gedanken kam, aber ich versuchte, es zu machen wie Martin Lawrence. Leider half es gar nicht. Ich schloss die Augen und atmete so tief ein, wie ich konnte. Sofort durchfuhr mich ein stechender Schmerz in der Brust, und ich krümmte mich zusammen. Bis zu diesem Zeitpunkt hatten sich der Schock und die Angst darum gedreht, dass ich von einer Harpune angeschossen wurde und ohne Ende blutete. Jetzt krallte sich meine Panik mit voller Wucht an diesen Schmerz: Aua, was tat da so höllisch weh? Wo war ich getroffen worden?

Hatte die Harpune irgendein inneres Organ erwischt? Ich bekam meine Atmung nicht unter Kontrolle. Luft holen gelang mir nur in winzig kleinen, flachen Atemzügen. Es trat ein brennender Schmerz ein. Was konnte verletzt worden sein? Mit völlig wirren Gedanken im Kopf ging ich meine Körperteile durch. Darm? Nein. Herz? Nein. Gehirn? Nein.

»O Gott, meine Lunge!«, schrie es plötzlich in mir auf. »Meine Lunge! Er hat meine Lunge erwischt!«

Gerade als ich diesen furchtbaren Gedanken fasste, kamen die beiden Backpacker zurück und brachten ein Pflaster. Meine Nerven spielten völlig verrückt, und ich lachte bei diesem Anblick wie irre auf: ein Pflaster!

Mir wurde bewusst, dass ich echt in der Scheiße steckte. Ich war nicht in Deutschland, wo jemand den Notruf wählen konnte. Hier kam nicht nach zehn Minuten ein Krankenwagen mit Blaulicht um die Ecke gerast. Hier konnte ich nicht meine Versichertenkarte zücken und mir umgehend helfen lassen. Ich war auf irgendeiner kleinen Insel mitten im Pazifik. Hier gab es keine Krankenhäuser. Hier gab es nur Fidschi-Time und Bula – und ein beschissenes Pflaster!

Ich spürte, dass ich wirklich ein Problem hatte, denn meine Atmung wurde nicht besser. Ich hatte das Gefühl, dass ich meine Lungen gerade einmal zu vierzig Prozent mit Luft füllen konnte. Und das auch nur unter Schmerzen. Mir wurde schlecht vor Angst. Rick brachte mir Cola und Zigaretten. Ich nahm einen großen Schluck und versuchte, mich weiter zu beruhigen. Zitternd zündete ich mir eine Zigarette an und stützte meine Ellenbogen auf die Knie. Jetzt erst mal zu rauchen war natürlich eine selten dämliche Idee, aber wie gesagt: Ich war nach wie vor nicht ganz bei mir, und meine Gedanken spielten verrückt. Ich bildete mir sogar ein, dass die Zigarette eigentlich eine gute Möglichkeit sei, um herauszufinden, ob meine Lunge irgendeinen Schaden genommen hatte. Denn dann müsste ja Rauch aus dem Loch in meiner Brust herauskommen, oder? Totaler Schwachsinn natürlich. Aber angeschossen und unter Schock konnte ich nicht mehr klar denken. Ich wusste nicht, was ich tun sollte. Rick saß neben mir und redete beruhigend auf mich ein. An seiner Stimme erkannte ich jedoch, dass auch er voller Panik war.

»Nick, gleich kommt ein Fischer, der dich auf eine Nachbarinsel bringt. Da ist ein Medical Center, und da können sie dir helfen.«

Ich nickte. Okay, das war ein Plan. Nur: »Gleich« konnte hier alles bedeuten. Fidschi-Time. Wer weiß, wie lange es dauern würde, bis mich tatsächlich jemand abholen würde? Ich hatte einen mentalen Long Island Ice Tea. Doch anstatt aus Tequila, Gin, Rum und Triple Sec bestand dieser aus Panik, Schmerz, Angst und Ungewissheit.

Nach 45 Minuten hörten wir ein Fischerboot. Ich schloss erleichtert die Augen. Endlich. Ich hatte daran gezweifelt, ob überhaupt noch jemand kommen würde. So froh ich darüber war, dass es nun losging: Der Fischer machte auf mich keinen besonders vertrauenswürdigen Eindruck. Sein Boot noch viel weniger. Ich wollte einen Krankenwagen, einen Arzt, jemanden, der Sicherheit und Fachkompetenz ausstrahlte – nicht diesen grinsenden, fast zahnlosen Typ, der eine Mango in der Hand hielt und freudig »Bula!« rief. Ich wollte jetzt kein Bula. Ich wollte jemanden, der meinen Puls fühlte, mir irgendeine Spritze gab und sagte: »Herr Martin, machen Sie sich mal keine Sorgen, das sieht schlimmer aus, als es ist.« Stattdessen halfen mir die anderen in das kleine Holzboot, das gerade einmal so groß war, dass ich am Boden liegen und der Fischer am hinteren Ende sitzen konnte.

Als der kleine Motor knatternd ansprang und das Boot sich unendlich langsam über das Wasser bewegte, zogen meine Gedanken die merkwürdigsten Bahnen. Ich bildete mir ein, dass die Sonne über mir das berühmte Licht am Ende des Tunnels wäre, und wartete darauf, dass mein bisheriges Leben gleich wie ein Film vor mir ablief. Mir kullerten links und rechts Tränen die Schläfen herunter, und ich war sicher, dass ich gleich sterben würde.

»Das war's. Du bist 24 Jahre alt und wirst auf den Fidschis umkommen, weil dich jemand nach dem Volleyballspielen mit einer Harpune angeschossen hat.«

So hatte ich mir das alles nicht vorgestellt. Ich dachte an meine Kindheit und fragte mich, ob ich eigentlich einen Freund hatte, den ich noch aus dem Kindergarten kannte. Ich überlegte, mit wie vielen Jahren ich das Daumenlutschen aufgehört hatte. Oder aus welchem Grund ich das Daumenlutschen aufgehört hatte. Lauter so bescheuerte Dinge wanderten durch meinen Schädel, bis meine Aufmerksamkeit auf ein eklig-schlürfendes Geräusch gelenkt wurde. Ich drehte meinen Kopf etwas zur Seite und blickte auf den Fischer. Der hatte doch tatsächlich nichts anderes zu tun, als genau jetzt seine Mango zu essen. Und er aß die Mango nicht einfach nur, er zelebrierte das richtig. Mir kam das fast schon sexuell vor, wie er da sabberte und schlürfte. Auch als ich die Augen schloss, sorgte das Geräusch dafür, dass ich den Fischer mit seiner Mango bildlich vor mir sah. Mir wurde schlecht. Die Schmerzen wurden immer intensiver, vermutlich weil der Schock langsam abebbte. Das Pochen in meinem Daumen war kaum auszuhalten, und meine Brust brannte, als würde man mir ein glühendes Stück Eisen dagegenhalten. Panik und Angst wallten erneut hoch. Ich fühlte mich schrecklich allein. Als ich das Schmatzen und Schlürfen nicht mehr ertrug, bat ich den Fischer, damit aufzuhören. Ich blickte ihn böse an.

»Oh«, sagte er und hielt mir die Mango hin. »You want Mango, too?!?«

Nach etwa einer halben Stunde, die sich für mich wie mindestens zwei Stunden angefühlt hatte, legten wir endlich an. Anstatt mir aus dem Boot zu helfen, meinte der Fischer nur: »Okay. We are here. You go«, und wies in eine Richtung.

Als er mir noch ein »Bula!« zurief, drehte ich mich nicht einmal mehr um. Der konnte sich sein Bula sonstwo hinschieben. So gern ich die Fidschianer auch hatte, wenn alles in Ordnung war, so sehr hasste ich diese Art nun. Es war, als verstünden sie überhaupt nicht, dass man Hilfe brauchte. Ich zweifelte an ihrer Empathiefähigkeit.

Mit der unverletzten Hand presste ich die andere an meine Brust und lief los. Trotz Schmerz, Angst und Übelkeit bemerkte ich,

»SCHLECHTE AUSSICHTEN« GIBT'S AUF DEN FIDSCHIS ÜBERHAUPT NICHT.

dass ich mich auf einer wirklich wunderschönen Insel befand. Ich weiß noch, dass ich dachte, dies könne das Paradies sein. Blendend weißer Sand, ins Meer ragende Palmen, grün überzogene Berge im Hintergrund. Ich stolperte den Trampelpfad entlang, auf den der Fischer gezeigt hatte. Dieser führte mich ein paar Minuten lang durch ein Dickicht. Immer wieder musste ich Hühner mit den Füßen beiseite schubsen, um voranzukommen. Um mich herum war schönste Natur: Es lagen Kokosnüsse und Muschelschalen herum, ich hörte das Geschrei von Papageien. Irgendwann lichtete sich der Urwald, und ich trat auf eine Art Rasenfläche. In der Ferne sah ich einige Bambushütten.

Letztere entpuppten sich als kleines Dorf. Kinder spielten auf der Straße und Erwachsene saßen auf Stühlen und unterhielten sich. Ich war geschwächt und nach wie vor sehr zittrig. Vor einer der Hütten stand eine alte Frau, die in einem riesigen Kochtopf rührte. Ich musste an Miraculix aus *Asterix und Obelix* denken. Die Frau warf mir einen fragenden Blick zu.

»Was ist denn mit dir passiert?«

Ich war kreidebleich, meine Angst und Panik waren mir deutlich anzusehen. Außerdem war ich noch immer voller Blut. Die Frage reichte aus, um mir erneut Tränen in die Augen zu treiben.

»Ich wurde angeschossen«, presste ich hervor.

Die Frau guckte erschrocken, legte ihren Kochlöffel beiseite, nahm ihre Schürze ab und deutete auf den Eingang zu ihrer Hütte.

»Komm rein, hier ist das Medical Center«, sagte sie.

Die Frau erinnerte mich sehr an meine Oma. Sie hatte dunkle Haare, war ganz dick, und ich wünschte mir in diesem Moment, dass sie tatsächlich Miraculix wäre und in ihrem Kochtopf einen Zaubertrank braute, der mich wieder gesund machte. Es war jedoch kein Zaubertrank. Als sie mir erklärte, dass sie Krankenschwester sei, blickte ich auf ihre dreckige Kochschürze und dachte nur: »O Mann.«

Wie sehr wünschte ich mir einen Arzt in einem weißen Kittel. Als ich in die Hütte trat, hoffte ich noch, dass diese wenigstens von innen an eine Art Krankenhaus erinnern würde, aber tatsächlich standen hier nur zwei kleine Bambusschränkchen, ein Stuhl, eine Pritsche und ein kleiner Tisch mit ein paar Medikamenten drauf. Ich fühlte mich hilflos und verlor das letzte bisschen Vertrauen, dass man mir hier tatsächlich würde helfen können. Ein erneutes Zittern schüttelte meinen Körper, und meine Angst legte wieder zu. Ich traute mich nicht mehr, auf meine Wunden zu schauen, da allein der Schmerz mich langsam wieder an den Rand der Panik brachte.

»Leg dich hin«, hörte ich die Frau hinter mir.

Ich war mit meinen Nerven am Ende und ließ mich auf die Pritsche sinken. Die Frau wandte sich den Schränkchen zu. Ich hoffte, dass sie irgendwelche Medikamente herausholte, doch als sie sich umdrehte, waren ihre Hände leer. Sie zog einen Stuhl zu mir heran und blickte mich mit einer Seelenruhe an, die in krassem Gegensatz zu meiner Verfassung stand. Die Situation erinnerte mich eher an den Beginn einer Gesprächstherapie. Ich wartete auf ihre erste Frage, doch sie schwieg. Nach einer Weile schlug sie ihre Beine übereinander und musterte mich seufzend.

»So. Und jetzt erzähle mir: Warum hast du dich selbst angeschossen?«

Erstaunt suchte ich ihren Blick. Meinte sie das etwa ernst? Ich spürte Aggression in mir aufsteigen. Waren die hier eigentlich alle bescheuert?

Noch bevor ich zu einer wütenden Antwort ansetzen konnte, wurde die Tür aufgerissen, und Hakan stand vor mir. Hakan war ein Backpacker aus der Türkei, den ich schon ein paarmal auf unterschiedlichen Inseln getroffen hatte. Er war an diesem Morgen ebenfalls am Strand gewesen und mir offenbar in einem zweiten Boot gefolgt.

»Hey Nick, da bist du ja!«

Er wandte sich zu der Frau und erklärte ihr, dass er gelernter Krankenpfleger sei und sich jetzt um mich kümmern würde. Dann drehte er sich wieder zu mir.

»Pass auf, ich schaue mir jetzt deine Wunde an, denn ich muss sehen, wie tief sie ist und ob irgendwelche Organe verletzt wurden.«

In diesem Moment war es mir total egal, was er mit mir anstellen würde, Hauptsache, er half mir.

Hakan kniete sich neben meiner Pritsche auf den Boden, setzte beide Daumen an meine Wunde und zog sie leicht auseinander. In mir explodierte der Schmerz. Es fühlt sich an, als würde er mir den Brustkorb aufreißen. Ich begann am ganzen Körper zu zittern und zu schwitzen. In Wirklichkeit hatte Hakan die Wunde nur ein bisschen aufgezogen, um etwas sehen zu können. Ihm lief der Schweiß von der Stirn, was mich nicht unbedingt beruhigte. Die einzige Person, die keine Schweißausbrüche hatte und die Ruhe selbst war, saß in Form der angeblichen Krankenschwester auf einem Stuhl. Die Frau saß einfach nur da. Was war mit den Leuten hier los?

Hakan ließ unterdessen von meiner Wunde ab und wischte sich über die Stirn.

»Also ganz ehrlich: Ich kann überhaupt nichts sehen. Aber da du noch lebst, denke ich nicht, dass deine Lunge verletzt ist. Deshalb sollten wir die Wunde wohl einfach zunähen.«

Ohne Betäubung musste ich sechs überaus schmerzhafte Stiche ertragen.

Ich sagte nichts mehr. Was hatte ich auch für eine Wahl?

Hakan desinfizierte die Wunde und ließ sich Nadel und Faden geben. Er hielt die Nadel unter ein Feuerzeug und begann dann mit der Naht. Ohne Betäubung musste ich sechs überaus schmerzhafte Stiche ertragen. Meinen Daumen schmierte er mit einer Art Wundsalbe ein und legte einen Druckverband an. Die frische Naht an der Brust bedeckte er mit ein bisschen Watte und klebte dann ein großes Pflaster darüber. Das war alles, was ich an Behandlung nach einem Harpunenschuss in den Oberkörper bekam.

Als ich ein wenig zur Ruhe gekommen war, verließen Hakan und ich das Medical Center und fuhren mit einem Boot zurück nach Kuata. Rick erzählte mir später, dass auf der Insel während unserer Abwesenheit eine Art Geisterstimmung geherrscht hatte. Niemand hatte gesprochen, alle hatten sich nur gefragt, ob ich noch lebte und wiederkommen würde. Als sie dann sahen, wie Hakan mir aus dem Boot half und mich den Strand entlang stützte, brachen sie erleichtert in Jubel aus und klatschten, als hätte ich gerade allein ein Volleyballmatch gegen die Fidschianer gewonnen.

Ich winkte etwas schwächlich in die Runde und fragte nach Knox. Auch wenn ich fürchterlich müde war: Es war mir ein Anliegen, ihn zu sehen und ihm zu zeigen, dass es mir gut ging.

Knox saß mit verheulten Augen auf der Bettkante in seinem Zimmer. Er hatte unendliche Panik gehabt, dass ich gestorben sein könnte. Er sah mich und sprang auf: »O Nick, sorry, sorry, sorry, sorry, sorry!«, er stürzte auf mich zu und konnte sich gar nicht beruhigen. Erleichterung und Schuldgefühl standen gleichermaßen in seinem Gesicht.

»Alles okay, mir geht es gut«, erwiderte ich.

Tatsächlich wusste ich nicht, wie es mir ging. Aber ich wollte ihm die Sorge nehmen. Dennoch erklärte ich ihm ernst, dass er zur Hölle noch mal niemals mit einer Waffe auf Menschen zielen dürfe, egal ob geladen oder nicht. Ich hatte als Kind schon gelernt, dass man das nicht einmal mit einer Spielzeugpistole tat.

Nach unserem Gespräch kehrte ich zu den anderen zurück. Sie waren immer noch alle sehr still und zurückhaltend. Obwohl auch ich noch immer wackelig auf den Beinen war, wünschte ich mir Normalität. Erst als Rick nach einer Weile den Blick hob und trocken sagte: »Also, Plan für heute Nachmittag: Wir gehen am Strand ein paar Deutsche jagen. Mit Harpunen«, fingen wir alle an zu lachen. Der Schrecken war nicht wirklich weg, aber wir genossen es, wie die Anspannung von uns abfiel.

Später, als ich in meinem Bett lag und versuchte, ein wenig Schlaf zu finden, bemerkte ich jedoch, dass ich dieses Erlebnis noch lange nicht überwunden hatte. Immer wenn ich die Augen schloss, sah ich diese Szenen vor mir: Knox, wie er mit der Harpune auf mich zielte. Knox' erschrockenen Ausdruck im Gesicht. Der Speer, wie er durch meinen Daumen in meiner Brust steckte. Immer wieder schrak ich hoch und Panik wallte auf. Erst in den frühen Morgenstunden kam ich etwas zur Ruhe. Bevor ich für ein paar Stunden einschlief, hatte ich beschlossen, dass ich diese Insel so schnell wie möglich verlassen würde.

RENN!
Und zwar so schnell du kannst.

Bleibt nur noch eines, um die Erzählung von meiner Zeit auf Kuata-Island abzuschließen, und zwar ein Rat: Solltest du jemals dorthin reisen und auf einen etwa 1,70 Meter großen, gut gebauten Volleyballer treffen, der sich Knox nennt, dann RENN! Und zwar so schnell du kannst.

PLANÄNDERUNG

Meine Wunde schmerzte mit jedem Ruckeln der Fähre. Ich war am Morgen von Kuata aufgebrochen. Mein Ziel war Mana Island, eine der Mamanuca-Inseln, die südlich der Yasawa-Inseln liegen. Um diese anzusteuern musste ich jedoch einen Zwischenhalt auf Beachcomber Island einlegen. Von dort würde erst am nächsten Tag eine weitere Fähre nach Mana Island gehen. Beachcomber Island war eigentlich ganz und gar nicht das, was ich jetzt gebrauchen konnte. Es handelt sich nämlich um eine totale Partyinsel. Es ist unmöglich, dem Gefeiere dort aus dem Weg zu gehen, denn die Insel ist so winzig, dass man in schlappen zehn Minuten einmal drumherum laufen kann. Ich hatte es jedoch so eilig gehabt, von Kuata wegzukommen, dass ich diesen

Umstand in Kauf nahm. Am Ende erwies er sich sogar als ein Segen.

Ich bezog ein 64-Betten-Dorm und war zunächst überfordert. Ich wollte eigentlich nur meine Ruhe haben, denn der Schreck steckte mir noch tief in den Knochen. Abends setze ich mich dennoch zu den anderen Backpackern. Als sie erfuhren, dass ich gerade von Kuata kam, fragten sie mich, ob ich schon gehört hatte,

> **Ich erzählte wieder und wieder die ganze Geschichte. Das hatte etwas Therapeutisches.**

dass dort gestern ein Deutscher angeschossen worden war. Ich hob mein T-Shirt und zeigte ihnen meinen Verband. Sofort belagerten sie mich mit Fragen, und ich erzählte wieder und wieder die ganze Geschichte. Das hatte etwas Therapeutisches. Ich ließ mich zu einem Glas Bier überreden, dann zu noch einem – und der Abend wurde länger und länger. Schließlich fiel ich reichlich angetrunken ins Bett und glitt umgehend in einen tiefen Schlaf, den ich bitter nötig gehabt hatte. Weder das Geraschel und Gemurmel im Zimmer, noch die Musik, die von draußen hereinwehte, weckten mich auf. Mich hätte nicht einmal diese Asiatin mit ihrem Knisterteddy aus dem mexikanischen Hostel gestört. Und auch die Gedanken an die Harpune tauchten nicht in meinen Träumen auf – zumindest nicht in dieser Nacht.

Mein ursprünglicher Plan war es gewesen, in einer Woche nach Australien zu fliegen. Da ich mich mit meiner Verletzung aber nicht in ein Flugzeug traute, ließ ich mein Flugticket verfallen. Die Druckveränderung im Flugzeug bereitete mir Sorgen, da ich nicht sicher ausschließen konnte, dass meine Lunge einen Kratzer abbekommen hatte. Auf Mana Island angekommen, beschloss ich, eine Pause einzulegen und gesund zu werden. Solange es eben dauerte.

MANA ISLAND

In meiner Erinnerung an meine Zeit auf den Fidschi-Inseln sticht Mana Island sehr heraus. Es war nicht die allerschönste der Inseln, nicht die größte und auch nicht die kleinste, aber es war die Insel, auf der ich die meiste Zeit verbracht, die besten Freunde und auch wieder zu mir selbst gefunden hatte. Die ersten Tage nach meiner Ankunft verlebte ich sehr zurückgezogen. Ich ging viel am Strand spazieren, führte unzählige innere Dialoge und schrieb mein Reisetagebuch. Ich hatte große Probleme mit dem Schlafen, denn sobald ich meine Augen schloss, tauchten Knox mit der Harpune, der Speer in meiner Brust und die schreckliche Fahrt zum Medical Center wieder vor mir auf. Ich litt unter Albträumen und erwachte morgens meist schweißgebadet und genauso erschöpft, wie ich mich abends hingelegt hatte. Das Erlebnis und der Schock hatten definitiv ein Trauma hinterlassen.

BEI EINEM SOLCHEN ANBLICK MERKT MAN ERST, DASS MAN NICHT VIEL BRAUCHT, UM GLÜCKLICH ZU SEIN.

Mana Island wirkte dagegen wie eine wohltuende Medizin. Es gab ein kleines Dorf, zwei oder drei Hostels für Backpacker, einen weißen Sandstrand, von dem aus man die schönsten Sonnenuntergänge betrachten, und ein paar Hügel, auf denen man die ganze Insel überblicken konnte. Wenn ich spazieren ging, konnte ich die ganze Insel zu Fuß in ungefähr anderthalb Stunden umrunden. Auch auf

AUF DIESER INSEL WURDE *CAST AWAY – VERSCHOLLEN* MIT TOM HANKS GEFILMT. WILSON HABE ICH NICHT GEFUNDEN.

Mana war es möglich, mit Booten Exkursionen zu unternehmen, zum Beispiel zur nächstgelegenen Insel, auf der *Cast Away* mit Tom Hanks gedreht worden war. Jedoch hielt ich mich besonders in der ersten Zeit total zurück: keine Ausflüge, keine Partys, ich sprach nicht einmal großartig mit den anderen Backpackern. Ich merkte, dass ich einen ganz schönen Brocken zu verarbeiten hatte – nicht nur die Harpunengeschichte, sondern generell meine ganze bisherige Weltreise. Auch die Zukunft geisterte wieder und wieder durch meinen Kopf. Vielleicht hatte das ganze Erlebnis auf Kuata insofern etwas Gutes gehabt, als ich gezwungen war, einmal richtig auf die Bremse zu treten, mich mit mir selber zu befassen, meinen Gedanken Aufmerksamkeit zu schenken und Dinge zu hinterfragen. Ich denke immer, dass alles aus einem bestimmten Grund passiert: *Everything happens for a reason.* Und wenn dem nicht so ist, dann passiert Scheiße manchmal auch einfach: *Shit happens.* Ich war mir noch nicht sicher, in welche Kategorie ich meine Verletzung packen sollte. Aber nun war ich auf Mana Island und fuhr mit angezogener Handbremse durch die Gegend, um genau das herauszufinden.

An einen Tag kann ich mich deshalb besonders gut erinnern, weil das der Tag war, an dem ich Dan kennenlernte. Dan ist wie Laura, die ich in Toronto kennengelernt hatte, einer jener Menschen, die ich in meinem Leben nicht mehr missen möchte. Bis heute ist er ein sehr guter und enger Freund, und es vergeht kaum ein Jahr, in dem wir nicht ein paar Wochen zusammen reisen. Mittlerweile waren wir schon gemeinsam in acht verschiedenen Ländern auf vier Kontinenten. Wir haben zum Beispiel einen Roadtrip von New York in seine Heimat Kanada gemacht oder waren mit Motorrädern quer durch Vietnam unterwegs. Auch in Deutschland hat er mich mittlerweile schon besucht. Als ich ihn damals das erste Mal sah, hatte ich jedoch von der tiefen Freundschaft, die über die Jahre entstehen würde, noch keinen Schimmer.

»Sagt mal, wisst ihr, wie man *through* schreibt? Hinten auch mit h?«, fragte ich einen dünnen, sehr schlaksigen Typen und ein dunkelhaariges Mädchen, die sich nicht weit von mir entfernt unterhielten. Ich saß am Strand und schrieb in mein Tagebuch. Manchmal schrieb ich auf Deutsch, manchmal auf Englisch, in Mexiko hatte ich auch einige Absätze auf Spanisch verfasst. Mein Englisch war definitiv noch sehr ausbaufähig, besonders, was das Schreiben anging.

»Ja, mit *h* am Ende«, antwortete mir der Typ.

»Ah, danke«, gab ich zurück.

»Was schreibst du denn da?«, fragte das Mädchen.

»Mein Reisetagebuch. Ich versuche es auf Englisch, damit ich die Sprache besser lerne.«

Der Typ und das Mädchen waren Dan und Efs. Dan kam, wie gesagt, aus Kanada, Efs aus Irland. Nachdem ich noch eine Weile vor mich hingekritzelt hatte, kamen wir ins Gespräch. Wir fanden ziemlich schnell einen Zugang zueinander und sprachen über Gott und die Welt. Ich habe auf meinen Reisen oft die Erfahrung gemacht, dass ich mit vollkommen Fremden, die gerade Ähnliches durchlebten, auf Anhieb über Dinge sprechen konnte, die ich zu Hause nicht einmal mit meinen besten Kumpels thematisierte. So war es auch mit Dan und Efs, ganz besonders aber mit Dan. Innerhalb kürzester Zeit freundeten wir uns so richtig an und hingen nur noch zusammen herum. Gerade nach der Nummer auf Kuata Island tat es unendlich gut, einen Vertrauten zu haben. Stundenlang latschten wir durch den

DAN UND ICH. WIE ARSCH AUF EIMER.

den Backpackern mit ihrem Gepäck, packte in der Tauchschule mit an oder steuerte das Boot für Exkursionen. Abends schauten wir uns die Sonnenuntergänge an oder feierten im benachbarten Hostel. Dort gab es nämlich einen Kühlschrank – also auch kaltes Bier. Nach einer Weile hatte sich eine feste Clique gefunden:

Sand und erzählten uns alles Mögliche. Dan wurde zu einer richtigen Bezugsperson.

Da ich ursprünglich nur drei Wochen auf den Fidschis geplant hatte, ging mir auf Mana Island irgendwann das Geld aus. Dazu muss man wissen, dass es auf den Inseln kaum Geldautomaten gibt. Ich hatte deshalb ganz am Anfang Kohle für drei Wochen abgehoben, aber nun saß ich auf dem Trockenen. Da ich jedoch noch eine Weile auf Mana bleiben wollte, fragte ich die Familie, die das Hostel betrieb, in dem ich wohnte, ob ich gegen Kost und Logis für sie arbeiten könnte. Sie stimmten zu. Ich verbrachte meine Zeit ab sofort also mit Hilfsarbeiten wie Kochen und Putzen, half den neu ankommen-

Neben Dan und Efs waren da noch Sophie, Paul und seine Freundin Amy sowie Kate und Tomris, alle aus England. Dan, Efs, Sophie und ich bildeten den Kern der Truppe. Wir waren so etwas wie die drei Musketiere, nur dass wir eben zu viert waren. Wir stellten unheimlich viel Quatsch an und hatten eine bombastische Zeit. Bis heute stehen wir miteinander in Kontakt. 2014 haben wir uns alle in London wiedergetroffen, spätestens 2020 wollen wir in Las Vegas eine erneute Reunion feiern.

Nach und nach ging es mir besser. Als ein paar Wochen verstrichen waren, machte ich sogar einen Tauchkurs für mein Open-Water-Zertifikat, und ab diesem Zeitpunkt war ich absolut sicher, dass mit meiner Lunge alles in Ordnung war. Dan und ich verbrachten auch Weihnachten gemeinsam auf Mana Island und tauchten immer weiter in das Leben der Fidschianer ein. So bekamen wir auch die Schattenseiten auf der Insel mit, wie Prügeleien oder heftige Eifersuchtsszenen am Strand. Aber auch die kulturellen Unterschiede machten sich bemerkbar. Eingebrannt hat sich vor allem eine

DAS IST UNSER »MANA CLAN«. 2020 WOLLEN WIR UNS ALLE FÜR EINE REUNION IN LAS VEGAS TREFFEN, INKL. STRIPEINLAGE VON DAN UND MIR.

Situation am Strand, als wir gerade mit einem Boot von einer Exkursion zurückkehrten. Einem der Fidschianer wurde schlecht, und er fiel ohnmächtig von Bord. Mit dem Gesicht nach unten lag er im Wasser, doch statt ihm zu helfen, lachte sein Kollege bloß und zeigte auf ihn. Dan und ich eilten dem Mann zu Hilfe und waren vollkommen perplex darüber, dass der Bootsmann den Ernst der Lage offenbar nicht begriffen hatte – oder es ihm egal war.

Ganz ehrlich: Manchmal packte mich glatt die Wut, und ich überlegte im Stillen, ob die Fidschianer einfach alle Idioten waren. Doch lernte ich in meinen Jahren auf Reisen, dass es auf der Welt größere kulturelle Unterschiede gibt, als ich früher einmal dachte – auch wenn in jedem von uns das gleiche Herz schlägt und wir dieselbe Luft atmen. Ich lernte – und lerne noch heute mit jeder Reise aufs Neue –, dass ich nicht einfach von mir auf andere schließen und nicht vorschnell über Menschen urteilen darf, sondern sie so nehmen muss, wie sie sind. Dass der Weg zu dieser Erkenntnis manchmal von einer Unverständnis begleitet und sehr steinig sein kann, steht außer Frage.

Rückblickend passt meine Verletzung durch die Harpune definitiv in die Kategorie, dass manche Dinge aus einem bestimmten Grund passieren. Ohne die Harpune hätte ich mir keine Auszeit genommen und hätte wichtige

NEXT STOP: AUSTRALIEN

Das erste Mal, dass ich australischen Boden betrat, war in Sydney. Nach insgesamt zwei Monaten auf den Fidschi-Inseln hatte es mich jetzt also nach Downunder verschlagen. Ich war nicht allein nach Australien gereist: Dan war mitgekommen. Zunächst kamen wir bei Verwandten von ihm unter, verbrachten einige Tage in der Hauptstadt und feierten Silvester, bevor wir uns per Mitfahrgelegenheit auf den Weg nach Melbourne machten. Hier trennten sich unsere Wege. Dan reiste weiter nach Neuseeland, ich aber hatte vor, ein paar Wochen zu arbeiten, um meine Reisekasse aufzubessern.

Für mich begann nun also der Ernst des Lebens. Nachdem ich mir ein paar Tage die Gegend angeschaut hatte, mietete ich mir bei meiner Couchsurfing-Gastgeberin Natasha im Stadtteil West Brunswick ganz offiziell ein Zimmer, das ich mir mit zwei Australiern teilte. Mit meinem Work-and-Travel-Visum ging ich von dort aus auf Jobsuche. Fürs Erste bedeutete dies, dass ich einige bürokratische Dinge zu erledigen hatte: ein Bankkonto eröffnen, eine Steuernummer beantragen und mir eine australische SIM-Karte zulegen. Außerdem kaufte ich mir meinen ersten eigenen Laptop. Jeden Tag saß ich nun in einem kleinen Café mit dem Namen Bellino und checkte im Internet meine Möglichkeiten. Nach und nach kam ich mit den Baristas und den Café-Besitzern Toni und Bruno ins Gespräch. Bei Letzteren

DIE LECKERSTE PIZZA DER WELT GIBT ES IN DIESEM CAFÉ IN WESTBRUNSWICK, MELBOURNE.

Erkenntnisse verpasst. Ich hätte Dan und die anderen nicht kennengelernt, Menschen, die mir bis heute viel bedeuten. Manchmal müssen Dinge sofort einen Sinn ergeben. Manchmal bekommen sie den Sinn, den man ihnen nachträglich zuteilt.

handelt es sich um ein italienisches Ehepaar, sehr sympathische Leute. Insgesamt gefiel es mir in dem Café so gut, dass ich kurzerhand dort nach einem Job fragte. Wir einigten uns auf ein Probearbeiten, welches ich erfolgreich absolvierte – und schon war ich Barista in Melbourne. Es dauerte eine Weile, bis ich die ganze Kiste mit der Siebträgermaschine und den Dutzenden unterschiedlichen Kaffeezubereitungsarten raushatte, aber dann stellte ich mich gar nicht so schlecht an. Ich übernahm immer mehr Schichten und verdiente 13 australische Dollar die Stunde. Mit anfangs drei Tagen in der Woche, war mir der Job allerdings noch nicht genug. Ich wollte, wenn möglich, jeden Tag in der Woche arbeiten, um mir innerhalb einer überschaubaren Zeitspanne ordentlich Geld dazuzuverdienen. Meine Reisekasse hatte in den letzten acht Monaten nämlich deutlich an Puffer verloren, sodass ich bereits den Boden des Fasses erahnen konnte.

Eine Woche später wurde ich zwei Straßen weiter erneut fündig: Ich ergatterte ein weiteres Probearbeiten, dieses Mal in einem Thai-Restaurant. Das Lokal war ein ganz anderer Laden als das Café Bellino mit seinen Holztischen, dem Kaffeegeruch und der angenehmen Musik im Hintergrund. Hier ging es deutlich hektischer zu, was nicht zuletzt an der immerzu herumschreienden Chefin lag. Ich ließ mich nicht abschrecken und begann meine Karriere im Thai-Restaurant als Tellerwäscher. Außer mir und der Chefin arbeiteten dort noch ein Hilfskoch und zwei indische Frauen, die als Küchenhilfen angestellt waren und am meisten unter dem Zorn der thailändischen Furie zu leiden hatten. Schon an meinem ersten Tag überwarfen sich der Hilfskoch und die Chefin so dermaßen, dass er ihr seine Küchenschürze ins Gesicht schleuderte und mit einer gebrüllten Kündigung aus der Tür stürmte. Ohne helfende Hand wuchs der Thailänderin die Arbeit innerhalb kürzester Zeit über den Kopf. Die Leute mussten ewig auf ihr Essen warten, und bald standen die Ersten an der Theke und beschwerten sich. In ihrer Not beförderte mich die Restaurantbesitzerin kurzerhand zum neuen Hilfskoch. Im einen Moment hatte ich noch mit Gummihandschuhen und Gummistiefeln die Industriespülmaschine bedient, da stand ich im nächsten also vor einigen Woks, befolgte die schnellen Anweisungen der Chefin und konnte nur hoffen, dass die Gerichte in etwa so schmeckten, wie es geplant war. Der plötzliche Stress weckte in mir die typisch deutsche Arbeitsmoral. Ich wuselte wie ein Irrer zwischen den Woks hin und her, lernte schnell, und nach wenigen Stunden hatte ich die gängigsten Handgriffe parat. Als der letzte Gast gegen Mitternacht gegangen war, half ich beim Kücheaufräumen und ließ mich dann völlig erschöpft auf einen Stuhl sinken. Die Thailänderin bedachte mich mit einem zufriedenen Blick. War sie gegenüber den Inderinnen gerade noch der Teufel höchstpersönlich gewesen, zeigte sie nun eine ganz andere Seite: Wie ein Engel bedankte sie sich tausendfach bei mir und fragte mich, ob sie mir etwas zu essen machen könne. Ich nickte nur, und schon brutzelte sie am Herd etwas zusammen. Als ich irgendwann nachts nach Hause kam, saßen meine beiden Zimmernachbarn noch Gitarre spielend vor einem Lagerfeuer im Garten. Ich stank wie eine komplette Imbissbude, ließ mich in einen Liegestuhl fallen, schaufelte mir das Thai-Essen aus meinem Takeaway Becher in den Mund und war zufrieden: Ich war in Melbourne, hatte eine Bude und zwei Jobs. Großartig.

VOM TELLERWÄSCHER ZUM ... RESTAURANT-MANAGER INNERHALB VON DREI TAGEN. DEUTSCHE EFFIZIENZ :-)

Die nächsten Wochen verliefen relativ gleichförmig: Tagsüber arbeitete ich mehrmals die Woche im Café Bellino, abends ab 18 Uhr begann meine Schicht im Thai-Restaurant. Besonders hier legte ich eine sagenhaft steile Karriere hin: War ich schon am ersten Tag vom Tellerwäscher zum Hilfskoch befördert worden, brachte ich es in den kommenden Tagen zu einer Art Restaurantmanager. In der Gunst der Chefin stieg ich in unendliche Höhen. Anders die indischen Frauen: Immer wieder kam es zu lautstarken Auseinandersetzungen, an denen die beiden Angestellten in den seltensten Fällen irgendeine Schuld trugen. Eines Tages war es wieder soweit: Ich war gerade im vorderen Teil des Restaurants und koordinierte die Bestellungen, als Gebrüll und Geschepper die Gäste aufhorchen ließen. Ich entschuldigte mich und ging nachsehen, was nun wieder passiert war.

In der Küche stand die Chefin mit hochrotem Kopf, den Kochlöffel wie einen Schlagstock in der Hand, und brüllte die verzweifelt dreinschauenden Inderinnen an: »Can you bud me de fid ouddade fidsch!«

Die indischen Frauen blickten sie verständnislos an. Sie hatten absolut keine Ahnung, was die Thai-Frau von ihnen wollte.

»I SED, BUD ME DE FID OUDDADE FIDSCH!«

Ich hatte ehrlich gesagt, auch nicht die geringste Ahnung, was das bedeuten sollte. Dennoch versuchte ich zu vermitteln. Ich stellte mich also zwischen die Hilfskräfte und die gefährlich mit dem riesigen Kochlöffel fuchtelnde Irre.

»Ganz ruhig! Was ist denn passiert?«

Einige Minuten später hatte ich herausgefunden, dass die Chefin von den Inderinnen verlangt hatte, den »fish out of the fridge« zu nehmen, also den Fisch aus dem Kühlschrank. Nicht mal ein Muttersprachler hätte dies bei »fid ouddade fidsch« vermutet. Die Frau konnte nicht gut Englisch und hatte auch noch einen ausgeprägten thailändischen Einschlag.

Ich öffnete den Kühlschrank, nahm den Fisch heraus und bedeutete den Frauen, dass es das war, was die Chefin verlangt hatte. Es war eine klassische Pattsituation, wie ich sie noch hundertfach erleben sollte: Die Thai-Tante verstand nicht, dass sie nicht zu verstehen war, und ging davon aus, dass die Inderinnen sich einfach vor der Arbeit drücken wollten. Die Inderinnen hingegen waren so eingeschüchtert von der herumschreienden Frau, dass sie sich in solchen Situationen gar nicht bewegten, um nicht mit dem Kochlöffel oder sonst irgendeinem Küchengerät erschlagen zu werden. Die Thailänderin der Adler, die Inderinnen die Mäuse, die sich starr vor Schreck nicht mehr rührten. Auf Dauer konnte das nicht gut gehen, aber das war im Grunde nicht meine Angelegenheit. Ich wollte einfach ein paar Wochen Geld verdienen, dann würde ich wieder weg sein. Bis dahin versuchte ich, die schlimmsten Konflikte zu entschärfen, damit es nicht tatsächlich irgendwann zu Handgreiflichkeiten kam.

O MANN, HABE ICH DIE BEIDEN LIEB GEWONNEN: TONI UND BRUNO.

Auch im Café Bellino mauserte ich mich durch meinen Lernwillen und meinen Einsatz zu einer guten Arbeitskraft. Auch wenn es gesitteter zuging als im Thai-Restaurant, wurde hier ebenfalls in aller Regelmäßigkeit mit unbändiger Leidenschaft gestritten, ganz wie man es sich bei italienischen Ehepaaren vorstellt. Während wir im Café am Rotieren waren, kam es vor, dass Bruno hinten ganz genüsslich eine Zigarette rauchte. Bemerkte Toni das, war die Hölle los. Im Anschluss brummelte Bruno dann wie Tony Montana aus *Scarface* mit seinem starken italienischen Akzent vor sich hin: »Why is she talking to me like that? Don't talk to me like that, I said, you are my wife, you have to respect me.«

Abgesehen von diesen Streitereien waren Toni und Bruno ein Herz und eine Seele. Bruno war außerdem einer der großartigsten Köche, die ich bis zu diesem Zeitpunkt kennengelernt hatte. Aus wenigen Zutaten zauberte er die fabelhaftesten Soßen.

»Wie machst du das, Bruno, dass du mit so wenigen Zutaten solche Geschmacksexplosionen hinbekommst?«, fragte ich ihn, nachdem ich eine neue Kreation gekostet hatte und am liebsten meinen ganzen Kopf in die Pfanne getunkt hätte.

»Nick«, Bruno ließ den Löffel sinken, schaute mich an wie der Pate und ließ wieder seinen besten italienischen Akzent vom Stapel. »I tell you a secret about life. You can always compare life with cooking. Cooking is all about simplicity, you know. You don't need much to do good things. Same in life. You don't need to do much to enjoy life.«

Ich habe es einfach geliebt, im Café Bellino zu arbeiten.

So verbrachte ich Tag um Tag, meist mit Doppelschichten, und wenn es gut lief, kam ich am Abend schon mal mit 200 Dollar heim. Bei all der Arbeit lernte ich meine Vermieterin Natasha und meine australischen Zimmernachbarn kaum kennen. Hin und wieder tranken wir abends im Garten noch ein Bier, aber wie ich waren nach der Arbeit meist alle sehr erschöpft und fielen bald ins Bett, um am nächsten Tag wieder früh aufzustehen.

Es war schön, nach so vielen Monaten des Reisens mal wieder eine feste Basis zu haben, Geld zu verdienen und soziale Kontakte zu knüpfen, die nicht in ein paar Tagen wieder weiterreisen würden. Ein gutes Gefühl. Dennoch juckte es mir, je mehr Zeit verging, immer mehr unter den Schuhsohlen. Mein Ziel war es, so viel zu verdienen, dass ich ein weiteres Jahr Reisekrankenversicherung bezahlen und mir einen gebrauchten Van kaufen konnte. Mit diesem wollte ich dann quer durch Australien fahren.

Nach zweieinhalb Monaten Akkordarbeit hatte ich das geschafft. Mit der Hilfe von Brunos Neffen, der im Gegensatz zu mir ein wenig von Autos verstand, kaufte ich einen uralten, knallgrünen Bus von einem Mann aus Litauen, der im Begriff war, wieder in seine Heimat zu reisen. Indem ich ihm 2.900 Dollar bar auf die Kralle gab, konnte ich zwei andere Interessenten ohne Probleme ausstechen.

Da stand ich nun in Melbourne vor meinem grünen Bus und war stolz wie Bolle. Ich kündigte meinen Chefs an, dass ich nur noch kurze Zeit arbeiten und dann wieder weiterziehen würde. Bis es so weit war, stattete ich den bereits ausgebauten Van mit allen nötigen Utensilien aus. Ich besorgte mir ein paar Spraydosen und verschönerte ihn nach meinem Geschmack: Die bisherigen Hibiskusblüten an der Seite übermalte ich mit einer großen orangenen Welle, außerdem bekam mein Bus ein paar Rallye-Streifen, und zu guter Letzt sprühte ich auch noch den Kangaroo Bumper, eine Art Rammschutzbügel vorne am Auto, silberfarben an. Es war der Anfang einer riesengroßen Liebesbeziehung zwischen mir und meinem Wagen, den ich auf den Namen Bumblebee taufte, nach einem von den *Transformers*.

Zwei Wochen später war ich dann soweit: Es konnte losgehen.

XZIBIT VON *PIMP MY RIDE* WÄRE STOLZ AUF MICH GEWESEN.

VANLIFE

Mit einem weinenden und einem lachenden Auge verließ ich Melbourne und all meine Freunde und Bekannten, die ich dort gefunden hatte. Ich steuerte die Great Ocean Road im Südosten an, eine der bekanntesten Küstenstraßen, die man als Backpacker in Australien fahren kann. Zum ersten Mal sah ich die berühmten Twelve Apostles mit eigenen Augen. Die riesigen Kalksteinfelsen mitten im Meer boten einen fantastischen Anblick.

WENN ES DARUM GEHT,
EINEN ROADTRIP ZU MACHEN,
SCHLÄGT DAS HERZ HÖHER.

Das Gefühl, in meinem eigenen Wagen, für den ich mir das Geld hart erarbeitet hatte, mit offenen Fenstern und lauter Musik aus der Anlage die Küstenstraße entlangzufahren, war unbeschreiblich. Anfangs war einzig das Fahren auf der anderen Straßenseite etwas gewöhnungsbedürftig. Doch ich genoss einfach alles an meinem Roadtrip: das Aufwachen bei den ersten Sonnenstrahlen, das Fahren an der Küste, die Abende mit lauem Wind, geöffneter Schiebetür und Blick aufs Meer. Weil die Lebenshaltungskosten in Australien enorm hoch sind, behielt ich mein Reisebudget genauestens im Blick und deckte mich lieber bei großen Supermarktketten ein und kochte selber, als zu viel Geld in irgendwelchen Diners auszugeben. Ein Stück Käse für sechs Dollar, eine Schachtel Zigaretten für 18 Dollar, ein Pint Bier im Pub für rund zehn Dollar! Wenn ich da nicht aufgepasst hätte, wäre das Geld schneller weg gewesen als ich »Can you put me the fid ouddade fidsch« sagen kann.

Abends, wenn ich mit anderen Van-Reisenden ins Gespräch kam, dachte ich öfter mit einem zufriedenen Grinsen zurück an meine Reise nach Neuseeland. Es kam mir vor, als wäre sie eine halbe Ewigkeit her gewesen. Ich erinnerte mich an das französische Pärchen, das schon mehrere Monate unterwegs gewesen war, und daran, wie sehr ich die beiden damals für ihre Erzählungen beneidet hatte. Und jetzt? Jetzt befand ich mich selbst schon seit mehr als einem Jahr auf Weltreise, hatte meinen eigenen Van, Bumblebee, und lebte genau das Leben, das ich mir erträumt hatte. Das Blatt hatte sich gedreht, und nicht selten war ich es nun, der von anderen Reisenden mit großen Augen angestaunt wurde. Es war ein tolles Gefühl – nicht dass andere mich beneideten, sondern dass ich aus eigener Kraft umgesetzt hatte, was mir vorgeschwebt war. Als ich mir das bewusst machte, durchströmten mich starke Gefühle von Glück und Zufriedenheit.

Irgendwann erreichte ich die Stadt Adelaide und beschloss, weiter nach Westen zu fahren. Ich wusste, dass eine lange und anstrengende Strecke vor mir lag, denn nun hieß es für mich: auf ins australische Outback der Nullarbor-Wüste. Der Kangaroo Bumper vorn am Auto, den ich bisher nur für eine Art Deko gehalten hatte, machte hier plötzlich Sinn. Ich selbst habe in meiner ganzen Zeit in Australien glücklicherweise nie selbst eines umgefahren, aber ich sah unwahrscheinlich viele von ihnen am Straßenrand liegen. Zweimal kam es vor, dass ich nachts Kängurus streifte, die aus dem nichts auf die Straße gehüpft kamen. Beide Male sah ich aber eindeutig jemanden aus dem Scheinwerferlicht weghüpfen, was mich sehr erleichterte. Die meisten Kängurus, die weniger Glück gehabt hatten, waren wohl den sogenannten Road Trains zum Opfer gefallen, riesengroße und ewig lange Trucks, die durch Australien fahren, um beispielsweise Lebensmittellieferungen nach Western Australia, kurz WA, zu transportieren. Das längste dieser Gefährte, das ich auf meinem Roadtrip sah, hatte schlappe 18 Achsen.

Viel passierte unterwegs nicht, ich hatte also ausreichend Zeit nachzudenken oder meine Gedanken einfach nur schweifen zu lassen. Mitunter kam ich auch auf relativ bescheuerte Ideen. Einmal beschwerte ich das Gaspedal im ersten Gang mit einer vollen Wasserflasche, die ich in einen Schuh steckte, sodass Bumblebee von allein in Schrittgeschwindigkeit geradeaus fuhr. In der Zwischenzeit joggte ich splitterfasernackt neben der Fahrertür her. Aber hey: Warum nicht? Die Strecke geht dort in der Wüste für Hunderte Kilometer einfach immer nur geradeaus, niemand begegnete mir, und ich brauchte Bewegung.

BACKSTEIN AUFS GASPEDAL UND AB! LENKEN WIRD ÜBERBEWERTET ...

Das einzig wirklich überaus Lästige dort in der Einöde waren die ganzen Moskitos. Sobald ich nicht in Bewegung war, stürzten sich die Viecher wie Vampire auf mich. Jedes Anhalten, um kurz auf die »Wüstentoilette« zu gehen, wurde zum Spießrutenlauf. Irgendeines dieser Drecksviecher schaffte es nachts immer durch den Motorraum oder kleinste Ritzen ins Wageninnere und nervte mich stundenlang bis aufs Blut. Kaum machte ich morgens die Tür auf, hatte ich das Gefühl, ich wäre im Moskito-Hauptquartier der Welt gelandet. Ich wurde so dermaßen penetriert von diesen Scheißviechern, dass ich es nie lange aushielt, ohne weiterzufahren. So erreichte ich dann auch ziemlich bald den Grenzübergang nach Western Australia.

In den nächsten Wochen erkundete ich hier die Südwestküste. Ich fuhr durch die Gegend, lernte andere Van-Reisende kennen, kaufte mir eine Ukulele, begegnete kleinen, sehr zahmen Kängurus am Strand und lebte einfach in dieser unwahrscheinlich schönen Landschaft vor mich hin.

MANCHMAL IST ES SO LEICHT, UNTERWEGS FREUNDE ZU MACHEN.

Eines Tages machte ich in Albany halt, das ungefähr 400 bis 500 Kilometer südlich von Perth liegt. Ich hielt an, weil ich riesige Klippen entdeckt hatte, die rund 40 Meter über den Meeresspiegel ragten. Oben auf den Klippen gab es einen kleinen Trampelpfad, den ich entlangspazierte. Hin und wieder standen

JEP, DEN SMILEY HABE ICH SELBST IN DEN SAND GEPINKELT.

Bänke in der Gegend herum, auf denen ältere Australier saßen, hinaus aufs Meer schauten und sich unterhielten. Irgendwann setzte ich mich zu drei Rentnern auf eine Bank.

»Was haben die eigentlich für ein tolles Leben?«, dachte ich noch bei mir. Den meisten alten Leuten bleibt oft nichts anderes übrig, als aus dem Fenster eines Seniorenwohnheims hinaus auf die nächste Hauswand zu gucken. Diese Leutchen hier hatten ein unfassbares Traumpanorama direkt vor der Nase. Sie atmeten die frische Meeresbrise ein und konnten den ganzen Surfern zusehen, die unten im Wasser die krassesten Wellen ritten. Ich sprach die drei Männer an: »Wirklich toll, von hier aus den ganzen Surfern zuzuschauen!«

Die Männer grinsten. Einer von ihnen beugte sich zu mir: »You know, mate, wir sind nicht hier wegen der Surfer. Wir sind hier wegen der Great Whites!«

Ich durchforstete mein Gehirn nach der Begrifflichkeit »Great Whites«. Meinte der Haie?

»Hier gibt es Weiße Haie?« Ich machte riesengroße Augen.

»Ja, klar, schau doch einfach mal da runter«, erwiderte der Mann und deutete nach unten auf ein paar Surfer. Das Ding war: Ich dachte, dass es da unten nur Surfer und ihre durch die Sonne verursachten Schatten zu sehen gäbe. Doch als ich jetzt genauer nach unten blickte, erkannte ich, dass das ganz und gar keine Schatten um die Surfer herum waren – sondern Haie!

Ich konnte überhaupt nicht glauben, dass ich gerade Weiße Haie sah, die direkt in der Nähe eines Strandes schwammen, wo aktuell Surfer unterwegs waren. Völlig entgeistert fragte ich die Männer, ob das nicht viel zu gefährlich sei, da unten zu surfen.

»Ne, das ist nur gefährlich, wenn sie Hunger haben«, kam es zurück. »Meistens passiert da nichts. Es wird höchstens drei- oder viermal im Jahr ein Mensch von den Haien angefallen.«

Krass. Ich war, gelinde gesagt, ganz schön aus dem Häuschen. Für die Männer hingegen war es vollkommen normal, ihren Nachmittagskaffee auf der Bank zu trinken und über einen Abgrund hinweg Surfer und Haie bei ihren gefährlichen Begegnungen zu beobachten.

HOME SWEET FREMANTLE

Fremantle, eine Art größerer Vorort von Perth, liegt direkt am Meer und wurde für mich eine neue Wahlheimat. Schon bei einem Parkplatz am Ortseingang, wo sich viele Van-Reisende hinstellten, sich ausruhten, miteinander quatschten oder gemeinsam kochten, fühlte ich mich direkt wohl. In Australien ist es nicht immer erlaubt, wild oder auf Parkplätzen zu nächtigen. Das geht nur auf ausgewiesenen Campingplätzen. Ab und zu kommen Polizeikontrollen vorbei, die alle verscheuchen, die sich nicht an die Regeln halten. Dennoch blieben auch hier am Parkplatz von South Beach viele einfach stehen und versuchten ihr Glück. Einmal wurde auch ich erwischt, und es war ein regelrechtes Spektakel, als wir abends alle geschlafen hatten und plötzlich die Polizei das ganze Gelände razziamäßig aufmischte und uns verwarnte. Eine Verwarnung konnte man sich erlauben, passierte einem das Ganze jedoch erneut, wurde eine ordentliche Geldstrafe fällig.

Ein anderes Mal parkte ich etwas außerhalb an einem Waldweg und übernachtete dort. Morgens wurde ich plötzlich von einem leisen Klopfen und Schleifen außen an Bumblebee geweckt. Ich hörte eine Singsang-Stimme: »Wake up! Wakey, wakey! Time to get up know! I know you are awaaake!«

Ich war wie erstarrt, denn die Stimme klang reichlich durchgeknallt. Immer wieder hörte ich die Stimme um meinen Wagen herum, konnte aber nicht herausschauen, weil meine Vorhänge zugezogen waren. Durch eine Lücke im Vorhang sah ich hin und wieder eine Schulter, und ich brüllte hinaus, dass sich derjenige verpissen sollte. Irgendwann war die Stimme weg, und ich startete, ohne rauszugehen, den Wagen. Ein Stück weiter die Hauptstraße hoch fuhr ich dann an einem vollkommen abgerissenen Vagabunden vorbei, der nicht ganz beieinander war. Es war eindeutig der Typ, der mich geweckt hatte. Ich verzichtete darauf, anzuhalten und ihn zur Rede zu stellen. Das Risiko,

AUF KNOPFDRUCK ABSCHALTEN? SO WAS LERNT MAN MIT DER ZEIT BEIM REISEN.

plötzlich einen Psychopathen an der Backe zu haben, der im schlimmsten Fall noch ein Messer bei sich trug, wollte ich nicht eingehen.

In Fremantle lernte ich Isabel und Roy, ein Pärchen aus den Niederlanden, Emily und Patty, zwei Mädels aus den USA, Josh aus Kanada sowie Edgar und Domenika, ein mexikanisches Pärchen, kennen. Wir hingen viel zusammen ab, kochten abends gemeinsam am South Beach und hatten alle vor, ein bisschen in Fremantle zu bleiben, um Geld für unsere Reisekassen zu verdienen. So blieben wir also eine längere Zeit dort, arbeiteten tagsüber und verbrachten ansonsten unsere Freizeit zusammen. Ich ergatterte zunächst einen Job in einer Chemiefabrik, wo ich den ganzen Tag im Akkord Pestizid-Fässer abladen, umetikettieren, auswaschen und in Container stapeln musste. Nach der Arbeit, wenn die Mädels in der Gastronomie jobbten, machten wir Jungs uns fast jeden Abend auf, um am Hafen Krebse zu fischen, die wir uns im Anschluss kochten.

Später fand ich durch Roy einen anderen Job als Gärtner, der weitaus angenehmer als die Arbeit in der Chemiefabrik war. Vom Gärtnern hatte ich natürlich absolut keine Ahnung, aber ich bekam alles beigebracht, was ich wissen musste. Die Arbeit war anstrengend, aber ich hatte nette Kollegen, und wir hatten eine Menge Spaß. Besonders mit zwei festangestellten Australiern verstand ich mich gut, und wir verarschten uns gerne mal. Eines Tages wurden wir vor einer Art Bürogebäude eingesetzt, um die Grünflächen auf Vordermann zu bringen und uns um die Beete zu kümmern. Das Bürogebäude war komplett verspiegelt, sodass man zwar von innen raus-, aber nicht

MIT DEM LAUBBLÄSER HABE ICH DIE GANZE ZEIT DEN THEME-SONG VON *GHOSTBUSTERS* IM KOPF GEHABT.

von außen reingucken konnte. Schon mittags war es unfassbar heiß. Ich kniete in meinem Blaumann, der Warnweste und meinen Stahlkappenboots vor einem Blumenbeet und schwitzte mir einen Wolf. Die Australier standen nicht weit entfernt und einer der beiden rief mir zu: »Nick, *mate*, es ist eine Bullenhitze. Wenn dir zu warm ist, kannst du dir ruhig ein paar Sachen ausziehen. Boots und Weste sind Pflicht, aber ansonsten kannst du dich auch ein bisschen frei machen, ist kein Problem, okay?«

Ich war bereits total überhitzt und war sofort einverstanden. Ich stand also auf, nahm einen tiefen Schluck aus der Wasserflasche, die sie mir reichten, und begann mich obenrum auszu-

NACH DIESEM FOTO HAT MEIN CHEF MICH ANGESCHRIEN, DASS ICH, VERDAMMT NOCH MAL, MEINE SICHERHEITSHANDSCHUHE TRAGEN SOLL. GIFTFABRIK UND SO ...

ziehen. Mir lief der Schweiß in Bächen herunter. Am Ende ließ ich nur meine Latzhose an und zog die Warnweste drüber. Irgendwann bemerkte ich, dass die beiden Australier sich die ganze Zeit wie die Blöden ins Fäustchen lachten und immerzu den Daumen hoch in Richtung der verspiegelten Glasfläche des Bürogebäudes zeigten. Spätestens da dämmerte mir dann, dass ich gerade komplett vorgeführt wurde, und zwar wie der verschwitzte Mann aus der Coca-Cola-Werbung – zur Freude aller weiblichen Büroangestellten hinter der Spiegelglasscheibe. Zur Mittagszeit, als die Angestellten zum Lunch vor das Gebäude traten, erntete ich noch den einen oder anderen Applaus für meine Darbietung am Vormittag. Wenn die gewusst hätten, dass ich schon mal halb-professionell in Las Vegas gestrippt hatte …

Josh, Patty und Emily hatten sich irgendwann ein Haus gemietet. In der Einfahrt standen dann immer unsere Vans herum – der von Roy und Isabel, der von Edgar und Domenica und natürlich meiner. Es pendelte sich so ein, dass wir morgens und abends oft zusammen aßen. Bei acht Leuten kommt da in Australien ganz schön was an Ausgaben zusammen. Deshalb kamen wir auf die Idee, Dumpster Diving auszuprobieren, in Deutschland auch bekannt unter dem Begriff Containern. Wir sind also abends öfter mal mit zwei Vans zu den ganzen größeren Supermärkten losgezogen, die auf der Rückseite, meist umzäunt, Container stehen hatten. Dort landeten alle Lebensmittel, die nicht mehr verkauft wurden. Die australische Gesellschaft ist unwahrscheinlich verschwenderisch. In den Containern landeten also keinesfalls verdorbene Lebensmittel, sondern vor allem auch solche, die nicht so hübsch waren – nicht ganz rote Tomaten oder schiefe Möhren beispielsweise. Die Supermärkte sagen dann zu den Lieferanten: »Hey, eure Lieferung war nicht einwandfrei. Schickt uns eine neue.« Da es teurer ist, die Ware zurückzuschicken, landet sie dann in den Containern, wird also einfach weggeworfen. Das gilt nicht nur für Obst und Gemüse, sondern für alles. Eine Palette mit Coladosen fällt beim Abladen herunter und bekommt ein paar Dellen? Ab damit auf den Müll. Die Cornflakes-Kartons haben oben einen Riss? Auf den Müll! Das heißt, man findet in den Containern hinter den Supermärkten wirklich alles an Lebensmitteln. Das Einzige, was ich in der ganzen Zeit nie gefunden habe, waren TimTams und Nutella. Leider. Nach und nach hatten wir unsere nächtliche Dumpster-Dive-Route ausgetüftelt und konnten uns mit einer Tour für ein paar Tage kostenlos mit Lebensmitteln eindecken, die ansonsten einfach vergammelt wären. So haben wir einen Haufen Geld gespart und trotzdem gegessen wie Könige.

Die Zeit in Fremantle war besonders gewesen. Ich hatte genau wie in Melbourne gearbeitet und Kontakte geknüpft, aber auf eine ganz andere Art. Durch den Bus und die Umgebung fühlten sich die Wochen wie das typische Vanlife an, gleichzeitig kam aber viel Geld rein. Nach zwei Monaten in Fremantle und einer wunderbar gefüllten Reisekasse wurde es Zeit für Asien.

DUMPSTER DIVING DELUXE: UNSER ERGEBNIS BEIM CONTAINERN. VÖLLIG BESCHEUERT, DASS ES IN VIELEN LÄNDERN VERBOTEN IST!

DIE FREMANTLE-GANG

KAPITEL 7
SÜDOSTASIENTEUER

NO HAVE!

Nach eineinhalb Jahren Weltreise betrat ich zum ersten Mal Südostasien. Die Luftfeuchtigkeit und Hitze ließen mich wie gegen eine Wand rennen. Innerhalb von Minuten lief mir der Schweiß aus allen Poren. Einen Plan, wie ich meine Zeit hier verbringen wollte, hatte ich nicht. Das ganze Plänemachen hatte ich schon länger zu den Akten gelegt. Generell hatte ich bei all den Erfahrungen der letzten Monate das Gefühl gewonnen, dass es eine stärkere Kraft dort draußen gibt, die mit unseren fünf Sinnen nicht wahrnehmbar ist. Ich lebte also nach dem Motto: Wenn du positiv denkst, passiert auch Positives. Ich machte mir also auch in Punkto Phuket keine Sorgen, dass ich eine Unterkunft finden würde. Mein Flieger aus Perth landete gegen 22 Uhr am Abend. Bis ich mich mit einem Motorradtaxi in die Innenstadt durchgekämpft hatte, war es schon tiefe Nacht. Das schmälerte mein neu gewonnenes Vertrauen in den Faktor unbekannt allerdings nicht.

So marschierte ich in das erstbeste Hostel hinein, das ich auf meinem Weg fand. Es handelte sich um eine ganz schöne Absteige. Die Bodenbretter knarrten unter meinen Füßen, der ganze Eingangsbereich lag in schummrigem Dämmerlicht, und an der Wand mühte sich ein Ventilator ab, der aussah wie eine schlecht montierte Felge, die jeden Moment von der Wand krachen würde. Von draußen drang der Lärm Hunderter Autos und Tuk Tuks herein, die Luft war verräuchert. Ein kleines Holzpult bildete die Rezeption, dahinter hingen zahlreiche Schlüssel an Wandhaken. Als niemand auftauchte, betätigte ich die Klingel. Mit einem Ächzen und Stöhnen erhob sich ein winzig kleiner Asiate. Er hatte direkt hinter dem Pult auf dem Boden geschlafen. Als er mich sah, fing sein Gesicht sofort an zu strahlen.

»Oooh, good evening, good evening«, singsangte er in typischem Thai-Englisch.

Ich begrüßte ihn und fragte, ob er ein Bett in einem Dorm für mich frei hätte.

»Oooh, dorm room, dorm room!«

Die Thailänder wiederholen gerne mal das Gesagte. Ich bestätigte ihm, dass er mich richtig verstanden hatte, und wiederholte meine Frage. Ich fügte hinzu, dass ich vor allem eine billige Übernachtungsmöglichkeit suchte.

»Oooh«, setzte der kleine Mann erneut an. »Yes, cheap, make it cheap, cheap, get a special price for you, my friend.«

Ich musste lachen. Dieses Englisch war irgendwie niedlich.

Wie sich herausstellte, hatte er kein Dorm-Bett mehr frei, es gab nur noch Einzelzimmer. Dies teilte er mir auf eine Art mit, die ich noch so oft hören sollte, dass es für immer das Erste bleiben wird, was mir einfällt, wenn jemand über Thailand spricht: »Oooh, no have, dorm room, no have.«

Und ich lag nun im selben Hostel, in dem Leonardo DiCaprio damals auf dem Bett gesessen hatte.

Es war schon spät, also ließ ich mich zu einem Einzelzimmer überreden. Luxuriös war es nicht gerade, eigentlich sah es aus wie die Eingangshalle, nur mit einem Bett darin. Die Bettwäsche hatte auch schon bessere Zeiten gesehen. Dennoch kam mir das Zimmer irgendwie bekannt vor. Da ich zum ersten Mal in Phuket war, überlegte ich, wie das sein konnte. Ich lag auf dem Bett, schaute zu, wie der Ventilator über mir im Kreis drehte, hörte im Flur einen Wasserhahn tropfen – und plötzlich fiel es mir wie Schuppen von den Augen: Na, klar kannte ich diesen Raum. Ich kannte das ganze Hostel – und zwar aus dem Film *The Beach*. Aufgeregt setzte ich mich auf und schaute mich genauer um. Es war tatsächlich dasselbe Hostel! Die Szenen, die eigentlich in Bangkok spielten, wurden damals tatsächlich in Phuket gedreht. Und ich war nun im selben Hostel, in dem Leonardo DiCaprio damals auf dem Bett gesessen hatte. Ich freute mich wie ein kleines Kind und kam zu dem Schluss, dass meine Zeit in Asien überhaupt nicht besser hätte starten können.

Meine Euphorie hielt an. Die nächsten Tage erkundete ich die Stadt, erst zu Fuß, später mietete ich mir auch einen Roller. Ich besuchte die umliegenden Strände, befolgte die Tipps anderer Backpacker und verliebte mich auf Anhieb in das asiatische Streetfood, das es wirklich überall gab. Weil ich nicht immer nur die ganzen ausgetretenen Touristenpfade abklappern wollte, suchte ich mir eines Abends eine Bar, in der Einheimische auf Barhockern an hohen Tischen saßen. Es war nicht die gemütlichste Bar, aber sie war »echt« im Sinne von »nicht touristisch«. Das merkte ich vor allem auch daran, dass mich alle mit relativ großen Augen anschauten. Im Hintergrund lief viel zu laute 90er-Jahre-Technomusik. Außer mir

> **Im Nachhinein bin ich, ehrlich gesagt, nicht einmal sicher, ob es es tatsächlich Frauen gewesen sind.**

saßen in der Bar noch ein paar ziemlich aufgebrezelte Thai-Frauen, mit denen ich schon bald ins Gespräch kam. Sie ließen mich von ihrem Essen probieren, das so scharf war, dass mir noch mehr Schweiß aus allen Poren rann. War das Streetfood schon teilweise echtes Höllenfeuer – das hier war noch mal eine ganz andere Nummer. Nach und nach kamen immer wieder Thailänder auf Rollern angefahren, um die Thailänderinnen abzuholen. Irgendwann saß ich nur noch mit zwei von ihnen am Tisch. Erst später, als ich den Laden verließ, dämmerte mir, dass es sich bei der Bar eventuell um keine ganz normale Bar gehandelt hat. Es war offenbar so eine Art Aufreißschuppen für Thai-Prostituierte gewesen, und die Frauen hatten auf Freier gewartet. Im Nachhinein bin ich, ehrlich gesagt, nicht einmal sicher, ob es es tatsächlich Frauen gewesen sind. Der Größe, der Statur und den hoch gepushten Brüsten nach zu urteilen, sind es eher sogenannte Ladyboys gewesen. Aber gut, mit Ladyboys ein kaltes Chang-Bier trinken und in Chilli gedippte Mangos essen – kann man mal machen.

PINGPONG

Das Einzige, was ich bisher von Bangkok wusste, hatte ich durch Hörensagen von anderen Backpackern erfahren: In der Hauptstadt gibt es eine Straße, die Khao San Road, in der mehr Party gemacht wird als sonst irgendwo in Thailand. Das wollte ich sehen, also visierte ich ein Hostel in der Nähe der berüchtigten Straße an. Gleich am ersten Tag lernte ich zwei Typen aus dem französischsprachigen Teil Kanadas kennen, Jean-Pierre und Baptiste, außerdem einen US-Amerikaner indischer Abstammung, der ebenfalls Nick heißt. Der andere Nick war entweder permanent auf irgendwelchen Drogen oder ziemlich schwer von Begriff. Eins von beidem. Ich musste ihn gefühlt fünfmal ansprechen, bevor er realisierte, dass ich mit ihm redete. War er dann so weit, kam seine Antwort immer so umständlich aus seinem Mund, als würde sie in seinem Kopf vorher noch ein bisschen Achterbahn fahren.

»Wollen wir ein Bier trinken gehen?«, fragte ich beispielsweise.

»Ehm … ja … ehm … aber, also, ich mein, ehm … ja, ein Bier? Okay«, war dann eine seiner eher konkreteren Antworten.

Es hat immer sehr lange gedauert, mit ihm ein Gespräch zu führen, aber insgesamt war Nick 2 ein netter Kerl. Auch die anderen beiden waren nicht verkehrt, und zu viert machten wir uns am Abend auf, um die Khao San Road zu erkunden. Es war die totale Überreizung sämtlicher Sinne: Hier blinkte es mindestens genauso viel wie am Times Square, überall hingen Reklameschilder, und aus jedem Laden drang laute Musik. Die Straße war überfüllt mit Touristen und Einheimischen, und über allem hing der Dampf von Frittiertem.

Immer wieder wurden wir von irgendwelchen Männern angesprochen, ob wir eine Pingpong-Show besuchen wollten. In einer Seitenstraße kamen uns zwei Ladyboys entgegen, musterten mich von oben bis unten und stellten sich vor mich: »Oh, hello handsome, want some bumbum?«

Diese Situation werde ich in meinem Leben nicht vergessen. Die beiden Ladyboys waren extrem selbstbewusst, dabei aber nicht auf eine lästige Art aufdringlich. Ich lachte und lehnte dankend ab, dachte mir aber, dass jeder Unternehmensbesitzer, der aus seinen Vertrieblern das Beste herausholen möchte, mal einen Betriebsausflug nach Thailand springen lassen sollte. Von diesen Ladyboys konnte man definitiv viel lernen in Sachen aktiv-aggressive Vertriebsgespräche.

Nachdem uns der gefühlt hundertste Thailänder mit »Oooh, you want some ping pong show, best ping pong show in Bangkok?« angesprochen hatte, dachten wir uns, gut drauf, wie wir waren: »Was soll's, wir sind nur einmal hier, warum nicht?«

Von Pingpong-Shows hatte ich bisher nur eine sehr vage Vorstellung. Ich stellte mir das einfach vor wie eine normale Strip-Show. Wie falsch ich doch lag. Jean-Pierre, Baptiste, Nick 2 und ich folgten dem Mann zu einem

HIER WUSSTEN WIR NOCH NICHTS VON PINGPONG. HIER HATTEN WIR UNS NUR EIN TUK TUK »AUSGELIEHEN«.

Tuk Tuk, er bedeutete uns einzusteigen, und schon ging es los. Wir waren alle davon ausgegangen, dass die Show allerhöchstens ein paar Straßen weiter stattfinden würde. Doch die Fahrt nahm kein Ende. Anfangs hatten wir vier in dem kleinen Tuk Tuk noch herumgealbert, doch langsam, aber sicher verging uns die lustige Stimmung. Der Typ sprach nicht wirklich Englisch, und wenn wir ihn fragten, wo denn nun diese Pingpong-Show sei, antwortete er lediglich mit: »Yes, ping pong show!«

Wir fuhren eine Ewigkeit durch die übelsten, gruseligsten und dunkelsten Gegenden von Bangkok. Der Tuk-Tuk-Fahrer hielt permanent irgendwo an, um irgendjemanden anzurufen. Er benahm sich, als säßen wir gar nicht hinten drin. Wir hatten keinen Plan mehr, wo genau in Bangkok wir uns befanden. Weit und breit waren keine anderen Menschen zu sehen. Mittlerweile kam uns der Fahrer wirklich mehr als unheimlich vor. In meinem Kopf malte ich mir schon aus, wie wir in irgendeiner dunklen Gasse abgeladen und überfallen wurden, bevor man uns in einen schwarzen Lieferwagen steckte, uns erschoss und in irgendeinem Loch verbuddelte.

Auf die erneute Frage, wann wir denn nun endlich ankommen würden, sagte der Fahrer: »Yes, yes, yes, just some more time, some more time.«

Wir verloren die Geduld. »No, where is the ping pong show. Give us some info!«

Die Antwort kam wenig überraschend. »Info, no have! No have!«

Auf einmal bog das Tuk Tuk in eine Tiefgarageneinfahrt ab. Das war der Zeitpunkt, als der andere Nick die Nerven verlor. Noch während wir durch die Tiefgarage und auf der anderen Seite wieder hinaus fuhren, rief er aus vollem Hals um Hilfe. Da hielt der Fahrer plötzlich an und zog den Schlüssel ab. Wir befanden uns in einem kleinen Hinterhof. Bis auf Nicks Hilferufe war es sehr still.

Ich wandte mich an den Thailänder: »Excuse me, where are we?«

Er deutete auf eine Tür. »Ping pong!«

Wir vier schauten uns an, nickten und wandten uns dem Eingang zu.

Gleich hinter der Tür erwartete uns die Abendkasse, und wir wurden aufgefordert, umgerechnet zwanzig Euro pro Nase Eintritt zu bezahlen. Eine ganz schöne Summe für Bangkok, aber wenigstens war jeweils ein Freigetränk dabei. Das hatten wir nach dem Schrecken der Fahrt bitter nötig – und so begaben wir uns ohne Umwege direkt zur Bar. Als wir uns ein wenig akklimatisiert hatten, nahmen wir den Raum, in dem wir uns nun befanden, etwas genauer wahr: An einem Ende gab es eine Art kleine Bühne, davor befanden sich etwa vier aufsteigende Reihen mit fest installierten Stühlen. Das Ganze strahlte die Atmosphäre eines winzig kleinen, abgeranzten Off-Kinos aus. Nach einer Weile nahmen wir Platz und harrten der Dinge, die da kommen sollten. Weitere Zuschauer gesellten sich zu uns, einige waren ebenfalls Reisende, einige waren Locals.

Plötzlich ertönte ohne einen fließenden Übergang harte Technomusik, und wir richteten unsere Aufmerksamkeit auf die Bühne. Wie gesagt, hatte ich nur eine sehr vage Ahnung davon, was mich erwartete, aber auch mit dieser Ahnung lag ich gar nicht mal so richtig. Tatsächlich war das, was die halbnackten Frauen auf der Bühne anstellten, ziemlich krass. Und es wurde immer krasser. Die Grundlage der Show bestand darin, dass die Frauen sich irgendwelche Gegenstände in den Unterleib steckten – und den Schwierigkeitsgrad sowie die Special Effects im Verlauf der Show immer weiter ausbauten. Ich bin heute noch überrascht, wie viele Meter Faden man da unten eigentlich verstecken kann.

»Okaaaay, who is thirsty, who is thirsty, who is thirsty?« Eine Thailänderin betrat die Bühne und riss uns aus unseren Gedanken.

Baptiste meldete sich und rief: »Here! Here!«

Die Frau zog eine Colaflasche hervor – eine von diesen kleinen, die man mit einem Flaschenöffner aufmachen muss. Kurzerhand steckte sie sich den Flaschenhals unten rein, und es machte »Plopp«. Sie hatte ernsthaft die Colaflasche mit ihrer Vagina geöffnet. Wir waren sprachlos. Und Baptiste durstig.

Diese Art der Darbietung zog sich über die gesamte Show, mit wechselnden Gegenständen und wechselnden Frauen.

Der nächste Act war ebenso beeindruckend. Eine Frau betrat die Bühne, zeigte auf mich und fragte nach meinem Namen. Ich sagte ihn ihr. Sie bedeutete mir, dass sie verstanden hatte, nahm einen Filzstift, steckte ihn mit dem hinteren Ende in ihren Unterleib und kniete sich über ein Blatt Papier. Dann begann sie ihre Hüften zu schwingen und zu kreisen. Als sie fertig war, forderte sie mich auf, zur Bühne zu kommen. Dort reichte sie mir das Papier, auf dem nun in feinster Typografie »Welcome to Bangkok, Nick!« geschrieben stand.

Bis dahin war die Show noch relativ lustig gewesen. Nach dem Act mit dem Bild wurde es mir dann allerdings doch ein bisschen viel, und wir verbrachten die meiste Zeit nur noch mit Kopfschütteln und fragten uns gegenseitig: »What the fuck?« Die nächste Frau, die auf die Bühne kam, hatte einen Schwung Bobbybananen dabei, also kleine, vielleicht fingergroße Mini-Bananen. Sie legte sich breitbeinig vor uns auf die Bühne und begann, die geschälten Bananen erst in ihre Scheide zu stopfen und sie dann ins Publikum zu schießen. Wir Zuschauer wurden aufgefordert, die Bananen mit dem Mund aufzufangen. Eine Banane traf Nick 2 an der Schulter. Er hob sie auf und wollte sie essen.

»Nein, Mann, nicht! No, no, no, don't do it, don't do it, don't do it!«, schrien wir auf ihn ein. Die anderen Gäste ermutigten ihn eher und jubelten ihm zu. Unsere panischen Warnhinweise verwandelten sich in kreischendes Lachen. Die Frau auf der Bühne bedeutete Nick, ihr die Banane wiederzugeben. Er stand auf und ging vor.

»Feed me, feed me«, sagte sie.

Und was machte Nick 2? Er steckte sich die Banane halb in den Mund und ließ sie abbeißen. Für die Nummer haben wir ihn am Ende dann doch ganz schön abgefeiert. Was für ein Typ.

Im Anschluss machte die Show ihrem Namen noch alle Ehre: Jeder der Zuschauer bekam einen Tischtennisschläger in die Hand und sollte die Bälle zurückschlagen, die von der Bühne aus den Vaginas abgeschossen wurden.

Dann war die Show zu Ende.

ANGKOR WAT

Bangkok war eine unglaubliche Erfahrung, so vollkommen anders als die Orte, an denen ich bisher gewesen war. Nach ein paar Tagen beschloss ich, mit dem Bus nach Kambodscha zu fahren. Ich wollte unbedingt Angkor Wat sehen.

Von der nahegelegenen Stadt Siem Reap machte ich mich per Tuk Tuk auf den Weg zu der riesengroßen Tempelanlage. Um es kurz zu machen: Angkor Wat sieht genauso aus, wie man es von Postkarten, Bildbänden oder auch dem Lara-Croft-Film mit Angelina Jolie kennt. Riesige, jahrhundertealte Sandsteinruinen stehen zwischen noch älteren Bäumen. Alles ist überwuchert von Moos und Wurzeln. Den ganzen Tag lief ich durch die Tempelanlage, saß stundenlang auf Steinen und ließ den Anblick einfach nur auf mich wirken. Das ganze Areal hatte eine magische Ausstrahlung, die mich sofort gefangen nahm und innerlich ganz still werden ließ. Ich verzichtete darauf, eine Million Fotos zu schießen, achtete vielmehr auf die vielen Details in den Steinkunstwerken und genoss die Ruhe.

Siem Reap selbst bot am Abend das komplette Kontrastprogramm dazu. Aus irgendeinem Grund hat sich dieser Ort zu einer regelrechten Partymeile entwickelt. Überall lief Musik, und von allen Seiten blinkten mich Neonlichter an. Es wimmelte vor Touristen. Und wo viele Touristen aufeinandertreffen, gibt es immer auch viele Bettler. Ich erinnere mich deshalb so genau daran, weil ich an diesem Abend ein prägendes Erlebnis hatte: Eine Frau lief neben mir her und bedeutete mir mit Handzeichen, dass sie Geld für Essen haben wollte. Ich gebe gern, nur an diesem Tag war ich als Tourist bereits so belagert worden, dass ich einfach nur versuchte, an der Frau vorbeizukommen. Da bemerkte ich plötzlich, dass sie nicht allein war, sondern einen winzigen Säugling bei sich hatte. Das kleine Baby hing auf so verdrehte Weise in ihrem Arm, dass mir das Herz schwer wurde. Es war winzig, wahnsinnig dünn und der Kopf war viel zu überstreckt. Die Augen waren wie leer, und es war nicht die geringste Regung in seinem Gesicht zu sehen. Mir schossen bei diesem Anblick sofort die Tränen in die Augen.

Wir reden über Zukunftssorgen, Jobchancen, Lebensträume – und es gibt Orte, wo selbst die kleinsten Kinder schon so fertig mit der Welt sind, dass sie gar nichts mehr fühlen. Jeden Tag kämpfen die Menschen dort ums Überleben und schauen dabei zu, wie reiche Touristen durch ihre Städte ziehen und sich von kleinen Fischen in Aquarien die Hornhaut von den Füßen knabbern lassen. Ich weiß, dass der Tourismus für die Menschen vor Ort ungemein wichtig ist, aber in diesem Moment auf der Straße wurde ich fast wütend auf die Welt. Meine Knie wurden weich, und als ich weiterging, versank ich in Gedanken darüber, dass es Menschen wie mich gibt, die sich ihre Träume erfüllen können, während andere nicht die geringste Wahl haben.

> KULTURELL GESEHEN DEFINITIV EIN HIGHLIGHT EINES JEDEN REISENDEN.

DER TAG NACH DEM BRAND: DASS DAS GEBÄUDE ÜBERHAUPT NOCH STEHT, WUNDERT MICH DOCH SEHR.

Als ich eines Abends wieder durch die Straßen lief, um mir Abendessen zu besorgen, bemerkte ich ein Stück die Straße runter einen Tumult. An einer Straßenkreuzung, an der eine Motorradwerkstatt, ein kleiner Supermarkt, ein paar weitere Geschäfte und Wohnhäuser lagen, versammelten sich immer mehr Menschen. Ich lief vor, um zu sehen, was dort los war. Schon nach ein paar Schritten bemerkte ich, dass ein Geschäft im Erdgeschoss eines dreistöckigen Hauses brannte. Die Flammen schlugen schon aus dem Gebäude heraus und wurden größer und größer. Die Leute drumherum standen einfach nur da und starrten auf das Geschehen. In den Nebengebäuden traten immer wieder Menschen raus auf ihre Balkone, bemerkten, was los war, und eilten dann auf die Straße. Sie befürchteten ohne Frage, dass die Flammen auf die Nebenhäuser übergehen könnten. Einige Männer begannen, Wasserflaschen aus dem Mini-Supermarkt zu holen und sie in die Flammen zu werfen. Ich hielt das für eine reichlich bescheuerte Idee, ein wild um sich greifendes Feuer mit palettenweise geschlossenen Wasserflaschen zu bekämpfen. Was sollte das denn bringen? Unterdessen breitete sich das Feuer immer weiter aus, und die Flammen begannen die Wände hochzuzüngeln. Von einer Feuerwehr war weit und breit nichts zu sehen.

Ich weiß nicht, was mich in dem Moment geritten hat, aber ich dachte nicht lange nach und rannte in eines der Nebengebäude. Es war weit nach 22 Uhr – was, wenn da drin noch Menschen waren, die schliefen oder aus anderen Gründen nicht mitbekommen hatten, was im Gange war? Es gab etwa vier oder fünf andere Personen, die als Einzige aktiv versuchten zu helfen, anstatt nur zu starren. Ihnen rief ich zu, dass sie nach schlafenden Leuten suchen sollten. Irgendwer musste doch nachschauen, und wenn es außer uns niemand tat, wer dann? Ich lief die Stockwerke hoch und hämmerte an alle Türen, an denen ich vorbeikam. Über einen großen Balkon im ersten Stock versuchte ich, den Balkon des brennenden Nachbargebäudes zu erreichen. Zwei andere Männer hatten dieselbe Idee. Wir schafften es, und gemeinsam standen wir kurze Zeit später direkt über dem Laden, der mittlerweile vollkommen in Flammen stand. In Sorge, dass sich noch Menschen in den Wohnungen über dem Geschäft aufhalten konnten, klopften wir gegen die verschlossenen Balkontüren. Drinnen regte sich nichts. Weil ich mitten im Qualm stand, zog ich mir mein T-Shirt über Mund und Nase und machte weiter einen Höllenlärm. Auf einmal schlugen links und rechts von uns Geschosse an die Hauswand. Ich brauchte einige Sekunden, um zu realisieren, dass es einige der geschlossenen Wasserflaschen waren, die nun offenbar auch zu uns hoch geworfen wurden. Waren die da unten eigentlich alle bescheuert? Was, wenn uns eine der schweren Flaschen am Kopf träfe? Die beiden anderen Männer versuchten mittlerweile eine Balkontür einzutreten. Weil ich früher mal eine Weile Taekwondo gemacht hatte, wollte ich mit einer Art Chuck-Norris-Roundhouse-Kick helfen. Der ging allerdings gründlich in die Hose. Statt die Tür einzutreten, verletzte ich mir ordentlich meinen Fuß und hatte sofort höllische Schmerzen. War auch eine selten dämliche Idee, so einen Tritt in Flipflops auszuprobieren. Noch während mir der Schmerz die Tränen in die Augen trieb, zersplitterte neben uns das Fensterglas: Die idiotischen Wasserflaschenwerfer von unten hatten eine Scheibe eingeschmissen. Brennend heiße Luft und beißender Rauch schlugen uns entgegen. Sofort ließen wir von der Tür ab, denn wir befürchteten, dass der eindringende Sauerstoff für eine riesige Stichflamme sorgen würde. Irgendjemand – ich weiß gar nicht mehr genau, woher es kam – rief uns zu, dass sich niemand mehr in dem Gebäude aufhalten würde. Weil der Boden unter unseren Füßen schon richtig heiß geworden war, beeilten wir uns, wieder auf den Balkon des Nebengebäudes zurückzuklettern.

Die Flammen waren nicht die einzige Gefahr: Der Rauch wurde dichter, die Wasserflaschengeschosse flogen uns nach wie vor um die Ohren, und wer weiß, wie lange dieser Balkon noch halten würde? In Windeseile rannten wir das Nebengebäude herunter und auf die Straße.

Gerade begannen wir damit, den Wasserflaschenwerfern zu erklären, dass sie die Flaschen wenigstens aufmachen sollten, da näherte sich endlich die Feuerwehr. Mittlerweile war bestimmt schon mehr als eine halbe Stunde vergangen, es war also höchste Zeit. Der Feuerwehrwagen aus den 50er-Jahren hatte ziemlich große Schwierigkeiten, sich einen Weg durch die Menschentraube zu bahnen. Es war wirklich unglaublich: Erst warfen sie mit geschlossenen Wasserflaschen um sich, und dann gingen sie nicht aus dem Weg.

Einer der Feuerwehrleute, die vom Wagen sprangen, drückte mir zwei Schlauchenden in die Hände und bedeutete mir, sie zusammenzuschrauben. Ich war perplex, tat aber wie geheißen. Unterdessen waren einige Feuerwehrmänner mit einer Axt bewaffnet auf dem Balkon angekommen, auf dem wir gerade noch gestanden hatten. Sie machten mit der Balkontür kurzen Prozess. Ich war erleichtert, dass sie nachschauten, ob sich wirklich niemand mehr im Gebäude befand.

Für mich gab es weiter nichts zu tun, und weil immer mehr Menschen auf die Kreuzung strömten, drehte ich mich um und machte mich auf den Nachhauseweg. Teil der gaffenden Menge wollte ich wirklich nicht sein. Ich warf noch einen Blick auf die Bekloppten mit den Wasserflaschen, die mittlerweile dazu übergegangen waren, Zehn-Liter-Gallonen in den Laden zu katapultieren. Total absurd, dass die wirklich überzeugt waren, auf diese Weise ein brennendes Haus löschen zu können. Wahrscheinlich einfach ein Akt der Verzweiflung.

Als ich mich langsam entfernte, hielt mich jemand am Arm fest. Ich wandte mich um und sah eine ältere Frau, die zu mir hochblickte.

»You have a good heart«, sagte sie und lächelte mich an.

Ich lief ein paar Blocks weiter. Jetzt begann ich erst richtig zu realisieren, was gerade passiert war und in welche Gefahr ich mich begeben hatte. Mein Herz pochte, und das Adrenalin schoss mir noch immer durch den Körper.

Kambodscha blieb für mich eine zwiespältige Erfahrung: Angkor Wat war wunderschön gewesen. Doch sowohl die Begegnung mit der Bettlerin und ihrem halbtoten Kind als auch das brennende Haus hatten mich geschockt. Bei all den wunderbaren Erlebnissen machte mich das Reisen auch nachdenklich: Wie viel im Leben kann ich selbst beeinflussen, und wie viel ist einfach Schicksal? Wer entscheidet darüber, welche Menschen ihr bestes Leben leben dürfen und welche sich einfach fügen müssen, ohne je mitbestimmen zu können? Tief in mir hatte ich begonnen, Antworten zu suchen, die es möglicherweise einfach nicht gab. Vielleicht waren sie in den Erlebnissen zu finden, die ich machen durfte, oder sie verbargen sich darin, wie ich selbst mit meinen eigenen Herausforderungen umging. In der kurzen Zeit, die ich nun schon durch die Welt reiste, hatte sich nicht nur mein Leben komplett verändert, sondern vor allem auch ich mich selbst.

MAN ACHTE AUF DIE GANZEN »LÖSCHUTENSILIEN«, AKA PLASTIKFLASCHEN.

EINE NEUE UHR

Ich blieb noch einige Tage in Kambodscha und besuchte Phnom Penh. Dann strich ich die Segel und machte mich auf nach Vietnam. Hier hatte ich vor, mir ein Motorrad zu organisieren und damit quer durchs Land zu fahren.

Doch zunächst wollte ich mir Ho-Chi-Minh-Stadt, ehemals Saigon, ansehen. Ich mietete mich dort für drei Tage in einem der zahlreichen Guesthouses ein. Guesthouses sind ein wenig günstiger als Hostels und befinden sich meist in kleinen, verwinkelten Seitengassen. Wählt man ein Guesthouse, kann man pro Nacht auf jeden Fall ein paar Dollar sparen.

Bevor meine Motorradtour starten sollte, hatte ich noch etwas zu erledigen: Ich brauchte neue Sneakers. Meine waren mittlerweile komplett durchgelatscht. Also machte ich mich direkt am Ankunftstag auf den Weg. Das Problem in Asien ist allerdings: Hat man eine Schuhgröße jenseits der 42, ist nichts zu machen. Ich bin stundenlang in Ho-Chi-Minh-Stadt herumgelaufen, war auf Märkten, in Schuhläden und Einkaufszentren, aber: nichts.

Am zweiten Tag, ich war immer noch auf Schuhsuche, kam mir ein Mann entgegen und suchte meinen Blick. Lächelnd sprach er mich an.

»Hi, where are you from?«, fragte er.

Ich grüßte zurück und antwortete ihm, dass ich aus Deutschland sei und in der Welt herumreise. Er war sofort aus dem Häuschen. Es war nämlich so, erzählte er mir, dass seine Schwester vorhatte, nach Deutschland zu gehen, ob ich vielleicht irgendwelche Tipps für sie hätte? Er lud mich ein, ihn nach Hause zu begleiten, damit ich mit seiner Schwester sprechen könne.

Irgendwie kam mir das komisch vor, und ich lehnte dankend ab. Neue Menschen treffen ist eine Sache, aber einem wildfremden Mann in einer Stadt, die mir unbekannt war, einfach irgendwohin folgen? Besser nicht. Was hatte meine Mutter früher hundertfach zu mir gesagt? »Gehe nicht mit fremden Leuten mit!«

Weil ich dem freundlich wirkenden Mann aber auch nicht auf den Schlips treten wollte, sagte ich ihm, dass ich leider keine Zeit hätte. Er zog kurzerhand sein Handy aus der Tasche, rief seine Schwester an und reichte mir den Hörer weiter. Ich könne ihr ja am Telefon ein bisschen was sagen? Na gut, warum nicht. Ich telefonierte also ein wenig mit seiner ebenso begeisterten Schwester. Im Anschluss reichte ich dem Mann sein Handy zurück und wollte mich verabschieden.

> **Schließlich drängte ich mein komisches Bauchgefühl zur Seite und gab mir einen Ruck.**

»Schade«, sagte er. »Hättest du nicht vielleicht doch Lust, bei uns zu essen? Es würde uns freuen!«

Ich überlegte einen kurzen Moment. Der Typ wirkte wirklich nett, und auch seine Schwester war sehr freundlich gewesen. Schließlich drängte ich mein komisches Bauchgefühl zur Seite und gab mir einen Ruck: Ein Essen, was war schon dabei?

Wenige Minuten später saß ich bei dem Mann hinten auf dem Motorrad, und wir fuhren durch den irrwitzigen vietnamesischen Verkehr zu ihm nach Hause. Dort begrüßten mich seine Mutter, seine Schwester und ihre zwei kleinen Kinder. Wir saßen im Wohnzimmer, tranken etwas, unterhielten uns, und ich alberte ein bisschen mit den Kleinen herum. Irgendwann stieß auch noch der Bruder des Mannes dazu, und es wurde gegessen. Aus irgendeinem Grund war mir noch immer nicht ganz wohl im Bauch, und so wartete ich mit dem Essen, bis alle anderen angefangen hatten. Ich wunderte mich selbst ein kleines bisschen über meine Befürchtung: Vielleicht war die Suppe vergiftet worden, um mich auszuknocken? Dem war natürlich nicht so. Wir saßen einfach gemütlich beisammen, und die Pho-Suppe war köstlich.

Ich kam mit dem Bruder ins Gespräch, und er berichtete mir, dass er professioneller Kartengeber in einem Casino sei. Ich fand das Thema spannend, und als er das bemerkte, zeigte er mir Kartentricks und erklärte mir, wie man Karten richtig mischt. Als der Tisch abgedeckt war, begannen wir drei Männer eine Runde Black Jack zu spielen. Der Bruder gab mir einige Tipps zum Spiel und wies mich in die Kunst der geschickten Geldeinsätze ein. Ich hatte absolut keinen Schimmer von Black Jack, war aber total interessiert daran, es zu lernen.

Da hatte ich so ein schlechtes Bauchgefühl gehabt und war wieder einmal von meinem typisch deutschen Sicherheitsdenken getäuscht worden: Ich saß im trauten Heim einer netten vietnamesischen Familie, hatte wunderbar gegessen und spielte nun Karten. Ein schöner Nachmittag.

Der Bruder erzählte mir im Laufe des Spiels, dass er auch privat Black-Jack-Spiele ausrichtete, bei denen er oft die Rolle des Kartengebers übernahm. Nicht immer laufe das alles mit rechten Dingen ab, und man müsse vorsichtig sein. Besonders ein Multimillionär aus Brunei spiele immer um sehr hohe Beträge und schulde ihm mittlerweile 3.000 Dollar. Da ich nicht ganz folgen konnte und auch nicht im Mindesten wusste, was das mit mir zu tun hatte, ging ich nicht weiter auf diese Anekdote ein.

Als nächstes drückte mir der Bruder 100 Dollar in die Hand und schlug vor, mit richtigen Einsätzen zu spielen. Einfach, damit ich lernte, wie genau das ablief. Da es nicht mein Geld war, stimmte ich zu. Wir waren mitten in einer weiteren Black-Jack-Runde, als das Telefon des Bruders klingelte.

»Nein, ich habe keine Zeit, wir haben gerade einen Gast aus Deutschland hier«, murmelte er ins Telefon. »Ja, okay, ich frage mal.«

Er legte auf und wandte sich uns zu.

»Der Multimillionär, von dem ich gerade erzählt habe, fragt, ob wir spielen wollen. Hättet ihr Interesse?«

»Macht mal, ich bin eh gleich weg«, antwortete ich.

»Wirklich? Hättest du nicht Lust, uns ein bisschen zu helfen, den Typen auszunehmen? Für dich besteht absolut kein Risiko, du musst kein Geld einsetzen. Aber egal welche Summe wir am Ende gewinnen: Wir machen fifty-fifty. Was sagst du?«, fragte er nach. Er führte noch an, dass der Multimillionär eine linke Bazille sei, der sein Geld mit kriminellen Machenschaften verdiene, dass man ihm endlich mal einen Denkzettel verpassen müsse und so weiter.

Schließlich ließ ich mich überreden. Wenn das so ein widerlicher Kerl war und ich kein Risiko einginge, was hatte ich zu verlieren? Der Bruder rief den Typen zurück und sagte ihm zu. Den Rest der Zeit verbrachten wir damit, uns eine Strategie auszudenken. Die beiden zeigten mir einige Kniffe, erklärten, wie die Karten so ausgegeben wurden, dass nur ich gewinnen konnte, und schließlich legten wir noch ein Codewort fest. Wenn wir dieses benutzten, bedeutete das für mich: Das ist das letzte Spiel, nach der Runde steige ich aus. Wir

Nach ein paar Spielen zum Aufwärmen packte der Multimillionär seine Sporttasche auf den Tisch.

waren noch mitten in unserer Besprechung, da klingelte es auch schon an der Tür. Herein kam ein ausgesprochen unsympathisch wirkender, schmieriger Typ mit einem Haufen Goldringe an den Fingern. In der einen Hand trug er eine Sporttasche. Wir setzten uns an den Tisch: Der Mann, der mich in der Stadt angesprochen hatte, und ich an der einen Seite, der Bruder und der schmierige Typ uns gegenüber. Nach ein paar Spielen zum Aufwärmen packte der Multimillionär seine Sporttasche auf den Tisch, zog 500 Dollar daraus hervor und verkündete: »Alles klar, lasst uns richtig spielen.«

Dann ging es los, das erste inoffizielle Hinterzimmer-Black-Jack-Spiel meines Lebens. Ich setzte den Hundert-Dollar-Schein, den ich bekommen hatte, und ab da lief alles so, wie der Bruder es vorausgesagt hatte: Er dirigierte das Spiel, indem er mir die Karten gab, die ich brauchte, um zu gewinnen. Damit es nicht auffiel, ließ er mich hin und wieder auch verlieren, aber insgesamt standen alle Zeichen gut für mich. Je länger wir spielten, desto mehr Geld fand seinen Weg von der Sporttasche auf den Tisch. Irgendwann lagen satte 64.000 Dollar zwischen uns. Ich spielte den Coolen und ließ mir nichts anmerken, aber in meinem Kopf überschlugen sich die Gedanken:

»64.000 Dollar! Das wären 32.000 Dollar nur für mich! Alter! Was ich damit alles anfangen könnte … Ich könnte noch viele Monate reisen, meinen Bruder bei seiner Hochzeit und dem Hausbau unterstützen. 32.000 Dollar. HOLY SHIT!«

Ich wollte es nicht, aber das Geld blendete mich sehr.

»Nick, möchtest du noch etwas trinken?«, fragte mich der Bruder.

Das war unser Code.

»Nein, danke. Aber Leute, noch dieses Spiel, und dann bin ich raus«, verkündete ich wie abgesprochen.

32.000 Dollar. Zweiunddreißigtausend Dollar!

»Alles klar, letztes Spiel«, sagte der Bruder und begann die Karten auszuteilen. Er hatte so flinke Finger, dass er mir nicht nur das bestmögliche Blatt zuspielen konnte, er schaffte es gleichzeitig auch noch, mir die Karten meines Gegenspielers zu zeigen. Dieser hatte ein Blatt mit 20 Punkten. Ich besah mir meine eigenen Karten: eine Fünf, eine Sechs und einen Buben. 21 Punkte – ich hatte Black Jack.

»O Gott, 32.000 Dollar«, dachte ich erneut.

Plötzlich legte der Multimillionär seine Karten verdeckt vor sich hin und beugte sich zu mir herüber.

»Hör mal, Junge. Wir haben jetzt eine ganze Weile gespielt, du willst aufhören, und da liegt ein Haufen Geld auf dem Tisch – alles mein Kapital, das ich gesetzt habe. Wer sagt mir eigentlich, dass du Kohle hast?«

»Hey, ich bin Deutscher. Ich habe Geld«, antwortete ich so lässig wie möglich.

»Das reicht mir nicht«, der Multimillionär schaute mich an. »Ich brauche eine Garantie, dass du mich auszahlen kannst, wenn ich gewinne.«

Geblendet von meinem baldigen Gewinn, merkte ich nicht, wie unlogisch die ganze Sache war: Wieso sollte ich ihm irgendetwas auszahlen, wenn doch die Summe, um die wir spielten, vor uns auf dem Tisch lag? Doch mein Kopf, randvoll mit Endorphinen, war zu sehr damit beschäftigt, was ich mit 32.000 Dollar alles anstellen konnte – und ich ließ mich auf eine Diskussion ein.

»Nick!
O GOTT!
Vierundsechzig-
tausend Dollar!!!
Wir haben's geschafft!
Wir haben's geschafft!«

»Ich hab genug Geld, ich gebe dir mein Wort.«

Der Bruder schaltete sich ein.

»Okay, wir machen jetzt Folgendes: Wir nehmen eure Karten, legen sie in Umschläge und verwahren sie im Safe. Das ist nicht unüblich, und wir haben Zeit, das zu besprechen.«

Gesagt, getan: Unsere Blätter wurden im Safe verschlossen, und der Kartendealer bedeutete mir, ihm in den Nebenraum zu folgen. Dort fiel er mir sofort in die Arme.

»Nick! O GOTT! Vierundsechzigtausend Dollar!!! Wir haben's geschafft! Wir haben's geschafft!«

Ich konnte mein Glück selbst kaum fassen und geriet komplett aus dem Häuschen. Ich würde den Pott gewinnen! Endlich war meine Zeit gekommen. Nach so viel Sparen und Arbeiten würde ich total viel Geld auf dem Konto haben. Ich wollte am Liebsten vor Freude in Jubel ausbrechen, aber noch mussten wir uns leise verhalten.

»Also, pass auf«, der Bruder fasste mich an den Schultern und sah mir ernst in die Augen.

»Egal was du tust, wir müssen jetzt zusehen, dass der Kerl das Spiel zu Ende spielt. Also ganz gleich, was er verlangt, wir machen es, und wir kriegen das hin. Dann holen wir uns den Pott und machen halbe-halbe.«

Wir gingen zurück zu den anderen. Nach weiteren Diskussionen einigten wir uns darauf, dass ich mit dem Typen, mit dem ich gekommen war, zur Bank gehe und ein bisschen Geld abhebe. Es sollte gar nicht viel sein, der Multimillionär wollte einfach sehen, dass ich liquide war. Wir fuhren also los. Am ATM fragte ich: »Was denkst du, 100 Dollar?«

»Nein, mehr«, antwortete der Typ.

Mein komisches Bauchgefühl meldete sich zurück. Doch gegen die Aussicht auf 32.000 Dollar kam es nicht an. Schließlich hob ich zwei Millionen Dong ab, das sind umgerechnet etwa 500 Dollar – und gleichzeitig alles, was noch auf meinem Konto zu holen war. Im Vergleich zu dem, was auf dem Tisch lag, war es natürlich nichts, aber wenn es dem schmierigen Typen reichte, um mir zu vertrauen, dann war es eben so. Das Telefon des Mannes klingelte wieder.

»Hi Onkel!«, der Typ schaute mich an. »Ich mein, Bruder. Hi Bruder!«

Hatte er gerade »Onkel« gesagt? Oder hatte ich mich verhört? Merkwürdig. Mein komisches Bauchgefühl kämpfte um meine Aufmerksamkeit. Doch ich wurde wieder abgelenkt.

Warum war es so wichtig, dass ich das Geld jetzt auch noch in Gold umtausche?

»Also, mein Bruder sagt, der Multimillionär möchte, dass wir das Geld in Gold umtauschen. Das können wir ganz easy machen, ich kenne da einen Typen. Du kannst es danach wieder zurücktauschen.«

Ich blickte durch diese ganze Ich-brauche-Garantien-Geschichte nicht mehr durch. Warum war es so wichtig, dass ich das Geld jetzt auch noch in Gold umtausche? Mein Kopf schlug erneut die Warnungen meines Bauches in den Wind: Hey, 32.000 Dollar! Wer weiß schon, wie diese illegalen Black-Jack-Spiele ablaufen? Vielleicht ist das alles ganz normal. »Nimm halt jetzt die 500 Dollar, tausch sie um, und du bekommst am Ende das Zigfache heraus. Stell dich nicht so an«, redete ich mir ein.

Wenig später standen wir in einer Art Schmuckladen, und ich tauschte den größten Teil der 500 Dollar gegen eine Goldkette. Wir hatten nun also den Schmuck und noch ein paar Dollarnoten. Im Geschäft gab es einen weiteren Geldautomaten. Der Blick meines Begleiters blieb daran hängen.

»Nick, wollen wir nicht noch etwas mehr abheben? Zur Sicherheit?«

»Nein, mein Konto ist leer, da sind nur noch ein paar Dollar drauf.«

»Hast du noch irgendwo anders Geld? Es wäre wirklich besser, wenn wir mit ein bisschen mehr Sicherheit zurückkämen. Was, wenn der Typ uns abspringt?«

Ich verneinte erneut, mein schlechtes Bauchgefühl noch immer ignorierend. Dennoch wurde ich ungehalten:

»Was soll denn das? Wir haben doch jetzt Geld geholt, warum reicht das denn nicht?«

Der Typ rief noch mal seinen Bruder an, erklärte ihm, dass wir kein weiteres Geld holen konnten, dann reichte er mir den Hörer weiter. Ich hörte die Stimme des Kartengebers:

»Hey Nick, pass auf. Es hat bisher alles so gut geklappt. Ich will dir vertrauen und du musst mir vertrauen.«

»Ey Mann, ich würde dir gern vertrauen, aber das ist doch alles langsam totale Scheiße. Ich soll hier Geld abheben, es in Gold tauschen, jetzt noch mehr Geld besorgen – und alles, um ein Spiel fertig zu spielen?«

»Nick, vertrau mir bitte. So läuft das. Das ist absolut nicht ungewöhnlich, ich sag's dir. Wir machen es so: Ich kenne einen Typen, bei dem kannst du das Geld und das Gold verpfänden. Du lässt es da, und er gibt dir dafür etwas mehr als Leihgabe«, redete der Kartengeber auf mich ein. Und dann: »Gib mir noch mal meinen Bruder.«

Weil nun auf Vietnamesisch geredet wurde, verstand ich nicht, was die beiden besprachen. Als das Telefonat beendet war, verfielen der Typ und ich erneut in Diskussionen. Am Ende hatte er mich so weit: Ich legte auf die 500 noch 200 Dollar drauf, die ich in der Tasche hatte. Wir waren jetzt also bei 700 Dollar in bar und Gold. Damit wollte der Typ zu diesem Verleiher fahren, zu dem ich aber nicht mitkommen sollte.

»Zu gefährlich«, erklärte mir der Typ. »Das ist nichts Offizielles, und wenn ich dich mitbringe, spielt er nicht mit.«

Ich sollte also zurück ins Hostel gehen, der Typ würde mich dann im Anschluss wieder abholen, und wir brächten das Spiel zu Ende.

Nach wie vor so unendlich geblendet von der Aussicht auf die ganze Kohle, als hätte ich direkt in gleich drei Sonnen geguckt, startete ich einen letzten Versuch, mein Bauchgefühl etwas zu besänftigen:

»Du fährst jetzt mit meiner ganzen Kohle los – hast du im Gegenzug irgendetwas Wertvolles an dir, das du mir im Austausch dalassen kannst?«

Der Typ zog sein uraltes Handy hervor.

»Nein, Mann, das funktioniert nicht.« Ich schüttelte den Kopf. »Was ist mit deiner Uhr?«

Der Typ drehte sofort den Arm weg.

»Nein, die Uhr geb ich dir nicht, die ist von meinem Vater.«

»Aha, sie hat also einen hohen emotionalen Wert für dich?«, fragte ich.

Der Typ nickte.

»Her damit!« Ich streckte die Hand aus.

Jetzt, wo der Mann mit meiner ganzen Kohle weg war, konnte ich das schlechte Gefühl in meiner Magengegend nicht länger ignorieren. Verdammt, was machte ich da eigentlich?

Wieder nahm der Typ das Handy und rief seinen Bruder an. Offenbar wurde er angewiesen, auf meine Forderung einzugehen, denn er legte auf und fummelte die Uhr von seinem Handgelenk. Ein wenig beruhigt steckte ich sie in meine Hosentasche.

»Alles klar. Wir sehen uns gleich wieder«, sagte der Typ noch und stieg auf ein Motorrad-Taxi. Ich nahm ein anderes zu meinem Hostel.

Dort angekommen lief ich direkt in mein Zimmer. Jetzt, wo der Mann mit meiner ganzen Kohle weg war, konnte ich das schlechte Gefühl in meiner Magengegend nicht länger ignorieren. Verdammt, was machte ich da eigentlich? Sofort entleerte ich meine Taschen. Handy, Kleingeld, Portemonnaie – alles verschloss ich im Safe. Ich würde mit komplett leeren Händen zum Spiel zurückfahren, denn ich wollte diesen Typen nicht die geringste Möglichkeit geben, mir mein Zeug wegzunehmen. Ich war tierisch nervös. Gleichzeitig versuchte ich mich mit dem Gedanken daran zu beruhigen, dass das gemeinsame Mittagessen so nett gewesen war, die Schwester so freundlich, die Kinder so lieb. Die würden mich nicht über den Tisch ziehen – vollkommen ausgeschlossen. Doch war ich nicht den ganzen Tag über schon misstrauisch gewesen? Ich hatte doch von Anfang an nicht mit dem Typen mitgehen wollen, oder?

Ich schaute auf die Uhr: Es war halb acht durch. Um Viertel nach acht sollte ich unten an der Ampel abgeholt werden. Ich lief noch eine Weile unruhig im Zimmer auf und ab, dann ging ich runter und wartete. Nach einigen Minuten kam ein Obdachloser an mir vorbei.

»Hast du ein bisschen Geld?«, fragte er mich.

»Nein, Mann, aber ich verspreche dir, wenn das alles klappt heute, komme ich wieder, und du bekommst von mir 200 Dollar in bar auf die Hand.«

Der Obdachlose guckte mich irritiert an, nickte und zog weiter.

Ich wartete.

Die Minuten kamen mir vor wie Stunden, vermutlich wegen der ganzen Hummeln in meinem Hintern. Immer wenn eine grüne Welle kam, suchte ich den ganzen Verkehr nach dem Typen ab. Um Viertel nach acht konnte ich die Anspannung kaum noch aushalten. Doch es wurde halb neun, und von dem Typen keine Spur. Auch nicht um neun. Wieso verspätete er sich so? Gut, der vietnamesische Verkehr ist krass. Vielleicht dauerte es einfach länger?

»Denk positiv!«, redete ich mir ein und wartete weiter.

Bis Viertel nach zehn stand ich an der Kreuzung und hoffte, dass der Typ noch auftauchte. Erst dann sah ich ein, dass er niemals kommen würde. Ich war nach Strich und Faden getäuscht und ausgeraubt worden. Auf eine saudumme, aber auch faszinierende Art und Weise. Auf dem Rückweg in mein Hostel fing ich urplötzlich an zu zittern. Was, wenn die Typen meine Warterei ausgenutzt und sich auch noch in meine Unterkunft geschlichen hatten? Ich rannte die letzten Meter ins Zimmer und stürzte zum Safe, um zu überprüfen, ob noch alles an Ort und Stelle war. Glücklicherweise lag mein Handy dort, wo es sein sollte: direkt neben meinem Geldbeutel, meinem Reisepass – und der verdammten Uhr. Na super, jetzt besaß ich diese gebrauchte FOSSIL-Uhr, und der Kerl hatte meine 700 Dollar.

»Hi Papa. Du, ich glaube, ich bin ausgeraubt worden.«

Da ich es in meinem Zimmer nicht aushielt und ich unbedingt mit jemandem reden musste, lief ich ins nächste Internetcafé und rief die Person an, die ich jetzt am liebsten sprechen wollte: meinen Dad.

»Hey Sohnemann!« Mein Vater freute sich sehr, mich über die Webcam zu sehen.

»Hi Papa. Du, ich glaube, ich bin ausgeraubt worden.«

Ich erzählte ihm die ganze Geschichte. Während ich schilderte, wie der Tag abgelaufen war, hörte ich selbst, wie dumm es gewesen war, auf so eine Nummer hereinzufallen. Es war doch so offensichtlich gewesen, die ganze Kiste mit dem Geld abheben und Gold tauschen! Warum hatte mich die Aussicht auf 32.000 Dollar nur so blind gemacht?

Mein Dad hörte mir aufmerksam zu und schüttelte dann lachend den Kopf.

»Nick, das ist wirklich blöd gelaufen. Aber du kannst jetzt nichts mehr daran ändern. Shit happens. Das weißt du.«

»Ja, du hast recht«, antwortete ich. Mittlerweile musste ich auch schmunzeln. Es tat gut, mit meinem Vater zu reden.

Ein bisschen musste ich die Typen auch bewundern. Was sie alles unternommen hatten, um an meine Kohle zu kommen! Gut, sie hatten vermutlich mit deutlich mehr als 700 Dollar gerechnet. Aber wäre es nicht trotzdem sehr viel einfacher gewesen, mir eine Knarre an den Kopf zu halten und mich an einem Geldautomaten zu zwingen, mein ganzes Erspartes abzuheben? Warum diese ewig lange, ausgefeilte und wirklich überzeugend gespielte Scharade? Die Schwester, die angeblich nach Deutschland wollte, das Mittagessen, das Kartenspiel, der ominöse Multimillionär aus Brunei, der wahrscheinlich einfach der Nachbar der Brüder war. Wenn es überhaupt Brüder waren. Hatte der Typ seinen Bruder am Telefon nicht »Onkel« genannt? Egal wie ich es drehte und wendete: Das ganze Schauspiel war oscarverdächtig, ein Clou, der es von mir aus auch mit *Ocean's Eleven* aufnehmen konnte. Wer sich so viel Mühe gab, was soll's, der hatte sich meine 700 Dollar auch irgendwie verdient.

Nach dem Gespräch mit meinem Vater blieb ich noch eine Weile am Computer sitzen. Mein Blick fiel auf die Uhr, die ich noch immer in der Hand hielt. Ich googelte die Seriennummer und überlegte, wie viel ich dafür wohl bekommen würde. Vielleicht hundert Dollar? Ich steckte die Uhr in die Tasche, loggte mich aus und verließ das Internetcafé.

Fest stand: So wie die Sache aussah, konnte ich die Motorradtour durch Vietnam knicken. Ich hatte noch rund 40 Dollar in meinem Geldbeutel, mein Konto war leer. Ich musste nachdenken, doch dazu brauchte ich das Meer. Ich nahm mir also die zwei oder drei Tage, die mein Geld in Asien noch reichen würde, und fuhr nach Mũi Né, einen Küstenort am Südchinesischen Meer, der nicht weit entfernt war.

Hier sondierte ich meine Möglichkeiten: Ich konnte mich geschlagen geben, meine Eltern um Geld bitten und mit hängenden Schultern zurück nach Deutschland fliegen. Dagegen stand, dass ich trotz – oder gerade wegen – der eineinhalb Jahre, die ich nun unterwegs war, auf keinen Fall mit dem Reisen aufhören wollte. Jetzt noch nicht. Blieb nur Australien: Ich konnte Bumblebee, den ich bei einer Familie untergestellt hatte, abholen, und mich erneut auf Jobsuche begeben.

Kaum war der Gedanke gedacht, war meine Entscheidung auch schon gefällt. Ich suchte also erneut ein Internetcafé auf und rief meinen Dad an.

»Hey Pa, das ist jetzt das erste Mal, dass ich dich um so etwas bitte, und es wird definitiv auch das letzte Mal sein: Kannst du mir 211 Euro für den Rückflug von Ho Chi Minh nach Perth leihen?«

Ich war nicht mehr der Nick von früher.

Einen Tag später landete ich in Australien und holte meinen Van ab. Obwohl ich in Perth stand und schon so viel hinter mir hatte, versetzten mich meine leeren Taschen gefühlsmäßig in die Zeit zurück, als ich noch vom Reisen träumte und kein Geld dafür hatte. Doch seit damals war viel passiert. Ich war nicht mehr der Nick von früher. Ich war auf der anderen Seite zwar auch noch weit davon entfernt, als weiser Mann auf irgendeinem Berg zu sitzen, aber eines wusste ich mit Sicherheit: wie man in Australien Geld verdient. Mir war klar, dass ich alles daran setzen wollte, nicht mit leeren Taschen nach Deutschland zurückzukehren. Ich konnte und wollte dann nicht bei null anfangen. Als ich in Australien in meinem Van saß, war es dieser Gedanke, der mich über die Maßen motivierte, innerhalb kürzester Zeit so viel zu verdienen, damit ich genug Geld für meine Pläne haben würde. Ich wollte mir ein dickes Reisebudget aufbauen und so schnell wie möglich meine Schulden bei meinem Vater zurückzahlen.

Schon in den ersten Wochen schaffte ich es, mir fünf verschiedene Jobs an Land zu ziehen. In den nächsten drei Monaten riss ich mir den Arsch auf und arbeitete sieben Tage die Woche, teilweise bis zu 18 Stunden am Tag.

Die Uhr habe ich am Ende übrigens nicht verkauft. Sie hat auch für mich einen großen emotionalen Wert bekommen. Noch heute liegt sie in meinem Zimmer in einer Schatulle auf meinem Regal und erinnert mich daran, dass ich, wenn ich etwas wirklich, wirklich erreichen möchte, der Einzige bin, der dafür verantwortlich ist, dass es auch wahr wird. Oder zumindest daran, immer auf mein Bauchgefühl zu hören.

WORK STATT TRAVEL

Statt mit einem Motorrad durch Vietnam zu fahren, befand ich mich wieder in Australien. Obwohl ich auf Betrüger hereingefallen war, trug ich mich nicht mit wütenden Gedanken herum. Auch der verpassten Motorradtour trauerte ich nicht nach. Vielmehr war ich nachdenklicher geworden und machte mir mehr und mehr Gedanken um die Zukunft. Die Gedanken an mein Leben vor der Weltreise und an meine alte Arbeitsstelle waren längst verblasst, aber wie sollte es eigentlich weitergehen? Wenn mir Vietnam eines gezeigt hatte, dann, wie schnell mein Reisetraum auch vorbei sein konnte. Ich hatte mich so daran gewöhnt, im Hier und Jetzt zu leben, das Reisen zu genießen und jeden Tag zu nehmen, wie er kam, dass mich die Zukunftsgedanken in eine Art Krise stürzten: Durfte ich ewig so weitermachen? Konnte ich ewig so weitermachen? Ich fühlte mich verloren. J. R. R. Tolkien schrieb: »Not all those who wander are lost.« Aber manchmal hatte ich das Gefühl, genau an diesem Punkt angekommen zu sein. Die bisherigen Erfahrungen und die Bekanntschaften mit Menschen aus aller Welt standen in krassem Gegensatz zu meiner Erziehung, zu meinem stereotypen Denken, das ich gerade erst aufgebrochen hatte, zu dem Erwartungsdruck und der generellen Haltung gegenüber Zukunftsfragen in meiner Heimat Deutschland.

In Perth angekommen hatte ich einen festen Plan: so viel Geld zu verdienen wie möglich. Gleichzeitig fühlte ich mich wie ein Schiff ohne Anker. Ich wusste, dass meine Reise jetzt nicht noch fünf Jahre weitergehen würde, denn es gab ihn, diesen Drang, auch mal wieder zu Hause zu sein und meine Freunde und Familie zu sehen. Aber ich wusste auch, dass ein Leben in Deutschland nicht das war, was ich wollte. Das Reisen konnte einfach nicht diese kleine Unterbrechung in meinem Lebenslauf bleiben, von der ich immer und immer wieder erzählen würde, bis alle die Augen verdrehten. Ich wollte nicht in der Vergangenheit leben und jahrzehntelang von diesen knapp zwei Jahren zehren. Genau konnte ich meine Gedanken noch nicht formulieren, aber für mein Unterbewusstsein war es bereits eine klare Kiste: Diese kleine Lücke im Lebenslauf würde keine kleine Lücke bleiben. Vielleicht sogar nicht einmal eine Lücke.

Immer mehr sah ich das Leben als eine Art Puzzle. Mit jeder Entscheidung nahm ich ein Puzzleteil aus der Schachtel. Für mein Leben Verantwortung zu übernehmen, um das zu erreichen, was ich wollte, bedeutete nun, jedes Puzzleteil an das vorige anzufügen. Beim Puzzle des Lebens gibt es kein »Schade, das passt hier nicht dran. Vietnam ist schuld. Der Job ist schuld. Das fehlende Geld ist schuld«. Bullshit! Mit jedem neuen Puzzleteil in der Hand hieß es für mich nun zu überlegen: Wo passt es ran – und wie gehe ich am besten vor? Allein auf diese Weise wäre es möglich, am Ende des Lebens ein Bild zu erhalten, mit dem ich zufrieden sein würde. Bei dem ich sagen konnte: »Nein, ich bereue nichts.«

Nur ich konnte dafür sorgen, dass mein Leben in den Bahnen verlief, in denen es verlaufen sollte – niemand sonst. Ich war verantwortlich. Selbst wenn ich die Bahnen noch nicht genau ausmachen konnte, genügend Geld dafür zu haben würde in keinem Fall schaden.

Solche Gedanken reiften in mir, als ich mich nun auf meinen Hintern setzte und mir einen Job nach dem anderen besorgte. Das Reisen stellte ich für eine Weile aufs Abstellgleis, mein Fokus lag auf dem Geldverdienen. Durch ein ganz neues Selbstvertrauen, das ich durch meine bisherigen Jobs gewonnen hatte, ergatterte ich innerhalb weniger Tage drei verschiedene Jobs. Ich marschierte in ein Hotel und bot mich als Barkeeper mit Erfahrung als Barista, Thai-Koch und Restaurantmanager an – und zack, war ich Barkeeper. Genauso ging ich in einem afrikanischen Steakhouse vor und übernahm dort für ein paar Stunden am Tag die Verantwortung für den Barbetrieb. Als nächstes ging ich zum Hafen und schraubte schließlich in einem Team mit drei Australiern an Booten herum.

Mein Alltag gestaltete sich fortan folgendermaßen: Ich schlief in meinem Van am Hafen von Perth, stand um 7 Uhr früh auf und arbeitete dort bis 14 oder 15 Uhr an Booten. Im Anschluss nahm ich eine eiskalte Dusche in den Werkshallen der Werft, schmiss mich in mein Barkeeper-Outfit und begann meine Schicht im Tradewinds-Hotel in Fremantle. Dort blieb ich bis zwei Uhr morgens. An den Tagen, an denen ich nicht im Hotel arbeitete, zapfte ich im afrikanischen Steakhaus bis in die frühen Morgenstunden Bier. Zur Nachtruhe fuhr ich wieder zum Hafen. Auf diese Weise verbrachte ich alle sieben Tage in der Woche und machte keine Pause.

Eines Tages, als ich mich gerade wieder unter der eiskalten Werft-Dusche gewaschen hatte und meine Barkeeper-Kluft anzog, blieb ein weißer Pick-up-Truck neben mir stehen. Ein relativ wuchtiger Typ mit Glatze und Vollbart lehnte sich aus dem Fenster.

»Du siehst aus wie ein Barkeeper«, rief er mir zu.

»Ähä«, antwortete ich wenig redegewandt.

»Bist du ein Barkeeper?«, setzte er nach.

»Ähä«, ich wieder.

»Also pass auf: Ich bin gerade auf der Suche nach Leuten wie dir. Hast du Interesse an einem weiteren Job?«

Ich gab erneut das Wort mit den zwei »Ä« von mir.

Als der Pick-up-Truck weiterfuhr, blieb ich mit der Visitenkarte des Typen in der Hand und seiner Aufforderung in den Ohren zurück: »Super. Wenn du in den nächsten Tagen Zeit hast, ruf mich an.«

> **Wenn du etwas wirklich möchtest, ergeben sich von allein oft viele Möglichkeiten.**

Manchmal sind Bewerbungsgespräche denkbar unkompliziert. Mit drei »Ähä« und einem »Klar, mach ich« kam ich an zwei neue Jobs, die mir in den nächsten paar Wochen eine Menge Geld einbrachten. Für mich bestätigte sich damit erneut, woran ich mittlerweile fest glaubte: Wenn du etwas wirklich möchtest und es gedanklich manifestierst, während du absolut sicher bist, dass es möglich ist, ergeben sich

NACH DEM MOTTO »EINFACH MAL DIE FRESSE HALTEN« AB INS BARKEEPER-OUTFIT. NÄCHSTER JOB RUFT …

HIER WURDE DIE YACHT LACKIERT, WÄHREND ICH DEN INNENRAUM UMBAUTE.

von allein oft viele Möglichkeiten, die deinen Traum zur Realität werden lassen.

Der erste Job, den ich über Shaun bekam, war eine Anstellung in seiner kleinen Catering-Agentur. Er setzte mich als VIP-Bartender auf exklusiven Events für irgendwelche Großunternehmen ein. Während Shaun und seine Angestellten in Show-Küchen Gerichte zauberten, mixte ich für 25 Dollar die Stunde Cocktails für gut betuchte Menschen auf Führungskräftetagungen oder ähnlichen Veranstaltungen. Bei einem dieser Events stand ich sogar einmal in Seidenhemd und Stoffhose auf einer Fünf-Millionen-Dollar-Yacht. Meine einzigen Aufgaben – diesmal für 30 Dollar die Stunde bar auf die Hand – waren den Cocktail-Shaker schwingen und gut aussehen.

Der zweite Job, für den Shaun mich rekrutierte, führte mich an einen Stand auf dem Fremantle Market. Brice, ein französischer Backpacker, und ich verkauften hier für Shauns Cateringfirma einmal in der Woche verschiedene Gerichte aus aller Welt. Für 20 Dollar die Stunde brachten also ein Deutscher und ein Franzose mexikanische Tacos an den Mann. Die Welt war einfach mein Zuhause geworden.

Die viele Arbeit lenkte mich ein wenig von meinen Grübeleien ab, was mir sehr gut tat. Der einzige Abend, an dem ich frei hatte, war der Dienstagabend. Diesen verbrachte ich regelmäßig im Brisbane Hotel in Perth. Dort wurde abends in der Bar Stand-up-Comedy veranstaltet. Je öfter ich hinging, desto mehr kam ich auf den Geschmack. Wie wäre es eigentlich, selbst einmal auf der Bühne zu stehen, statt immer nur mit meinen Arbeitskollegen oder Bekannten im Publikum zu sitzen? Wie das bei mir so ist: Ich probierte es aus. An einem Dienstagabend stand ich also auf der Bühne, machte Witze über meinen Akzent und berichtete von dem einen oder anderen lustigen Abenteuer als Deutscher in Australien. Obwohl ich vor lauter Aufregung einige Gläser Wein getrunken hatte und deshalb leicht einen sitzen hatte, meisterte ich den Auftritt. Die Leute johlten und klatschten, und ich merkte: Dieses auf der Bühne stehen, das könnte mir gefallen. Wieder ein Puzzleteil, dass ich ausprobiert hatte – und das sich mit einem leisen Plopp in mein Bild einfügte.

So verging die Zeit in Perth mit fünf Jobs und Stand-up-Comedy. Ich arbeitete 16 Stunden

ALS DEUTSCHER AUF DEM WOCHENEND-MARKT IN AUSTRALIEN MEXIKANISCHES ESSEN VERKAUFEN: KANN ICH.

> **Ich kurbelte die Scheiben runter, um ein letztes Mal den Fahrtwind zu spüren, drehte meine Lieblingsmusik auf und heulte wie ein Schlosshund.**

täglich und verdiente rund 1.000 Dollar die Woche. Durch Shaun, Brice, meine Kollegen im Hotel und im Restaurant hatte ich eine kleine »Arbeiterfamilie« um mich versammelt, mit der ich die wenige Freizeit verbrachte. Trotz der anstrengenden Jobs fühlte sich die Zeit nicht wie ein Arbeitsleben an. Es war einfach der Schritt, der nötig war, damit es weitergehen konnte. Ich schlief in Bumblebee und bekam ausreichend Verpflegung im Hotel, im Restaurant oder bei Shaun. Bis auf zwei oder drei Bier am Dienstagabend sowie Benzin hatte ich deshalb so gut wie keine Ausgaben.

Nach drei Monaten, als der Gedanke an eine Heimreise immer konkreter wurde, hatte ich 15.000 australische Dollar zusammengespart, umgerechnet etwa 12.000 Euro. Vor mir lag nun einer der schwersten Schritte, die ich auf der Weltreise tun musste: meinen geliebten Bumblebee abgeben. Ich hatte Bumblebee für 2.900 Dollar gekauft und etwas Geld reingesteckt: Er hatte jetzt einen neuen TÜV, ein Roof Rack, also einen Dachträger, sowie Nummernschilder von Western Australia, die auch einiges wert waren. So konnte ich den Verkaufspreis auf 5.000 Dollar anheben. Der Van war mir so ans Herz gewachsen, dass ich Rotz und Wasser flennte, als ich die Fahrt zum Käufer, einem französischen Backpacker, antrat. Ich kurbelte die Scheiben runter, um ein letztes Mal den Fahrtwind zu spüren, drehte meine Lieblingsmusik auf und heulte wie ein Schlosshund. So viel Zeit hatte ich auf diesen vier Rädern verbracht. Ich dachte daran, wie ich als damals noch komplett andere Person in Mexiko angekommen war: mit rasierter Brust, kurzen Haaren, Ganzkörpersonnenbrand und im Kopf noch ein ganz schöner Idiot. Jetzt war ich sehr verändert: Ich sah aus wie ein Surfer-Dude, braungebrannt mit langen blonden Haaren, konnte fließend Englisch sprechen und führte ein ganz anderes Leben mit nur noch teilweise idiotischen Ideen. Ich hatte es geschafft, mich um meinen eigenen Arsch zu kümmern, hatte die Welt bereist, einen Van gekauft, fünf Jobs gleichzeitig gemeistert und für meine Verhältnisse irre viel Geld verdient. Das waren die Dinge, die mir durch den Kopf geisterten, als ich dem Franzosen meinen Van und mit diesem auch einen Teil meines Herzens übergab.

KAPITEL 8
HOME, BITTERSWEET HOME

DIE RÜCKKEHR

Am 30. November 2011 um die Mittagszeit herum landete ich nach knapp zwei Jahren Weltreise am Flughafen Frankfurt. Mit meinem Backpack auf dem Rücken, einem weißen Longsleeve und meiner mittlerweile recht mitgenommenen Multifunktionshose trat ich in die Ankunftshalle. Ich war braungebrannt, meine Haare waren lang und von der Sonne ausgebleicht, und ich hatte ein fettes Grinsen im Gesicht. Ich sah aus wie die waschechte Inkarnation eines Weltreise-Stereotyps.

Ich ließ meinen Blick über die Menge schweifen, bis er an zwei Männern hängen blieb: der eine etwas älter, mit weißen Haaren, der andere jünger und mit einem Handy in der Hand, das auf mich gerichtet war. Sofort ließ ich mein Gepäck fallen und rannte auf die beiden zu. Ich sprang meinem Bruder in die Arme und drückte ihn lange fest an mich. Danach warf ich mich meinem Dad um den Hals. Es war so unfassbar schön, die beiden wiederzusehen. Jetzt fehlte nur noch meine Mutter. Als wir mit dem Auto in unsere Einfahrt in Theilheim fuhren, konnte ich es nicht mehr erwarten, sie zu sehen. Ich hatte sie wirklich vermisst. Kaum hielt das Auto, trat sie auch schon aus der Tür und ließ den üblichen Mutter-Sermon los: »Nick, ist dir nicht kalt? Du hast ja nur kurze Hosen an und keine Jacke!« Ich hörte gar nicht zu und schloss sie einfach nur in die Arme. Als wir uns voneinander lösten und sie einen prüfenden Blick auf mich warf (War ich gesund? Hatte ich genug Fleisch auf den Rippen?), hatten wir beide Tränen in den Augen.

Es war wirklich großartig, meine Familie, diese geliebten Menschen, wieder um mich zu haben, gemeinsam am Tisch zu sitzen, zu quatschen sowie Pellkartoffeln mit Fleischwurst und Mamas hausgemachter Sour Cream zu essen. Als ich nach so langer Zeit das erste Mal mein kleines Zimmer unterm Dach betrat und mein Zeug abstellte, kamen eine Menge Emotionen hoch, und es flossen erneut einige Tränen. Woher sie kamen, wusste ich nicht. Sie kamen einfach aus mir heraus.

Die ersten Tage zu Hause verbrachte ich wie in einem Film. Ich tat alles, was ich lange vermisst hatte. Ich rief meine Freunde an, kaufte mir einen Döner mit Chilisauce bei Tigris Döner, schaufelte ohne Ende Schwarzbrot in mich hinein und dachte beim Anblick der gefüllten Supermarktregale noch mal an meine eiskalte Nacht am Strand von Vancouver Island, als ich versucht hatte, eine halbe Zwiebel über einem Teelicht zu rösten. In was für einem Überfluss wir lebten! Ich lief durch die Gegend und sog das ganze Zuhausegefühl in mich auf. Das Einzige, was mir in diesen ersten Tagen zu schaffen machte, war das Wetter: Nach so vielen Monaten Sonne fror ich erbärmlich, Dunkelheit und Regen schlugen mir aufs Gemüt. Dennoch fühlte ich mich wie in den Flitterwochen nach einer phänomenalen Hochzeit. Doch so, wie Flitterwochen irgendwann ein Ende haben und der Alltag danach mit voller Wucht zurückschlägt, ging es auch bei mir stimmungsmäßig auf einen Schlag sehr schnell sehr steil bergab.

REVERSE CULTURE SHOCK

Von einer »Travel-Depression« hatte ich in meinem Leben noch nichts gehört, und so wusste ich nicht, was plötzlich mit mir los war. Irgendwann hatte ich alle Punkte auf meiner Liste von Dingen, die ich zu Hause unbedingt tun wollte, abgehakt. Dann tat sich der Boden unter meinen Füßen auf, und ich stürzte in einen tiefen dunklen Brunnenschacht. Ich saß an meinem Schreibtisch und fragte mich: »Und jetzt?« Ich wünschte, ich hätte damals eine Antwort gehabt, aber da war nichts außer einer bedrückenden Leere.

Meine Eltern sind die besten Eltern der Welt, aber schon nach wenigen Tagen gingen sie mir unglaublich auf den Keks. Ich hatte so ein komplett anderes Leben gelebt, hatte mich innerlich und äußerlich sehr verändert – wie konnte ich da wieder an das Davor anknüpfen? Ich schlug mit einem gewaltigen Krachen am Boden des Schachtes auf und blieb dort regungslos liegen.

Um mich irgendwie abzulenken, verabredete ich mich mit meinen drei besten Freunden im Reuererbäck, unserer Lieblingsbar in Würzburg. Hier hatten wir schon früher fast jedes Wochenende gesessen und Ramazotti auf Eis oder Bier getrunken, während wir uns von unserer Arbeitswoche erzählten oder über alles Mögliche philosophierten. In der Bar roch es noch genau wie damals, selbst der Barkeeper war derselbe. Wir setzten uns an einen Vierer-

So lange hatten wir nicht mehr miteinander gesprochen. Was würden JK, Tobi und Basti zu all meinen Abenteuern sagen?

tisch, und ich stieß meinem besten Freund JK, eigentlich Jan-Kalle, kumpelhaft in die Seite. Was freute ich mich trotz allem, die Jungs wieder um mich zu haben. Ich saß wie auf glühenden Kohlen: So lange hatten wir nicht mehr miteinander gesprochen, und bisher waren wir thematisch auch noch nicht groß zu meiner Reise gekommen. Was würden JK, Tobi und Basti zu all meinen Abenteuern sagen? Ich brannte darauf, ihnen von meiner unglaublichen Weltreise zu erzählen. Da ich nicht angeben oder ihnen meine Erzählungen aufdrängen wollte, beschloss ich zu warten, bis mich jemand auffordert: »Nick, erzähl mal, wie war's?«

Doch diese Frage kam nicht.

Ich war innerlich unfassbar aufgewühlt, und die Worte warteten nur darauf, aus meinem Mund zu sprudeln. Ich sehnte mich nach begeisterten Fragen, nach Interesse, von mir aus auch Anerkennung. Aber ich wartete und wartete und wartete, ohne dass auch nur eine einzige Nachfrage kam. Irgendwann, als gerade keiner von uns etwas sagte, räusperte sich Basti: »Ey, habt ihr schon von dem neuen *Batman*-Film gehört?«

Ich war perplex. Da war ich fast zwei Jahre weg gewesen ohne den geringsten Kontakt, habe verrücktes Zeug erlebt und war äußerlich radikal verändert – und er fragte, ob wir schon den neuesten Blockbuster kannten? Keiner meiner Freunde zeigte auch nur das geringste Interesse an meinem Leben der letzten Monate. Ich ließ mir an dem Abend nichts anmerken, doch ich war mega enttäuscht.

Der nächste Schlag ins Gesicht ließ nicht lange auf sich warten. Ich hatte noch Anspruch auf sieben Monate Arbeitslosengeld. Also stand ich eines Morgens im Arbeitsamt und zog eine Wartenummer aus dem Automaten. Von der Decke strahlte grelles Neonlicht auf den Warteraum herab. Ich grüßte in die Runde, aber niemand hob auch nur den Kopf. Obwohl so viele Menschen beieinander saßen, sprach niemand, und es gab keinerlei Augenkontakt. Jeder wich dem Blick des anderen aus. Ich fühlte mich einfach nur unwohl. Als meine Nummer aufgerufen wurde, ging ich zu meinem Sachbearbeiter. Ich hatte viele Fragen. In meinem alten Beruf als IT-Systemkaufmann wollte ich nicht mehr zurück, aber vielleicht gab es Umschulungen in Richtung Tourismusbranche? Staatliche Förderungen, wenn man eine Selbständigkeit ins Auge fasste? Ich grüßte freundlich und zog die Tür hinter mir zu. An einem Eckschreibtisch saß ein Mann Mitte 30 in einem mausgrauen, viel zu großen Wollpullover, der auf seinen Bildschirm starrte und keinerlei Notiz von mir nahm. Um nicht weiter doof im Raum herumzustehen, nahm ich unaufgefordert Platz. Nach einigen Sekunden blickte er auf und sah durch mich hindurch.

»Ja, Herr Martin, ich sehe, Sie sind in unserer Kartei als IT-Systemkaufmann gelistet.«

Ich nahm sofort den Faden auf, erzählte ihm kurz, wie ich die letzten Monate verbracht hatte, und bekundete Interesse an einer beruflichen Veränderung. Der Sachbearbeiter schien mich nicht gehört zu haben, anders konnte ich mir seine nächsten Worte nicht erklären: »Also ich würde sagen, wir tragen

Sie jetzt erst einmal wieder als arbeitssuchend in Ihrem alten Arbeitsfeld ein. Sie bekommen dann Briefe von uns zugeschickt mit Stellenangeboten, auf die Sie sich bitte bewerben.«

Ich verstand nicht, warum er nicht auf das einging, was ich gerade gesagt hatte. Doch ein erneutes Nachfragen führte nur wieder zu der gleichen Aussage, dass ich erst einmal als arbeitssuchend eingetragen würde. Das war's. Ende des Gesprächs. Nach einem kurzen Abgleich meiner Daten wurde ich entlassen und stand wenig später in der Kälte vor den Türen des Arbeitsamtes. In mir kochten Wut und Unverständnis hoch: »Wow, Nick, du bist hier kein Mensch. Du bist in einem richtigen Scheißsystem nur eine Scheißnummer unter vielen.«

> **Ich war gerade einmal zehn Tage wieder daheim und fühlte mich so elend wie nie zuvor.**

Wie der Sachbearbeiter angekündigt hatte, bekam ich Arbeitslosengeld und Briefe mit Stellenanzeigen, aber niemand interessierte sich dafür, was ich wirklich wollte. Alles hatte sich so sehr verändert, nichts war wie vorher. Ich lief durch die Straßen und suchte das Feuer in den Augen der Menschen, welches ich in den letzten zwei Jahren bei so vielen anderen gesehen hatte. Doch hätte ich die Menschen, die damals in den Wintermonaten durch die Würzburger Innenstadt liefen, gefragt, welche Farbe die Dächer der Häuser haben, keiner hätte es mir sagen können, denn alle schauten nur auf den Boden. Wenn mich doch einmal jemand anschaute, erntete ich komische Blicke. »Was war das denn für ein braun gebrannter Typ mit langen Haaren?«, schienen sie zu fragen. Grüßte ich mit einem Lächeln im Gesicht, wenn ich ein Geschäft betrat, kam selten eine Erwiderung. Ich kam mir mehr und mehr fremd vor. Alles sah aus wie zu Hause, aber es fühlte sich nicht mehr so an. Es war, als ob ich mein Zuhause nicht mehr kennen würde.

Als ich vom Arbeitsamt nach Hause kam, legte ich mich auf mein Bett und starrte an die Decke. Ich war gerade einmal zehn Tage wieder daheim und fühlte mich so elend wie nie zuvor. Zum hundertsten Mal fragte ich mich, was nur passiert war. Da nahm ein Gedanke immer klarere Formen an: Was, wenn nicht alle anderen, sondern nur ich mich verändert hatte? Wenn alles genauso war wie vorher, aber ich es war, der nicht mehr hineinpasste? Je näher ich hinsah, desto genauer erkannte ich, dass sich hier wirklich rein gar nichts verändert hatte: Meine Freunde hatten alle noch die gleichen Jobs, gingen immer noch jedes Wochenende in die gleiche Bar, tranken das gleiche Bier und redeten über die gleichen Themen. Meine Mutter schaute immer noch jeden Abend ihre Lieblingssendung. Es hat sich überhaupt nichts geändert. Nur fühlte ich mich trotzdem völlig fremd. Ich erkannte, dass das Problem nicht außerhalb von mir lag, sondern tief in mir drinnen. Hatte ich gedacht, dass ich bereits am Boden des besagten dunklen Brunnenschachts angekommen war, hatte ich mich geirrt. Mit einem lauten Quietschen öffnete sich eine Falltür, und ich stürzte erneut ein ganzes Stück in die Tiefe.

Nachts lag ich wach. Ich wollte nicht wahrhaben, dass es vorbei sein sollte mit dem Reisen. Ich wollte nicht wahrhaben, dass ich nun wieder im kalten Deutschland war. Dass noch Monate voll Dunkelheit, Regen und Kälte vor mir lagen. Ich vermisste die Person, die ich auf Reisen gewesen war: dieser fröhliche, emotional ausgeglichene, neugierige und lernbereite Globetrotter mit dem breiten Grinsen im Gesicht. Ich vermisste die Einstellung, die ich gehabt hatte und die Berge versetzen konnte, wenn ich es nur wirklich wollte. Ich mochte die Person, die ich jetzt war, überhaupt nicht: ein in sich gekehrter, trübsinniger Mensch, bei dem irgendjemand den Stecker gezogen hatte und dessen Blick sich mit jedem Tag mehr Richtung Boden wandte. Wenn ich schlief, träumte ich unruhig vor mich hin. Oft wachte ich auf und bekam keine Luft. In diesen Momenten raste mein Herz wie wild, und ich wurde von einer so tiefen Traurigkeit erfasst, dass es mir die Tränen in die Augen trieb. Ich wünschte, dass ich einfach aus diesem Leben aufwachen würde und wieder in meinem Van lag. Ich würde vom ersten Sonnenstrahl geweckt werden, das Meeresrauschen hören und mich dann fertig machen, um zu einem Job in Fremantle zu gehen – von mir aus auch zu dem in der Giftfabrik. Doch jedes Mal, wenn ich die Augen öffnete, fand ich mich in meinem dunklen Dachzimmer wieder und bekam Schnappatmung. Ich hörte den Regen auf das Dach prasseln, ein Geräusch, das mich früher beruhigt hatte und das ich jetzt nur noch als trist empfand.

Im Internet suchte ich in Foren nach Menschen, denen es ähnlich ging wie mir – und stieß schließlich auf den Begriff »Travel Depression«. Ich erfuhr von den Schwierigkeiten der Heimkehr, dem sogenannten »Reverse Culture Shock«, der nach einer langen Reise zur Folge hatte, dass man sich in seinem eigenen Zuhause wie ein Fremder fühlte. Ich erkannte, dass ich in eine handfeste Depression geschlittert war.

Zudem vermisste ich meine Freunde auf der ganzen Welt, sah ihre Beiträge auf Facebook und versuchte Kontakt zu halten. Doch jedes Mal, wenn einer von ihnen eine Nachricht schrieb oder Bilder veröffentlichte, übermannte mich eine Mischung aus Trauer, Neid und Selbstmitleid – auch, wenn ich nicht stolz darauf war. Ich konnte nicht einmal mehr Musik hören, denn jedes der Lieder in meiner Playlist verband ich mit bestimmten Erfahrungen, einem Land oder einem Gefühl. Diese Emotionen schienen so weit in die Ferne gerückt zu sein. Es war kaum zu ertragen.

Was die Briefe vom Arbeitsamt anging: Ich gab mir keine Mühe bei den Bewerbungen. Mit Absicht schrieb ich die Namen der Ansprechpartner falsch, faselte davon, dass ich eh nicht mehr lange in Deutschland bliebe und deshalb überhaupt nur für eine kurze Übergangszeit einen Job suchte. Das Letzte, was ich wollte, war, wieder Tag für Tag in ein Büro zu fahren und erneut zu der Routine-Maschine zu werden, die ich einst gewesen war. Nichts würde mich dazu bringen, jeden Tag denselben Arbeitsweg hinter mich zu bringen, das gleiche Essen zu essen und die gleichen nichtssagenden Abendfilme im Fernsehen zu sehen. Kein Mensch, der noch halbwegs bei Sinnen war, würde mich einstellen.

Leider sah das Arbeitsamt das genauso und steckte mich kurzerhand in eine Maßnahme.

IDIOTEN-SCHULUNG

Wegen meiner absoluten Unfähigkeit in Sachen Bewerbungen sah der Staat sich gezwungen, mir ein wenig auf die Sprünge zu helfen. Ich wurde also freundlich genötigt, mich jeden Werktag von neun Uhr morgens bis zwei Uhr nachmittags in einer Maßnahme

Schon bei der Vorstellungsrunde wurde gejammert und genörgelt – und Schuld hatten immer alle anderen.

für Langzeitarbeitslose einzufinden. Dort traf ich auf Menschen, deren Mentalität und innere Einstellung mich staunen ließen. Schon bei der Vorstellungsrunde wurde gejammert und genörgelt – und Schuld hatten immer alle anderen. Der eine war aus seiner Ausbildung geflogen, weil er generell keinen Bock hatte, da überhaupt aufzutauchen. Der Nächste hatte aus der Firmenkasse geklaut, weil er angeblich zu mies bezahlt wurde. Ein weiterer fand, Hartz IV sei doch ein toller Job – warum also bewerben und früh aufstehen? Die Welt war gegen diese Menschen, sie konnten für nichts etwas und »scheiß auf die ganzen Bonzen und Snobs!«. Ja, klar. Für mich waren es eine Handvoll Maßnahmenkollegen, die nichts auf die Reihe bekamen, weil sie nichts auf die Reihe bekommen wollten.

Als ich mich vorstellen sollte, sagte ich, wie es war: »Hi, ich bin Nick, 25, war die letzten knapp zwei Jahre auf Weltreise und habe mir damit meinen absoluten Lebenstraum erfüllt. Jetzt, zurück in Deutschland, werde ich wie eine Nummer behandelt. Und aus diversen Gründen bin ich nun irgendwie hier gelandet.«

Den anderen im Sitzkreis klappten synchron die Kinnladen herunter.

»Wie, Weltreise?«

»Für zwei Jahre?«

»Wie geht denn so was?«

Ich fühlte mich so fehl am Platz, wie man sich überhaupt nur fehl am Platze fühlen konnte. Jeden Moment war ich drauf und dran, meinen Backpack zu schnappen, das Geld von Australien auf mein Reisekonto zu transferieren und einfach abzuhauen. Allerdings wusste ich ganz genau: Wenn ich jetzt sofort loszog, würde ich einfach nur vor diesen Gefühlen des Nichtakzeptiertseins, des Nichthierwohlfühlens wegrennen. Ich würde das Problem nicht lösen.

Ich weiß nicht, wem ich dafür danken muss, aber im Nachhinein bin ich sehr froh darüber, dass ich damals diesen langen Atem und die Kraft hatte, diese Zeit durchzustehen und trotz allem in Deutschland auszuharren. Denn egal wo ich hinkam, ich eckte überall an: zu Hause, in der Maßnahme, bei meinen Freunden oder einfach auf der Straße. Ich fühlte mich unverstanden, ungeliebt und so, als würde sich niemand wirklich für mich interessieren. Mein Ärger darüber verwandelte sich in Missmut. Ich hatte unwahrscheinliche Angst davor, wieder in den alten Trott zu fallen, mich der Masse der Menschen anzuschließen, die sich darüber beschweren, wenn der Bus zu spät kam, und wieder mit meinen Freunden über das Leben schimpfend in einer Bar zu sitzen.

Dass dies nicht eintrat, hing ganz Wesentlich mit dem zusammen, was am 23. Dezember passierte.

GANZ UNTEN

Ich lag am Grund meines düsteren Brunnenschachts und grübelte vor mich hin. Wenn ich die Augen zusammenkniff, konnte ich ganz weit oben den Himmel sehen. Ein paar Wolken zogen vorbei, und irgendwo dort draußen schien die Sonne. Doch da, wo ich saß, kam kaum Licht hin. Es war kalt und klamm. Ich umfasste mich selbst mit den Armen und versuchte, mich warmzurubbeln, während mein Atem in kleinen Wölkchen nach oben stieg. Auf einmal wurde die Dunkelheit noch dunkler. Ich blickte wieder nach oben. Irgendjemand hatte sich vor die Öffnung geschoben.

Wer ist denn ›ich‹?

»Hallo? Ist da wer?«, rief eine Stimme zu mir herunter.

»Ja, ich bin hier«, antwortete ich.

»Wer ist denn ›ich‹?«, kam es zurück.

»Nick. Ich bin Nick.« Ich stand auf und legte den Kopf in den Nacken, um die schemenhafte Person besser erkennen zu können.

»Ah, freut mich. Was machst du denn da unten?«, fragte die Stimme belustigt.

»Ich weiß nicht«, sagte ich.

»Mmh. Willst du nicht lieber raufkommen? Hier scheint die Sonne!«

»Ja, schon. Aber ich habe keine Ahnung, wie«, sagte ich. Dann setze ich nach: »Wer bist du überhaupt?«

»Ich?«, sagte die Stimme. »Ich bin Steffi.«

DER 23. DEZEMBER

Ich stand mit JK im Odeon, einem Club in Würzburg. Nach wie vor niedergeschlagen, hatte ich den ausgeklügelten Plan gefasst, mich am heutigen Abend an meinen Freund, das Vergessen, zu wenden und deshalb ordentlich volllaufen zu lassen. Man kann sagen: Ich schlug mich nicht schlecht. Ausgelassen tanzte ich vor mich hin und schüttete einen Drink nach dem anderen in mich hinein, als mich meine alte Bekannte Julia in die Seite stieß.

»Hey Nick!« Sie umarmte mich stürmisch. »Wie schön, dich zu sehen! Ich hab deine ganzen Bilder auf Facebook gesehen! Was für 'ne coole Reise!«

Sie blickte mich voller Freude an.

»Pass auf, ich muss dir UNBEDINGT eine Freundin vorstellen, die war auch ein Jahr reisen, genau wie du.«

Ehe mein betrunkenes Gehirn raffte, was geschah, schubste sie mich schon vor sich her. Ich hatte, gelinde gesagt, nicht den geringsten Bock, jemanden kennenzulernen. Schon gar keine Frau. Das Einzige, was ich wollte, war meinen Weltschmerz und mein ganzes negativ-emotionales Dasein in einem Bierglas zu ertränken. Doch meine Gegenwehr war bei Julia zwecklos, und ein paar Sekunden später stand ich vor ihrer blonden Freundin, die mich misstrauisch beäugte.

»Nick, das ist Steffi. Steffi, das ist Nick. Ihr wart beide reisen… und ich hole mir jetzt mal einen Tequila.« Schon war sie weg, und ich stand immer noch vor diesem Mädchen. Wir hatten beide in etwa den gleichen Alkoholpegel, und keiner von uns hatte sonderlich viel Interesse an Small Talk. Aber wir hatten beide eine gute Erziehung genossen, also waren wir erst einmal freundlich.

»Ja, äh«, ich räusperte mich. »Also … du warst auch reisen?«

Steffi sah mich mit einem Blick an, der keinen Zweifel daran ließ, wie wenig Lust sie darauf hatte, jetzt von irgendeinem langhaarigen Typen angegraben zu werden.

»Ehm, ja«, antwortete sie einsilbig.

»Aha, und wo warst du?«

»Hauptsächlich Australien.«

Da hatten wir's: ein Jahr Australien. Wahrscheinlich so ein Work-and-Travel-Jahr sponsored by Mama und Papa. Was sollte ich mich jetzt noch großartig mit der unterhalten? Wie schnell war ich doch wieder beim Aburteilen mir unbekannter Menschen angelangt.

Ich fing an nachzubohren. »Wo warst du denn genau?«

»Hauptsächlich in Perth«, antwortete sie.

»Ach, echt?«, mein Interesse war geweckt. »In Perth war ich auch. Kennst du Fremantle?«

»Na klar, ich war da oft in so einer kleinen Brauerei namens Little Creatures.«

»Wirklich? Da war ich auch oft.« Ich wollte mehr wissen. »Was ist mit Scarborough oder Cottesloe Beach?«

»Da, wo man surfen kann? Klar, da war ich auch«, gab Steffi grinsend zurück.

Wenn man so will, hatte Cottesloe Beach endgültig das Eis zwischen uns gebrochen. Von da an spielten wir uns die Bälle nur so zu. Wir fanden heraus, dass wir zur gleichen Zeit in Perth gelebt und sogar in den konkurrierenden Hotels des Ortes als Barkeeper gearbeitet hatten, Steffi im Duxton und ich im Tradewinds. In all der Zeit waren wir uns nie über den Weg gelaufen. Wir redeten und redeten und redeten. Wir erzählten uns unsere Erlebnisse, warfen mit Namen von Orten um uns und freuten uns jedes Mal, wenn wir beide dort gewesen waren. Hin und wieder kamen Freundinnen von Steffi vorbei und checkten unter dem Vorwand, ob sie etwas trinken wollte, ob alles in Ordnung war. Steffi jedoch schob jede Freundin beiseite und kommentierte schließlich: »Nein, nein, der Typ war auch reisen, alles in Ordnung.«

Obwohl ich komplett betrunken war und in einem lauten und schummrigen Club stand, fühlte es sich an, als würde plötzlich das erste kleine Licht vom Himmel auf mich scheinen: Endlich hatte ich jemanden gefunden, der wusste, wovon ich redete! Der Ähnliches erlebt hatte. Bis in die frühen Morgenstunden standen wir beisammen und schnatterten wie die Weltmeister. Ich weiß nicht mehr wie, aber irgendwie hatten wir es tatsächlich geschafft, unsere Telefonnummern auszutauschen, bevor jeder von uns nach Hause torkelte.

Die nächsten Tage verbrachte ich mit der Nase an meinem Handy. Tagelang schrieben wir uns hin und her. Steffi war direkt nach Weihnachten zu einer Snowboardreise aufgebrochen. Eins war jedoch klar: Wenn Steffi wiederkam, wollte ich sie unbedingt noch einmal treffen. Ich freute mich total, dass es jemanden gab, der genauso drauf war wie ich. Der genauso gern reiste. Allein der Gedanke daran brachte mein verloren geglaubtes Grinsen zurück.

Als Steffi wiederkam, trafen wir uns in einer Shishabar und machten ziemlich genau da weiter, wo wir im Club aufgehört hatten: Wir redeten uns den Mund fusselig. Sie war interessiert an allem, was ich erlebt hatte, und umgekehrt war es genauso. Das ehrliche Interesse, das ich bei meiner Familie und meinen Freunden vermisst hatte, fand ich nun bei Steffi. Es war, als hätte mir irgendjemand dieses Mädel ins Leben gebracht und sie hätte meine Hand gegriffen und gesagt: »Komm, lass uns einfach zusammen aus dieser Travel-Depression ausbrechen.«

Auf ein Treffen folgte das nächste, und irgendwann kam dieser typische Abend, bei dem man sich zum »DVD-Schauen« verabredete, obwohl niemand wirklich vorhatte, DVDs zu schauen. Eins ergab das andere. Bei Steffi war allerdings der nächste Trip schon geplant: Sie wollte ab März für drei Monate herumreisen. Ich freute mich sehr für sie. Es gab nicht einmal den neidvollen Gedanken, dass ich das auch gerne machen würde. Ich freute mich wirklich und wahrhaftig.

BERGAUF

Während Steffis Abwesenheit versuchte ich mich abzulenken. Auch wenn mein Partner in Crime in Sachen Reisen nun wieder weg war, hatte die Zeit mit ihr mich so weit aus dem Tunnel herausgezogen, dass ich genug hatte von dem ganzen Selbstmitleid. Es wurde Frühling, die Tage wurden länger, und auch meine Laune hob sich wieder. Nach wie vor war ich Teil des Langzeitarbeitslosen-Kurses. Der Dozent hatte natürlich auch nach kurzer Zeit begriffen, dass ich dort irgendwie fehl am Platze war. Aber er nahm mich zur Seite, und wir machten eine Art Deal: »Herr Martin, wir reden jetzt mal Tacheles. Wir wissen beide, dass Sie hier eigentlich nicht reingehören, aber um ehrlich zu sein: Sie tun dieser Gruppe sehr gut. Und ich will, dass Sie dabei bleiben, weil Sie mit Ihrem Auftreten und Ihrer positiven Denkweise etwas bewirken können. Die anderen nehmen sich ein Beispiel.«

> **Ich erinnerte mich wieder daran, dass sich im Leben nur etwas änderte, wenn man selbst die Verantwortung übernahm. Wenn mich die dunkle Zeit nach meiner Rückkehr eines gelehrt hatte, dann das.**

Unsere unausgesprochene Abmachung bestand darin, dass ich zwar auftauchte, er aber im Gegenzug »übersah«, dass ich am Rechner mein Reisetagebuch digitalisierte. Auch war es in Ordnung, wenn ich den einen oder anderen Tag mal keine Zeit hatte.

Ich erinnerte mich wieder daran, dass sich im Leben nur etwas änderte, wenn man selbst die Verantwortung übernahm. Wenn mich die dunkle Zeit nach meiner Rückkehr eines gelehrt hatte, dann das. Wollte ich etwas ändern, musste ich das selbst in die Hand nehmen und nicht dem Staat, meinem Schicksal oder der ganzen Welt die Schuld in die Schuhe schieben.

Ich suchte mir also einen Job als Barkeeper, um wieder unter Leute zu kommen und aus meinem Trott auszubrechen. Zur Maßnahme ging ich weiterhin, und dort wurde ich eines Tages von einer Dozentin angesprochen: »Hey Nick, wir machen einen Weltrekordversuch in Aquagymnastik. Hättest du Lust, uns zu helfen?«

Weltrekordversuch? Da war ich natürlich dabei. Gemeinsam schafften wir es, rotierend für 63 Stunden am Stück Aquagymnastik durchzuziehen. Wieder ein Erlebnis, bei dem ich mit neuen Leuten ins Gespräch kam und das neue Türen öffnete. In der folgenden Zeit arbeitete ich dann tatsächlich als Aquafitnesstrainer und leitete eine Gruppe für Babyschwimmen. All das brachte mich zurück ins Jetzt, und ich begann wieder, den Augenblick zu genießen. Ich fing auch wieder an Musik zu hören und brach nicht in Heulkrämpfe aus, wenn meine Playlist anlief. Die Musik versetzte mich erneut in gute Laune. Kurz: Der alte Nick war zurück.

Als ich eines Abends mein Reisetagebuch aufschlug, sah ich eine Notiz von Maria, mit der ich den Roadtrip in den USA gemacht habe: »Don't be sad it's over. Just smile, because it happened.« Das wurde nun zu meinem Mantra.

Als es April wurde, beschloss ich, nach Amsterdam zu fahren. Dort traf ich Roy und Isabel, mit denen ich so viel Zeit in Australien verbracht hatte. Natürlich reiste ich wieder per Mitfahrgelegenheit. Auf diese Weise lernte ich einen Kolumbianer kennen. Als ich in sein Auto stieg und nach so langer Zeit wieder die ersten spanischen Worte sprach, schien nicht mehr nur draußen die Sonne, sondern auch wieder in mir drin.

Im Kopf begann ich, konkrete Reisepläne zu schmieden. Ich wusste, dass ich bereit war, erneut in die Welt hinauszuziehen. Ich hatte zwar noch immer keinen Plan, wie es beruflich für mich weitergehen sollte, aber ich war mir sicher, dass es sich ergeben würde, wenn ich einfach meinem Herzen folgte. Ich hatte genug Geld durch die letzten Monate in Australien, meinen Arbeitslosengeldanspruch sowie die Jobs als Barkeeper und Schwimmtrainer gespart. Ich beschloss also, dass es bald wieder losgehen sollte.

Irgendwann kam Steffi zurück, und wir freuten uns total, uns endlich wiederzusehen. Nach und nach rutschten wir in einen beziehungsähnlichen Status. Fest zusammen waren wir aber nicht. Ich sträubte mich dagegen, eine richtige Beziehung einzugehen, denn ich wusste, dass ich bald wieder unterwegs sein würde. Dennoch stellte sie mich nach und nach ihren Freunden vor und ich sie meinen Eltern. Gemeinsam fuhren wir Ende August nach Valencia zum Tomatina-Fest und hatten eine Menge Spaß. Zu dieser Feier strömen Menschen aus allen Ecken der Welt nach Spanien, um sich eine Stunde lang mit überreifen Tomaten zu bewerfen – und das aus keinem besonderen Grund. Den ganzen Sommer unternahmen Steffi und ich eine Menge zusammen und waren kaum zu trennen. Und dann, irgendwann, wurde das Grinsen in meinem Gesicht wieder so richtig breit – und zwar genau in dem Moment, als ich ein Oneway-Ticket nach Mexiko buchte. Ungefähr ein Dreivierteljahr nachdem ich von meiner ersten Weltreise zurückgekommen war, würde ich wieder in Frankfurt stehen und erneut in einen Flieger nach Mexiko steigen. Dieses Mal würde es von dort komplett in die andere Richtung gehen: nach Zentral- und Südamerika.

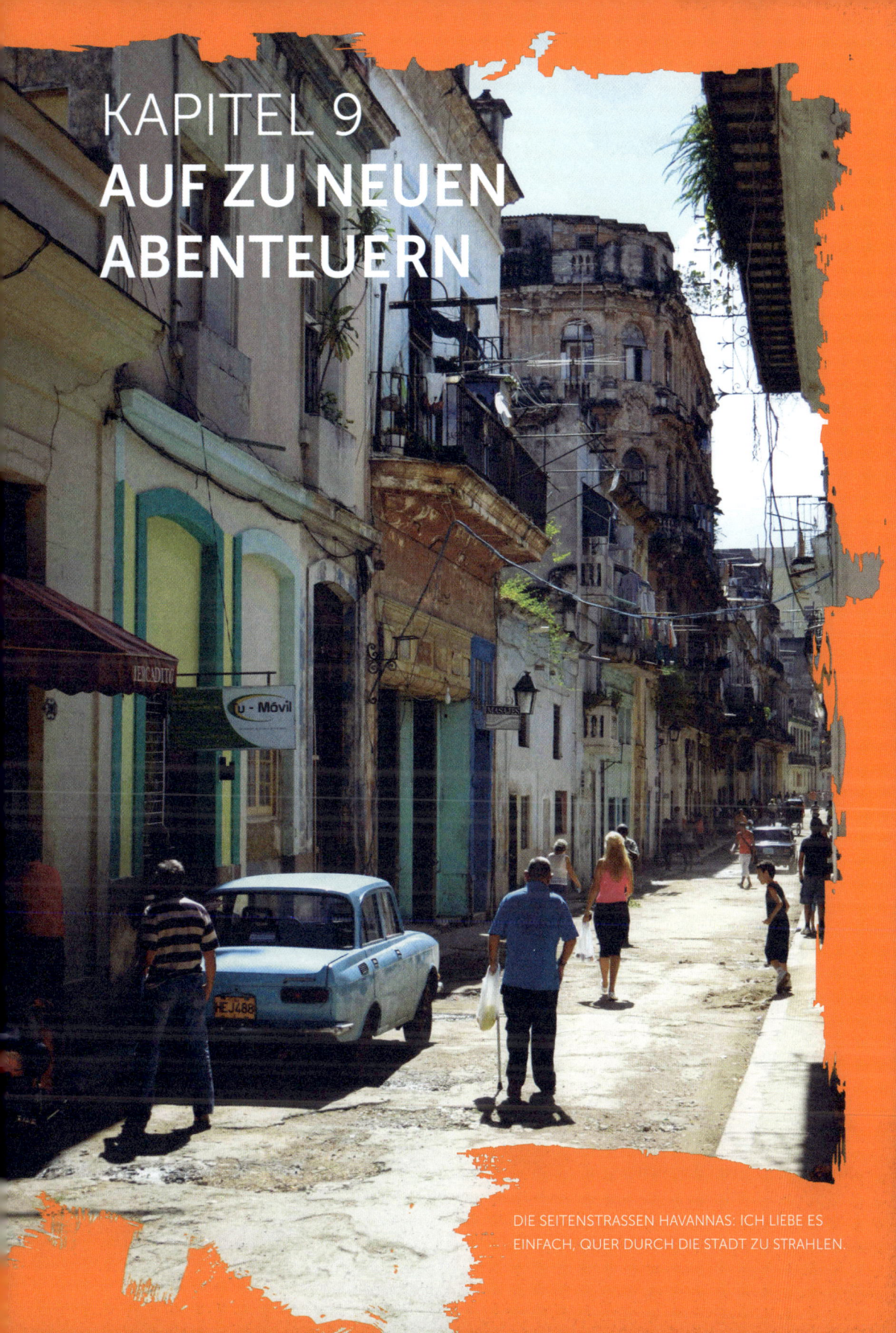

KAPITEL 9
AUF ZU NEUEN ABENTEUERN

DIE SEITENSTRASSEN HAVANNAS: ICH LIEBE ES EINFACH, QUER DURCH DIE STADT ZU STRAHLEN.

MEXIKO, DIE ZWEITE

Was beim ersten Mal gut funktioniert hatte, konnte auch beim zweiten Mal nicht verkehrt sein. Meine erste Station, nachdem ich mich wieder auf die Weltreise-Socken gemacht hatte, hieß also: Playa del Carmen. Wie es weitergehen sollte, nachdem ich mich in meiner alten Sprachschul-Stadt akklimatisiert und mein Spanisch aufgefrischt hatte, wusste ich nicht genau, außer dass ich zunächst durch Zentral- und Südamerika reisen wollte. Wo genau hin und wie lange? Keine Ahnung.

Ich teilte mir mit einer Kanadierin namens Julie ein großartiges Appartement: Im Erdgeschoss hatte jeder sein eigenes Schlafzimmer mit Bad, im ersten Stock gab es ein großes Wohnzimmer mit Küche, und über eine kleine Holztreppe gelangte man auf die Dachterrasse, die neben einem tollen Ausblick auch einen Jacuzzi zu bieten hatte. Trotz der Lage und dem Luxus kostete mich die Unterkunft nur 25 Euro pro Nacht.

In Playa del Carmen traf ich schon in den ersten Tagen viele alte Freunde und Bekannte wieder: meine Lehrer aus der Sprachschule, einige Locals und Martina. Sie war damals in Playa del Carmen hängengeblieben, hatte hier ihren Freund kennengelernt und arbeitete mittlerweile in einem Hotel. Mein Spanisch war ordentlich eingerostet, und ich kam schwer rein. Aber ein paar Tage in der Stadt und einige Mezcal-Abende später lief auch das immer mehr wie am Schnürchen. Es dauerte nicht lange, bis ich ein paar neue Leute kennenlernte. Da waren zum Beispiel Alex aus Venezuela, mit dem ich einen Hip-Hop-Salsa-Kurs belegte, und Marike aus Deutschland, die in Playa del Carmen in der Tourismusbranche arbeitete.

Am meisten hing ich mit Michael herum, einem Franzosen, der sich auch gerade auf Weltreise befand und das letzte halbe Jahr in Nordamerika gewesen war. Wir gingen abends viel aus, und ich bemerkte, dass Playa del Carmen sich in den letzten zwei Jahren sehr verändert hatte: Es war größer geworden, voller und teurer. Mehr und mehr fiel mir auf, wie viel Korruption es hier gab und dass die Straßen alles andere als sicher waren.

Eines Nachts machte ich mich bereits ein wenig schwankend auf den Heimweg. Ich war nicht mehr weit von meiner Unterkunft entfernt, vielleicht noch hundert Meter, da bemerkte ich auf dem Gehweg eine Reihe Verkehrshütchen, die aufgestellt worden waren, damit dort niemand parkte. Aus keinem besonderen Grund ging ich im Slalom um sie herum. Als ich noch etwa 30 Meter vor unserer Einfahrt war, hielt hinter mir mit aufheulender Sirene die örtliche Polizei. Ich drehte mich um und stand einem großen Pick-up-Truck gegenüber, auf dessen Ladefläche ein Maschinengewehr montiert war. Dahinter stand ein Beamter. Zwei weitere stiegen aus der Fahrerkabine. Einer davon schnauzte mich an: »Hey, was soll das?«

DON'T FUCK WITH THE POLICE!

Ich fragte auf Spanisch, was sie meinten.

»Wir haben gesehen, wie du die Hütchen umgetreten hast«, antwortete der Polizist.

Ich war zwar etwas angetrunken, aber bestimmt nicht jenseits von Gut und Böse – und ich hatte rein gar nichts umgetreten. Das erklärte ich dann auch: »Bitte, was? Ich habe überhaupt nichts gemacht.« Statt mich einfach zu entschuldigen, ließ ich mich auf die Diskussion ein. »Ich bin hier einfach nur herumgelaufen, da vorne wohne ich.«

»Erzähl uns nicht, was wir gesehen haben oder nicht«, schnauzte der Beamte weiter. »Du hast da vorne die Hütchen umgetreten. Also setz dich in Bewegung, Gringo, und hebe sie wieder auf.«

Auch wenn ich drauf und dran war, erneut zu widersprechen: Der finster dreinblickende Polizist, der seine Hand an das Maschinengewehr angelegt hatte, machte mir Sorgen. Zähneknirschend lief ich rund sechzig Meter zurück und tat, wie mir geheißen.

SCHMUGGLER

Während einer der Nächte, die Michael und ich um die Häuser zogen, bekamen wir Wind davon, dass es in Playa del Carmen eine Möglichkeit gab, umsonst nach Kuba zu fliegen. Jemand namens Ernesto würde einem das Ticket bezahlen, wenn man im Gegenzug ein bisschen mehr Gepäck mitnahm, als man eigentlich besaß. Dass das nicht unbedingt mit legalen Dingen zuging, war uns natürlich klar. Auf der anderen Seite waren wir Low-Budget-Backpacker und kostenlosen Flügen nach Kuba und zurück nicht abgeneigt. Die Idee, gemeinsam ein wenig durch das karibische Land zu reisen, fanden wir großartig. Und diesen Ernesto zu fragen, was mit »ein wenig mehr Gepäck« gemeint war, konnte ja nicht schaden.

Um Ernesto zu finden, sollten wir in einem kleinen, nicht weit entfernten Supermarkt nach ihm fragen. Doch im Supermarkt schüttelte der Verkäufer den Kopf: Hier gebe es keinen Ernesto.

Als wir wieder draußen standen, kam er uns nach. »Wartet. Wer seid ihr, und was wollt ihr?«, fragte der Angestellte.

Wir stotterten ein wenig herum: »Äh, wir haben da von einer Sache mit Kuba gehört.«

Der Mann schaute uns an. Dann zog er sein Handy aus der Tasche.

»Habt ihr eine mexikanische Handynummer?«

Nachdem ich ihm meine Nummer diktiert hatte, ließ er uns wortlos stehen und ging zurück in den Laden.

Am Abend piepste mein Handy. Es war eine WhatsApp von dem geheimnisvollen Ernesto: »Wer bist du, und warum suchst du mich?«

Ich schrieb ihm zurück, dass ich über Bekannte von der Kuba-Sache gehört hätte, und ob er mir dazu mehr Details geben könne. Die Antwort kam umgehend: »Okay. Komm morgen noch einmal zum Supermarkt, und dann reden wir darüber.«

Am nächsten Tag gingen Michael und ich also erneut zum Supermarkt. Wie angekündigt, war Ernesto dieses Mal auch da. Er erzählte uns, dass es wegen des Kommunismus in Kuba Unmengen von Restriktionen gab. Unter anderem dürften Kubaner so gut wie gar nichts aus dem Ausland mit in das Land bringen. Das gelte beispielsweise auch für Markenklamotten, die sich in Kuba aus diesem Grund natürlich verkaufen ließen wie warme Semmeln. Hier hatte Ernesto sich einen lukrativen Geschäftszweig aufgebaut. Sein Trick war, Touristen, die nach Kuba reisten, Koffer voller Kleidungsstücke mitzugeben, die er in Belize zum Spottpreis einkaufte. Im Gegenzug bezahlte er den Touristen die Reisekosten. Die Sache war nämlich die: Reisende, die nicht kubanisch aussahen, wurden in den seltensten Fällen kontrolliert. Man ließ sie einfach einreisen, sogar mit Übergepäck. Wenn wir also bereit wären mitzumachen, sagte er, könnten wir auf seine Kosten nach Kuba fliegen, dürften für uns selbst dann allerdings nur Handgepäck mitnehmen. Michael und ich schlugen ein. Eine Ladung Klamotten schmuggeln, damit schadeten wir niemandem. Ich hoffte nur, dass es sich auch tatsächlich ausschließlich um Kleidung handelte.

Leider wurde Michael einen Tag vor unserer geplanten Reise der Laptop geklaut. Weil er die Sache zur Anzeige bringen wollte, sagte er Kuba ab. Blieb also noch ich. Einen Tag vor der Abreise gab Ernesto mir meine Flugtickets und zwei Handynummern. Die eine gehörte zu meinem Kontaktmann am Flughafen in Cancún. Dieser würde mir eine Sporttasche mitgeben. Die zweite Nummer gehörte zu meiner Ansprechperson, die ich am Flughafen in Havanna treffen würde, und der ich die Sporttasche übergeben sollte.

Am Morgen des Abflugs stellte ich meinen großen Backpack bei Martina unter und machte mich auf den Weg nach Cancún. Ich freute mich zwar sehr auf zwei Wochen Kuba, war aber doch reichlich nervös wegen der Art und Weise, wie ich dorthin gelangen würde. Auf dem Flughafenparkplatz hielt ich Ausschau nach meinem Kontaktmann mit dem Spitznamen Chili. Ernesto hatte mir im Vorfeld genau beschrieben, woran ich ihn erkennen konnte: blaues Auto, Hut, Sweatshirt, Jeans, weiße Turnschuhe. Es dauerte nicht lange, da sprach mich ein Mann an, auf den diese Beschreibung passte.

»Bist du Nick?«, fragte er recht geheimnistuerisch.

Ich nickte.

»Pass auf, hier ist die Tasche.«

Er öffnete den Kofferraum und zeigte auf eine riesige Sporttasche, die bestimmt 30 Kilo wog.

»Ich möchte die Tasche vorher einmal komplett durchsuchen«, sagte ich.

»Kein Problem, lass dir Zeit«, erwiderte Chili.

Ich zog den Reißverschluss der Tasche auf und förderte tatsächlich lauter Markenklamotten zutage – von Calvin-Klein-Boxershorts über Levi's-Jeans bis hin zu Unterwäsche von Victoria's Secret. Ich räumte die Klamotten zum großen Teil aus der Tasche, schaute in Socken und überprüfte, ob es einen doppelten Boden oder irgendwelche versteckten Fächer gab. Ich würde nicht riskieren, unwissentlich Drogen nach Kuba zu schmuggeln, um dann in irgendein Gefängnis gesteckt zu werden. Mit Markenklamotten aufgegriffen zu werden war sicherlich auch nicht schön, aber hier drohte mir einzig eine Verzollung. Käme es so weit, würde ich das Geld auslegen müssen und bekäme es im Anschluss von Ernesto zurück. So war der Deal. Drogen allerdings wären eine andere Nummer, und in dem Fall würde ich sofort die Biege machen.

In der Tasche fand ich allerdings nichts Verdächtiges, also machte ich mich auf, um einzuchecken und mein Gepäck aufzugeben. Es gab nicht die geringsten Probleme. Mir fiel auf, was für Unmengen Gepäck jeder Fluggast mitschleppte. Ich war sicherlich nicht der Einzige,

MIT GROSSEM BACKPACK UND ZUSÄTZLICHER SPORTTASCHE GEHT ES MIT ILLEGALER WARE RICHTUNG KUBA.

der »ein bisschen mehr Gepäck mitnahm, als er eigentlich besaß«. Ich war jedoch der Einzige wirklich europäisch aussehende Typ an Bord. Alle anderen waren Kubaner und Mexikaner.

Am Gepäckband in Havanna wurde ich noch einmal nervös. Ich stellte mir vor, dass auf der Sporttasche jetzt vielleicht ein Aufkleber kleben würde mit der Aufschrift »Vorsicht! Verdächtiger Inhalt!«. Aber es war einfach nur Kopfkino. Wie schon beim Einchecken verlief auch die Ankunft in Kuba ohne das geringste Hindernis. Es gab keine Drogenspürhunde und keine Polizisten mit Knarren, die mich auf den Boden schmissen und in Handschellen abführten. Ich lief mit der schweren Sporttasche Richtung Zoll und ging dann zur Tür, auf der »Nothing to declare« stand. Dahinter standen Beamte, die jeden, aber auch wirklich jeden herauszogen, der wie ein Kubaner aussah. Sie wurden zu Tischen geführt, auf denen sie ihr komplettes Gepäck öffnen mussten. Mich hingegen beachtete niemand – und schon stand ich am Terminal. Ich war immer noch nervös wie sonst was und bildete mir ein, dass es noch immer möglich war, zu scheitern. Gleich würde ein Haufen Sicherheitsbeamter in die Ankunftshalle stürmen, um mich festzunehmen und auf diese Weise auch gleich an meinen Kontaktmann zu kommen. Doch nichts davon passierte tatsächlich.

In Wirklichkeit stand ich nur in der Halle und schaute mich um. Laut Ernesto sollte ein älterer Mann namens Emilio hier auf mich warten. Ein Mann, auf den die zugehörige Beschreibung passte, blieb neben mir stehen, schaute aber in eine andere Richtung.

»Ich nehme an, du bist Nick?«

»Ja, bist du Emilio?«

»Schau mich nicht direkt an. Schau woanders hin.«

»Ja, okay«, antwortete ich verdattert, schaute ihn aber trotzdem an.

»Hör auf mich anzuschauen, guck mich nicht an!«, zischte Emilio zwischen den Zähnen hindurch. Er machte ziemlich einen auf Geheimagent, aber ich tat, was er von mir verlangte. Emilio lief los, und ich folgte ihm in einem Abstand von ein paar Metern. Er

HIER WERDEN PLÄNE GESCHMIEDET FÜR DAS GROSSE SCHMUGGELN.

wandte sich Richtung Parkplatz, ich hingegen sollte zwanzig Meter weiter nach rechts gehen und dort auf ihn warten. Gerade als ich die tonnenschwere Sporttasche vor mir abstellte, sah ich ihn mit der ältesten Schrottkarre ankommen, die ich je gesehen habe. Das Ding hatte nicht einmal mehr eine Motorhaube, dafür zahlreiche Steinschläge, Risse und Rost. Ich bin sicher, das Einzige, was an dem Auto noch funktionierte, war der Motor. Statt der Motorhaube hatte jemand einfach ein Brett auf das Auto genagelt und daran zwei Taschenlampen befestigt. Jedenfalls sahen sie aus wie Taschenlampen. Ich war jedenfalls froh, dass es mitten am Tag war und ich nicht rausfinden musste, ob diese Konstruktion die komplette Lichtanlage darstellte. Eines war jedoch sicher: Auffälliger hätte ein Auto kaum sein können. Wie gut, dass wir keine Markenklamotten ins Land schmuggelten ... O Mann.

Als Emilio auf meiner Höhe ankam, wollte ich einsteigen, doch er hielt mich auf.

»Nein, lauf noch ein bisschen weiter die Straße hoch!« Emilio fuhr in Schrittgeschwindigkeit weiter. »Jump in, jump in, jump in!«, rief er schließlich, lehnte sich über den Beifahrersitz und stieß die Tür auf.

Ich rannte los, warf die Tasche in den Wagen und sprang hinterher. Unpraktischerweise saß ich nun auf der Sporttasche auf dem Beifahrersitz. Mein Kopf klemmte direkt unterm Wagenhimmel, und Emilio gab Vollgas.

Es dauerte noch eine ganze Weile, bis mein Puls sich nach dieser filmreifen Schmuggler-Nummer wieder beruhigte.

DIE BESTE ART DER UNTERKUNFT IN KUBA: CASAS PARTICULARES

HAVANNA

Auf Kuba übernachtet man entweder in großen Hotels oder in sogenannten Casas particulares. Das sind Gästezimmer in Häusern der Locals, die beim Staat angemeldet werden müssen und mit denen sich die Kubaner etwas Einkommen dazuverdienen können. An meine erste Unterkunft in Havanna gelangte ich mit der Hilfe von Emilio, der mich einfach bei seinen Bekannten absetzte. Ich stellte meinen Backpack ab und konnte es kaum erwarten, durch die Stadt zu laufen und mir alles anzuschauen. Es war schon spät am Abend, dennoch war draußen eine Menge los: Leute liefen umher, saßen auf Plätzen zusammen, und Kinder spielten in den Straßen.

Das Erste, was mir auffiel, war, dass ich mit meinem Spanisch hier nicht sonderlich weit kommen würde. Kubaner sprechen sehr schnell und mit starkem Akzent. Obwohl mein Spanisch schon recht passabel war, verstand ich nichts.

Das Zweite, was ich bemerkte, war: Es gab sehr viel Prostitution. Waren es in anderen Ländern eher Frauen, die ihre Körper für Geld verkauften, waren es hier hauptsächlich Männer. Wie ich im Laufe meines Aufenthalts erfahren sollte, handelte es sich auch nicht automatisch um Männer aus der sozialen Unterschicht. Auch Ärzte oder Lehrer gingen auf den Strich, weil sie in ihrem erlernten Beruf zu wenig verdienten.

Ich merkte ziemlich schnell, dass es den Kubanern wahrlich nicht besonders gut ging. Anders als in Kambodscha oder auf den Fidschis, wo die Menschen zwar auch oft in Armut lebten, aber mehr positive Ausstrahlung hatten als Menschen in den reichsten Industrieländern, vermisste ich hier Herzlichkeit gegenüber Fremden. Das hatte sicher seinen Grund, denn nichts entwickelt sich einfach so, jedoch fühlte ich mich besonders in der ersten Zeit nicht besonders wohl auf Kuba. Es war, als schwebte über mir ein riesiges Dollarzeichen und als wäre ich für die Einheimischen so etwas wie eine wandelnde Geldmaschine. Egal worum es ging, ob man nun ein Foto machte, nach dem Weg fragte oder einfach zu lange auf etwas schaute, alles kostete sofort Geld. Aber: Kommunismus, wirtschaftliche Sanktionen, Lebensmittelrationierungen, Unterernährung, mehrere Hurrikans – wem will ich einen Vorwurf machen? Die Menschen sahen Touristen als Möglichkeit, um Geld zu verdienen, und waren emotional komplett distanziert.

Dennoch war Havanna für mich sehr spannend. Es war, als hätte jemand 1969 gesagt: »Auf Kuba halten wir jetzt mal auf unbestimmte Zeit alle Uhren an.« Ich lief den ganzen Tag

ZEITREISE GEFÄLLIG? EINFACH AB NACH KUBA!

durch die Straßen, schoss Fotos und bestaunte die alten Autos. Manche waren so abgerockt, dass sogar Emilios Karre daneben wirkliche

Klasse ausgestrahlt hätte. Es gab keinen Import, also gab es eben auch kaum Ersatzteile. Ich bin deshalb sicher, dass die besten Automechaniker der Welt in Kuba leben.

Neben – und im krassen Gegensatz zu – den ganzen Rostkarren tourten auch aufpolierte Oldtimer aus den 50er-Jahren durch die Innenstadt und kutschierten Touristen herum.

SOLCHE AUTOS SIND EHER WAS, UM TOURIS ABZUZIEHEN.

Als ich einmal durch eine Einkaufsmeile lief, wurde ich von einer Frau angesprochen, die mich bat, von ihrem Geld in einem Laden eine Packung Milch für sie zu kaufen. Ich wunderte mich, warum sie selbst das nicht erledigte. Daraufhin erklärte sie mir, dass die Milch in dem Laden nur für Touristen reserviert sei und sie als Einheimische dort nicht einkaufen könne. Was dort Alltag war, machte mich sprachlos. Natürlich ging ich in den Laden und besorgte ihr die Milch.

Nichtsdestotrotz genoss ich die Zeit in der Hauptstadt. Ich lernte eine Brasilianerin kennen, die ebenfalls auf Reisen war, und gemeinsam wanderten wir durch die Straßen. Wir schauten uns den berühmten Malecón von Havanna an, eine Ufermauer aus Stein, die vor mehr als hundert Jahren gebaut wurde. Die Auswirkungen von Hurrikan Sandy, der erst kürzlich über die Karibik bis in die USA gefegt war und eine Spur der Verwüstung hinterlassen hatte, waren auch jetzt noch zu spüren. Riesige Wellen brachen sich am Malecón und spritzten über die komplette Strandpromenade.

Auf den Straßen gab es besonders am Abend viel Musik. Die Menschen tanzten zu typischer karibischer Musik, und an jeder Ecke wurden Rum und Zigarren angeboten. Dahinter gab es aber auch das andere Kuba: das, in dem die Menschen nicht genug Essen bekamen und durch die Regierung in nahezu jedem Lebensbereich eingeschränkt wurden. Es war traurig zu sehen, unter welchen Umständen die Kubaner lebten. Havanna erweiterte meinen Horizont und erinnerte mich wieder deutlich daran, wie wichtig es war, vorurteilsfrei durch die Welt zu gehen. Als ich aus der Stadt fuhr, dachte ich daran, wie dankbar ich sein konnte für die Dinge, die ich in meinem Leben machen durfte, ohne dass es mir jemand untersagte.

STRASSENKÜNSTLER VERZAUBERN DIE STADT.

AUSWIRKUNGEN EINES HURRIKANS, INKL. KOSTENLOSER DUSCHE DIREKT AM UFER

RICO

Trinidad gehört zu den schönsten kleinen Städtchen, die ich kenne. Ich weiß nicht, wie sich die Stadt bis heute verändert hat, aber damals bestanden alle Straßen aus Kopfsteinpflaster. Es gab einen Haufen Kutschen, und alle Häuser waren bunt angemalt. Unzählige kleine Märkte säumten die Plätze, und sobald die Sonne unterging, packte irgendwo eine kubanische Band ihre Instrumente aus.

Als ich eines Mittags über einen der vielen Märkte lief, lernte ich einen Maler namens Rico kennen. Ich fragte ihn nach seinen Bildern, und ehe ich michs versah, erzählten wir uns auch schon von unseren Leben. Rico lebte mit seiner Frau und seiner Tochter in einem kleinen Haus in Trinidad. Nach einer Weile lud er mich ein, für einen Unkostenbeitrag von 20 Pesos bei ihm und seiner Familie zu Abend zu essen. Ich wusste, dass dies ein vollkommen überhöhter Preis war. Aber ich mochte Rico und hatte Lust, also sagte ich zu.

Es wurde ein richtig schöner Abend. Als ich ankam, empfingen mich Rico und seine Frau und gaben sich sehr viel Mühe, ein langsames Spanisch mit mir zu sprechen. Als das Essen fertig war, setzten wir uns alle an einen kleinen Tisch. Es gab Eier, Brot und eine Kartoffelsuppe. Schon von Anfang an hatten wir uns viel zu erzählen. Die beiden waren sehr interessiert an meinen bisherigen Reiseerfahrungen und erzählten mir ihrerseits vom Leben auf Kuba. Auch hier erfuhr ich von den schwierigen Verhältnissen durch die Politik und den rationierten Lebensmitteln. Es waren bestimmt schon eineinhalb Stunden vergangen und wir lachten viel, als bei Ricos Frau plötzlich die Stimmung umschlug. Sie wurde stiller und wirkte bedrückt. Rico und ich unterhielten uns weiter, doch irgendwann verstummten wir, als seine Frau mit einem Mal aufstand und in die Küche ging.

»Warte mal kurz einen kleinen Moment«, sagte Rico und ging ihr hinterher.

Ich wusste nicht, was los war, doch einige Minuten später kehrten die beiden zurück. Ricos Frau hatte geweint. Er selbst räusperte sich.

»Hör zu, Nick, es tut uns wirklich leid, dass wir von dir 20 Pesos für das Essen verlangt haben. Das war zu viel. Wir würden selbst gern ein Casa particulares betreiben, aber das dürfen wir leider nicht. Die Einladungen an Touristen sind unsere einzige Möglichkeit, ein bisschen mehr Geld zu verdienen. Es tut uns wirklich sehr leid.« Betreten hielt er mir zehn Pesos hin.

Offenbar hatte ich mich anders verhalten als die anderen Gäste – oder Rico und seine Frau hatten die gemeinsame Zeit so genossen wie ich. Jedenfalls war ich außerordentlich gerührt von dieser Geste. Ich hatte aber nicht vor, das Geld zurückzunehmen.

»Rico, ganz ehrlich, das war mir von Anfang an klar, und ich finde das überhaupt nicht schlimm. Der schöne Abend, die Erfah-

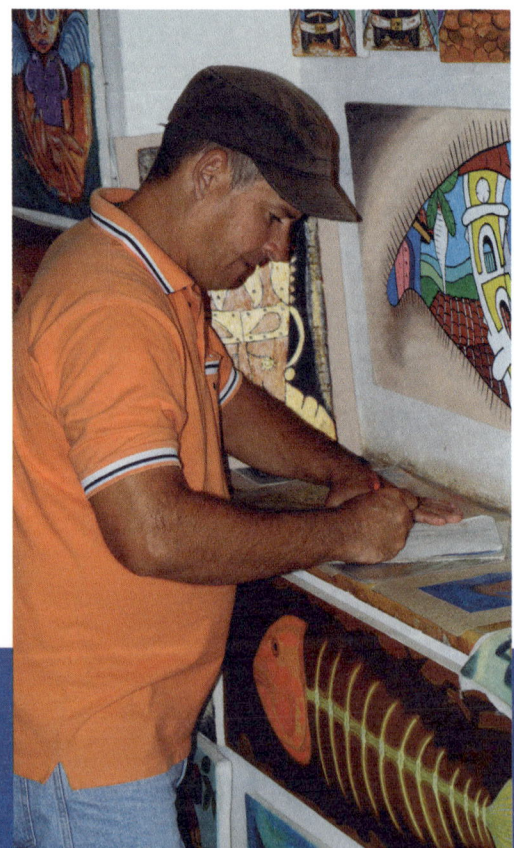

RICO BEI DER ARBEIT. BIS DAHIN WUSSTE ICH NICHT, WAS ER MIR NOCH SO ZEIGEN WÜRDE ...

rung, mit euch hier zu sitzen, und dass ihr mich an eurem Leben habt teilhaben lassen, ist viel mehr Wert als 20 Pesos. Bitte behaltet das Geld«, antwortete ich aufrichtig.

Rico versuchte, darauf zu bestehen, das Geld zurückzugeben, aber ich weigerte mich vehement. Schließlich steckte er es wieder in die Tasche. Ricos Frau brach erneut in Tränen aus und nahm mich in die Arme. Rico lachte und drückte seine Tochter. So standen wir in diesem kleinen Zuhause und umarmten uns alle.

»Weißt du was, Nick?«, sagte Rico, als wir uns wieder voneinander lösten. »Dann will ich dir jetzt aber mit den übrigen zehn Pesos einen richtig schönen Abend machen.«

Er fragte mich, was ich von kubanischem Rum hielte.

»Viel«, sagte ich. »Aber ich möchte nicht, dass du dafür jetzt das Geld ausgibst.«

Ich wusste, wie teuer Rum in Kuba war. Der bekannte Havanna-Rum war für Kubaner zum Beispiel unerschwinglich.

Rico wies zur Tür. »Komm mal mit raus.«

Wir gingen raus vor ihr weiß getünchtes Haus, das wirklich ausgesprochen klein war. Es bestand aus einem winzigen Bad, einem kleinen Schlafzimmer und dem Wohn-Ess-Bereich, in dem wir gerade gesessen hatten. Alles in allem umfasste die Wohnfläche vielleicht zwanzig Quadratmeter, wenn überhaupt.

Wir setzten uns auf die Treppe vor der Eingangstür und rauchten eine Zigarette. Als Rico seine löschte, bedeutete er mir, kurz zu warten. Er überquerte die kleine Straße und klopfte bei seinem Nachbarn ans Fenster. Dieser öffnete die Tür, und die beiden Männer wechselten Worte in einem so schnellen Spanisch, dass ich sie nicht verstand. Rico verschwand im Haus des Nachbarn. Einige Minuten später trat er wieder hervor und hielt zwei kleine PET-Flaschen in der Hand, die jeweils mit einem roten Deckel verschlossen waren. Eine davon reichte er mir. Ich blickte auf die Flasche und bemerkte, dass ein Loch in die Mitte des Deckels gebohrt worden war.

»Das hier, Nick«, sagte Rico grinsend. »Das ist das RICHTIGE Kuba.«

Ich setzte die Flasche an und nahm einen Schluck des besten Rums, den ich je getrunken hatte. Ricos Nachbar hatte ihn selbst gebrannt. Durch das kleine Loch im Deckel brauchten wir die Flaschen nicht ständig wieder aufzuschrauben, wenn wir einen Schluck unsere Kehle herunter jagen wollten.

Nach einer Weile gesellten sich Ricos Nachbar und zwei weitere Freunde zu uns. Schleichend bahnte sich der Rum einen Weg in meine Blutbahn. Wir wurden immer gelöster und lustiger, lachten eine Menge und hatten einfach eine gute Zeit. Und auf einmal hatte ich auch keine Probleme mehr, das kubanische Spanisch zu verstehen. Rico erzählte von seiner Kindheit, dass er in jungen Jahren auf die schiefe Bahn geraten und keiner Schlägerei ausgewichen war. Er zog sein T-Shirt hoch und deutete auf zwei Narben direkt unter seinen Rippen.

»Das hier habe ich von einer Messerstecherei. Ich wäre an dem Abend fast verblutet, da war ich gerade einmal zwanzig Jahre alt. Die Messerstiche waren für mich wie zwei Schläge vor meinen hitzigen Kopf, die dafür sorgten, dass ich mein Leben in den Griff bekam«, berichtete er.

Mich erinnerten seine Narben an meine eigenen von der Harpune, und ich bekam eine Ahnung, wie er sich damals gefühlt haben musste.

Rico erzählte weiter: »Ich begann, Bilder zu malen und sie an Touristen zu verkaufen. Ich lernte meine Frau kennen, wir bekamen unsere Tochter, und jetzt versuchen wir, unser Haus als Casa particular anzumelden. Es wäre schön, wenn das klappt.«

An diesem Abend fühlte ich mich in Kuba zum ersten Mal wirklich rundum wohl und willkommen.

NACH DEM HURRIKAN

DER ALLTAG GEHT WEITER ...

Die letzte Station war Santiago de Cuba im Südosten des Landes. Als ich mein Busticket kaufte, wurde ich gefragt, ob ich wirklich dorthin fahren wollte. Ich wusste, dass Santiago de Cuba durch Hurrikan Sandy stark verwüstet worden war, aber ich wollte trotzdem dorthin.

Der Bus war sehr leer. Außer mir fuhren nur vier oder fünf Locals mit, von anderen Touristen war keine Spur. Aus irgendeinem Grund, den ich selbst nicht benennen konnte, war mir diese letzte Station wichtig. In meiner Vorstellung sah ich eine kleine Stadt mit ein paar entwurzelten Bäumen und einigen abgedeckten Dächern vor mir. Was mich wirklich erwartete, schockte mich deshalb gewaltig: Santiago de Cuba war komplett verwüstet. Der Hurrikan war acht oder neun Tage her, doch die Straßen glichen Trümmerfeldern. Eingestürzte Häuser, brennende Tonnen, zur Seite gekippte Autos – es war das totale Chaos. Die Hauptstraßen waren einigermaßen freigeräumt, dennoch war der Verkehr komplett zum Erliegen gekommen. Solche Bilder kannte ich bisher nur aus den Nachrichten.

Ich war froh, dass ich durch die Nutzung einer Casa particular zumindest einer Familie mit Geld weiterhelfen konnte. Trotzdem sie unter widrigsten Umständen – und seit Tagen ohne Strom – lebten, stellten sie mir abends einen Teller mit trockenen Brötchen, ein bisschen Wurst und einem Stück Käse hin. Es war nicht viel, aber mittlerweile wusste ich, was dieses Essen für einen Luxus bedeutete.

Am nächsten Tag lief ich durch die Straßen. Die kubanische Armee war vor Ort und sägte Bäume durch, die quer über den Straßen lagen.

MANCHMAL ERLEBT MAN AUF REISEN AUCH ECHT SCHEISSSITUATIONEN. IM NACHHINEIN SIND DIESE ABER DIE WERTVOLLSTEN ÜBERHAUPT.

Die Menschen räumten auf, und ich packte mit an, wo ich konnte. Trotz all der Verwüstung ging das kubanische Leben weiter: In den Straßen wurden Pizzen verkauft, Kinder spielten Verstecken oder rollten mit Stöcken Reifen vor sich her. Ich kam an einem Friedhof vorbei, der wunderschön gewesen sein musste, mit großen weißen, reich verzierten Grabsteinen, und der jetzt in Schutt und Asche lag.

An einem Tag nahm mein Gastgeber mich im Sozius seines Motorrads mit und zeigte mir die Gegend. Wir fuhren aus der Stadt raus und auf einen kleinen Berg, von dem aus wir das ganze Ausmaß der Katastrophe überblicken konnten.

SCHON KRASS, WAS EIN STURM SO ANRICHTEN KANN.

»Nur wenige Stunden hat dieser Sturm gewütet«, sagte er zu mir. »Aber die Natur wird wohl die nächsten 50 Jahre brauchen, um sich wieder zu erholen.«

Den Menschen in Santiago de Cuba sind Hurrikans nicht fremd, es gibt sogar richtige Hurrikan-Saisons, aber Sandy war extrem gewesen. Noch immer waren viele Dächer abgedeckt, und wenn es regnete, dann regnete es mitten in die Wohnzimmer. Die einzigen Licht- oder Wärmequellen kamen von Gasherden und kleinen Feuern in Tonnen, ansonsten war es nachts stockfinster.

Ich unterhielt mich viel mit den Leuten auf den Straßen. Der Anblick der zerstörten Stadt und die Menschen, die trotzdem immer wieder Gründe zum Lächeln fanden, hinterließen tiefe Spuren in mir.

Kuba war eine eigenartige Erfahrung, mit vielen extrem schönen, aber auch einigen sehr negativen Eindrücken. Die Insel ist in meiner Erinnerung nie verknüpft mit der einfachen Seite des Weltreisens. Hier saß ich nicht am Strand, trank Mojitos oder ging surfen. Dafür hatte ich auf Kuba, während dieser merkwürdigen Reise durch die Zeit, gespürt, was es hieß, lebendig zu sein. Ich musste nicht Bungee springen, um am eigenen Leib Grenzerfahrungen zu erleben. Mich bewegte sehr, wie die Menschen, die sowieso schon ein hartes Leben führten und dann auch noch von einer Naturkatastrophe gebeutelt wurden, trotzdem immer wieder Kraft fanden, das Leben zu genießen.

Auf meinen Reisen war ich mittlerweile zwei Hurrikans begegnet – einmal befand ich mich mittendrin, einmal sah ich seine Auswirkungen. Manchmal kam auch mein Leben der letzten Jahre mir vor, als wäre ein Tropensturm darüber hinweggefegt. Die ersten Anzeichen hatten mich meinen Job kündigen lassen und mich nach Mexiko gebracht. Seine Winde hatten mich einmal quer über den Erdball gefegt. Die große Zerstörung erwartete mich nach meiner Heimkehr. Es hatte mich viel Kraft gekostet, die Straßen meiner Seele von den Trümmern zu befreien – und noch immer war ich dabei, mein neues Leben Stein für Stein neu zusammenzusetzen. Kuba hatte einen wichtigen Teil dazu beigetragen.

DAS LEBEN GEHT WEITER, UND DAS LACHEN SOLLTE NIE ZU KURZ KOMMEN.

LACHEN KÖNNEN SIE, DIE KUBANER, HIER GERADE BEIM BALLSPIELEN IN DEN STRASSEN HAVANNAS.

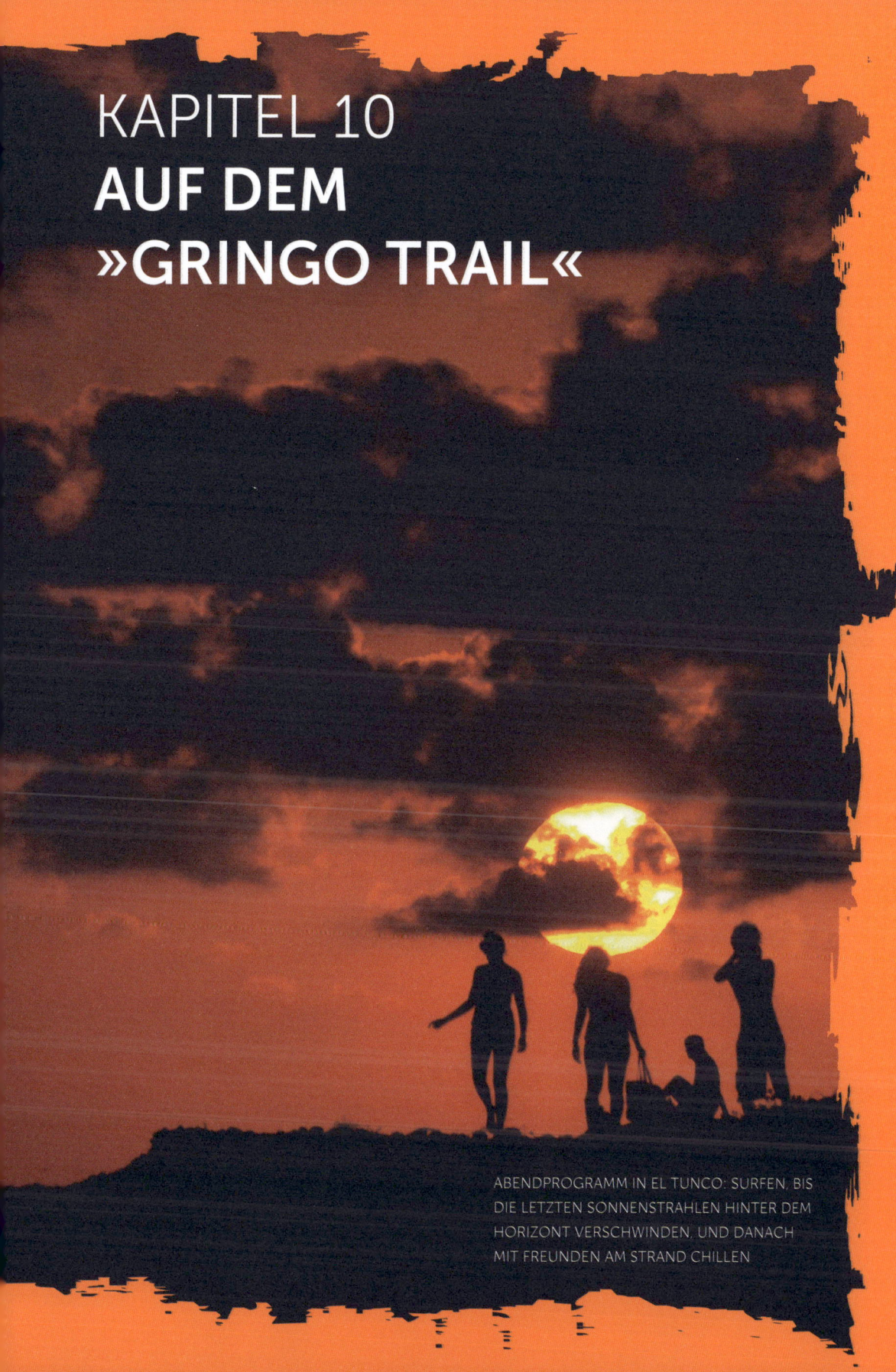

KAPITEL 10
AUF DEM »GRINGO TRAIL«

ABENDPROGRAMM IN EL TUNCO: SURFEN, BIS DIE LETZTEN SONNENSTRAHLEN HINTER DEM HORIZONT VERSCHWINDEN, UND DANACH MIT FREUNDEN AM STRAND CHILLEN

INTERNATIONALE GEWÄSSER

Nachdem ich wieder in Mexiko gelandet war, stieß Steffi zu mir. Auch sie hatte erneut das Reisefieber gepackt – oder besser gesagt: nicht mehr verlassen. Sie musste einfach immer wieder losziehen, Abenteuer erleben und Lebensmomente sammeln. Also hatten wir spontan geplant, dass ich in Mexiko warten würde, bis sie ihren Job schmeißen konnte. Von Mexiko aus wollten wir gemeinsam Zentral- und Südamerika unsicher machen. Und das taten wir dann auch.

Wir reisten quer durchs Land und lernten nach kurzer Zeit vier andere Deutsche aus Sachsen kennen, mit denen wir bis heute gut befreundet sind: Thomas, Stephan (genannt »Z«), Fitzmann und Linda, die alle nur »Werner« nannten. Gemeinsam machten wir uns auf nach Caye Caulker, eine kleine Koralleninsel vor der Küste von Belize, um dort die Weihnachtstage zu verbringen. Caye Caulker ist ein sehr entspanntes Fleckchen Erde. Gleich am Strand steht ein Schild mit der Aufschrift »Go slow«. Viele der Locals trugen Dreadlocks, klangen wie Sean Paul und rauchten eine Menge Gras. Es gab keine Autos. Musste man schneller als in Schrittgeschwindigkeit von A nach B kommen, standen überall kleine Golfcarts herum.

CHILLEN IST HIER PFLICHT.

Bis heute gibt es einen Running Gag zwischen uns, den wir immer wieder auspacken. Und zwar sind Fitzmann, Z und Thomas mir und Steffi eines Tages kichernd am Strand entgegengekommen. Fitzmann hatte einen Joint gebaut, der seinesgleichen suchte. Das Teil war wirklich monströs. Aufgrund der schieren Größe hatten die drei doch ein wenig Sorge, auf der Insel Ärger zu bekommen. Ihr Plan war deshalb folgender: »Wir mieten uns jetzt ein Kajak und paddeln aufs Meer raus. Dieser Joint muss auf internationalen Gewässern geraucht werden.«

Noch heute, wenn wir uns sehen oder irgendeinen Blödsinn planen, wirft immer jemand ein, dass wir das besser »auf internationalen Gewässern« machen sollten.

CHICKEN-BUSSE

Die Busfahrten in Zentralamerika sind der absolute Wahnsinn. Als Steffi und ich uns ein Ticket nach Guatemala kauften, hatten wir keine Ahnung, was uns erwarten sollte. Aber schon als wir im Bus standen, wussten wir: Das konnte was werden. Bei den zentralamerikanischen Bussen handelte es sich nämlich nicht um die typischen klimatisierten Reisebusse, wie ich sie zum Beispiel aus Kanada gewohnt war. Sie sahen aus wie alte Schulbusse aus den USA, die neu angemalt worden waren, aber ansonsten fuhren, bis nach und nach so viel von ihnen abfiel, dass irgendwann gar nichts mehr ging.

Die Busse hatten ihren Namen deshalb, weil gleichzeitig mit uns Reisenden auch immer ein Haufen Tiere wie Hühner, Schafe oder Kühe transportiert wurde. Die ganze Fahrt über dudelte Musik in einer Lautstärke durch den Bus, dass es einem in den Ohren klingelte. Außerdem wurden so viele Leute hineingequetscht, dass man sich tatsächlich vorkam, als wäre man eines von vielen Hühnern auf einer Stange. Auf einem Zweisitzer fanden so nicht nur zwei Menschen Platz, sondern direkt ganze Großfamilien – Papa, Mama, Tochter, Enkel, Oma. Bei jedem Halt stiegen dann auch noch Verkäuferinnen zu, die lautstark Essen und Getränke verkauften. Bei den Verkäuferinnen handelte es sich aber nicht um zierliche Gestalten, die sich durch die Zwischenräume schlängelten, nein: Es waren in der Regel Big Mamas, die ordentlich nach Schweiß stanken. Sie schlugen uns riesige Körbe mit frittierten Bananen, Reischips oder Süßigkeiten um die Ohren und schubsten sich ohne Rücksicht auf Verluste einmal quer durch den Bus, um dann beim nächsten Halt am anderen Ende wieder auszusteigen. Zeit zum Durchatmen blieb dann allerdings nicht, denn an der Vordertür warteten schon die nächsten Verkäuferinnen.

Die Fahrten waren trotz allem keineswegs unangenehm, sondern ein echtes Erlebnis. Alles Gepäck wurde auf das Dach geschnallt, und in den Passagierraum nahm man nur eine kleine Tasche oder einen Daypack mit. Das einzig wirklich Anstrengende auf den oft stundenlangen Fahrten war die Tatsache, dass es keinerlei Klimatisierung gab. Ich wünschte mir fast die unterkühlten mexikanischen Busse zurück. Sobald wir saßen, lief uns also der Schweiß aus allen Poren. Nur der warme Fahrtwind verschaffte so etwas wie Abkühlung.

Auf diese unterhaltsame Weise fuhren Steffi und ich also von Belize nach Flores in Guatemala, ein kleines schnuckeliges Dorf mit bunten Häusern, das mich sehr an Kuba erinnerte. Von hier aus ging auch schon unser nächster Bus nach Semuc Champey, einem Naturschutzgebiet mitten im Dschungel, das wir unbedingt sehen wollten.

War die erste Fahrt im Chicken-Bus schon echt ein Erlebnis gewesen, die zweite, fast achtstündige Tour setzte dem Ganzen die Krone auf. Der Chicken-Bus, mit dem wir nun unterwegs waren, war deutlich kleiner als der erste, was aber nicht bedeutete, dass darin weniger Leute mitfuhren. Wir stapelten uns bis unters Dach. Der Busfahrer hatte offenbar seinen sozialen Tag und nahm an jeder Straßenecke immer wieder neue Mitfahrer auf. Es gab nicht das kleinste Stückchen Sitzplatz mehr, und als die Leute begannen, im Mittelgang zu stehen, hielt der Busfahrer an und packte eine Konstruktion aus, die uns staunen ließ: Längs durch den Mittelgang montierte er eine Eisenstange mit hochklappbaren Lehnen. Hier

WIE HÜHNER AUF DER STANGE. UND DAS FÜR ACHT STUNDEN! IN GUATEMALA GANZ NORMAL ...

saßen wir dann wahrhaftig wie die Hühner auf der Stange.

Als zwei Stunden vergangen waren, hielt ich es vor Hitze kaum noch aus. Unmöglich, so die sechs verbleibenden Stunden durchzustehen. Ich sah mich um und begegnete den Blicken von zwei Engländern, die weiter vorne saßen und offenbar dasselbe dachten. Einer Eingebung folgend, quetschte ich mich nach vorne zum Busfahrer und fragte ihn, ob es möglich wäre, auf dem Dach mitzufahren. Er überlegte kurz, trat dann auf die Bremse und sagte: »Alles klar, ab aufs Dach.«

Die einzigen Freiwilligen waren besagte Engländer und ich. Steffi war die ganze Sache mit dem Dach etwas zu suspekt, also blieb auch sie lieber drinnen sitzen. Wir kletterten an der Seite des Busses hoch, klemmten uns zwischen das ganze Gepäck und hielten uns an den Seilen fest, mit denen alles zusammengehalten wurde. Die Engländer hatten sich schnell die besten Plätze ganz vorne über der Fahrerkabine gesichert, und mir blieb nichts anderes übrig, als mich mitten aufs Dach zu legen. Es war trotzdem toll. Sechs Stunden wurden wir auf diese Weise durch die Pampa geprügelt. Ich vermute, der Busfahrer hatte irgendwann vergessen, dass er drei Menschen auf dem Dach hatte, denn es wurde eine wilde Fahrt. Ich hielt mich mit beiden Händen an den Seilen fest und verkeilte mich, so gut es ging, zwischen den Backpacks.

Die Aussicht jedenfalls war phänomenal: Wälder, Palmen, dann mehr und mehr Dschungel zogen an mir vorbei. Nach ein paar Stunden merkte ich, wie ich schläfrig wurde. Obwohl der Bus mit rund 60 oder 70 Sachen durch die Gegend heizte, schlief ich in der Sonne liegend ein, während der kühle Fahrtwind mir durch die Haare wehte. Ich musste eine ganze Mannschaft von Schutzengeln gehabt haben, sonst hätte es mich in einer der vielen Kurven bestimmt vom Bus gefegt.

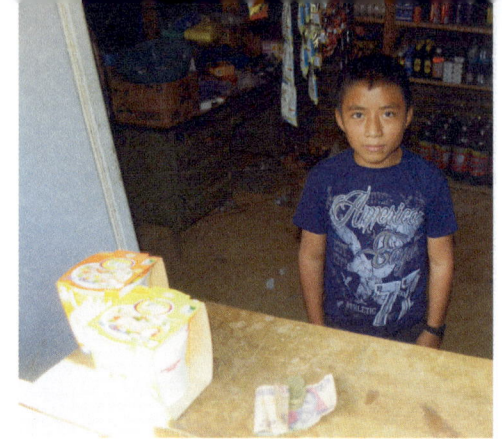

DARF ICH VORSTELLEN: DER GESCHÄFTSFÜHRER HÖCHSTPERSÖNLICH.

HIER KANN MAN ES AUSHALTEN.

NEUJAHR IM DSCHUNGEL

Silvester verbrachten Steffi und ich in Semuc Champey. Ich muss sagen, dass dies eines der besten Silvester war, die ich bisher erlebt hatte. Wir wohnten in einer von mehreren kleinen Hütte mitten im Dschungel, die zu einer Art Resort gehörten. Wobei das Wort »Resort« nicht wirklich passt, denn es waren wirklich sehr einfache Behausungen mit kleinen Terrassen davor, über die Hängematten gespannt waren. Überall sprangen Äffchen umher, und wir hatten einen tollen Blick auf einen kleinen Fluss.

In einem nahegelegenen Dorf kauften wir in einem kleinen Laden ein paar Wasserflaschen. Ich stutzte, weil der Verkäufer nicht älter als zehn Jahre alt sein konnte.

»Sag mal«, fragte ich den Kleinen. »Wo ist denn hier der Chef von dem Laden, also der Geschäftsführer?«

Der Junge schaute mich an, streckte dann seine Brust heraus und erwiderte: »Na, der steht vor dir!«

Er sagte das so lustig, dass wir alle lachen mussten.

Ganz ohne Silvesterknaller, nur umgeben von den Geräuschen des Dschungels feierten wir ins neue Jahr. Steffi hielt gerade so bis Mitternacht durch, dann verschwand sie in unserer Hütte. Ich hingegen lag noch eine ganze Weile

SEMUC CHAMPEY: HIER KANN MAN IM TIEFSTEN DSCHUNGEL DIE SEELE BAUMELN LASSEN.

auf der Hängematte und dachte nach. Hier war wirklich alles anders als zu Hause. Es gab kein Licht, keine Strommasten, kein Raclette-Essen mit Freunden. Wir waren mitten im Urwald. Zur Feier des Tages hatten die Locals den Stromgenerator mal eine Stunde länger laufen lassen – das war alles. Musste man irgendwo hin, kam man nur mit Taschenlampen weiter. Das einzige andere Licht kam vom Mond.

Ich schaukelte in der Hängematte und überlegte, was wohl das neue Jahr für mich bereithalten würde. 2013 lag vor mir wie eine Wundertüte. Es gab keine großen Pläne, aber auch keine Routinen. Früher im Job hätte ich gesagt: Ja gut, an den Werktagen werde ich arbeiten, Mitte des Jahres winkt vielleicht eine Beförderung, und für diese und jene Wochen habe ich Urlaub eingereicht. Es gibt einfach eine Grundstruktur. Was jetzt aber vor mir lag, war genauso dunkel wie der Dschungel. Während ich einschlief, vermischten sich das Bild des Urwalds und meine Erwartungen an 2013. Es gab Ideen, die hier und da aufblitzten wie die riesigen Augen der nachtaktiven Tiere in den Bäumen. Verheißungsvoll zirpte, quiekte und piepte es um mich herum. Egal was kommen würde, dachte ich noch, bevor ich wegdöste, es würde auf jeden Fall verdammt viel Spaß machen. Mit einem Grinsen, wie das, welches das erste Mal in Neuseeland seinen Weg in mein Gesicht gefunden hatte, schlief ich schließlich tief und fest ein.

HÖHLEN- MENSCHEN

Wie ich erfahren habe, ist Semuc Champey mittlerweile sehr touristisch geworden. Damals war es jedoch ein ruhiger, naturbelassener Ort. Wir machten Dschungelwanderungen, kletterten durch die Gegend und erfuhren eine Menge über Kakaopflanzen und wie man ihre Früchte verarbeitet. Wir freuten uns über die vielen Nature Pools, die terrassenartig miteinander verbunden waren. Ganze Nachmittage verbrachten wir damit, über die Steine durch das türkisfarbene Wasser von Pool zu Pool zu rutschen.

Ganz besonders gespannt waren wir jedoch auf eine Höhlentour, die auf der anderen Seite des Flusses angeboten wurde. Dort befindet sich ein großer Berg, der komplett mit Palmen, Bäumen und grünem Buschwerk überwuchert ist. Im Berg drinnen existiert ein Höhlensystem, das man zusammen mit einem Guide erkunden konnte.

Bei der Anmeldung wurden wir angewiesen, nur Badehose beziehungsweise Bikini anzuziehen. Als wir dann zum vereinbarten Zeitpunkt an der Höhle ankamen, warteten bereits einige Leute davor, die ebenfalls mit auf die Tour kommen würden. Wir selbst hatten auch ein paar Backpacker zusammengetrommelt, darunter Hayden, einen Neuseeländer, den wir vor ein paar Tagen kennengelernt hatten und sehr mochten. Es stand also eine relativ große Gruppe vor dem Höhleneingang, als der Guide kam und uns eine kleine Einweisung gab. Diese bestand im Wesentlichen

> **Draußen war es mitten am Tag gewesen, jetzt fühlte ich mich wie in einer anderen Welt.**

darin, dass wir noch einmal daran erinnert wurden, nur Badekleidung zu tragen. Dann gab er jedem von uns eine circa 15 Zentimeter lange Kerze in die Hand. Er erklärte uns, dass immer jemand mit brennender Kerze am Anfang sowie am Ende laufen sollte. Verlor jemand seine Kerze, wechselte er in die Mitte der Truppe. Nach dieser kurzen Einführung bedeutete der Guide uns, ihm zu folgen.

Schon nach wenigen Schritten wurde uns klar, warum wir Badekleidung tragen sollten, denn wir wateten fast die ganze Zeit durch kaltes Wasser. Je weiter wir in die Höhle vordrangen, desto tiefer wurde es. Anfangs ging es uns bis zu den Knöcheln, dann standen wir bis zum Bauch im Wasser, und schließlich konnten wir nicht einmal mehr stehen. Es war ziemlich kompliziert, im Stockdustern zu schwimmen und dabei auch noch die Kerze hochzuhalten, aber es war ein unfassbar spannendes Erlebnis. Allein die hallenden Geräusche in der Höhle erschufen eine unheimlich-abenteuerliche Stimmung. Draußen war es mitten am Tag gewesen, jetzt fühlte ich mich wie in einer anderen Welt. Zentimeter für Zentimeter bewegten wir uns vorwärts, immer darauf bedacht, beim Schwimmen keine der rasiermesserscharfen Steine am Boden oder den Seitenwänden zu streifen.

Nach einer Weile öffnete sich der bisher recht schmale Gang zu einem größeren Hohlraum. Im Kerzenlicht sahen wir kleine Wasserfälle, die die Höhlenwände herunterprasselten. An manchen waren Seile befestigt – und einige Jungs, in deren Adern MacGyver-Blut floss, kletterten an diesen empor. Ich war natürlich mit dabei.

Als ich mit der Kerze zwischen den Zähnen die obere Kante eines Wasserfalls erklommen hatte, legte ich mich hin und schaute hinunter. Es war ein toller Anblick, wie die Kerzen der anderen weiter unten die Höhle beleuchteten. Ein richtiges kleines Lichtermeer.

Oben angekommen bemerkte ich auch, dass das Seil, an dem ich gerade hochgeklettert war, einzig an ein Stück Holz geknotet war. Das Holz wiederum klemmte einfach zwischen den Steinen. Eine ganz schön gefährliche Angelegenheit, wie ich fand. Was, wenn die Steine verrutschten oder ein Kletterer ein bisschen zu schwer war? Das konnte ganz schön ins Auge gehen, wenn man zwei Meter tief zurück in das Wasser mit den scharfkantigen Felsen fiel. Aber gut, so war das mit den Sicherheitsvorkehrungen in Guatemala eben: Es gab keine.

Nach einer Weile gingen wir weiter, jetzt wieder mit trockenem Boden unter den Füßen. Steffi, die vor mir lief, drehte sich irgendwann zu Hayden und mir um. »Sagt mal, wann gehen wir eigentlich zurück? Meine Kerze ist schon ganz schön weit heruntergebrannt.«

Hayden und ich blickten auf unsere eigenen Kerzen, die ähnlich klein geworden waren. Die Logik besagte: Wenn du eine gewisse Distanz mit einer Kerze zurücklegst und auf dem Rückweg nicht durch komplette Dunkelheit stolpern willst, dann solltest du spätestens dann umdrehen, wenn sie halb heruntergebrannt ist. Allerdings waren wir in Guatemala. Es war also nicht sicher, dass unser Guide nach dieser Logik agierte. Viel sprach jedenfalls nicht dafür, denn wir liefen nach wie vor tiefer und tiefer in die Höhle hinein.

Als nur noch ein Viertel meiner Kerze übrig war, hoffte ich, dass vielleicht weitere Kerzen irgendwo auf uns warteten. Dem war aber nicht so. Zusätzlich beunruhigte mich, dass der Abstand zwischen den einzelnen Gruppenmitgliedern nach und nach immer größer wurde. Auch wir verloren den Anschluss an unsere Vordermänner. Als meine Kerze ausging, war vor uns gar niemand mehr zu sehen. Da wir das Schlusslicht bildeten, folgte hinter uns keiner. Wir drei waren also plötzlich allein. In der Hoffnung, bald wieder zur Gruppe aufzuschließen, beschleunigten wir unsere Schritte. Weil auch Steffis Kerze kurze Zeit später einen Abgang machte und einzig Haydens letzter Kerzenstummel etwas Licht spendete, ging es allerdings nicht bedeutend schneller voran.

Unsere Stimmung brach deshalb ein wenig ein. Langsam wurde es auch richtig kalt. Zwar

> **Wir begannen laut zu rufen, damit die anderen mitbekamen, dass wir den Anschluss verloren hatten. Doch zurück kamen nur unsere eigenen Echos.**

wateten wir nicht mehr durch Wasser, aber wir waren nass, und in der tropfsteinartigen Höhle waren die Steine feucht und glitschig. Wir begannen laut zu rufen, damit die anderen mitbekamen, dass wir den Anschluss verloren hatten. Doch zurück kamen nur unsere eigenen Echos. Nach einer Weile redete keiner von uns mehr ein Wort, wir liefen einfach konzentriert so schnell wir konnten, bis Steffi plötzlich stehenblieb.

»Da vorne ist irgendein Licht!«

Sie hatte recht. Wir liefen noch einige Meter, und als wir um die nächste Ecke bogen, stießen wir auf drei kleine Kerzen, die zwischen ein paar Steine geklemmt worden waren. Die konnten nur von unserer Gruppe stammen.

»Ähm, Leute… da geht es runter.« Steffi deutete auf ein Loch im Boden neben den Kerzen, das etwa einen Meter Durchmesser hatte. Hayden leuchtete mit seinem Kerzenstummel hinein, aber zu sehen war nichts. Wir standen etwas ratlos herum und stellten uns alle dieselbe Frage: Waren die Kerzen dort aufgestellt worden, damit wir nicht versehentlich in das Loch fielen – oder bedeuteten sie, dass wir dort hinunterklettern sollten? Wir wussten es nicht.

Ich sammelte etwas Speichel im Mund und spuckte hinunter. Meine Hoffnung war, dass ich durch das Aufklatschen der Spucke eine Ahnung davon bekommen würde, wie tief das Loch in etwa war. Doch es war nichts zu hören. Entweder ging es runter bis zum Mittelpunkt der Erde oder es war so flach, dass meine Spucke nicht genug Fahrt aufgenommen hatte. Die Chancen standen fifty-fifty.

»Na super, und was machen wir jetzt?«, Hayden hatte den Rest seiner Kerze mittlerweile auf seinem Daumennagel platziert.

Ich kniete mich hin, lehnte mich noch ein Stück weiter nach vorne und steckte meinen Arm in das Loch, um eventuell etwas zu ertasten. Doch so sehr ich mich streckte, ich griff ins Leere.

»Ich würde sagen, wir probieren das einfach mal aus«, erwiderte ich. Der Abenteurer in mir befand, eine Erfolgschance von 50 Prozent sei eigentlich ganz gut.

Ich setzte mich also auf, ließ die Beine in das Loch hineinbaumeln und stützte mich mit den Händen am Rand ab. Vielleicht stieß ich, wenn ich mich tiefer hinabgleiten ließ, irgendwann mit den Füßen auf den Grund.

»O Gott, Nick, pass bloß auf!«, Steffi war sichtlich besorgt. Ihre Stimme hallte als Echo durch die Höhle. Stück für Stück ließ ich mich weiter hinabgleiten. Vor Anstrengung begannen meine Arme zu zittern.

In mir breitete sich Panik aus.

»Leute, ihr solltet ein bisschen schneller machen«, Hayden deutete auf den winzigen Rest Kerze auf seinem Daumennagel. Ein Blick auf die drei Mini-Kerzen an den Steinen sagte uns, dass wir schon bald von undurchdringlicher Dunkelheit umgeben sein würden.

Meine Arme begannen zu krampfen, aber mit den Füßen fand ich immer noch keinen Halt. In mir breitete sich Panik aus. Ich zog mich wieder hoch und setzte mich schwer atmend zurück auf den Rand. Auch Steffi und Hayden verloren langsam immer mehr die Nerven.

»O nein, was machen wir denn jetzt?«, Steffis Stimme zitterte.

Wir hatten keine Ahnung. Wir waren vorher nie in dieser Höhle gewesen, hatten keinen Schimmer, wie das Höhlensystem aufgebaut war, geschweige denn, wo genau wir uns befanden. Sicher war nur: Wir hatten die Gruppe verloren und steckten ziemlich fest. Es war kalt, stickig, und die Kerzen hielten nicht mehr lange durch.

Ich drehte mich um, legte mich auf den Bauch und lehnte mich über den Rand des Loches.

»Haltet mal bitte meine Beine fest und lasst mich ein bisschen herab. Vielleicht kann ich weiter unten irgendwas sehen«, sagte ich zu den beiden anderen.

Steffi und Hayden taten wie geheißen. Kurze Zeit später hing ich mit dem kompletten Oberkörper in absoluter Schwärze und versuchte, mit den Händen die Seitenwände zu ertasten. Plötzlich packte mich etwas an der Schulter und krallte sich an mir fest. Ich schrie erschrocken auf. In wilder Panik versuchte ich, das Ding an meiner Schulter loszuwerden. Dabei zappelte ich wie verrückt hin und her.

Steffi und Hayden riefen wild durcheinander: »Nick! Was ist los! Nick!«

Ich zerrte an dem Ding an meiner Schulter und kreischte wie verrückt. O Gott! Was war das? Eine Hand? Egal was es war, es versuchte, mich in die Tiefe zu ziehen. Ich schrie und schrie. Steffi und Hayden versuchten mich festzuhalten, doch auf den glitschigen Steinen gelang ihnen das nur schwer. Wir alle kreischten wild durcheinander, ich am lautesten. Gedanken von Monstern und Horrorfilmen schossen mir durch den Kopf. Dann ging alles wahnsinnig schnell: Steffi und Hayden zogen mich mit einem Ruck aus dem Loch, und das Ding ließ mich los.

»O! MEIN! GOTT! WAS WAR DAS?«, schrie ich noch immer panisch. Wir drei saßen auf dem Boden und atmeten stoßweise. Haydens Kerze war aus, die drei anderen flackerten noch und warfen unsere Schatten unheimlich vergrößert an die Höhlenwände.

Wir alle blickten zum Loch zurück und standen langsam wieder auf.

In dem Loch am Boden erkannten wir eine Hand und ein Stück Arm. Dann drang eine Stimme zu uns hinauf: »Ey, when do you come?«

Es war unser Tourguide. Er hatte dort unten gewartet und gesehen, wie ich den Kopf in das Loch steckte. Offenbar hatte er mir behilflich sein wollen. Was für ein absoluter Vollidiot!

Ich machte noch einen Schritt auf das Loch zu, lehnte mich darüber und schrie wütend:

»Sag mal, bist du eigentlich komplett bescheuert? Das kannst du doch nicht machen, sag doch wenigstens einen beschissenen Ton, bevor du dich in der Dunkelheit an mir festkrallst!«.

Im Nachhinein habe ich oft überlegt, ob der Guide vielleicht meine Spucke ins Gesicht bekommen und mich deshalb aus Rache so fürchterlich erschreckt hatte.

Einer nach dem anderen stiegen wir in das Loch und ließen uns hinuntergleiten. Unten angekommen, platschten wir ins Wasser. Da keiner von uns mehr eine Kerze hatte, hielten wir uns aneinander fest und liefen im Entenmarsch weiter. Schon nach wenigen Metern sahen wir ein Licht, das einen Höhlenausgang ankündigte. Draußen wartete der Rest der Gruppe. Weil alle bereits die Höhle verlassen hatten, als wir noch vor dem Loch standen, hatten wir keine Geräusche mehr gehört.

GETRENNTE WEGE

Als unsere Zeit in Semuc Champey sich dem Ende näherte, packten Steffi und ich unsere Sachen und setzten uns wieder in einen der Chicken-Busse. Wir besuchten die antike Stadt Antigua, die sich im Süden Guatemalas zwischen mehreren Vulkanen befindet. Erneut wurde ich an das kubanische Trinidad erinnert, denn auch hier bestanden alle Straßen aus Kopfsteinpflaster. Bunte Häuser reihten sich aneinander, und an jeder Ecke spielten Straßenmusiker ihre Lieder.

Immer wieder hörten wir von anderen Backpackern regelrechte Horrorstorys über Touristen, die überfallen worden waren, oder Geschichten, bei denen Drahtseile quer über Straßen gespannt wurden, um Busse zum Halten zu zwingen. Ganz frei von Angst war auch ich beim Reisen durch Zentralamerika nicht. Aber es war mehr eine Art Befürchtung ganz hinten in einer Ecke meines Kopfes, die lediglich dafür sorgte, dass ich umsichtig war. Natürlich gibt es beim Reisen auch Gefahren. Ich bin aber überzeugt davon, dass diese nie ein Grund dafür sein dürfen, sich zu Hause zu verschanzen. Ein bisschen »Straßenklugheit« gehört natürlich auch dazu. Natürlich sollte man in einer fremden Stadt nicht unbedingt mit all seinen Wertsachen im Gepäck mutterseelenallein eine dunkle Gasse entlanggehen.

Ich achte beispielsweise immer darauf, wenn möglich tagsüber an einem neuen Ort anzukommen. Als Frau ist es auch nicht empfehlenswert, mit Minirock, Highheels und teurem Schmuck durch die Gegend zu ziehen. Es gibt Dinge, die tut man einfach nicht. Dennoch kann einem natürlich immer etwas passieren, das ist schon wahr – doch aus Furcht davor die Welt in schwarzen Farben auszumalen, das ist weder Steffis noch meine Art, mit Dingen umzugehen.

Mit einem Colectivo, einem Sammeltaxi, wie es mir bereits einige Jahre zuvor in Mexiko begegnet war, fuhren wir weiter zum Lago de Atitlán, dem zweitgrößten See Guatemalas, und hielten uns eine Weile im Dorf San Pedro auf. Hier verbrachten wir eine schöne, entspannte Zeit am tiefblauen Wasser, umringt von idyllischen Bergketten. Voller Staunen schauten die Kinder dort zu, wie Steffi per Skype mit ihren Freundinnen telefonierte, und winkten kichernd in die Kamera. Für sie war es unglaublich, dass wir auf diese Weise mit Menschen am anderen Ende der Welt sprechen konnten. Auch Hayden trafen wir in San Pedro wieder, und so manche Abende ließen wir gemeinsam in einer kleinen Reggae-Bar ausklingen.

Nach einer Weile bekam ich Hummeln im Hintern und wollte weiterziehen. Steffi jedoch, die es reizte, ihr Spanisch zu verbessern, entschied sich, noch ein bisschen länger in San Pedro zu bleiben und einen Sprachkurs zu besuchen. So beschlossen wir eines Tages, dass unsere Wege sich eine Zeit lang trennen würden. Für uns war das vollkommen okay, denn wir beide liebten das Reisen und wussten, wie schön und spannend es sein konnte, auch mal wieder ein paar Dinge ganz allein zu unternehmen. Steffi suchte sich eine Gastfamilie, bei der sie eine Weile leben würde. Ich hingegen kaufte mir ein Busticket nach El Salvador. Wir würden uns später an einer anderen Stelle des Gringo Trails wiedertreffen – der Route durch Mittelamerika, die wir bisher entlang gereist waren –, um gemeinsam nach Nicaragua zu fahren.

DER LAGO DE ATITLÁN MIT SEINEN VIELEN DÖRFERN RUNDHERUM SOLLTE IN GUATEMALA AUF JEDEN FALL AUF DER BUCKETLIST STEHEN.

FÜR MICH EINER DER SCHÖNSTEN ORTE, UM DEN SONNENUNTERGANG ZU GENIESSEN: EL TUNCO.

EL TUNCO

Mit einem kleinen Colectivo fuhr ich über die Grenze bei Honduras nach El Salvador und landete zunächst in El Tunco an der Pazifikküste. Dieser winzig kleine Ort ist bei Surfern besonders beliebt, weil es dort einen richtig schönen Point Break gibt. Seinen Namen hat dieses Surf-Mekka übrigens aufgrund einer Felsformation im Wasser, die an ein Ferkel erinnert. Übersetzt heißt »El Tunco« nämlich »das Schwein«.

Die Chicken-Busse in El Salvador waren kleiner, dafür aber um ein Vielfaches auffälliger: Sie waren bestückt mit grellen Leuchtreklameschildern, auf denen beispielsweise »Jesus loves you« oder die Namen der Busfahrer standen. Sie hatten meist keine Fenster oder Türen mehr, dafür aber bis zum Anschlag aufgedrehte Soundanlagen mit Reggae-Musik. Als ich in El Tunco ankam, klingelten mir die Ohren, und ich musste mich erst einmal erholen. Dafür gab es tatsächlich keinen besseren Platz auf der Welt als dieses verschlafene Dörfchen.

Ich besorgte mir ein Surfbrett, dessen Preis ich herunterhandeln konnte, indem ich es gleich für mehrere Tage auslieh. Sofort sprang ich in die Wellen und probierte mich weiter im Surfen. Dies gestaltete sich jedoch relativ schwer, da ich mich erst an das neue Brett und die Wellen gewöhnen musste.

Am ersten Abend kam ich mit den Jungs aus dem Surfshop ins Gespräch und fragte sie, wo man in El Tunco günstig übernachten könnte. Sie deuteten auf eine Baustelle an einem Hang direkt über dem Strand. Hier entstand offenbar der Rohbau für eine Art Resort, jedoch sah die ganze Baustelle recht verlassen aus. Dort jedenfalls, so sagten sie mir, konnte man für wenig Geld in Hängematten übernachten.

GEH DEINEN EIGENEN WEG UND HINTERLASS FUSSSPUREN.

Später am Abend stiefelte ich also zur Baustelle hoch. Oben angekommen, traf ich tatsächlich auf ein paar Leute, die es sich im oberen Stockwerk gemütlich eingerichtet hatten. Sogar eine kleine Küche war vorhanden. Ob diese nun schon zur geplanten Anlage gehörte, nachträglich eingebaut oder der Bau selbst nicht mehr weitergeführt worden war, wusste ich nicht. Es war mir auch egal, denn als mir angeboten wurde, für 2,50 Dollar die Nacht eine der Hängematten zu beziehen, schlug ich sofort ein. Ich übernachtete also auf der halbfertigen Baustelle mit einem grandiosen Blick auf den Strand und das Meer.

DISTRICT 13

Mehrere Tage verbrachte ich abwechselnd in der Hängematte, mit dem Surfbrett im Wasser oder mit anderen Backpackern im kleinen Ort, als ich plötzlich Lust bekam, mal wieder zu couchsurfen. Warum nicht gleich in der Hauptstadt San Salvador? Ich loggte mich auf der Plattform ein und fand kurze Zeit später einen Host, der bereit war, mich für ein paar Tage bei sich aufzunehmen.

Am nächsten Tag brach ich gegen Mittag nach San Salvador auf. Die Adresse meines Couchsurfing-Hosts befand sich mitten im Stadtteil Soyapango. Eine kurze eine kurze Internetrecherche hatte ergeben, dass es sich um einen eher gefährlichen Teil von San Salvador handelte, in welchem viel Bandenkriminalität herrschte. Auch hier war es also besser, wenn ich tagsüber ankäme. Leider haute mein Reiseplan vorne und hinten nicht hin, sodass es am Ende bereits 22 Uhr war, als ich endlich aus dem Bus stieg.

»Nick? Bist du Nick?« Ein kleiner Typ in meinem Alter trat auf mich zu und grinste mich an. Es handelte sich um meinen Couchsurfing-Host Borkman, der angeboten hatte, mich von der Bushaltestelle abzuholen. Ich war überrascht, dass er etwas Deutsch sprach. Wie

BORKMAN UND ICH BEI UNSERER ERSTEN BEGEGNUNG. ES SOLLTE NICHT DIE LETZTE GEWESEN SEIN.

ich später erfuhr, hatte Borkman von früheren deutschen und schweizer Couchsurfing-Gästen ein wenig Deutsch gelernt. Den Rest brachte er sich selber bei, indem er viel BAYERN-3-Webradio hörte. Dadurch konnte er witzigerweise nahezu akzentfrei sagen: »Zähfließender Verkehr auf der A3!«

BORKMANS NACHBARSCHAFT

DAS KLEINE HAUS, IN DEM BORKMAN WOHNT

Wir liefen eine Weile durch die Straßen und gingen dann durch ein großes Tor, das den Eingang eines Wohngebiets markierte. Obwohl es sehr dunkel war, konnte ich erkennen, dass die Autos an den Straßenrändern teilweise schon sehr lange dort standen: manche hatten kaputte Scheiben, andere platte Reifen und einige waren sogar komplett ausgebrannt. Zwei Blocks weiter blieb Borkman vor einem winzig kleinen Haus mit einem Flachdach aus Blech stehen.

»Hier wohnen wir«, sagte er und öffnete eine Tür, die auf eine Art Terrasse führte. Eine weitere Gittertür, die Borkman mit einem Schlüssel öffnete, gab den Weg zum Hauseingang frei. In diesem stand eine ebenfalls sehr kleine Frau und begrüßte mich mit einer Umarmung. Es war Borkmans Mutter Elvira, genau wie ihr Sohn ein wunderbar herzlicher Mensch. Beide waren mir auf Anhieb sympathisch. Auf keinen Fall würde ich wie damals bei Juanita versehentlich die Kochkünste von Elviras Mutter beleidigen. Das nahm ich mir fest vor.

An diesem ersten Abend saßen wir zusammen und lernten uns kennen. Nach einer Weile räusperte sich Borkman und setzte eine bedauernde Miene auf.

»Nick, es tut mir sehr leid«, sagte er.

Ich hatte keine Ahnung, was jetzt kam. Wollte er mir eröffnen, dass ich doch nicht hier übernachten könnte? Ich fragte ihn.

»Nein!«, antwortete er sofort. »Ich meine, ich muss langsam ins Bett gehen, da ich morgen früh aufstehen muss, um zur Arbeit zu fahren. Du kannst gerne so lange bei uns wohnen, wie du möchtest.« Er erklärte, dass Elvira mir am Morgen gerne ein Frühstück machen wolle. »Und wenn ich abends nach Hause komme, dann können wir ja noch etwas zusammen unternehmen«, schloss er.

Ich versicherte ihm, dass es nicht den geringsten Grund gab, sich zu entschuldigen. Ich deutete auf die kleine Couch: »Ich mache es mir einfach auf der Couch gemütlich.«

Borkman guckte mich verwundert an.

»Nick, du bist Gast in meinem Land und in meinem Zuhause. Du wirst natürlich in meinem Bett schlafen, und ich nehme die Couch.«

Der Typ war wirklich die reine Herzensgüte in Person. Doch ich wollte dieses Angebot nicht annehmen. Ich erklärte ihm, dass ich schließlich Couchsurfer sei, da stecke das Wort »Couch« ja auch schon drin. Wir verfingen uns in einer freundschaftlichen Diskussion, denn Borkman wollte, was seine Vorstellungen von sich als Gastgeber anbelangte, keinen Meter zurückweichen. Am Ende gewann sein Sturkopf, und ich legte mich in ein frisch bezogenes Bett, während er selbst sich auf der höchstens 1,50 Meter langen Couch einrollte. Auch wenn es mir ein wenig unangenehm war, dass ich nun in seinem bequemen Bett lag, war ich doch froh, dass ich meine knapp 1,90 Meter nicht auf dem Sofa zusammenfalten musste.

Als ich am nächsten Morgen erwachte, war Borkman schon unterwegs zur Arbeit. Elvira machte mir tatsächlich ein tolles Frühstück, bestehend aus Fricoles – einem Gericht aus schwarzen Bohnen und Avocado, welche mit kleinen Tortillas gegessen werden –, Käse und Kaffee. Es war total gemütlich, wir unterhielten uns, und anschließend half ich ihr beim Abwasch. Danach wollte ich mich aufmachen, um San Salvador zu erkunden.

»Da sei bitte vorsichtig, Nick«, sagte Elvira. »Hast du die Telefonnummer von Borkman?«

Ich war gerührt von ihrer Sorge und zeigte ihr, dass ich Borkmans Nummer eingespeichert hatte. Dann ging ich los.

Schon nach wenigen Straßen wusste ich, warum Elvira so einen besorgten Tonfall angeschlagen hatte. Die Gegend, in der Borkman mit seiner Familie wohnte, war nicht gerade Beverly Hills – und ich als großer blonder Typ fiel auf wie ein bunter Papagei. Die Autos waren so hinüber, wie ich es am Abend vorher schon erahnt hatte. Über einem Strommast, auf dem gefühlt 800 Kabel kreuz und quer verwickelt waren, hing ein Schuh, an dessen Schnürsenkel eine Puppe geknotet war. Das sah besonders gruselig aus, weil der Puppe ein Arm fehlte

Ich lief quer durch Soyapango, auch in die umliegenden Stadtbezirke hinein und versuchte, ein Gefühl für San Salvador zu bekommen. Auf einem Markt kaufte ich Obst und Gemüse, woraus ich mir zu Hause bei Borkman ein Essen kochen wollte.

Später am Abend kam Borkman von seiner Arbeit heim. Erst jetzt hatten wir Gelegenheit, uns ein bisschen mehr zu unterhalten. Er erzählte mir, dass er Zahnarzt sei und in einer Gemeinschaftspraxis einen Zahnarztstuhl angemietet hatte. Er stand morgens in aller Frühe auf, fuhr zwei Stunden mit den öffentlichen Verkehrsmitteln zur Praxis, arbeitete dann für zwölf Stunden, um dann wieder zwei Stunden nach Hause zu fahren. Und das alles für gerade mal 300 Dollar im Monat. Als Zahnarzt. Trotz seines langen Arbeitstages war Borkman munter und gut gelaunt. Wäre ich an so einem Abend nach Hause gekommen, ich hätte es vielleicht noch geschafft, Netflix anzuschalten, bevor ich müde in die Kissen gesunken wäre. Borkman hingegen zeigte großes Interesse an meinem Tag, wollte wissen, wo ich überall gewesen war, und fragte mich, ob ich Lust hätte, seine Freunde kennenzulernen. Also machten wir uns fertig und zogen hinaus in die Nacht. Dieser kleine Typ war einfach ein Energiebündel. Wir liefen durch die Straßen, fuhren mit einem Bus in eine andere Gegend und gingen dort in ein Restaurant. Noch während wir aßen, stießen zwei Kumpels von Borkman hinzu. Genau wie ich mir seine Freunde vorgestellt hatte, waren die beiden ebenfalls ausgesprochen liebenswert, und wir unterhielten uns lange. Sie waren sehr interessiert an Deutschland und meiner Reise,

> **Wer geht schon vor die Tür und bittet die Gangster, ein bisschen Rücksicht zu nehmen?**

ich hingegen wollte alles über das Leben in El Salvador wissen.

Auf dem Rückweg erzählte mir Borkman mehr über Soyapango. Der Stadtteil ist in mehrere Distrikte aufgeteilt, Borkman und seine Familie lebten in Distrikt 13. Wie ich schon im Internet gelesen hatte, gibt es in Soyapango eine ausgeprägte Bandenkriminalität. Die schwersten Auseinandersetzungen bestehen deshalb, weil die Gangs von Distrikt 13 mit denen aus Distrikt 18 verfeindet sind und sich auf offener Straße bekriegen. Das macht das Leben in Soyapango besonders in den Abend- und Nachtstunden gefährlich. Wird nachts laut Musik gespielt oder sonst irgendwelcher Lärm gemacht, kann niemand etwas dagegen sagen. Wer geht schon vor die Tür und bittet die Gangster, ein bisschen Rücksicht zu nehmen? Borkman wäre gerne woanders hingezogen, in einen Stadtteil, in dem nicht ständig jemand erschossen wurde, aber dafür reichte das Geld der Familie bei Weitem nicht aus. Also machten sie einfach das Beste aus ihrer Situation.

Wieder einmal lehrte mich ein bis dato vollkommen Fremder, dass Glück und positive Lebenseinstellung nicht an materiellen Besitz geknüpft sind. Borkman besitzt wirklich nicht viel, arbeitet fast jeden Tag von früh bis spät und ist dennoch einer der lustigsten und offensten Menschen, die ich kenne. Ebenso seine Mutter Elvira. Sie arbeitete als Friseurin, aber weil sie keinen eigenen Salon hatte, schnitt sie die Haare ihrer Kunden einfach im eigenen Wohnzimmer. Das Haus war winzig, die Wohnfläche betrug vielleicht 25 Quadratmeter, und trotzdem wurde alles so geschickt verstaut und organisiert, dass sogar fürs Haareschneiden genug Platz blieb. Das Wohnzimmer war also nicht nur Wohnzimmer, sondern auch Esszimmer und gleichzeitig Friseursalon. Wer gerade nicht dran war, saß auf Plastikstühlen im Outdoor-Wartezimmer, der Terrasse. Außerdem gab es das kleine Zimmer von Borkman, das seines Bruders und eine winzige Schlafnische, in die Elvira sich nachts zurückzog. Die Küche war nur wenige Quadratmeter groß und hatte kein Dach. Deshalb war sie außerdem der Raum, in dem die Wäsche zum Trocknen aufgehängt wurde. Das kompakte Bad besaß genau so viel Platz, dass eine Toilette und eine Dusche hinein passten. Die Dusche allerdings war keine Dusche, wie wir sie in Deutschland kennen. Sie bestand einzig aus einem Wasserhahn auf Kniehöhe, unter dem zwei Eimer mit Schöpfkelle standen. Geduscht wurde also mit einer Art großer Suppenkelle, mit der man sich das Wasser über den Kopf schüttete. Die ganze Familie hatte so wenig, und dennoch gaben sie so viel. Ich kann mir beim besten Willen nicht viele Menschen in Deutschland vorstellen, die unter solchen Umständen auch noch Couchsurfer aufnehmen würden.

Eine ganze Woche blieb ich bei dieser tollen Familie, dann fuhren Borkman und ich noch ein paar Tage zusammen nach El Tunco. Als sich unsere Wege schließlich trennten, umarmten wir uns und sagten »bis bald«. So oft ist das nur eine nicht wirklich ernst gemeinte Floskel. Bei Borkman aber hätte ich die Hand ins Feuer legen können, dass es keine war. Und ich sollte recht behalten.

NOCH EIN LETZTES MAL DIE AUSSICHT GENIESSEN, BEVOR ES MIT KARACHO DIE STEINPISTE NACH UNTEN GEHT!

»OUUUH!«

Mit einem Colectivo fuhr ich nach León in Nicaragua. Es war ausgemacht, dass ich hier auf Steffi warten sollte, die in zwei Tagen dazustoßen würde. Schon am ersten Abend, als ich ins Hostel eingecheckt hatte, liefen mir Thomas und Hayden über den Weg, die ich bereits aus Mexiko und Guatemala kannte. Es war ein tolles Wiedersehen, und zusammen mit einigen anderen Backpackern gingen wir am Abend in eine kleine Reggae-Bar, in der Live-Musik gespielt wurde. Die Bar war brechend voll mit Touristen und Locals. Zu fortgeschrittener Stunde und weil es ziemlich eng war, beschlossen wir, die Tanzfläche auf die Tische zu erweitern. Thomas und Hayden standen schon hüftschwingend auf den Tafeln, da kam mir die Idee, dass die ewig lange Bar ebenfalls ein super Tanzparkett abgeben würde.

Zwei Frauen waren schon empor geklettert, also fackelte ich nicht lange und gesellte mich dazu. Da ich schon ziemlich angeheitert war, fiel mir nicht gleich auf, dass die beiden Damen ganz und gar nicht angezogen waren wie die anderen Bar-Gäste, sondern deutlich aufreizender. Sie tanzten recht provokativ und waren ziemlich gelenkig. Mich störte das nicht, und so gab auch ich alles, was ich tanztechnisch zu bieten hatte. Gerade fragte ich mich, ob es sich bei den beiden Frauen wohl um von der Bar engagierte Tänzerinnen handelte, da streckte die eine der beiden ihr Bein um 180 Grad senkrecht in die Luft. Die Dame hatte ordentlich Schwung drauf. Bevor ich realisieren konnte, was gerade geschah, hatte ich ihr herabsausendes Bein mitten im Gesicht kleben. Ich wurde sofort ausgeknockt, fiel von der Bar, hörte noch »Ouuuh!«, ein kollektives Raunen, und krachte auf den Boden. Eine Sekunde später setzte ein stechender Schmerz auf meiner rechten Gesichtshälfte ein. Die Tänzerin in High Heels hatte mich mit einem 360-Grad-Chuck-Norris-Roundhouse-Kick von der Bar gefegt. Entsetzt sprang sie herunter und entschuldigte sich tausendmal.

SO ÜBERSPIELEN WIR UNSERE ZWEIFEL:
ZUNGE RAUS, ARME HOCH UND AB!

Ein kurzer Check auf der Toilette ergab: Nichts blutete und nichts war gebrochen. Jedoch ließ die rasch einsetzende Schwellung vermuten, dass ich bestimmt noch einige Tage erklären musste, wer mich so übel zugerichtet hatte.

Als ich am nächsten Tag erwachte, saß Steffi an meinem Bettrand. Sie betrachtete mein geschwollenes Gesicht und schüttelte belustigt den Kopf, als ich ihr erzählte, wie es dazu gekommen war. Sie hatte absolut kein Mitleid und scheuchte mich aus den Federn. Wir hatten heute nämlich etwas Großartiges vor, und mein Matschgesicht war keine Entschuldigung.

León ist bekannt für eine besondere Touristenattraktion: Volcano-Boarding. Im Grunde ist das wie Rodeln, nur eben einen sandigen Vulkan herunter. Wir freuten uns wie Kinder auf dieses Erlebnis. Zusammen mit Thomas und einigen anderen Backpackern fuhren wir nach dem Frühstück auf der Ladefläche eines Trucks zu einem Vulkan. Dort angekommen, bekamen wir jeder einen orangenen Overall und einen Holzschlitten ausgehändigt. Dann hieß es erst einmal klettern. Mehr als eine Stunde waren wir unterwegs, um den Vulkan mit seinen spitzen schwarzen Steinen zu erklimmen. Weil es ein aktiver Vulkan war,

DER STRECKENVERLAUF: GERADEAUS UND BERGAB

umgaben uns dabei die ganze Zeit nach faulen Eiern stinkende Schwefeldämpfe. Mehr als einmal wurde ich an Rotorua in Neuseeland erinnert, diesen wunderschönen Ort mit den bunt schillernden Tümpeln, an dem ich es 2009 vor lauter Atemnot kaum ausgehalten hatte.

Als wir endlich den Gipfel erreicht hatten, bedeutete uns der Guide, dass wir unsere Overalls anziehen sollten. Die Anzüge hatten alle eine Einheitsgröße, die selbst mir zu groß war, und so kicherten wir herum, da wir aussahen wie orangene Michelin-Männchen. Zusammen mit den Schutzbrillen, die wir zusätzlich aufsetzen sollten, gaben wir ein Bild ab wie eine Horde Außerirdischer.

Bei der Einweisung wurde uns ans Herz gelegt, unseren Schlitten niemals mit den Händen zu bremsen, wenn wir Wert auf unsere Handflächen legten. Auch mit den Füßen sollten wir das Bremsen tunlichst vermeiden und auch nicht zu viel lenken, da der Vulkansand samt aller darin enthaltenen spitzen Steine sonst sofort im eigenen Gesicht landen würde. Die ganze Kunst des Volcano-Boarding bestand also im Grunde darin, sich auf den Schlitten zu setzen und an der Schnur festzuhalten, die an der Vorderseite des Gefährts befestigt war. Das war's. Alles was danach geschah, war dann einfach Schicksal.

Wie sich herausstellte, war das Schicksal ein riesengroßer Spaß. Als ich an der Reihe war, sprang ich auf den Schlitten, ließ ein lautes

SEKUNDEN VOR DEM STURZ: NOCH SIEHT ES RELATIV PROFESSIONELL AUS.

»Hiiijaaaaaa!« ertönen und fuhr langsam an. Ehe ich michs versah, wurde ich schneller und schneller und schneller. Dann raste ich auch schon mit einem riesigen Grinsen im Gesicht und rund 40 Sachen den Vulkan hinunter. Ich nahm meine Beine in die Luft und hatte absolut keine Ahnung, was ich tun sollte, außer vor Freude und Adrenalinschüben ausgelassen herumzuschreien. Leider geriet ich in eine Schieflage und spürte auf schmerzhafte Weise, was es heißt, wenn einem Vulkansand ins Gesicht gepfeffert wird. Ich schlitterte – und schließlich kam ich so ins Wanken, dass mein Schlitten sich quer stellte und ich in hohem Bogen ohne ihn weiterflog. Ungeplant legte ich eine nahezu perfekte, jedoch reichlich unelegante

DIE CHICKEN-BUSSE IN NICARAGUA: MÜLL WIRD HIER EINFACH AUS DEM FENSTER GEWORFEN.

Parkourrolle hin und blieb etwa zehn Meter weiter den Berg hinunter liegen. Von den anderen, die unten warteten, hörte ich wie bei meinem Knock-out durch die Tänzerin ein lautes »Ouuuh…!«. Eine Sekunde lag ich still da, dann rappelte ich mich auf und winkte den anderen zu, dass alles in Ordnung war. Erst als sich das Adrenalin einige Sekunden später verflüchtigte, bemerkte ich, dass ich mir einige schmerzende Schürfwunden und Prellungen zugezogen hatte. Mühsam kletterte ich zurück, um meinen Schlitten zu holen. Dann rodelte ich den Rest der Strecke hinunter.

SCHACHMATT

Von einem der Backpacker in León hatten Steffi und ich erfahren, dass es abseits des Gringo-Trails einen entlegenen Strand gab, an den sich so gut wie nie Touristen verirrten. Dort sollte es eine Art Resort namens Rancho Tranquilo geben, wo wir unterkommen konnten. Wir zwängten uns also wieder in einen der Chicken-Busse. Bei dieser Fahrt fiel uns extrem auf, wie krass die Menschen in Nicaragua in Sachen Umweltverschmutzung drauf waren. Wirklich jeder Müll wurde einfach aus dem Fenster geworfen. Stand der Bus eine Weile, konnte man danach genau ausmachen, wo er geparkt hatte, denn es blieb quasi ein »Busabdruck« mit lauter Müll drumherum zurück.

An unserer Endstation angekommen, mussten Steffi und ich noch etwa drei Kilometer einen Strandpfad entlang laufen, der an einem hölzernen Zaun endete. An diesem klapperte ein Schild vor sich hin, auf dem »Rancho Tranquilo« zu lesen war. Wir hatten es gefunden. Eine alte, reichlich verlotterte Frau kam auf uns zu. Wie sich herausstellte, war sie die Besitzerin dieser kleinen Ranch. Auf unsere Frage nach einer Unterkunft öffnete sie uns das Tor und zeigte auf einige schlichte Hütten, die auf dem Gelände herumstanden. Um Geld zu sparen, nahmen wir jedoch mit dem kleinen Zeltplatz vorlieb, der sich ebenfalls auf der Ranch befand.

Nach der Chicken-Bus-Tortur und dem langen Fußmarsch wurden wir mit dem schönsten und einsamsten Stück Strand belohnt, das wir uns hätten wünschen können.

WENN MAN(N) KRANK IST ...

Außer mir und Steffi hielt sich niemand am Meer auf. Wir genossen einen phänomenalen Sonnenuntergang, als wären wir die einzigen Menschen auf der ganzen Welt. Am Abend liefen wir eine Straße entlang, die zu einem kleinen Restaurant führte. Wir aßen Gallo Pinto, ein traditionelles Gericht aus Nicaragua, das aus Bohnen, Reis und allen möglichen anderen Zutaten zubereitet und zusammen mit Mais-Tortillas gegessen wird. In unserem Fall waren Bohnenmus, frittierte Bananen, Fleisch, Fisch und verschiedene Gemüsesorten dabei. Wenig später fielen wir mit vollen Mägen und reichlich erledigt ins Zelt. Ich war durch den Roundhouse-Kick der Tänzerin und den Sturz auf dem Vulkan äußerlich nach wie vor ziemlich derangiert. Als ich ein paar Stunden später mit Magenschmerzen aus der Hölle aufwachte, war ich auch innerlich vollkommen hinüber.

Wie sich herausstellte, hatte ich mir die zweite Lebensmittelvergiftung meines Lebens eingefangen. Diese jedoch war um ein Vielfaches schlimmer als jene, die ich damals im mexikanischen Tiefkühlbus durchleben musste. Mehr als drei Tage lang konnte ich so gut wie gar nicht aufstehen und behielt absolut nichts ins mir. Ich schleppte mich in regelmäßigen Abständen zur Toilette, ansonsten lag ich nur in der Hängematte vor dem Zelt. Ich weiß nicht, ob mir jemals zuvor so elend zumute gewesen war. Mich verließ alle Kraft.

Steffi tat ihr Möglichstes, um mir ein wenig Erleichterung zu verschaffen. Sie schleppte Obst und Reis heran, doch ich war komplett appetitlos. Irgendwann zauberte sie einen Österreicher herbei, den ich nur »Dr. Bob« nannte, weil mich meine ganze Situation an das Fernseh-*Dschungelcamp* erinnerte. Dr. Bob hatte ganze Batterien von Globuli dabei, doch nichts half. Schließlich bekam ich ein Breitbandantibiotikum.

Das Gruseligste an Krankheiten auf Reisen, besonders wenn kein Arzt in der Nähe ist, sind die eigenen Befürchtungen. Natürlich gingen wir davon aus, dass ich eine Lebensmittelvergiftung hatte. Doch nach zwei Tagen tauchte eine Stimme in meinem Kopf auf, die leise fragte: »Und wenn es doch etwas Schlimmeres ist? Welche giftigen Tiere gibt es in dieser Gegend?«

Dr. Bob riet Steffi, Papayakerne zu sammeln, da diese bei Lebensmittelvergiftungen helfen sollten. Doch die Kerne brachten keinerlei Verbesserung. Auch das Antibiotikum schlug nicht an. Stunde um Stunde harrte ich aus, umarmte immer wieder die Kloschüssel und quälte mich mit Bauchkrämpfen. Eines Nachts hielt ich es einfach nicht mehr in unserem heißen und stickigen Zelt aus. Wir rafften unser Zeug zusammen und schlichen uns in eine der leer stehenden Hütten. Dort ging es mir auch nicht besser, aber wenigstens war die Luft angenehmer.

Erst am vierten Tag war eine leichte Verbesserung zu spüren. Ich musste mich nicht mehr ständig zur Toilette schleppen und behielt auch ein wenig Essen im Magen. Als ich nach der ganzen Zeit das erste Mal in den Spiegel sah, waren meine Wangen komplett eingefallen und auch mein restlicher Körper war ziemlich abgemagert. Meine Badehose schlackerte mir

HAPPINESS WIRD GRÖSSER, WENN MAN SIE TEILT.

so um die Hüften, dass ich sie verlor, als ich beim Baden unter einer kleinen Welle hindurch tauchte. Da stand ich dann splitterfasernackt im Wasser und musste nach Steffi rufen, die am Strand lag.

»Ähm, Steffi? Könntest du mir mal ein Handtuch bringen?«

Steffi stützte sich auf ihre Unterarme und schob ihre Sonnenbrille hoch.

»Warum, was ist denn los?«

Ich zeigte ihr meinen blanken Hintern, indem ich einen kleinen Köpper aus dem Stand machte.

Nachdem Steffi sich mehrere Minuten kaputt gelacht hatte, kam sie mir mit einem Handtuch entgegen. Meine Lieblingsbadehose fanden wir leider nie wieder.

SAN JUAN DEL SUR VON OBEN

DIE ZEIT DES PIZZABÄCKERS

Kaum war ich wieder halbwegs auf den Beinen, konnte es mir Steffi nicht verübeln, dass ich so schnell wie möglich viel Abstand zwischen mich und die Rancho Tranquilo bringen wollte. Wir verabschiedeten uns also von der alten Frau und zogen weiter nach San Juan del Sur, einem kleinen Surferort an der Südwestküste Nicaraguas mit der zweitgrößten Christusstatue nach Rio de Janeiro.

So schön abgelegene Ort auch waren, jetzt freuten wir uns wahnsinnig über Supermärkte, Restaurants und Bars. Wir mieteten uns ein Doppelzimmer in einem kleinen Guesthouse. Einer der großen Vorteile, wenn man zu zweit reist, ist die Sache mit den Unterkünften: Oft war ein Einzelzimmer, das wir uns teilten, günstiger als zwei Schlafplätze in einem Mehrbettzimmer. So kamen wir in den Genuss von mehr Privatsphäre. Das tat besonders mir ausgesprochen gut, da ich gesundheitlich längst noch nicht wieder auf 100 Prozent fuhr.

In San Juan del Sur tat ich deshalb eigentlich kaum etwas anderes, als mich gesund zu futtern. Schon morgens machte ich mir Deluxe-Milchshakes mit Oreo-Cookies, Vanilleeis, Früchten und Erdnussbutter. Oft aßen wir in einem kleinen Pizzaladen direkt neben unserer Unterkunft. Der Pizzabäcker war ein entspannter Mann, der aus meiner Sicht den Heiligen Gral des Lebens für sich gefunden hatte, denn er machte sich nicht den geringsten Stress. Er war nicht daran interessiert, die große Kohle zu verdienen oder zu expandieren. Für ihn war es wichtig, so viel Zeit wie möglich mit dem zu verbringen, was er mochte. Zeit war für ihn das allerhöchste Gut. Auch seine Arbeitszeit sah er als wichtige Lebenszeit an, deshalb wollte er sie genießen und niemals in Stress verfallen. Er hatte genau kalkuliert, wie viele Pizzen er am Tag verkaufen musste, um seinen zwei Angestellten ihre Gehälter zu zahlen, den Laden am Laufen zu halten und selbst ein Auskommen zu haben. Genau in dem Moment, in dem die letzte der benötigten Pizzen über den Ladentisch ging, machte er den Laden dicht. Ob es nun schon Abend oder erst zwei Uhr nachmittags war, das war komplett egal. Der Pizzabäcker hatte für sich herausgefunden, dass er die Zeit, die ihm in seinem Leben vergönnt war, genau so verbringen wollte: Er verdiente sein Geld, indem er die besten Pizzen der Stadt backte, und in seiner Freizeit genoss er sein entspanntes und unaufgeregtes Dasein in dem schönen Surferort.

UNSER SCHWEDISCHES DOUBLE-PÄRCHEN

STRÖMUNG

Costa Rica ist von allen Ländern in Zentralamerika das Land, welches ich am wenigsten bereist habe. Das liegt vor allem daran, dass es dort wesentlich teurer ist als beispielsweise im Nachbarland Nicaragua. Hatten Steffi und ich dort noch für rund acht Dollar übernachtet, waren es in Costa Rica plötzlich 40 Dollar. Damit unsere Reisekassen nicht schneller schrumpften, als wir gucken konnten, hielten wir uns nur etwa zwei Wochen in Costa Rica auf. Wir reisten an der Pazifikküste entlang, besuchten den kleinen, von Aussteigern gegründeten Küstenort Montezuma, probierten uns im Ziplining und Bungeejumping und kletterten auf den Arenal, einen der aktivsten Vulkane der Welt, der etwa 90 Kilometer westlich der Hauptstadt San José liegt.

Kurz bevor wir Costa Rica wieder in Richtung Panama verließen, machten wir an einem kleinen Ort direkt am Strand Halt: Puerto Viejo de Talamanca. Die Natur, die in ganz Costa Rica phänomenal ist, war hier einmalig. Wir schliefen in einem Hostel, das eine komplette Hängemattenlandschaft zu bieten hatte, und freundeten uns mit Erica und Filip an, einem Pärchen aus Schweden, das uns sehr ähnlich war.

In Puerto Viejo war es unglaublich schön, doch wenn Steffi und ich daran zurückdenken, jagt uns immer ein kleiner Schauer über den Rücken. Eines Tages, wir waren gerade zum Surfen und Bodyboarden am Strand, geriet Steffi nämlich in eine der dort ziemlich starken Strömungen und trieb aufs Meer hinaus. Eben noch war sie zwei Meter neben mir gewesen, plötzlich war sie viel weiter weg. Ich bemerkte es nicht gleich, sondern hörte sie auf einmal nach mir rufen:

»Nick! Nick, ich komm nicht mehr zurück! Ich komm nicht mehr rein!«

Sie paddelte gegen die Wellen an, doch die Strömung war viel zu stark und trieb sie immer weiter hinaus. Mit jeder Welle, die über ihr brach, wurde sie panischer. Nie war ich so froh, dass ich, um mich von meiner Reisedepression zu erholen, Babyschwimmkurse gegeben hatte. Nicht etwa, weil Steffi nicht gut schwimmen konnte, sondern weil ich dafür meinen Rettungsschwimmer hatte ablegen müssen. Ich wusste deshalb glücklicherweise, was zu tun war. Menschen ertrinken in Strömungen meist nicht, weil sie sich verschlucken oder unter Wasser gezogen werden, sondern weil sie solange panisch versuchen, aus der Situation herauszukommen, dass sie irgendwann erschöpft und vollkommen kraftlos sind. Deshalb rief ich Steffi zunächst zu, dass sie sich unbedingt entspannen und etwas treiben lassen sollte, dann schwamm ich zu ihr rüber. Die ganze Zeit über redete ich ihr gut zu und versuchte, sie auf diese Weise weiter zu beruhigen. Als die Panik abflaute, schwammen wir ein Stück parallel zum Strand, bis wir eine Stelle fanden, an der die Strömung weniger stark war. In ruhigen Zügen schafften wir es von dort zurück ans Ufer.

SEAFOOD-PASTA IN PANAMA-STADT

Schon der Grenzübergang von Costa Rica nach Panama war außergewöhnlich: Es führte lediglich eine marode Holzbrücke von einem Land ins andere. Steffi und ich konnten uns das Grinsen nicht verkneifen, als wir mit unseren Backpacks beschwingt an den ganzen Touristen vorbeiliefen, die mit ihren großen Rollkoffern auf den morschen Brettern kaum vorankamen. Weniger ist einfach sehr oft mehr.

Wir hatten Panama nur als kleine Zwischenstation auf dem Weg nach Kolumbien eingeplant. Es gibt verschiedene Möglichkeiten, dorthin weiterzureisen. Wir hatten erfahren, dass der Seeweg die entspannteste und einfachste Variante sei.

Doch bevor wir uns nach Kolumbien aufmachten, verbrachten wir einige Tage in Bocas del Toro, einem Inselparadies auf der karibischen Seite von Panama.

Ein Paradies war es tatsächlich. Wir hatten eine entspannte Zeit an diesem wunderschönen Ort. Wieder einmal trafen wir auf alte Bekannte, darunter das schwedische Pärchen Erica und Filip von unserem letzten Stopp in Puerto Viejo sowie Thomas, den wir in Mexiko kennengelernt hatten. Gemeinsam erkundeten wir das rege Nachtleben und entdeckten einen kleinen Strand, an dem ganz viele Seesterne lebten und der deshalb den Namen Starfish Beach trug.

Nach einigen Tagen beschlossen wir, gemeinsam nach Panama-Stadt zu reisen. Wie sich herausstellte, ist das eine wirklich sehenswerte und abwechslungsreiche Stadt. Es gibt eine moderne Innenstadt mit Hochhäusern, die für eine wirklich tolle Skyline sorgen, aber auch eine teilweise sehr abgeranzte Altstadt mit engen Gässchen und vielen Straßenverkäufern. Panama-Stadt ist übrigens die bisher einzige Stadt, die ich kennengelernt habe, in der sogar Fahrräder Nummernschilder tragen.

Wir checkten in ein Hostel in der Nähe des Meeres ein, wo wir dem Holländer Kees über den Weg liefen, dem wir auch schon mal in Costa Rica begegnet waren. Von da an waren wir zu sechst.

An einem der Tage in Panama-Stadt bekamen Thomas und ich Lust, für uns alle Seafood-Pasta zu kochen. Wir gingen also spät am Nachmittag zum nahe gelegenen Fischmarkt und deckten uns mit allerhand Meerestieren ein. Auf dem Nachhauseweg hielten wir die Tüte mit unserer Ausbeute ein Stück von uns weg, denn sie stank ungewöhnlich stark nach Fisch.

In der Hostelküche machten wir uns dann ans Werk. Ich erinnerte mich an meinen letzten Abend 2009 in Neuseeland, als mich der asiatische Backpacker eingeladen hatte, mit ihm sein Aalgericht zu essen. Ein bisschen was

DAS KLISCHEE SCHLECHTHIN: WARUM DENKEN SO VIELE, DASS REISEN NUR AUS SOLCHEN MOMENTEN BESTEHEN?

hatte ich mir bei ihm abgeguckt, also rieben wir Knoblauch, schnitten Tomaten und brieten dann alles mit Salz und Öl in zwei großen Pfannen an. Um den wirklich sehr starken Fischgeruch zu mildern, sparten wir nicht mit Sahne und Weißwein. Als alles vor sich hinblubberte, saßen wir in Gedanken schon am Tisch und genossen unser großartiges Mahl.

Mit der letzten Lebensmittelvergiftung im Hinterkopf tendierte ich dazu, das Risiko lieber nicht einzugehen. Doch weit kam ich mit meinen Überlegungen nicht, denn plötzlich stand eine Frau, die ebenfalls im Hostel wohnte, bei uns in der Küche.

»O mein Gott, was stinkt denn hier so bestialisch?«, rief sie verärgert, während sie sich eine Hand vor Mund und Nase hielt.

Thomas und ich versuchten uns herauszureden.

»Der Geruch war schon da, bevor wir angefangen haben«, sagten wir. »Hier hat kürzlich jemand etwas ganz Stinkiges gekocht.«

Wir waren wenig glaubwürdig. Die Frau schaute uns extrem böse an, machte dann auf dem Absatz kehrt und verließ die Küche.

Jetzt konnten wir uns nicht mehr einreden, dass der Fischgestank normal war. Wir kamen zu dem Schluss, dass unser Essen nur absolut ungenießbar sein konnte, und mussten wohl oder übel einen Haufen teurer Meerestiere in den Müll kippen. Doch schlimmer war, dass der Fischgeruch sich mittlerweile in den Gängen und Zimmern des Hostels ausgebreitet hatte. Offenbar war er so penetrant, dass bereits das komplette Hostel-Team damit begonnen hatte, die Leute aus ihren Zimmern zu holen und in den Hof zu schicken. Dort wurde mit Freibier dafür gesorgt, dass trotzdem gute Stimmung herrschte. Thomas und ich schauten uns schuldbewusst an.

Als alle Gäste draußen waren, rissen die Mitarbeiter sämtliche Fenster und Türen auf, damit der Gestank abziehen konnte. Zusätzlich liefen sie mit Räucherstäbchen und Duftkerzen durch die Gänge, um den Fischgeruch zu übertünchen. Das Ganze war wirklich ausgesprochen unangenehm, wurde aber später zu einer Reisegeschichte, die bei jedem Lagerfeuer für Lacher sorgt. Ich schätze, Thomas und ich sind die einzigen Menschen, die es je geschafft haben, dass ein ganzes Hostel wegen einer einzigen Seafood-Pasta evakuiert werden musste. Das bekommt sicher nicht jeder hin.

> »Meinst du, wir können das essen?« Thomas sah mich zweifelnd an. »Ich weiß nicht«, antwortete ich. »Willst du es mal probieren?«

Obwohl wir unsere Kreation wirklich lange köcheln ließen, nahm der Fischgeruch nicht wirklich ab. Wir wunderten uns, denn normalerweise sollte dieser schon längst einem schönen Weißweinaroma gewichen sein. Wir versuchten es mit noch mehr Sahne und noch mehr Weißwein, doch nichts half.

»Meinst du, wir können das essen?« Thomas sah mich zweifelnd an.

»Ich weiß nicht«, antwortete ich. »Willst du es mal probieren?«

»Irgendwie nicht«, erwiderte Thomas. »Wie wäre es, wenn du das machst?«

Wir reichten uns den Löffel zum Probieren hin und her.

DA IST DAS DING, DAS MEISTERWERK VON THOMAS UND MIR: SEAFOOD-PASTA, NIX DA DELUXE.

KAPITEL 11
BIENVENIDOS A SÜDAMERIKA!

DIE AUSSICHT LOHNT SICH TATSÄCHLICH UMSO MEHR, WENN MAN VORAB HUNDERTE VON STUFEN HOCH GEKLETTERT IST.

DURCH HOHE WELLEN INS PARADIES

Unser Plan war, einen Segeltrip nach Kolumbien zu machen. Dazu fuhren wir zu den San-Blas-Inseln östlich des Panamakanals. Die Inseln werden auch »Jahresinseln« genannt, weil sie aus 365 Einzelinseln bestehen. Wir reisten mitten in der Nacht aus Panama-Stadt ab und wurden mit einem Auto zwei Stunden hoch in den Norden an die Küste gefahren. Die Fahrt war relativ anstrengend, da unser Fahrer einen ziemlich müden Eindruck machte und ohne Ende Red Bull in sich hineinkippte. Als wir bemerkten, dass seine Augenlider immer schwerer wurden, versuchten wir, ihn in ein Gespräch zu verwickeln, damit er nicht einschlief. Als wir schließlich einen kleinen Hafen erreichten, war es so früh am Morgen, dass es noch dunkel war. Außerdem war es ungemütlich kalt, und es regnete. Dennoch waren wir erleichtert, die gruselige Autofahrt hinter uns zu haben.

Mit einem kleinen Boot wollten wir zu einer bestimmten Insel übersetzen, von der aus dann der Segeltörn nach Kolumbien erfolgen sollte.

Am Hafen gab man uns große schwarze Plastiktüten, in denen wir unser Gepäck verstauen sollten, um es vor Regen und Meerwasser zu schützen. Ein relativ kleines Holzboot mit drei Sitzreihen für etwa zwölf Leute und zwei Bootsführer stand schon für uns bereit. Als die ganzen Backpacks auf dem Boot untergebracht waren, bedeutete uns einer der Bootsführer zu warten. Der Wind war reichlich aufgefrischt, und das Wetter wurde rauer. Aus diesem Grund musste erst eine Erlaubnis zum Ablegen eingeholt werden. Wir machten uns bereits Sorgen, dass wir nicht auf die Insel übersetzen konnten, da kam der Typ zurück.

»Alles klar, beeilt euch, wir legen jetzt schnell ab, bevor eine Warnung rausgeht und wir nicht mehr fahren können«, sagte er.

Wir legten unsere Schwimmwesten an, stiegen rasch ins Boot, und schon ging es los. Auf dem offenen Meer erwarteten uns ziemlich hohe Wellen, sodass wir nur sehr umständlich vorwärts kamen. Die Bootsmänner mussten immer wieder parallel zu den Wellen fahren, denn um sie frontal zu kreuzen, dazu waren sie zu hoch – beziehungsweise das Boot zu klein. Es dauerte nur Minuten, da waren wir bereits durchnässt. Zusätzlich schwappte immer wieder Meerwasser ins Boot. An Steffis Gesicht sah ich, dass es ihr nicht allzu gut ging. Ich versuchte, nicht daran zu denken, was wäre, wenn wir kenterten oder unser Gepäck über Bord gehen würde. Das Boot war wirklich sehr klein – ich hoffte, dass es die großen Wellen aushalten würde.

> **Wenigstens sorgte das Wasserschaufeln für etwas Ablenkung von der Angst, die sich langsam, aber sicher in uns breitmachte.**

Plötzlich bemerkten wir, dass die beiden Bootsmänner jeder eine aufgeschnittene Plastikflasche in die Hand nahmen und damit begannen, Wasser aus dem Boot zu schaufeln. Ich hatte das Wasser zu meinen Füßen natürlich auch schon bemerkt, mir deshalb aber bis zu diesem Zeitpunkt keine großen Sorgen gemacht. Als nun die beiden Männer mit den Plastikflaschen hantierten, meldete sich mein Bauchgefühl mal wieder zurück. Was hier ablief, war ganz und gar nicht gut.

»Nehmt euch eine Flasche und helft mit«, rief uns einer der Bootsmänner zu.

Nachdem wir uns kurz fragend angeschaut hatten, machten wir uns ans Werk. Wenigstens sorgte das Wasserschaufeln für etwas Ablenkung von der Angst, die sich langsam, aber sicher in uns breitmachte. Allerdings stellten wir schnell fest, dass wir gar nicht so schnell schaufeln konnten, wie neues Wasser ins Boot

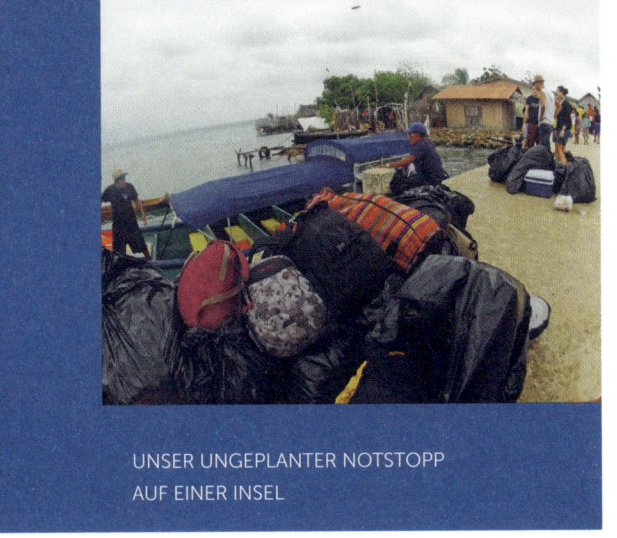

UNSER UNGEPLANTER NOTSTOPP AUF EINER INSEL

schwappte. Schweigend kämpften wir gegen den steigenden Pegel im Boot an.

Zum Glück tauchte wenig später eine kleine Insel vor uns auf. Es war nicht die Insel, die wir eigentlich anvisiert hatten, aber da unser Boot den Geist aufgab, beschlossen die Bootsmänner notzulanden. Sie erklärten uns, dass wir so lange auf der Insel bleiben müssten, bis das Boot repariert oder ein anderes aufgetrieben war. Vorher kamen wir hier also nicht weg.

Die Einheimischen schauten mit relativ großen Augen auf diese in grell orangene Schwimmwesten eingepackte und vollkommen durchnässte Touristengruppe. Nachdem wir unsere Backpacks an den Strand gehievt hatten, vertrieben wir uns die Zeit, indem wir durch das nahe gelegene Dorf liefen und dort mit den Kindern ein bisschen Fußball spielten.

Glücklicherweise dauerte es nicht allzu lange, bis wir weiterfahren konnten. Wir erreichten mit einiger Verspätung die Insel, auf der wir übernachten sollten, bevor es nach Kolumbien ging.

Für unsere unangenehme Überfahrt wurden wir dadurch belohnt, dass die Insel, auf der wir schließlich ankamen, ein absoluter Traum war. Sie war so klein, dass wir sie zu Fuß in knapp 15 Minuten komplett umrunden konnten. Im flachen Wasser paddelten unzählige bunte Tintenfische, und überall standen wunderschöne Palmen herum. Während die anderen ihre Backpacks aus den Plastiktüten befreiten, chillte ich eine Weile am Strand. Ich wollte mir keinen Stress machen – immerhin war eine dicke Plastiktüte um mein Gepäck gewickelt, es würde schon nicht nass geworden sein. Wie sehr ich mich doch irren sollte.

Nachdem wir am Abend ein kleines Lagerfeuer gemacht und richtig leckeren frischen Fisch gegessen hatten, freuten wir uns auf unsere Betten.

Am Morgen stürmte es wieder auf dem Meer, weshalb uns eröffnet wurde, dass wir auch an diesem Tag mit Sicherheit noch nicht abreisen konnten. Kein Segelboot würde sich bei einem solchen Wellengang auf den Weg nach Kolumbien machen. Es gab sogar ein Segelverbot für die Schiffe. Wir nahmen das sehr gelassen hin, denn ein weiterer Tag im Paradies – wer wollte da jammern? Also gingen wir baden und machten einen Bootsausflug zu kleineren Nachbarinseln.

Auch am nächsten Tag gab es keine Entwarnung in Sachen Wetter. Da ich nun doch ein paar Sachen aus meinem großen Backpack brauchte, machte auch ich mich endlich daran, die Plastiktüte aufzuknoten. Als ich es

KATAMARAN 2.0: DER ALKOHOLISIERTE KAPITÄN MACHTE DIE SACHE NICHT VERTRAUENSWÜRDIGER.

geschafft hatte, schlug mir ein feucht-modriger Geruch entgegen. Ich ahnte das Schlimmste und wühlte sofort nach meinem Laptop, der glücklicherweise trocken geblieben war. Alles andere jedoch befand sich in unterschiedlich stinkenden Schimmelstadien. An den Riemen meiner Wanderboots hatte sich sogar schon

Rost gebildet. Ich fluchte vor mich hin. Während die anderen sich am Strand amüsierten, im Meer schwammen und Basketball spielten, war ich nun stundenlang damit beschäftigt, meine Sachen von Schimmel und Gestank zu befreien. Was mir nur halbwegs gelang.

Insgesamt verbrachten wir drei komplette Tage auf der paradiesischen Insel. Am vierten Tag gab es grünes Licht zur Weiterfahrt. Zwar fuhren noch immer keine größeren Schiffe in Richtung Kolumbien, aber unser Bootsführer von der Inselüberfahrt machte uns einen Vorschlag: Ein Freund von ihm besaß einen Katamaran und wäre bereit, die Strecke mit uns zu segeln. Als der Bootsmann uns diese Möglichkeit anbot, saßen wir gerade mit zwei weiteren Pärchen. Zunächst waren wir skeptisch. Der Bootsmann versicherte uns allerdings, dass sein Kumpel wirklich in Ordnung sei – und so sagten wir schließlich zu. Mit allen Leuten, die der Bootsmann zusammentrommeln konnte, der Besatzung und Steffi und mir würden am Ende zwölf Leute auf den Katamaran steigen. Unser Ziel: die Hafenstadt Cartagena an der Karibikküste Kolumbiens.

NA JA, ZUMINDEST HATTEN MEINE KLAMOTTEN ZEIT ZUM TROCKNEN, NACHDEM WIR DREI TAGE AUF DER INSEL FESTSASSEN.

WIEDER EIN KATAMARAN

Als ich am Nachmittag auf dem kleinen Katamaran stand, der ganz sicher nicht für zwölf Leute ausgelegt war, dachte ich: »O Mann, Nick erneut auf einem Katamaran. Ob das gut geht?«

Es ging nicht gut.

Jedenfalls nicht richtig.

Kapitän Ron, der US-amerikanische Freund unseres alten Bootsführers, stellte sich als dauerkiffender Rum-Liebhaber heraus.

»Das fängt ja schon mal gut an«, raunte Steffi mir zu.

In der Folge hörte ich von ihr und den meisten anderen Mitreisenden allerdings nicht mehr viel bis auf Würgegeräusche. Die Wellen waren nämlich nach wie vor sehr hoch, der Wind wehte stürmisch, und die Seekrankheit brach über unser Boot herein wie eine der biblischen Plagen. Steffi tat mir unendlich leid. Wenn sie nicht über der Reling hing, versuchte sie einen Punkt am Horizont anzustarren, damit die Übelkeit ein wenig nachließ. Doch bei den starken Wellen war das aussichtslos. Auch wenn mein Hurrikan-Erlebnis bedeutend schlimmer gewesen war, angenehm war diese Segelfahrt mit Sicherheit nicht. Hinzu kam, dass ich Käpt'n Ron, der immer einen Joint und eine Flasche in den Händen hielt, nicht vertraute. Außer ihm war ich der Einzige, der wenigstens ein bisschen was vom Segeln verstand. Ich versuchte also, meine eigene Übelkeit, die durch das ständige Gekotze um mich herum verursacht wurde, zu ignorieren und aufmerksam zu bleiben.

Als die Nacht hereinbrach, lagen alle erschöpft irgendwo herum. Da es nicht genug Betten gab, schliefen einige auf dem Boden. Steffi hatte sich, ganz grün im Gesicht, unter den Küchentisch gelegt. Ständig riss es sie wieder auf die Füße, und sie eilte zur Reling. Sie war ziemlich fertig mit den Nerven. Ron drückte ihr eine Limette in die Hand.

»Riech daran, dann wird es besser«, sagte er.

Eine ganze Weile versuchte sie, mit der

Limette an der Nase unter dem Küchentisch zur Ruhe zu kommen. Weil es einfach nicht besser wurde, bat ich eine Schweizerin um eine ihrer Schlaftabletten. Ich hatte gesehen, dass sie welche in ihrer Reiseapotheke dabei hatte. Obwohl es die letzte war, drückte sie mir die Tablette in die Hand. Auch sie hatte mitbekommen, wie Steffi litt.

Ich kletterte wieder hoch an Deck, weil es Steffi erneut dorthin getrieben hatte. Ich reichte ihr eine Flasche Wasser und hielt ihr die Tablette hin.

»Nimm mal die Schlaftablette, dann kannst du ein bisschen zur Ruhe kommen.«

Steffi schaute mich wie ein Häufchen Elend, aber wenigstens müde lächelnd an. Doch gerade, als sie nach der Tablette greifen wollte, kam ein heftiger Windstoß und fegte sie mir aus der Hand. Mit großen Augen starrte Steffi hinterher und dann wieder auf meine Hand. Obwohl die Situation wirklich schlimm war, mussten wir plötzlich loslachen und konnten überhaupt nicht mehr aufhören. In machen Situationen bleibt dir einfach nur die Wahl zwischen Lachen und Weinen. Ich bin sehr froh, dass wir beide uns immer wieder fürs Lachen entscheiden.

Als wir uns beruhigt hatten, ließen wir uns erschöpft gegen die Reling sinken. Steffi lehnte ihren Kopf gegen meine Schulter, schniefte und sagte nur noch: »Ach Mann.«

Irgendwie überstanden wir die Nacht. Obwohl der Wind am nächsten Tag schon ein wenig ruhiger geworden war, eröffnete uns Käpt'n Ron, dass wir auf keinen Fall bis nach Cartagena segeln konnten. Er vermutete nämlich, dass das Wetter nicht besser, sondern eher noch einmal schlechter werden würde. Zur Sicherheit steuerten wir also das weiter südlich gelegene Turbo am Golf von Urabá an.

Das zweite Mal wollte ich umgehend den Boden zu meinen Füßen küssen, nachdem ich auf einem Katamaran gesegelt war. Steffi und ich hatten jeder genau eine dringende Sache, die wir jeweils zuerst erledigen wollten: Sie wollte unbedingt schlafen. Ich hingegen zog los und gab meine stinkenden, schimmeligen Sachen in eine Wäscherei.

KAMIKAZE-BUSFAHRER

Als ich am nächsten Tag zurück in die Wäscherei ging, um nachzuschauen, wie es meiner stinkigen Wäsche ging, musste ich lachen: Da hatten die meine kompletten Klamotten teils aufgehängt, teils auch einfach auf dem Fußboden ausgebreitet. Aber mir sollte es recht sein, solange der Schimmelgeruch verschwand. Steffi hatte sich mittlerweile ordentlich ausgeschlafen, also traten wir die Weiterreise an. Mit dem Bus ging es in die zweitgrößte Stadt Kolumbiens, Medellín. Wir waren nicht die Einzigen mit diesem Plan, denn rund die Hälfte der Reisenden vom Katamaran war auf dieselbe Idee gekommen.

Ich hatte auf meinen Reisen nun schon verschiedenste Kulturen und ihre Busfahrgewohnheiten kennengelernt. Von Tiefkühlbussen bis Schrottkarren war wirklich alles dabei gewesen. Nichts von dem war jedoch vergleichbar mit dem Schrecken, den mir die Fahrweise der Kolumbianer einjagte. Dass dort nicht jede Minute ein Bus von irgendeinem Abhang fiel oder mit Höllentempo in einen anderen krachte, kann ich mir bis heute nicht erklären. Wahrscheinlich wurden die kolumbianischen Busfahrer nach ihrer Lebensmüdigkeit ausgewählt. Das zumindest war schon in der ersten halben Stunde, nachdem wir in Turbo losgefahren waren, mein Eindruck.

Der Busfahrer raste mit einer Geschwindigkeit die Serpentinen hoch und runter, dass ich mich fast auf den Katamaran zurück wünschte. Wie die anderen Mitfahrer überhaupt in der Lage waren, ein Auge zuzumachen, war mir ein Rätsel. Eigentlich war es ganz gut, dass wir in stockfinsterer Nacht fuhren, denn so sah ich zumindest nicht ständig, dass es nur wenige Meter neben uns immerzu in tiefe Schluchten hinunter ging. Der Busfahrer trat gefühlt die ganze Zeit das Gaspedal bis zum Anschlag durch und bremste auch bei waghalsigen Überholmanövern kein bisschen ab. Ständig wurden wir bei röhrendem Motor hin und her geworfen. Teilweise raste der Kerl sogar auf der Gegenfahrbahn um steile Kurven. Es war überhaupt nicht einsehbar, ob hinter einer Kurve freie Bahn war oder sich eine Lkw-Kolonne näherte. Einmal riß der Busfahrer das Lenkrad so hart nach links, dass die Räder auf der rechten Seite den Bodenkontakt verloren. Mit einem mächtigen Rumms fiel der Bus dann wieder auf alle vier Räder zurück. Wir wurden dabei so durchgeschüttelt, dass sämtliche Passagiere aufwachten. Ich stand komplett unter Strom und wandte mich Steffi zu, die neben mir geschlafen hatte.

»Boah, krass, hast du das mitbekommen?«

»Was meinst du, den Ruckler«, fragte Steffi gähnend.

»Den Ruckler! Der Bus ist grad so gekippt, dass die Reifen auf der rechten Seite in der Luft hingen!«, antwortete ich lauter, als ich vorgehabt hatte.

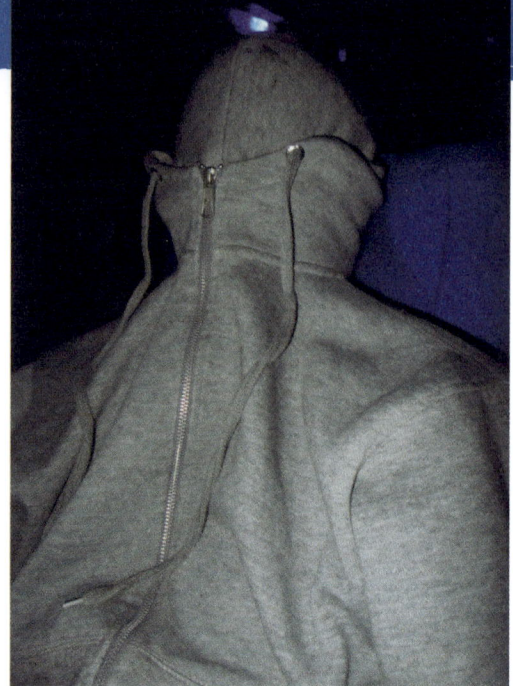

AUGEN ZU, HOODIE DRÜBER UND DURCH. UND DARAUF HOFFEN, DIE BUSFAHRTEN ZU ÜBERLEBEN.

Steffi sah mich erstaunt an: »Echt? Quatsch!«

Sie wollte mir erst nicht glauben, was gerade passiert war, aber weil der Busfahrer genauso irre weiterfuhr wie bisher, schaute auch sie irgendwann beunruhigt aus dem Fenster.

Ich würde gerne behaupten, dass dies die einzige wirklich schreckliche Busfahrt in Kolumbien war, aber das wäre glatt gelogen. Die Fahrten waren durch die Bank weg alle so furchtbar. Ich habe in der ganzen Zeit nicht eine einzige Busfahrt erlebt, in der nicht irgendwann irgendwer gekotzt hatte. Meistens waren es die Kinder.

> **Die ganze stinkende Käsechips-Kotze landete dabei nicht nur auf dem Schoß der Mutter, sondern auch auf den Sitzen, von wo sie auf den Boden lief.**

Auf einer Busfahrt – wir fuhren von San Gil zur Hauptstadt Bogotá – erlebte ich die schlimmste Bus-Kotzerei meines Lebens. Vor mir und Steffi saßen ein etwa zehnjähriger Junge und seine Mutter. Der Junge stopfte die ganze Zeit Käsechips in sich hinein, die er nach einigen scharfen Kurven in hohem Bogen wieder von sich gab. Die ganze stinkende Käsechips-Kotze landete dabei nicht nur auf dem Schoß der Mutter, sondern auch auf den Sitzen, von wo sie auf den Boden lief. Durch die Fliehkraft der ungemein schnellen Fahrt verteilte sich die ganze Suppe im kompletten Bus. Die restliche Zeit kämpften wir gegen unseren eigenen Brechreiz an, denn der Gestank war einfach unerträglich. An diesem Tag kam ich zu der Überzeugung, dass sämtliche Busfahrer in Kolumbien nicht nur lebensmüde waren, sondern als Kind traumatische Busreisen durchlebt haben mussten, für die sie sich nun im Nachhinein durch ihren eigenen brachialen Fahrstil an der Menschheit rächten. Wahrscheinlich gab es zum Jahresende eine Provision für den Busfahrer, der die meisten Menschen zum Kotzen gebracht hatte, ohne selbst durch einen Verkehrsunfall zu sterben.

PABLOS ZUHAUSE

Abgesehen von den Busfahrten war Kolumbien wirklich beeindruckend. Besonders Medellín hatte es mir angetan. Kaum waren wir angekommen, stürzten wir uns schon auf das vielfältige Essensangebot. Wir hatten in den letzten Wochen so oft Gajo Pinto, das Reis-Bohnen-Gericht gegessen, dass uns das Zeug bereits zu den Ohren rauskam. Anfangs liebte ich das typische mittelamerikanische Gericht, doch mittlerweile hatte ich es so unendlich oft gegessen, dass die frittierten und gegrillten Hähnchen von Medellín mir wie eine Offenbarung vorkamen.

Medellín selber ist einfach wunderschön. Das ganze Jahr über scheint hier die Sonne, und es herrschen angenehme Temperaturen. Früher vor allem für Drogenkartelle und Pablo Escobar bekannt, hatte Medellín sich mittlerweile so rasant entwickelt, dass es 2012 vom *Wall Street Journal* zu einer der innovativsten Städte der Welt ernannt wurde.

MEDELLÍN SOLLTE AUF JEDER BUCKETLIST FÜR KOLUMBIEN STEHEN.

Ich hatte viel über Pablo Escobar gelesen und war deshalb etwas vertraut mit der Geschichte des einst mächtigsten Drogenbosses der Welt. Noch heute verbinden die meisten seinen Namen mit Medellín. Doch obwohl die Stadt erst nach der Zerschlagung der Drogenkartelle und lange nach seinem Tod wirklichen Aufschwung und sinkende Mordraten verzeichnen konnte, gilt Escobar bei vielen, besonders aber bei den ärmeren Einwohnern, noch heute als eine Art Robin Hood. Er hatte zu seinen Lebzeiten viel Geld in den Armenvierteln verteilt und für Tausende der dort lebenden Menschen Häuser mit Strom und Wasseranschluss bauen lassen. Dass er gleichzeitig Krieg führte und unfassbar viele Leute umbringen ließ, verblasst bei den Menschen hinter dem Bild des Wohltäters »Pablito«. Es war schon abgefahren, das selbst zu erleben.

Neben ihrer wirklich spannenden Geschichte gibt es in der Stadt unglaublich viel zu entdecken, wie zum Beispiel die farbenfrohen Häuser der Ghettoviertel, die Seilbahn, durch die man am Tag wie auch in der Nacht einen atemberaubenden Blick auf die ganze Stadt hat, und wunderschöne Streetart-Kunst. Steffi und ich liefen ganze Tage umher und saugten das alles in uns auf. Das Schönste aber war der Kontakt mit den Kolumbianern. Die Menschen sind so offen und freundlich, einfach jeder lächelte uns an. Man konnte gar nicht anders, als permanent gute Laune zu haben.

Steffi und ich schauten beide noch eine ganze Weile zurück, als der nächste verrückte Busfahrer uns nach ein paar Tagen aus der Stadt herausfuhr.

DIE KREUZIGUNG JESU

Wir reisten weiter in den Westen nach Bucaramanga. In der Zwischenzeit hatte ein Bekannter von Steffi auf Facebook gesehen, dass wir uns gerade in Kolumbien aufhielten. Juan stammt ursprünglich aus Kolumbien, hat nach wie vor Familie da und wollte unbedingt, dass wir seine Verwandten und Freunde besuchten. Er ließ gar nicht locker, weshalb wir seine Einladung schließlich auch annahmen. Die Fahrt zu Juans Familie war eine echte Odyssee, bestehend aus mehreren Busfahrten, Fußmärschen und ewig langen Wartezeiten. Umso schöner war es dann, als wir endlich in dem kleinen Dorf ankamen. Claudia, eine Freundin von Juan, begrüßte uns unwahrscheinlich herzlich und nahm uns für drei Tage und zwei Nächte in ihrem Haus auf. Es war gerade Ostern, weshalb in der Ortschaft einige Festivitäten stattfanden, unter anderem ein Theaterstück, das Steffi und ich mit ungläubigen Minen verfolgten.

Mitten auf dem Dorfplatz wurde die Kreuzigung Jesu von Kindern und Jugendlichen aufgeführt – und zwar so realitätsnah, dass die Theatertruppe es locker mit Mel Gibsons *Die Passion Christi* hätte aufnehmen können. Die Hauptrollen wurden von Jugendlichen im Alter von 15 bis 20 Jahren gespielt, Jesus selber war ein etwa 16-jähriger Junge. Er lief quer über den Platz und schleppte ein echtes riesiges Holzkreuz auf seinem Rücken, das reichlich schwer aussah. Die Massen, durch die er hindurchlaufen musste – und die ebenfalls zum Ensemble gehörten –, beschimpften und bespuckten ihn dabei aufs Übelste. Er wurde sogar

> »Nein, nein, das ist normal. Das ist jedes Ostern so.«

mit Sand und anderen Dingen beworfen. Als Jesus die Bühne erreichte, wurde er dann auch tatsächlich mit Fesseln am Kreuz befestigt und aufgehängt. Allein das fanden Steffi und ich schon wirklich beängstigend. Als er dann allerdings auch noch ausgepeitscht wurde und sich rote Striemen an seinem Körper abzeichneten, schaute ich mich zweifelnd um. War das jetzt wirklich ein Theaterstück oder waren wir hier in irgendeiner fragwürdigen Sektenzeremonie gelandet? Ich suchte Claudias Blick und fragte vorsichtshalber nach.

»Nein, nein, das ist normal. Das ist jedes Ostern so«, antwortete sie.

Nun gut. Solange die Leute das alles freiwillig taten, war wohl nichts dagegen einzuwenden. Merkwürdig war es auf jeden Fall, wohl aber auch interessant, sich das Ganze mal anzuschauen. Was die Leute hier wohl an Weihnachten aufführten?

GEBT DIESEM JESUS EINEN OSCAR!
ER HÄTTE ES WIRKLICH VERDIENT.

KLEIN, ABER FEIN. UND LECKEREN KAKAO GAB'S AUCH NOCH!

SCHOKOLADEN-KOMA

Juan hatte in seiner Kindheit viele Sommer bei Bekannten auf der Kakaofarm Granja el Puente im nahegelegenen Lebrija verbracht und uns empfohlen, dort ebenfalls hinzureisen. Uns kam dieser Vorschlag sehr gelegen, denn Steffi und ich waren vom vielen Unterwegssein so erschöpft, dass wir uns nach ein paar Tagen Ruhe und Abgeschiedenheit sehnten. Leider fuhr unser Busfahrer ein Stück zu weit, und wir mussten mit unseren schweren Backpacks ganze vier Kilometer zurückwandern.

Auf der Kakaofarm kamen wir in einem kleinen Haus unter und fielen umgehend ins Bett. Dort blieben wir dann auch für die nächsten zwei oder drei Tage, schauten Serien auf Netflix und standen höchstens mal auf, um uns etwas zu essen zu machen. Ansonsten tranken wir dort Unmengen Kakao, aber das bot sich ja auch an. Es tat gut, einfach mal nichts zu tun. Deshalb war es fast schade, als wir irgendwann wieder aufstehen und weiterreisen mussten.

Ich dachte mir zu diesem Zeitpunkt noch nichts bei meiner generellen Müdigkeit und ging davon aus, dass wir einfach nur k. o. waren. Tatsächlich aber war es so, dass sich bei uns der berühmte Travel Blues anbahnte, von dem wir bisher nie etwas gehört hatten.

KOLUMBIEN IM SCHNELL-DURCHLAUF

Die restliche Zeit in Kolumbien erlebte ich wie in einem Plastiskop, diesem kleinen Spielzeugfernseher von früher, bei dem man hinter einem Guckloch einzelne Bilder durchklicken konnte. Wir waren bereits so viel umhergereist, dass mein Kopf kaum noch aufnahmefähig war. Dennoch hielten wir nicht an. Wir wollten schließlich mehr von Kolumbien sehen.

Klick: San Gil

Dieser Ort ist dafür bekannt, dass es viele Extremsportangebote gibt. Von Wildwasserrafting bis Bungeespringen ist alles dabei. Wo wir schon einmal da waren, entschieden wir uns für Paragliding. Zu dieser Sportart muss ich sagen: Das war tatsächlich eines der langweiligsten Dinge, die ich in meinem Leben je gemacht habe. Im Grunde hängt man einfach an einem Flugbuddy dran, bewegt sich nicht, schaut umher und landet dann wieder. Der einzig halbwegs aufregende Moment war, als mein Buddy die Handgriffe drehte und der Schirm

HIER DACHTE ICH NOCH, PARAGLIDING WÄRE SPANNEND …

infolgedessen nicht mehr ganz straff ausgebeult war. Wir sackten also eine halbe Sekunde in der Luft nach unten. Bevor ich mich freuen konnte, dass es aufregender wurde, war der Moment aber auch schon wieder vorbei.

Nachdem ich gelandet war, kam Steffi an die Reihe. Ich sollte ein paar Fotos vom Start machen, also lief ich mit der Kamera hinter ihr und ihrem Flugbuddy her. Gerade als sie abheben wollten, flaute der Wind ab, und sie mussten stehenbleiben. Ihr Schirm, der bereits in der Luft war, kam wieder heruntergesaust – und zwar genau dort, wo ich stand. Es brauchte die Hilfe von zwei oder drei Leuten, mich aus dem ganzen Stoffgewirr zu befreien. Diese fünf bis zehn Minuten gehörten jedenfalls zu den spannendsten des ganzen Ausflugs. Für Adrenalinjunkies wie mich ist Paragliding also wirklich absolut nicht zu empfehlen.

Klick: Bogotá

In der Hauptstadt Bogotá checkten wir in einem Hostel ein, das in einem eher gefährlichen Viertel lag. Das allerdings wussten wir nicht. Da es bei unserer Ankunft schon spät am Tag war, hatten wir einfach das erstbeste Hostel genommen. Am Abend trat ich vor die Tür, um eine Zigarette zu rauchen. Ich hatte die Eingangstür einen Spalt offen gelassen und lehnte mich an der gegenüberliegenden Seite des kleinen Gässchens an die Hauswand. Auf einmal kam der Hostelbesitzer mit einem wutverzerrten Gesicht aus der Tür herausgerannt und baute sich vor mir auf. Er brüllte mich an, warum ich die Tür offen gelassen hätte. Ich verstand nur Bahnhof.

Wie sich herausstellte, waren offene Türen in dieser Gegend Bogotás eine gefährliche Sache, ganz besonders abends und nachts. Als sich der Hostelbesitzer beruhigt hatte und merkte, dass ich in Unwissenheit gehandelt hatte, erzählte er mir, dass wir uns mitten in einem sozialen Brennpunkt befanden.

»Nachts treiben hier ganze Banden ihr Unwesen«, erklärte er mir. »Sie senden mehrere Späher auf Motorrädern aus, die durch die Gassen fahren, um auszukundschaften, ob irgendwo Türen offen stehen oder wenigstens nicht verschlossen sind. Sobald sie eine finden, rufen sie ihre Kumpels und dann führen sie bewaffnete Überfälle durch. Sie raffen alle Wertgegenstände, Geld und Reisepässe an sich und verschwinden dann so schnell, wie sie gekommen sind.«

Ich war baff und konnte seinen anfänglichen Ärger nun durchaus verstehen.

Klick: Santiago de Cali

Wenn man in Cali, das südwestlich von Bogotá liegt, eines tun kann, dann Salsa tanzen. Genau das taten wir. In einer kleinen Bar im Stadtzentrum gesellten wir uns zu einem ganzen Haufen Kolumbianer, die fröhlich lachend das Tanzbein schwangen. Es war genau das, was wir gerade brauchten: Menschen, die ihr Leben genossen, die sahen, wie schön die Welt war, und offen gegenüber Fremden waren. In Kolumbien sind die Menschen nicht reich, aber trotzdem unglaublich fröhlich und herzlich. Ganz besonders, wenn sie sich abends treffen und Salsa tanzen.

Steffi stürmte sofort auf die Tanzfläche. Sie hatte früher in Würzburg schon viel Salsa getanzt und war gar nicht mehr zu bremsen. Ich tat mich anfangs noch ein bisschen schwerer, was auch daran lag, dass der Mann beim Salsa die Führung übernehmen muss. Ganz

DIE STREETART IN BOGOTA KANN SICH SEHEN LASSEN.

entspannt war ich als unerfahrener Salsatänzer also nicht, vor allem weil meine Tanzpartnerinnen hüftschwingende Kolumbianerinnen waren, die den Dreh nun wirklich raus hatten. Ich bekam viele Tipps, wurde immer lockerer, und schließlich tanzten wir ausgelassen bis in die frühen Morgenstunden.

Klick: Leeres Bild

Eigentlich sollte unsere nächste Station endlich die Hafenstadt Cartagena an der Karibikküste von Kolumbien sein. Von dort aus wollten wir im Anschluss weiter nach Ecuador. Doch als wir abends im Bett lagen und über unsere Weiterreise sprachen, beschlossen wir, die Station Cartagena ausfallen zu lassen. Wir befanden uns schon relativ weit im Süden von Kolumbien und hatten wenig Lust, die ganze Strecke in den Norden auf uns zu nehmen. Das Bild von Cartagena in meinem kleinen Erinnerungs-Plastiskop blieb also leer. Irgendwann, so kamen Steffi und ich überein, würden wir noch einmal durch Kolumbien reisen. Spätestens dann würden wir diese Stadt nachholen.

Beim langen Reisen gibt es zwei Schwierigkeiten, die einem oft begegnen. Zum einen muss man immer wieder Abschied von liebgewonnenen Menschen nehmen. Das ist oft sehr schwer. Zum anderen muss man ständig abwägen, was genau man sich anschauen will. Man kann einfach nicht alles sehen und überall gleichzeitig sein. Wenn man immerzu versucht, so viele Orte wie möglich abzuklappern, läuft man Gefahr, sich auf nichts wirklich einlassen zu können und dadurch wirklich schöne Erlebnisse zu verpassen. Als würde man statt nur einen, gleich drei Filme sehen wollen und deshalb ausschließlich im Vorspulmodus gucken. Klar, die Handlung bekommt man so in etwa mit, aber die Dialoge, die Wortwitze und Feinheiten bleiben außen vor. Ich fand es also einerseits schade, dass wir nicht nach Cartagena reisten, war andererseits aber überzeugt davon, dass wir die richtige Entscheidung getroffen hatten.

Am nächsten Tag packten wir unsere Sachen und wandten uns nach Süden in Richtung Ecuador.

HOP ON, HOP OFF

Eine gute Art, neue Städte kennenzulernen, sind die sogenannten Hop-On-Hop-Off-Bustouren. Man kauft sich ein Tagesticket und kann dann immer wieder ein und aussteigen. Auf diese Weise entdeckten Steffi und ich Quito, die Hauptstadt von Ecuador, die in den Anden liegt und die höchstgelegene Hauptstadt der Welt ist. Immer dort, wo es uns gefiel, stiegen wir aus und liefen herum. Dann ging es irgendwann mit einem anderen Bus weiter.

Ganz oben auf dem El Panecillo, einem Hügel mitten in Quito, steht eine große Madonnenstatue. Gerade als Steffi und ich dort angekommen waren, um uns die Madonna näher anzuschauen, wurde ich von einigen Touristen angesprochen. Das passierte mir tatsächlich öfters in Ländern, in denen große Männer mit langen blonden Haaren eher ungewöhnlich sind, wie zum Beispiel in Zentral- und Südamerika. Ich hatte es deshalb schon hin und wieder erlebt, dass sich Leute regelrecht in eine Schlange stellten, um ein Foto mit mir zu machen. So also auch auf dem auf dem El Panecillo. Im Grunde machte mir das nichts aus. Merkwürdig fand ich es immer nur, wenn irgendwelche fremden Menschen, häufig chinesische Touristen, ungefragt Fotos von mir machten. In dieser Situation an der Madonnenstatue war es aber eher lustig. Da stand ich mit mehreren Frauen im Arm und grinste in

SO FÜHLT ES SICH ALSO AN,
WENN MAN BERÜHMT IST.

die Kamera, während Steffi kichernd fotografierte, wie die Leute mich fotografierten.

Im Hop-On-Hop-Off-Bus sorgten wir dann ein wenig für ausgleichende Gerechtigkeit, indem wir uns einen harmlosen Spaß mit den anderen Touristen erlaubten, die zum großen Teil aus Asiaten bestanden. Fuhren wir zum Beispiel an grauen Hauswänden vorbei, zeigten wir uns absolut begeistert, als hätten wir schon den ganzen Tag auf diesen Anblick gewartet. Dann lachten wir uns darüber kaputt, dass die anderen Mitfahrenden ihre Fotoapparate zückten und sicherheitshalber unzählige Fotos von den Hauswänden machten. Man könnte ja etwas verpassen.

Steffi und ich machten eine Menge solchen Quatsch und hatten eine wirklich gute Zeit in Quito. Doch irgendwann waren wir so erledigt, dass wir bei der Stadtrundfahrt einfach einschliefen und den halben Tag nicht wieder aufwachten.

AUSSER PUSTE

Die Erschöpfung, die uns im Bus hatte einschlafen lassen, begleitete uns inzwischen schon seit der Kakaofarm in Kolumbien. Ich führte das anfangs darauf zurück, dass wir vielleicht beide mal wieder ein bisschen Zeit allein verbringen mussten. Wir sprachen lange darüber und beschlossen, eine Weile jeder für sich weiterzureisen. Gesagt, getan: Zwei Tage später suchten wir uns jeder ein eigenes Hostel in Quito und gingen getrennte Wege. Wir dachten, es wäre bestimmt gut, wenn jeder von uns ein paar eigene Erfahrungen machen und sich mit seinen individuellen Gedanken auseinandersetzen konnte. Nach Wochen des Beisammenseins verabschiedeten wir uns also am Morgen voneinander und zogen los.

Unsere getrennten Wege kreuzten sich allerdings bereits am Abend auf dem Marktplatz wieder. Beide waren wir mit dem Vorhaben dorthin gelaufen, uns etwas zu essen zu besorgen. Als wir aufeinandertrafen, mussten wir sehr lachen. Das funktionierte ja super mit dem getrennten Reisen.

Als wir uns etwas zum Abendessen besorgt hatten, setzten wir uns nebeneinander auf die Stufen einer Treppe und redeten. Wir sprachen darüber, dass wir uns beide unendlich erschöpft fühlten und dass wir uns irgendwie komisch verhielten. Die Stadtbesichtigung in Quito war toll gewesen – aber insgeheim hatten wir beide kaum etwas wahrgenommen. Standen wir vor einer imposanten Kirche, vor der sich unzählige Menschen fotografieren ließen, dachten wir nur: »Ah toll, eine Kirche.« Es war für uns beide untypisch, aber keine schöne Aussicht haute uns noch vom Hocker, und auch die imposanteste Sehenswürdigkeit rief kaum mehr als ein Nicken hervor. Gemeinsam grübelten wir, woran es liegen konnte, dass wir nichts mehr richtig genießen konnten, und tauschten unsere Gedanken aus.

Nach einer Weile kamen wir auf den Trichter, dass wir nach den ganzen Erlebnissen der vergangenen Monate ziemlich reizüberflutet sein mussten. Wir hatten so viel erlebt, so viele Länder gesehen, so viele Menschen kennengelernt – wann hatten wir eigentlich mal eine Pause eingelegt? Wir dachten an die Kakaofarm, als wir tagelang kaum aufgestanden waren. Es war, als wären wir zu Beginn unserer Reise zwei trockene Schwämme gewesen, die sich nun vollgesaugt hatten. Wir hatten alles aufgenommen, was uns begegnet war, und nun konnten wir einfach nicht mehr. Ohne zu wissen, dass es so etwas gab, steckten wir mittendrin im sogenannten Travel Blues, einer Reisemüdigkeit, die besonders Langzeitreisende nach zu vielen Eindrücken erwischen kann.

EINER MEINER HAPPY PLACES
AUF DIESEM PLANETEN

DIE VERRÜCKTE KOKOSNUSS

Der Kopf streikt und braucht eine Auszeit, um Erlebtes zu verarbeiten. Man wird lust- und antriebslos, bringt kaum noch Interesse für die Umgebung auf und ist ständig müde.

Als es dunkel geworden war, standen wir auf und hatten zwei Entscheidungen getroffen. Erstens: Wir würden uns vorerst nicht trennen, sondern noch eine Weile gemeinsam durch die Gegend ziehen. Zweitens: Wir brauchten dringend eine Erholungspause. Am nächsten Tag packten wir also unsere Sachen und machten uns auf nach Canoa, einem Fischerdorf an der Küste. Dort wollten wir uns in irgendeinem Hostel niederlassen, um uns die nötige Zeit zu geben, alle bisher gewonnenen Eindrücke zu verarbeiten.

Das Hostel unserer Wahl hieß Coco Loco, also »die verrückte Kokosnuss«. Durch Zufall fanden wir mit diesem Ort eine für uns fast heilige Stätte. Selten hatten wir uns irgendwo so wohl gefühlt wie in diesem Hostel direkt am Strand des kleinen Fischerdorfes. In Canoa gab es nicht viel – ein paar Restaurants, eine Bäckerei, einen Surfshop – aber das, was es gab, war wunderschön. Unter der Woche war der Hund begraben, am Wochenende jedoch kamen die ganzen Einheimischen und erweckten den Ort so richtig zum Leben. Es wurden Quiz-Nights veranstaltet, Partys gefeiert, und es wurde bis zum Morgengrauen am Strand getanzt.

Schon nach wenigen Tagen hatten wir uns mit der Hostelbesitzerin Elisabeth angefreundet. Sie kam ursprünglich aus den USA und war mit einem Ecuadorianer zusammen. Gemeinsam hatten sie eine kleine Tochter, die

EIN BESSEREN ORT ZUM ENTSPANNEN GIBT ES KAUM.

»Ausgerechnet heute«, sagte Elisabeth, als wir gerade beisammen saßen. »Heute Abend haben wir diese Party geplant – und nun fehlt uns der Barkeeper.«

Weil ich Elisabeth mochte und Lust hatte, den Job zu übernehmen, bot ich ihr meine Hilfe an. Den ganzen Abend über stand ich hinter der Bar und mixte Longdrinks. Mir machte die Arbeit richtig Spaß, also übernahm ich auch die Schichten der folgenden zwei Tage.

Elisabeth war begeistert von meiner Arbeit, und so kam es, dass wir uns auf folgenden Deal einigten: Steffi und ich würden bei den abendlichen Bar-Schichten sowie dem Barbecue und der Gäste-Bespaßung helfen, dafür durften wir umsonst im Hostel wohnen und essen. Ab sofort standen wir also jeden Abend von 18 bis 23 Uhr hinter der Bar, nahmen Bestellungen auf, brieten Burger und mixten Getränke. Ich animierte die Backpacker zu Trinkspielen, veranstaltete kleine Billard- oder Tischtennisturniere und brachte den Gästen Kartenspiele bei. Es war großartig.

Die Arbeit tat Steffi und mir sehr gut, denn nach Wochen des Reisens bekamen wir so etwas wie einen geregelten Tagesablauf. Wir genossen unsere freie Zeit tagsüber und arbeiteten abends in einem Job, der uns schon immer viel Spaß gemacht hatte.

dreijährige Sophie. Das Hostel war wunderschön, die Leute unfassbar nett, deshalb war Steffi und mir ziemlich schnell klar, dass wir eine ganze Weile bleiben würden. Genau so ein Ort war uns vorgeschwebt, als wir auf den

UNSERE TÄGLICHE »ARBEIT«: COCKTAILS SHAKEN UND ANDERE REISENDE ZUM TRINKEN ANIMIEREN, ...

... UND ICH HABE MEINEN JOB VERDAMMT ERNST GENOMMEN.

Treppen in Quito saßen und beschlossen, eine Auszeit zu nehmen.

Morgens standen wir auf, tranken Kaffee, legten uns in Hängematten, lasen Bücher oder chillten am Strand. Die Wellen waren einfach großartig, und ich genoss es, das erste Mal an einem Ort zu sein, wo ich jeden Tag surfen gehen konnte.

Dem Barkeeper des Hostels ging es da wie mir. Auch er stürzte sich regelmäßig in die Wellen, bevor seine abendliche Schicht begann. Eines Tages verletzte er sich dabei am Fuß.

PERFEKTE WELLE

DIESER BABYHAI MACHT MIR KEINE ANGST. SEINE MUTTER SCHON EHER ...

Besonders fantastisch fand ich an Canoa, dass ich jeden Tag einfach ein hosteleigenes Surfbrett schnappen und surfen gehen konnte. Zum ersten Mal in meinem Leben surfte ich wirklich kontinuierlich. Durch das Paddeln wurde meine Rückenmuskulatur immer stärker, was sich an sich schon großartig anfühlte, aber auch das Wellenreiten gelang mir dadurch immer besser. Täglich glitt ich durch das warme Wasser bis zum Line-up und wartete nie lange auf wirklich tolle Wellen.

Eines Tages entdeckte ich am Strand einen toten Hammerhai. Es war noch ein ganz kleines Tier. Wo Nachwuchs ist, sind natürlich auch die ausgewachsenen Tiere nicht fern. Eine Weile musste ich deshalb gegen die Angst ankämpfen, dass hinter der nächsten Welle eine Finne auf mich wartete. Es war gut, dass ich es schaffte, meine Furcht zu überwinden, denn dort in dem kleinen Fischerdorf sollte eine der besten Surferfahrungen auf mich warten, die ich bisher erlebt hatte.

Es war am späten Nachmittag. Die Sonne war bereits zu einem großen orangenen Ball am Horizont geworden. Am Strand versammelten sich die ersten der vielen Backpacker, die sich jeden Abend den Sonnenuntergang anschauten. Es wehte kaum Wind, die Luft war warm und das Wasser kristallklar. Die Wellen waren nicht zu groß oder zu klein und glitten fast lautlos zum Strand.

Ich lag gerade bäuchlings auf dem Surfbrett und schaute auf den Abendhimmel mit seinen Gelb-, Orange- und Rottönen. Zusammen mit der Spiegelung der Wolken vermischten sie sich zu einem wunderschönen Farbenspiel auf dem Meer. So dazuliegen, auf den Wellen sanft hin und her zu schwappen, das löste in mir eine unglaubliche Ruhe und Entspannung aus. Ich stelle mir vor, dass es dieses Gefühl ist, das andere durch Yoga oder Meditation erreichen.

Ich richtete meine Aufmerksamkeit aufs Meer und entdeckte ein Set von Wellen, das langsam näher kam. Ich drehte mein Surfbrett mit der Spitze zum Strand und begann zu paddeln. Ich spürte den Sog und bemerkte, wie mein Board von der Welle erfasst wurde. Es gelang mir ein nahezu perfekter Pop-up (so nennt man es, wenn man sich aus der liegenden Position in den Stand hochdrückt). Die Welle war perfekt, meine Füße standen genau richtig, und ich war komplett im Gleichgewicht. Die Welle trug mich dahin. Wie als hätte ich es jahrelang trainiert, schaffte ich einen echten Cutback, also einen Schwenk mit dem Brett, um auf der Welle wieder ein Stück zurückzusurfen. Ich glitt die Welle erneut hinab und tauchte meine Hand seitlich

MEIN PERSÖNLICHES YOGA:
DER SUNSET SURF IN CANOA

MIT ABSTAND DIE BESTE CHEFIN, DIE ICH JE HATTE

ins Wasser. Es fühlte sich wahnsinnig toll und erhaben an. Ich sah den Sonnenuntergang, den goldgelb angestrahlten Strand, und glitt die Welle immer wieder rauf und runter. Genau dieser Moment ist es, nach dem Surfer geradezu süchtig sind. Lauter Endorphine strömten durch meinen Körper, und ich stieß ein lautes »Wohoooo!« aus, weil ich gar nicht wusste, wohin mit all dem Glück. Der ganze Ritt dauerte bestimmt eine Minute. Eine Minute vollster Zufriedenheit.

Als ich an den Strand zurückkam, bestand mein ganzes Gesicht nur noch aus Grinsen. Ich lief zu Steffi, die am Strand lag, und fragte sie völlig aufgeregt, ob sie das gerade gesehen hatte.

»Ne, was denn?«, antwortete sie.

Ich setzte mich neben sie in den Sand, und mir wurde klar: Das eben hatte ich nur für mich erlebt. Der Moment war allein meiner gewesen. Alles Erzählen darüber würde dem Gefühl, das ich in mir spürte, niemals gerecht werden. Also ließ ich es bleiben.

JOHN NICK WAYNE UND DAS SCHOKOKEKS-MONOPOL

Insgesamt blieben wir sieben Wochen im Coco Loco. In der Zeit entwickelten wir eine sehr gute Freundschaft mit Elisabeth. Wir lebten ein ganz entspanntes Leben, das dennoch nicht langweilig war. Wir arbeiteten, feierten am Wochenende und ließen die Seele baumeln. Einmal fragte uns Elisabeth, ob wir Lust hätten, ihre Pferde auf die zwei Stunden entfernte Ranch zu bringen. Insgesamt hatte sie drei davon. Sie standen auf dem Hostelgelände, wurden aber immer wieder zu den Ställen zurückgebracht.

Ich war in meinem ganzen Leben noch nie geritten. Grund genug also, es endlich mal auszuprobieren. Ich bekam eine Einweisung, einen Cowboyhut auf den Kopf und den Rat von Elisabeth, möglichst enge Boxershorts zu tragen. Warum wusste ich zunächst nicht, und die ersten zwei Minuten fand ich das Reiten auch wirklich grandios. Das änderte sich allerdings, als ich mich nach und nach an dem Sattel aufrieb. Besonders für einen Mann, der ja zwischen den Beinen ein bisschen was mit sich herumschleppt, eine ausgesprochen unangenehme Erfahrung. Meine Steigbügel waren viel zu lang eingestellt, sodass ich mich nicht abfedern konnte, als das Pferd einen Gang zulegte. Ich hüpfte also unkontrolliert im Sattel herum, und mit jedem Hüpfer hallte ein ein »Au!« aus meinem Mund.

DAS PFERD UND MEIN SCHRITT HATTEN WOHL DIE GLEICHEN SCHMERZEN IM NACHHINEIN.

Auf diese Weise hoppelte ich eine Weile hinter den beiden Cowgirls Elisabeth und Steffi über die Feldwege der ecuadorianischen Berglandschaft. Irgendwann schrie ich nur noch herum, wie weh mir alles tat. Als ich nach zwei Stunden endlich vom Pferd steigen konnte, schwor ich mir, nie wieder zu reiten.

Noch zwei Tage waren meine Innenschenkel aufgescheuert, und ich lief breitbeinig herum wie ein Matrose auf Landgang.

Eines Tages wachte ich auf und bekam übelsten Appetit auf Schokolade. Leider war nirgends in Canoa auch nur ein einziges Snickers aufzutreiben. Das Einzige, was ich fand, waren diese dicken Blockschokoladen, die man für Kuchen verwendet. Da ich Kochen und Backen liebe und gerne herumprobiere, kaufte ich die Blockschokolade einfach. Ich erwärmte sie in einem Topf, vermischte sie mit einem Becher Sahne und erhielt eine richtig schöne, dunkle Schokoladencreme. Einen ganzen Tag lang ließ ich sie im Kühlschrank durchziehen und fester werden. Dann schnappte ich mir Butterkekse und haute mir da jeweils zwei, drei Zentimeter Schokocreme drauf. Als Topping bröselte ich noch Erdnüsse drüber. Es war ein Fest.

Eine Weile versuchte ich, meinen Schokoladenschatz unbemerkt von Steffi und den anderen Backpackern für mich zu bewahren. Doch wie das so ist: Kaum öffnet irgendwer irgendwo eine Tafel Schokolade, kommen von überall her Leute und wollen was abhaben.

Also besorgte ich mehr Blockschokolade, mehr Sahne und noch mehr Kekse und stellte mich wieder in die Küche. Wie die Heuschrecken fielen die ganzen Backpacker über meine Kekskreation her. Kaum waren sie alle aufgegessen, wurde auch schon wieder nach Nachschub gefragt. Jeden Tag kam irgendwer zu mir und fragte, ob es noch Kekse gäbe. Da erwachte mein Geschäftssinn.

Ich dachte mir: Wenn ich mich jetzt jeden Tag in die Küche stelle und Tonnen Kekse fabriziere, könnte ich die Dinger eigentlich auch verkaufen. Also gründeten Steffi und ich das erste Schokoladenkeksmonopol von Canoa. Ein Keks kostete 50 Cent, vier gab es zum Preis von dreien. Die Kekse gingen weg wie warme Semmeln, und die Existenz unserer Zuckerbäckerei sprach sich herum. Mittlerweile kamen Leute aus den umliegenden Orten Montañita oder Ayampe und sagten: »Wir haben von so einem deutschen Pärchen gehört, das hier Schokokekse verkauft. Die wollen wir uns nicht entgehen lassen.«

IN ECUADOR SEHEN DIE GESCHÄFTE ETWAS ANDERS AUS ALS BEI UNS.

An meinem Geburtstag gingen wir in einem Restaurant essen. Es war ein entspannter Tag gewesen, so wie jeder andere Canoa-Tag zuvor auch. Als wir zurück ins Hostel kamen, war es bereits dunkel. Hin und wieder hatte es Stromausfälle gegeben, und so wunderte ich mich nicht, dass aus dem Hostel kein Licht drang. Ich öffnete die Tür und tastete mich etwas vorwärts, da hörte ich es in der Nähe kichern. Plötzlich tauchte Elisabeth hinter dem Billardtisch auf, in der Hand eine Geburtstagstorte mit funkelnden Wunderkerzen. Viele von den Hostelgästen hatten im Dunkeln gewartet und stimmten ein Geburtstagslied an. Ich war unwahrscheinlich gerührt und fühlte mich unendlich wohl.

AYAMPE UND UNGEWÖHNLICHE CAMPINGSTELLEN

Steffi und ich setzten uns zusammen und tüftelten aus, wie es weitergehen sollte. Wir beschlossen, dass nun der Zeitpunkt gekommen war, wirklich eine Weile getrennt zu reisen. Ich wollte noch eine Zeit lang in Ecuador bleiben, Steffi hingegen zog es gleich nach Peru. Sie wollte das Land sehen und dann die Möglichkeit nutzen, einen ihrer besten Freunde in New York zu treffen.

Als der Tag der Abreise kam, hatten wir beide ganz schön Pipi in den Augen. Steffi stieg in ihren Bus und winkte mir noch eine Weile durch das Fenster zu. Wir wussten genau, wann wir uns wiedersehen würden, dennoch war es nach so langer gemeinsamer Zeit ein sehr komisches Gefühl, sie abfahren zu sehen.

Während Steffi auf dem Weg nach Peru war, fuhr ich per Anhalter nach Ayampe. Hier zeltete ich mit zwei anderen Backpackern direkt am Strand in ein paar Bauruinen. Nach zwei Tagen Surfen und gemeinsamem Rumhängen ging es für mich weiter nach Guayaquil und schließlich nach Montañita. Dort allerdings gefiel es mir überhaupt nicht. Montañita liegt ganz im Süden von Ecuador und ist eine waschechte Partystadt. Alles war voller Touristen, und es ging vor allem um Feiern und Drogen. Nur für zwei Sachen habe ich Montañita in guter Erinnerung behalten: das spannende Champions-League-Finale zwischen Bayern München und Borussia Dortmund, das ich zusammen mit vielen anderen Backpackern anschaute, und ein irisches Pärchen, Rebecca und Neil, mit dem ich mich angefreundet hatte. Sie waren tatsächlich das erste Backpackerpärchen, welches ich auf Reisen kennenlernen durfte, das einen eigenen Smoothie-Mixer mit sich herumschleppte.

DENK DRAN: DU BIST IMMER NUR SO ALT, WIE DU DICH FÜHLST.

HUMMELN

Die Zeit in Canoa war genau das gewesen, was Steffi und ich gebraucht hatten. Irgendwann konnten wir regelrecht spüren, wie sich unsere Akkus langsam wieder aufluden. Nach sieben Wochen merkte ich, wie meine Energie vollends zurückgekehrt war. Gleichzeitig machten sich die ersten Hummeln in meinem Hintern bemerkbar, die summten: »Los! Lass uns wieder reisen gehen. Es wird Zeit für neue Abenteuer!«

KAPITEL 12
ABGEFAHREN ABENTEUERLICH

SALAR DE UYUNI: ES HAT BESTIMMT ZWANZIG MINUTEN GEDAUERT, UM DIESES FOTO SO HINZUBEKOMMEN.

> IN MÁNCORA HATTE ICH DIE BESTE CEVICHE IN MEINEM LEBEN!

DROGENOPFER

Von Ecuador ging meine Reise nach Máncora an der Nordwestküste Perus. Das kleine Dorf ist ein sehr schöner Ort zum Surfen und ein beliebtes Ziel für Backpacker, die ein bisschen Party machen wollen. Ich kam im Hostel Loki del Mar unter. Dort gefiel es mir nicht, denn es handelte sich um eine Art Hostelkette und war ein riesiger Komplex mit integrierten Restaurants. Ich hatte keine Lust auf Horden von Backpackern, also ging ich los und schlenderte über den lokalen Markt, wo leckeres Obst und Gemüse feilgeboten wurden.

Hinter einem der Stände saß eine kleine, sehr sympathische alte Frau, die Ceviche verkaufte, ein traditionelles Gericht, bei dem roher Fisch mit verschiedenen anderen Zutaten in Limettensaft gegart wird. Sie gab mir einen Löffel zum Probieren und mir lief sofort das Wasser im Mund zusammen. Ceviche ist bis heute eine meiner absoluten Lieblingsspeisen. Ich nahm bei ihr Platz und aß eine Portion nach der anderen. Insgesamt saß ich bestimmt eineinhalb Stunden an ihrem Stand und unterhielt mich mit ihr über Gott und die Welt.

Als ich zurück ins Hostel kam, lief ich am Pool vorbei, wo einige Backpacker ihren Rausch ausschliefen. Ich bemerkte, wie ein Typ aus dem Wasser stieg und urplötzlich zusammenklappte. Seine Freunde rannten zu ihm. Auch ich eilte in seine Richtung. Der Typ lag auf dem Boden, seine Augen waren

DAS HOSTEL IN MÁNCORA: HIER SIND SCHON EINIGE GESCHICHTEN GESCHRIEBEN WORDEN.

nach innen gedreht, und er fing wie wild an zu zucken. Offenbar erlitt er gerade einen epileptischen Anfall. Seine Freunde versuchten, ihn festzuhalten, denn der Typ hatte sich bereits den Kopf am Rand des Pools aufgeschlagen und lag in einer Blutlache. Innerhalb von Minuten kam ein Krankenwagen.

Als der Typ aufhörte zu zucken und langsam wieder zu sich kam, beruhigte ihn der Notarzt und fragte ihn, ob er unter Drogeneinfluss stünde. Der Typ verneinte. Weil der Notarzt sichergehen wollte, hakte er noch einmal nach.

»Hast du wirklich keine Drogen genommen?«

NEBEN MEXIKANISCHEM UND THAI-ESSEN DEFINITIV EINES MEINER LIEBLINGSGERICHTE: CEVICHE.

»Nein, habe ich nicht«, stöhnte der Typ.

Als der Notarzt seine Frage zum dritten Mal wiederholte, bemerkte ich die Blicke der Freunde.

»Nun sag es ihm schon«, meinte einer aus der Gruppe.

Der Typ atmete hörbar aus. »Ja, gut, ich habe ein bisschen genommen.«

Der Notarzt wandte sich den Freunden zu. »Was genau hat er konsumiert?«

Die Freunde tauschten wieder Blicke, dann

> Offenbar hatte der Typ die ganze Nacht und auch noch den kompletten Morgen hindurch gekokst.

aber rückten sie endlich mit der Sprache heraus. Offenbar hatte der Typ die ganze Nacht und auch noch den kompletten Morgen hindurch gekokst.

Ich stand die ganze Zeit daneben, und Gedanken schossen mir durch den Kopf. Ich hatte helfen wollen, wusste aber nicht wie. Klar: Hätte der Typ einen Harpunenschuss abbekommen, hätte ich gewusst, was zu tun gewesen wäre. Aber so ein Drogenopfer mit blutendem Schädel, das am Pool einen epileptischen Anfall erlitten hatte? Ich konnte nicht anders, als insgeheim verärgert darüber nachzudenken, was der Typ da eigentlich getan hatte. Da war er so privilegiert, reiste durch die Welt, hatte seine Freunde um sich – und riskierte seine Gesundheit, indem er stundenlang Drogen in sich reinpumpte. Ich war sicherlich auch kein Unschuldsengel und hatte schon ein bisschen was ausprobiert, aber so komplett meine Gesundheit aufs Spiel zu setzen käme mir nie in den Sinn.

Dieses Erlebnis reichte mir fürs Erste, weshalb ich beschloss, am nächsten Tag zu verschwinden. Ich wollte weg von dieser Art Backpackerleben und wieder mehr in die Natur.

IN DER HÄNGEMATTE ÜBER DEN AMAZONAS

In Peru gibt es eine Stadt, die so isoliert mitten im Dschungel liegt, dass sie nur per Boot oder Flugzeug zu erreichen ist: Iquitos. Etwa 400.000 Einwohner leben dort und werden auf dem Luft- und Flussweg mit allem beliefert, was sie brauchen. Iquitos klang genau nach dem Ort, an dem ich ein paar Tage verbringen wollte. Die Schwierigkeit war natürlich, dorthin zu gelangen. Sicher, ich hätte einfach in ein Flugzeug steigen können, aber die Möglichkeit, mit einem der Frachtschiffe zu reisen, reizte mich mehr.

Dafür musste ich zuerst mit mehreren Bussen ins Landesinnere zur Stadt Yurimaguas fahren, die direkt am Amazonas liegt und eine Art Warenumschlagplatz für die Belieferung unter anderem von Iquitos ist. Am Hafen fand ich ziemlich schnell ein Frachtschiff, das Lebensmittel in die Dörfer am Amazonas hochbringen wollte und Passagiere mitnahm. Bevor ich jedoch an Bord durfte, erklärte mir der Guide, der mir das Ticket verkauft hatte, dass ich mir für die etwa zweieinhalbtägige Reise noch ein paar Sachen besorgen musste: eine Hängematte, eine 10-Liter-Gallone Wasser, eine Tasse, einen Teller und Besteck. Auf dem Boot würden um die 50 Personen mitreisen, weshalb man selbst für ausreichend Trinken sorgen musste. Betten gab es auch keine, deshalb die Hängematte.

AUTHENTISCHES REISEN IN PERU

Das Schiff war in etwa 50 Meter lang und zwölf Meter breit. Der ganze Frachtraum war voll mit Lebensmitteln und anderen Waren, die für die Dörfer auf unserem Weg bestimmt waren. An Deck gab es eine größere Freifläche mit Eisenstangen, an denen unsere Hängematten befestigt werden konnten. Darüber befand sich ein Wellblechdach zum Schutz vor Sonne und Regenfällen.

Zweieinhalb Tage hatte ich nichts weiter zu tun, als zu schlafen, zu lesen, zu essen und die Natur zu beobachten. Dichte Mangrovenwälder wechselten sich mit kleinen Dörfern ab. Hier spielten Kinder an den Ufern; sie lachten und winkten, sobald sie das Schiff näherkommen sahen. Es war unglaublich, dass hier, mitten im Dschungel, so viele Menschen lebten. Die Kinder sprangen ins Wasser, und ich fragte mich, ob sie keine Angst vor den ganzen gefährlichen Tieren hatten. Anakondas oder Piranhas zum Beispiel.

Abends lag ich in meiner Hängematte und tauchte in eine vollkommen andere Welt ein. Die untergehende Sonne verwandelte die Farben des Dschungels in noch sattere Grüntöne als tagsüber. Sobald der letzte Sonnenstrahl verschwunden war, hob eine komplett neue Geräuschkulisse an. Solche Geräusche hatte ich in meinem ganzen Leben noch nicht gehört, nicht einmal während meiner bisherigen Dschungelerlebnisse. Mit dem, was ich jetzt auf dem Amazonas hörte, war nichts vorher zu vergleichen. Einzig die Motoren des Frachters veränderten sich nicht, ansonsten kreuchte und fleuchte, fiepte, tschirpte, jaulte, knackte, raschelte und schrie es überall um uns her. Ich schloss meine Augen, und die Geräusche waren so laut, dass ich sie in meine

Träume einbaute, als ich schließlich mit einem Lächeln im Gesicht einschlief.

Als ich nach unserer Ankunft auf einem Platz im Zentrum von Iquitos stand, konnte ich kaum glauben, dass ich mich noch immer mitten im Dschungel befand. Es war eine richtige Stadt mit Sehenswürdigkeiten und Supermärkten. Wäre ich nicht gerade mehr als zwei Tage über den Amazonas gefahren, um nach Iquitos zu gelangen, ich hätte es kaum glauben können.

Im Hostel lernte ich einen Waliser und eine Peruanerin kennen. Wir unterhielten uns den ganzen Abend und beschlossen dann, schon am nächsten Tag gemeinsam tiefer in den Dschungel einzutauchen. Wir hatten nämlich erfahren, dass es die Möglichkeit einer Dschungelexpedition nicht weit von Iquitos gab, und waren allesamt Feuer und Flamme.

FAULTIERE, PIRANHAS UND TURBO-MOSKITOS

Am Morgen standen wir früh am Hafen und fuhren mit einem weiteren Boot noch einmal vier Stunden flussaufwärts, bis wir ein Resort erreichten, das mitten im Dickicht errichtet worden war. »Resort« ist eine eher wohlwollende Bezeichnung, denn es bestand im Grunde einzig aus mehreren großen Holzhütten auf Stelzen, die auf einer Wiese errichtet worden waren.

Die Stelzen hatten folgenden Grund: Wenn es am Amazonas regnet, dann regnet es nämlich wirklich. Da tröpfeln nicht ein paar Tropfen wie aus einer Gießkanne. Es ist mehr so, als ob dir jemand einen kompletten Eimer Wasser über den Kopf kippt. Die Nebenflüsse des Amazonas steigen dann schnell mal zwei oder drei Meter an, und im Nu steht die komplette Wiese unter Wasser.

Die Peruanerin, der Waliser und ich waren für die ersten Tage die einzigen Gäste. Außer uns gab es noch drei Angestellte. Zwei arbeiteten in der Küche, der dritte war eine Art allgemeiner Ansprechpartner. Später am Tag stieß ein Peruaner hinzu, der sich uns als Charles vorstellte. Er hieß nicht wirklich so, aber sein richtiger Name war ein echter Zungenbrecher. Charles jedenfalls entpuppte sich als unser Dschungel-Guide für die nächsten sechs Tage und war vom Aussehen und Charakter ein sympathischer Mix aus Mogli, MacGyver und Bear Grylls.

Jeden Tag führte Charles uns in den Dschungel und zeigte uns die unglaublichsten Sachen. Wir fuhren immer mit einem kleinen Boot raus, das vielleicht vier Meter lang und einen halben Meter breit war. Es hatten genau drei Leute darin Platz, Charles selbst saß immer am Heck. Jeder von uns bekam ein kleines Holzpaddel in die Hand, und so schipperten wir auf dem Amazonas und seinen kleinen Nebenflüsschen herum. Um uns war nichts als wilde, ursprüngliche Natur. Einmal

AUF DIESEM BOOT GING ES TAG UND NACHT AUF ERKUNDUNGSTOUR DURCH DEN TIEFSTEN DSCHUNGEL.

zeigte Charles auf einen Punkt etwa hundert Meter von uns entfernt und sagte, dass da ein Faultier im Baum hängen würde. Ich erkannte es aber erst, als wir bis auf zehn Meter herangekommen waren, da sein Camouflage-Fell es gut tarnte.

Faultiere kannte ich bisher nur von Bildern oder aus Dokumentationen. Ich hatte mir vorgestellt, dass sie ganz flauschig seien. In Wahrheit aber waren sie relativ borstig und auch ein bisschen stinkig. Charles nahm das Faultier vorsichtig vom Baum und drückte es mir in den Arm. Ich hatte den Eindruck, dass es nicht sonderlich begeistert von meiner körperlichen Nähe war, denn es wollte mir gleich eine

MANCHE FAULTIERE SIND SO LANGSAM, DASS IHNEN MOOS AUF DEM RÜCKEN WÄCHST. ECHT JETZT!

scheuern. Wie das bei Faultieren allerdings so ist, hatte ich unendlich Zeit, um auszuweichen. Ich hielt das Kerlchen einfach ein wenig von mir weg, damit es mich mit seiner Hand nicht erreichen konnte. Es war unglaublich schön und knuffig. Wir waren sehr behutsam, und als wir uns nach einigen Minuten wieder entfernten, bemerkten wir, dass eines der Faultiere sogar ein Junges vorne am Bauch trug.

Weniger niedlich waren die Piranhas. Charles zeigte uns, wie man sie angelte. Dazu gab er uns jeweils einen kleinen Stecken mit einem Faden daran, an dessen Ende ein Haken baumelte. Im Grunde wie eine kleine Angel. Auf den Haken sollten wir ein wenig Huhn aufspießen. Um die Piranhas anzulocken, mussten wir zunächst mit dem hinteren Enden des Steckens – also dem Ende ohne Faden – Wasser aufwirbeln. Durch das Geräusch und die Luftblasen werden die Fische nämlich angezogen wie die Motten vom Licht. Sobald Piranhas

DA HILFT NICHTS. DAS BOOT MUSS AUCH MAL ÜBER LAND GETRAGEN WERDEN, WENN DER FLUSS ZU WENIG WASSER HAT.

zu sehen waren, sollten wir unsere Stecken umdrehen und die Schnur mit dem Huhn in den Fluss halten. Dann hieß es: schnell sein. Denn Piranhas fackeln mit den Ködern nicht lange. Sie kommen einfach vorbeigeschwommen und schnappen sich das Ding.

»Sobald ihr spürt, dass etwas den Haken berührt, müsst ihr die Angel blitzschnell aus dem Wasser ziehen. Wenn ihr schnell genug seid, habt ihr dann einen dran«, erklärte Charles.

VÖLLIG DURCHNÄSST, ABER GLÜCKLICH

Am Ende zogen wir alle zwei bis drei Sekunden auf gut Glück immer wieder unsere Angeln aus dem Wasser. Meist war der Haken leer, doch ab und zu hatten wir tatsächlich Erfolg. Ich fing insgesamt zwei Piranhas. Als ich den ersten an der Angel hatte, war ich erst total begeistert, wusste dann aber absolut nicht, was ich nun tun sollte. Ich konnte den Fisch ja nicht einfach in unser Boot legen. Am Ende würde er uns noch um unsere Zehen erleichtern. Charles sah meine ratlose Mine, lachte und nahm mir die Angel aus der Hand. Mit Daumen und Mittelfinger drückte er den Kiefer des Piranhas auf und legte ein Stück Ast dazwischen. Kaum lockerte er den Druck seiner Finger, biss der Piranha den ganzen Ast so leicht durch wie ein Stück weiche Butter. Wirklich krass, was diese Tiere für eine Kraft in ihren Kiefern haben. Ich nahm mir vor, unter keinen Umständen ins Wasser zu fallen.

Doch auch ohne zu baden, wurden wir bald darauf so richtig nass, denn es fing an zu regnen. Zuerst freuten wir uns wie Kinder: Wir waren auf dem Amazonas, mitten im Dschungel, und es regnete Bindfäden – was für ein Abenteuer! Dann merkten wir aber, dass unser Boot langsam, aber sicher volllief. Bis zum Resort schippten wir im Wechsel Wasser aus dem Boot und paddelten. Als wir endlich bei den Stelzenhäusern ankamen, gab es nicht einen Millimeter an mir, der noch trocken gewesen wäre.

Das Leben im Dschungel war einfach großartig. Das Einzige, auf das ich liebend gern verzichtet hätte, waren die Moskitos. Es gab

Abertausende von ihnen. Besonders wenn die Sonne unterging, kamen sie in Heerscharen, denn das war sozusagen ihre Primetime.

Die Moskitos in Peru klangen nicht wie unsere heimischen Minimücken. Die Viecher machten Lärm wie kleine Helikopter. Nachts unter meinem Moskitonetz hörte ich sie überall um mich herum. Genauso wie sie klangen, stachen sie übrigens auch.

Einmal führte Charles uns in sein Heimatdorf. Die Familien lebten dort fast autark und waren unglaublich herzlich. Den ganzen Nachmittag unterhielten wir uns, ließen uns

DAS GEHEIMNIS AM ERWACHSENSEIN IST ES, KIND ZU BLEIBEN.

alles zeigen und spielten mit den Kindern Fußball. Am späten Nachmittag wurden wir zum Essen eingeladen. Es war eine unglaublich schöne Erfahrung, zu sehen, wie die Menschen am Amazonas lebten. Das ließ sich mit dem Leben in Deutschland nicht vergleichen. Die Männer arbeiteten auf den Feldern oder als Guides, die Frauen kümmerten sich um alles, was im Dorf erledigt werden musste. Die Menschen halfen sich gegenseitig, waren freundlich und wirkten mit der Welt und sich im Reinen. Wir konnten uns kaum trennen – und so kam es, dass wir viel zu spät wieder aufbrachen. Die Moskitos standen schon in den Startlöchern für ihre Rushhour, als wir uns gerade durch ein Feld zurück zum Boot kämpften. Zwischen den kniehohen Gräsern hörten wir die brummenden Rotoren tausender Moskitos – und dann ging es auch schon los. Von überall stach es auf unsere Beine ein. Charles legte einen Zahn zu und rief: »Nicht kratzen! Nicht kratzen! Einfach nur zum Boot rennen!«

Schreiend rannten wir wie vier der wild gewordenen sieben Zwerge hintereinander durch das Feld. Wir brauchten nur wenige Minuten, aber als wir am Boot angekommen waren, jaulten wir alle vor Schmerzen. Ich schaute auf meine zerstochenen Beine und hätte mir am liebsten die Haut von den Beinen gezogen. Es juckte und brannte unfassbar. Charles erklärte uns, dass wir nur fünf Minuten die Zähne zusammenbeißen mussten, dann würde es besser werden. Ich wickelte meinen Hoodie um meine Schenkel, damit ich nicht in Versuchung kam, mich doch zu kratzen. Es waren wirklich sehr lange fünf Minuten. Am liebsten hätte ich meine Beine ins Wasser gehalten, aber dann hätten sich die Piranhas gefreut. Also lieber juckende Beine als gar keine.

Abends im Bett zählte ich meine Stiche. Links waren es von der Mitte des Oberschenkels bis zum Knöchel satte 78 Stiche. Das andere Bein sah nicht viel besser aus, aber ich hatte keine Lust mehr zu zählen. Ich war froh, dass der größte Juckreiz endlich nachgelassen hatte. Das Problem war nur: Sobald ich unbewusst dran kam – wenn ich zum Beispiel nur mit der Hand über das Schienbein strich – ging das Gejucke wieder los. Es war die absolute Mückenstichhölle.

PERUANISCHE HOOLIGANS, DIE HABEN ES FAUSTDICK HINTER DEN OHREN.

Während ich mit meinen verbeulten Beinen dalag und auf die lauten Geräusche des Dschungels hörte, bemerkte ich ein Schaben und Rascheln ganz in der Nähe. Manchmal hörte es sich auch so an, als ob jemand atmete. Die Laute kamen definitiv von irgendwo unter meiner Hütte. Während ich noch darüber nachgrübelte, was wohl solche Geräusche erzeugte, schlief ich ein.

Am nächsten Morgen wollte ich wissen, was da unter meiner Hütte lebte. Ich zog meine Gummistiefel an und lief hinaus. Da entdeckte ich riesige Spinnen, die an der Unterseite meiner Hütte große Netze gespannt hatten. Jetzt wusste ich zwar, woher die Geräusche kamen, das machte die Sache aber nicht unbedingt besser. Abends stellte ich mir nun vor, wie mir diese monströsen Achtbeiner Drohungen zuflüsterten: »Nick, schlaf ja nicht ein. Wir sind direkt unter dir und suchen nur eine Lücke in diesem dünnen Holzboden…« Es war ziemlich gruselig.

Das Gefühl, dass hinter jeder Ecke irgendetwas lauerte, was mich töten wollte, wurde ich im Dschungel nie ganz los. Ganz besonders, als wir eines Abends bei Einbruch der Dunkelheit rausfuhren, um nachtaktive Tiere zu beobachten, bekam ich mehr als einmal Gänsehaut. Charles leuchtete mit der Taschenlampe in die Bäume und ins Wasser und erklärte uns, was wir sahen. Es war faszinierend. Immer wieder mussten wir das Boot aus dem Wasser heben, und es mitten in der Nacht etwa zwanzig Meter durch den Dschungel zum nächsten Flusslauf schleppen, um weiterpaddeln zu können. Als wir in unseren Gummistiefeln durch das tiefschwarze Stückchen Dschungel stolperten, hatte ich wieder mal ein breites Grinsen im Gesicht.

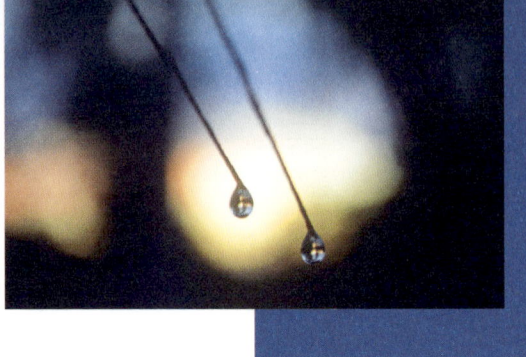

EIN BAD IM FLUSS

Nach drei oder vier Tagen wuchs unsere Expeditionsgruppe an, da zwei Engländer das Resort erreicht hatten. Von nun an marschierten wir also zu sechst durch den Dschungel. Als wir zu einem Hike aufgebrochen waren und wie eine kleine Entenfamilie in einer Reihe hinter Charles hertapsten, blieb er plötzlich stehen und drehte sich zu uns um.

»Was schätzt ihr, in welche Richtung unser Resort liegt?«, fragte er uns grinsend.

Wir waren gerade einmal zehn Minuten unterwegs, deshalb deuteten wir allesamt in die Richtung, aus der wir gerade gekommen waren.

SCHLANGENBÄNDIGER WERDE ICH IN DIESEM LEBEN SICHER NICHT MEHR.

Charles Grinsen verbreitete sich: »Ohne mich wärt ihr echt verloren. Es liegt genau in die andere Richtung.«

Wir konnten es kaum fassen, glaubten ihm aber sofort. Wir waren komplett offroad, es

MEIN MITBEWOHNER

gab keinerlei Trampelpfade oder irgendetwas, woran wir uns hätten orientieren können. Wir stapften über Stock und Stein und kletterten über umgefallene Bäume.

Plötzlich raschelte etwas neben uns im Busch, und wir blieben wie angewurzelt stehen.

»Scheiße, was ist das?«, flüsterten wir unisono.

Charles hingegen hielt kurz inne und vollführte dann einen Kopfsprung in den Busch. Als er wieder auftauchte, hatte er eine Schlange in der Hand.

»Die ist giftig«, sagte er und hielt sie uns entgegen. Er hatte, wie zuvor bei dem Piranha, ihren Kopf zwischen den Fingern. Mit einem Stock fummelte er ein wenig an ihrem Maul herum, bis wir sahen, wie Gift austrat. Ich stand wie versteinert daneben. Einer der Engländer, der schon die ganze Zeit ziemlich schreckhaft gewesen und eher pessimistisch veranlagt war, schlug direkt vor, umzudrehen und zurück ins Resort zu gehen.

Am selben Tag zeigte uns Charles noch Insekten, die aussahen wie Tausendfüßler. Sie waren etwa 15 Zentimeter lang und kringelten sich zusammen, wenn man sie berührte. Charles erklärte uns, dass sie bei Furcht einen Verteidigungsduftstoff ausstoßen, der für Menschen ein Aroma von Marzipan und Vanille hat.

»Riecht mal«, sagte Charles und hielt uns eines der Tiere unter die Nase. Es war tatsächlich ein unglaublich angenehmer Geruch.

DAS SIND SIE: DIE NACH VANILLE-/MARZIPAN-FURZ DUFTENDEN TAUSENDFÜSSLER.

»Inhaliert nicht zu tief«, warnte er. »Davon kann man angeblich high werden.«

Kaum hatte er den Satz ausgesprochen, kroch der ängstliche Engländer auf allen Vieren auf dem Boden herum und schnüffelte an den Viechern. Plötzlich hatte er keine Angst mehr davor, Schlangen oder Skorpionen zu begegnen. Er klaubte eine Raupe nach der anderen auf, schüttelte sie und sog den Duft ein. Er wirkte wie ein Junkie, der schon sehr lange auf Stoff gewartet hatte. Wir lachten uns alle kaputt. Nach einer Weile machte der Engländer tatsächlich den Eindruck, als sei er etwas benommen. Ich kann aber nicht sagen, ob das echt oder nur gespielt war. In jedem Fall half es dahingehend, dass er uns nicht mehr wegen jedem Geraschel in den Ohren lag.

»Na, wer traut sich, ins Wasser zu springen?«, fragte Charles uns am nächsten Tag, als wir wieder mit dem Boot unterwegs waren. Er grinste und war sich wohl vollkommen sicher, dass keiner von uns sich melden würde. Wir hatten Piranhas gefischt, Giftschlangen gesehen, Spinnen beobachtet – niemand konnte uns da einen Vorwurf machen, wenn wir kniffen. Doch irgendwie forderten Charles' blitzende Augen mich heraus. Wenn die Kinder der Dörfer im Fluss badeten, könnte ich es wohl auch riskieren.

»Ja, eigentlich müsste ich das schon einmal machen«, sagte ich, stand auf und zog mir mein T-Shirt über den Kopf. Mein Herz klopfte wie der Teufel, und in Gedanken brummelte ich die ganze Zeit: »O Gott, o Gott, o Gott!«

Nach außen gab ich mich abgeklärt. Ich tat auch noch cool, als ich in den Fluss sprang. Aber als ich erst einmal drin war, verließ mich mein Mut wieder – und ich war mindestens genauso schnell wieder draußen, wie ich reingehüpft war. Mein Puls raste. Keine Ahnung, wie ich es innerhalb von zwei Sekunden wieder zurück in das wackelige Boot geschafft hatte, aber ich denke, mit der Vorstellung von an mir nagenden Piranhas hätte ich sogar Berge versetzen können.

HÖRT SICH KRASS AN, WAR ES AUCH: EINE
AYAHUASCA-ZEREMONIE MITTEN IM DSCHUNGEL.

AYAHUASCA-ZEREMONIE

Eines Abends, als der Waliser, die Peruanerin und ich zusammensaßen und uns unterhielten, kamen wir auf Ayahuasca-Zeremonien zu sprechen. Jeder von uns hatte die verrücktesten Geschichten darüber gehört, es aber nie selbst ausprobiert. Man konnte diese Zeremonien bei peruanischen Schamanen durchführen.

Bei einer Ayahuasca-Zeremonie bekommt man einen Sud aus psychedelisch wirkenden Pflanzen zu trinken, die von den Einheimischen seit Tausenden von Jahren für medizinische Zwecke eingesetzt werden. Das Ziel der Zeremonie ist es, Körper und Geist zu reinigen.

Wir gingen zu Charles und fragten ihn, ob es uns möglich sei, an einer Ayahuasca-Zeremonie teilzunehmen. Er erzählte uns, dass es ganz in der Nähe ein Dorf gäbe, in dem ein Schamane lebte, der Ayahuasca selbst herstellte und die Zeremonien durchführte. Er versprach uns, dort einmal nachzufragen.

Schon bald kam er zu uns und erklärte, dass der Schamane grundsätzlich bereit sei, aber eine Bedingung stellte: »Er möchte, dass ihr zu seiner Hütte kommt, damit er euch zuvor begutachten kann«, sagte Charles.

Am nächsten Tag standen wir also früh am Morgen auf und machten uns auf den Weg. Als wir vor der Hütte ankamen, klopfte Charles. Der Schamane, ein sehr alter Mann, trat vor die Tür und betrachtete uns lange, ohne ein Wort zu uns zu sagen. Irgendwann fing er an, mit Charles in der Landessprache zu reden. Ob es sich um Spanisch mit sehr starkem lokalen Akzent oder vielleicht auch eine indigene Sprache handelte, kann ich bis heute nicht sagen. Wir verstanden jedenfalls nichts, aber es ging wohl darum, wer wir seien und wie lange wir uns schon im Dschungel aufhielten. Im Anschluss schaute er uns wieder eine Weile an. Nach ungefähr zwei Minuten nickte er Charles zu: »Okay, sie sind bereit. Wir kommen morgen zu euch.«

Der alte Mann hatte uns die ganze Zeit über nicht einmal direkt angesprochen, dennoch wurde ich das Gefühl nicht los, dass er mich vollkommen durchschaut hatte. Als hätte er durch mich durch bis in meine Seele geblickt und dort meine Energie und Aura wahrgenommen. Den anderen ging es ähnlich.

Zur Vorbereitung auf die Zeremonie durften wir 24 Stunden lang nichts essen und zwölf Stunden vorher keine Flüssigkeit mehr zu uns nehmen. Zusammen mit meiner Nervosität erzeugte dies eine Gefühlsmischung, die mich ganz hibbelig machte. Durch Erzählungen von anderen Reisenden wusste ich, dass Ayahuasca auf jeden eine andere Wirkung hatte. Kaum jemand schilderte das Gleiche. Einer hatte erzählt, dass er während der Zeremonie Kontakt zu seinem verstorbenen Großvater aufgenommen hatte. Ein anderer berichtete, er hätte seine komplette Kindheit als Baby durchlebt. Ich hatte auch gehört, dass es mehrwöchige Ayahuasca-Treatments gab, wo Menschen mit psychischen Problemen unter strenger Aufsicht eines Schamanen in mehreren Sitzungen tief in ihr Unterbewusstsein vordrangen, um verdrängte Belastungen ans Licht zu zerren und aufzuarbeiten. Trotz all dieser Gedanken im Kopf, versuchte ich, ohne irgendwelche Erwartungen an die Sache heranzugehen und einfach alles auf mich zukommen zu lassen. Dass der Schamane uns für »bereit« hielt, gab mir außerdem eine gewisse Sicherheit. Er hätte uns schließlich auch wegschicken können. Mein Urvertrauen in das Gute im Menschen sagte mir, dass der Mann wusste, wovon er sprach.

»Der Schamane ist jetzt bereit«, sagte Charles am nächsten Abend gegen 19 Uhr. Er führte uns in einen Raum, der in einem der Stelzenhäuser vorbereitet worden war. Meine Augen mussten sich erst an die Dunkelheit gewöhnen, denn es brannte kein Licht. Ich konnte drei Betten erkennen, die längs an den Wänden aufgestellt worden waren. In der Mitte des Raumes saß der Schamane vor ein paar brennenden Räucherstäbchen. Auf einem weiteren, kleineren Bett saß die Frau des Schamanen. Sie würde die Zeremonie überwachen und zur Hilfe eilen, sollte es einem von uns schlecht gehen. Von draußen drangen die nie abreißenden Geräusche des Dschungels herein.

Der Schamane wies uns an, uns auf die Betten zu setzen. Dann begann er, in seiner Stammessprache vor sich hinzubrummen. Er zündete sich eine Art dicke Zigarre an, die sofort anfing, viel Rauch zu entwickeln. Ihr Geruch erinnerte mich an die handgerollten Zigarren aus Kuba.

Die Frau des Schamanen übersetzte die Worte ihres Mannes ins Englische: »Falls ihr euch unwohl fühlt und irgendwelche Visionen bekommen solltet, blast sie einfach weg.«

Der Schamane machte eine Kopfdrehung von links nach rechts und blies dabei Rauch aus.

»Egal was passiert, ihr müsst keine Angst haben. Lasst euch einfach darauf ein, es kann euch nichts zustoßen, denn wir kümmern uns um euch.«

Der Schamane zog eine Flasche mit einer bräunlichen Flüssigkeit hervor, die er in kleine Shot-Gläser goß. Er reichte jedem von uns ein Glas, und wir tranken. Plötzlich fing der Schamane an, eine langsame Melodie zu pfeifen. Fünf Minuten lang saß ich auf der Kante des Bettes und wartete darauf, dass etwas passierte. Ich betrachtete das Glimmen der Zigarre und lauschte dem Pfeifen des Schamanen. Hin und wieder streckte ich meinen Rücken durch, um mich wieder gerade hinzusetzen. Schon bald bekam ich das Bedürfnis, mich hinzulegen. Kaum lag ich, fühlte ich, wie mein Körper leichter wurde. Ein Kribbeln breitete sich von den Zehen in meinen ganzen Körper aus. Ich hatte das Gefühl, in eine innige Verbindung mit meinem Körper zu treten. Ich öffnete die Augen und starrte nach oben. Über mir tauchten auf einmal Leuchtspuren auf, als ob man eine nächtliche Straße mit langer Belichtung fotografierte und die Autos zu Lichtspuren verschwommen. Immer mehr Leuchtspuren verwoben sich und bildeten eine Art Decke, die langsam auf mich herabsank. Der Teppich aus orangem, neon-gelbem, grünem und blauem Licht kam immer näher. Als die Lichter nur noch Zentimeter von mir entfernt waren, spürte ich eine Vibration, die von der Lichterdecke ausging. Plötzlich bekam ich Angst und dachte: »O Gott, was passiert hier? Will das Ding mich angreifen?« Genau in dem Moment, als meine Kehle anfing, sich zuzuschnüren, hörte der Schamane auf zu pfeifen und begann stattdessen, tief brummend zu summen. Meine Angst war wie weggewischt. Die Decke aus Licht kam weiter herab, legte

ABGETAUCHT IN EINE ANDERE WELT

sich auf mich und sank in mich hinein. Ich war mit einem Mal vollkommen entspannt, denn ich wusste: Die Decke wollte mich nicht angreifen, sondern umarmen.

Als die Decke komplett in mir versunken war, begann für mich eine Reise durch meinen Körper. Ich fühlte mich verbunden mit allem um mich herum und in mir drin. Ich sah die einzelnen Haare auf meiner Haut, meine Haut selbst, meine Muskeln, die darunter lagen, meine Sehnen, Adern und Knochen. Jedoch sah ich nicht die Zellen und Fasern an sich, ich nahm all dies mehr auf einer energetischen Ebene wahr. Ich musste meinen Arm beispielsweise nicht anschauen, ich nahm ihn und seinen Aufbau einfach komplett wahr. Es war, als würde ich die Energie meines Körpers in ihren ganzen Einzelteilen sehen und spüren können. Ohne mich zu bewegen, konnte ich mit meinem Geist meinen ganzen Körper durchwandern. Ich sah den Blutstrom, erfasste, wo meine Kraft und meine Bewegungen herkamen und wie mein Gehirn alles steuerte. Ich sah, wie ich funktionierte. Währenddessen spannte ich immer wieder für einige Sekunden meine Muskeln an und lockerte sie erneut.

Bei meiner Reise durch meinen Körper begegnete ich der mir innewohnenden Energiequelle, die mich zu dem macht, der ich bin. Sie hatte meine Lieblingsform sowie meine Lieblingsfarbe und führte mich durch mich selbst, genau wie Charles uns durch den Dschungel geführt hatte. Ich konnte ihr Fragen stellen, und ich erhielt Antworten. Ich fragte beispielsweise, ob es in meinem Körper Krankheiten geben würde oder ob irgendetwas nicht normal sei. Tage zuvor, als ich Zeuge des epileptischen Anfalls am Hostel-Pool von Máncora geworden war, hatte ich mit dem Rauchen aufgehört. Noch immer hatte ich jeden Tag unbändiges Verlangen nach einer Zigarette. Deshalb fragte ich meinen Spirit, wo das Nikotin-Monster wohnte, das mich andauernd überreden wolle, wieder eine Zigarette zu rauchen. Meine Energie blickte mich an und führte mich weiter, bis ich eine Art schwarzgraues Schimmern wahrnahm, von dem eine böse Aura ausging.

»Wo ist das Nikotin-Monster?«, fragte ich erneut.

»Nick, du hast dich dazu entschlossen, nicht mehr zu rauchen. Deshalb ist es nicht mehr da«, antwortete der Spirit. Im selben Moment sah ich, wie das schwarze Schimmern verschwand.

Obwohl ich Visionen hatte und das Ayahuasca in meinem Körper wirkte, war ich die ganze Zeit klar im Kopf und nahm alles sehr bewusst wahr. Immer wieder spannte ich die Muskeln in meinem Körper an und ließ wieder locker. Ich absolvierte quasi ein mehrstündiges Muskeltraining. Obwohl ich bei Verstand war, konnte ich nicht beeinflussen, was ich tat. Irgendwann verspürte ich zum Beispiel das große Bedürfnis, Fahrrad zu fahren. Ich streckte meine Beine in die Luft und begann zu strampeln. Ich wusste, dass ich das tat. Ich merkte auch, wie es nach einer halben Stunde ganz schön anstrengend wurde, aber ich konnte nicht aufhören. Ich wollte weitermachen. Vielleicht hat mein Körper auch einfach von selbst weitergemacht – genau kann ich das gar nicht nicht sagen.

Ich hatte unter anderem die Vision eines Buches über meine Reisen.

Während der Wanderung durch meinen Körper und dem Gespräch mit meinem Spirit erfuhr ich sehr viele Sachen, die in meinem Leben passieren würden. Ich hatte unter anderem die Vision eines Buches über meine Reisen. Ich sah außerdem, wie ich mir wie bei einem Handywecker mit digitalen Zahnrädern ein Datum einstellte.

»Das ist der Tag, an dem du wieder zu reiner Energie werden wirst«, sagte mein Spirit zu mir. Bis heute kann ich mich an dieses Datum erinnern, das mein Todestag sein könnte. Doch niemals würde ich es jemandem verraten, auch nicht meinen Eltern oder Steffi.

Alles, was ich während der Ayahuasca-Zeremonie erlebte, war reichlich abgedreht. Dabei war es aber weder beängstigend, noch fühlte es sich unwahr oder falsch an.

Als drei Stunden vergangen waren, wurden die Geräusche in meiner direkten Umgebung wieder deutlicher. Ich hörte die Peruanerin leise mit der Frau des Schamanen flüstern. Im Nachhinein erfuhr ich, dass das Ayahuasca bei ihr überhaupt keine Wirkung gehabt hatte. Die Frau des Schamanen hatte sie beruhigt und ihr erklärt, dass so etwas vorkomme: »Wenn es nicht richtig für dich ist, dann ist es nicht richtig. Dann sagt sagt dein Körper dir das auf diese Weise.«

> **Noch während die Wirkung des Ayahuasca bei mir nachließ und ich meine Umgebung immer intensiver spürte, änderte der Schamane seine Melodie erneut.**

Noch während die Wirkung des Ayahuasca bei mir nachließ und ich meine Umgebung immer intensiver spürte, änderte der Schamane seine Melodie erneut. Er nahm ein Bündel getrockneter Blätter in die Hand und begann, damit herumzuwedeln. Das trockene Rascheln zog mich mehr und mehr in die reale Welt zurück, in der ich atmete, lange blonde Haare hatte und Deutsch sprach. Während der Zeremonie war alles so anders gewesen. Da war ich nicht Nick, es gab keine unterschiedlichen Sprachen, alles war irgendwie vereint. Nun fühlte sich die Rückkehr an, als ob ich vom Grund des Meeres auftauchte. Ich hatte eine Unterwasserwelt gesehen, von der ich nicht gewusst hatte, dass sie existiert. Doch nun kehrte ich zurück und nahm dieses Bewusstsein mit. Auch wenn ich jetzt nur noch die Wasseroberfläche sah, ich hatte eine Ahnung von dem bekommen, was darunter lag.

Dass Ayahuasca auch zur Reinigung des Körpers eingesetzt wird, äußert sich meist auch darin, dass sich die Teilnehmer im Anschluss an die Zeremonie übergeben und Durchfall bekommen. Auch ich spürte ein Grummeln im Bauch, als ich mich schließlich wieder aufsetzte. Dabei blieb es jedoch. Ganz im Gegensatz zum Waliser, der sich beim Hochkommen in einer fließenden Bewegung über den Rand des Bettes beugte und sofort loskotzte. Die Peruanerin nahm ihn bei der Hand, und zusammen gingen sie hinaus. Ich blieb noch eine Weile sitzen und spürte nach, was ich gerade erlebt hatte.

Der Schamane saß noch immer in der Mitte des Raumes. Er wandte sich mir zu und sagte in gebrochenem Englisch: »Ich will die Leute anschauen, bevor ich mit ihnen eine Zeremonie durchführe, damit ich weiß, ob sie das können.«

Obwohl ich das schon wusste, verstand ich nun viel besser, was er damit meinte. Er hatte mir nicht ins Gesicht geblickt oder mich mit geheimen Röntgenstrahlen durchbohrt. Er hatte meine Energie gespürt.

»Wie fühlst du dich, Nicolas?«, fragte er.

Ich war erstaunt, weil ich weder ihm, noch Charles oder den anderen je meinen vollen Namen genannt hatte. Sie alle kannten mich nur als »Nick«. Ich bin sicher, dass ich dem Schamanen nicht mal diese Kurzform genannt hatte, denn bisher hatten wir kein einziges Wort miteinander gewechselt. Woher wusste er also meinen richtigen Namen? War das auch die Energie?

Ich schaute den Schamanen an.

»Sehr gut. Es geht mir irgendwie... sehr leicht«, versuchte ich meinen Zustand zu beschreiben.

Der Schamane drückte seine Zigarre aus und lächelte mich an.

»Ja, das habe ich gemerkt«, sagte er. »Es kommt nicht sehr oft vor, dass jemand bei seiner ersten Ayahuasca-Zeremonie so intensive Erfahrungen macht.«

LAUF, FORREST!

Mit Peru war ich noch nicht fertig. Am nächsten Tag fuhr ich zurück nach Iquitos, stieg in ein Flugzeug nach Lima, der Hauptstadt, und trat dann eine 18-stündige Busfahrt nach Cusco an, dem Tor zu Machu Picchu. Wie überall in Peru waren die Menschen in Cusco unglaublich freundlich. Die Stadt selbst ist wunderschön, mit lauter verwinkelten Gässchen und bunten Farben, und ich fand mich schnell auf dem Markt und vor einem Teller Ceviche wieder.

Es war bereits Ende Juni und deshalb auf der südlichen Hemisphäre ziemlich kalt. Mittlerweile trug ich tagsüber einen Hoodie und kaufte mir zusätzlich eine typisch peruanische Pudelmütze mit geflochtenen Bändern an den Ohrenklappen. Noch hatte ich keine Ahnung, wie ich nach Machu Picchu kommen sollte. Ich wusste nur: Ich würde keine dieser geführten Touren mitmachen, bei denen unzählige Touristen in Gruppen hintereinander herliefen. Ich suchte also eine Möglichkeit, individueller zu der Ruinenstadt zu gelangen.

Irgendwann unterhielt ich mich mit einer alten Frau, an deren Stand ich Ceviche in mich hineinschaufelte. Als wir auf das Thema Machu Picchu zu sprechen kamen, spitzten die Reisenden um uns herum die Ohren und beteiligten sich an unserem Gespräch. Ich erfuhr von einem Inka-Trail, auf dem man in vier Tagen durch den Dschungel wanderte. Es fielen Ortsnamen wie Santa Teresa, Santa Maria, Central Hidroelectrica und Aguas Calientes. Offenbar waren das alles kleine Orte, die man auf dem Weg nach Machu Picchu durchquert.

Je mehr ich mich dort am Marktstand und später im Hostel mit anderen Backpackern unterhielt, desto mehr erfuhr ich über die vielen Wege zu dem Ort, den ich unbedingt sehen wollte. Ich traf einige Reisende, die schon von Deutschland aus eine Tour nach Machu Picchu gebucht hatten, weil es hieß, dass die meistens wahnsinnig schnell ausgebucht seien. Vor Ort stellte ich fest: alles Blödsinn. Vor lauter Angeboten und Guides konnte man sich in Cusco überhaupt nicht retten.

Nachdem ich einen ganzen Tag durch die Stadt gelaufen war, verfestigte sich mein Wunsch, »off the beaten track« zu reisen. Dazu musste ich ein bisschen planen, aber schließlich hatte ich den für mich besten Weg gefunden. Mit einem Van fuhr ich zunächst nach Santa Maria und machte mich dann zu Fuß durch die peruanischen Berglandschaften auf den Weg nach Santa Teresa. Ich lief an einem Fluss und weiten Wiesen vorbei und sog die Natur in mich auf. Einmal begegnete ich einem wilden Hund, der mir ziemliche Angst einjagte. Er war sehr groß und machte einen ungesunden Eindruck. Sein Fell war an vielen Stellen ausgefallen, und er kam aggressiv knurrend auf mich zu. Ich wusste, dass Wegrennen überhaupt nicht helfen würde, also tat ich das Einzige, was mir einfiel: Ich streckte beide Arme aus und lief schreiend in seine Richtung. Ich wollte ihm zeigen, dass ich ein noch größeres und viel gefährlicheres Tier war als er. Damit hatte ich zum Glück Erfolg, denn er drehte um und machte sich aus dem Staub. Nach dieser Begegnung suchte ich mir einen großen Stock, den ich als Wanderstab benutzte und im Notfall zur Verteidigung gegen weitere Hunde einsetzen konnte. Ich war jedoch froh, dass mir kein weiterer begegnete.

Nach Santa Teresa führte mich mein Weg zu Ort Nummer drei: Central Hidroelectrica. Das war eigentlich weniger ein Ort, als vielmehr eine Bahnstation. Hier hielt der Zug, der Touristen nach Aguas Calientes brachte, der letzten Ortschaft vor Machu Picchu. Als ich am Bahnhof stand und die Massen von Menschen betrachtete, die auf den nächsten Zug warteten, wurde mir klar, dass ich da ganz sicher nicht mitfahren würde. Ich schulterte also erneut meinen Backpack, griff meinen Wanderstock und lief weiter. Zwei Israelinnen schlossen sich mir an. Zu dritt liefen wir den ganzen Weg an den Schienen entlang.

Ich hatte gehört, dass eine vom Zug plattgewalzte Münze Glück bringen sollte. Als wir den Zug hinter uns näherkommen hörten, legte ich schnell eine peruanische Münze auf die Schienen. Nachdem der Zug an uns vorbeigefahren war, steckte ich den neu gewonnenen Talisman in meine Tasche. Jahre später, als mein Neffe geboren wurde, ging ich mit der Münze zum Juwelier, ließ sie in zwei Hälften schneiden und jeweils ein kleines Loch hineinbohren. Mein Neffe, der mein Patenkind wurde, bekam die eine Hälfte der Münze an einer Kette, die andere behielt ich. So, hatte ich mir gedacht, würde das Glück aus Peru uns beide begleiten.

Als wir schließlich das hoch gelegene Aguas Calientes erreichten, war ich ganz nervös vor lauter Vorfreude. Ich sah die Steilwände des Bergmassivs, auf dem Machu Picchu lag, und versuchte, die Ruinenstadt zu erspähen. Das war natürlich allein aufgrund der Entfernung aussichtslos. Dennoch jubelte ich innerlich bei dem Gedanken an den nächsten Tag. Ich würde einen Haken hinter einen Punkt auf meiner Bucket-Liste setzen, der schon ewig lange drauf stand. Endlich würde ich mit eigenen Augen erblicken, was ich bisher nur auf Bildern gesehen hatte.

Im Ort selbst reihte sich ein Hotel an das nächste. Dieser Anblick zerstörte auf eine Art den magischen Flair, den ich beim letzten Ort vor Machu Picchu erwartet hatte. Ich konnte nicht anders, als ein wenig enttäuscht zu sein. Ich besorgte mir etwas zu essen und ging dann relativ zeitig ins Bett, da ich am nächsten Morgen in aller Frühe aufstehen wollte. Ein kleines Gartentor, das den Weg nach Machu Picchu freigab, würde um 5.30 Uhr geöffnet werden, und ich wollte definitiv einer der Ersten sein, die hindurchgingen.

Nach der langen Wanderung war ich total erschöpft, also stellte ich meinen Wecker und ließ mich in die Kissen fallen. Bald fiel ich in einen ausgesprochen unruhigen Schlaf. Aus lauter Angst, den Wecker zu überhören, wachte ich immer wieder auf. Irgendwann war ich wohl doch tiefer eingeschlafen, denn mit einem Mal riss ich die Augen auf, und es war taghell. Ich fluchte und sprang hoch. Mein Wecker war auf 4.30 Uhr gestellt gewesen, da hätte es noch stockduster sein müssen. Ich hatte verschlafen!

Ohne auf mein Handy zu schauen und zu überprüfen, ob ich eventuell den Wecker nicht aktiviert hatte, raste ich ins Bad. In Windeseile putzte ich mir die Zähne und zog mich an. Immer wieder überlegte ich, ob ich meinen Aufstieg lieber um einen Tag verschieben sollte, weil ich schon zu viel Zeit verloren hatte, aber ich hielt nicht inne. Ich schnappte mir meinen Tagesrucksack, schmiss mein Handy und die Verpflegung hinein, löschte alle Lichter und sprintete hinaus. Als die Tür hinter mir ins Schloss fiel und ich den Blick hob, war meine Verwirrung groß: Ich stand in tiefer Nacht auf einer menschenleeren Straße. Was war denn jetzt los, gerade war es doch noch hell gewesen? War ich jetzt komplett bescheuert?

Ich öffnete meinen Rucksack und wühlte nach meinem Handy. Ein Blick auf das Display

WENN DER ZUG KOMMT, LEG SCHNELL EINE MÜNZE DRAUF. DAS SOLL GLÜCK BRINGEN

verriet mir: Es war gerade 2.34 Uhr. Ich verstand die Welt nicht mehr. Erst als ich zurück in mein Zimmer ging, konnte ich mir erklären, was passiert war: In der Wohnung über mir waren die Leute noch wach und ihr Balkon strahlte in hellem Licht. Dieses wiederum hatte die Terrasse unter meinem Fenster angeleuchtet, sodass meine müden Augen dem Irrtum verfallen waren, es wäre bereits Tag.

Hundemüde, aber sehr erleichtert, ließ ich mich in voller Montur zurück auf mein Bett fallen. Wegen der zwei Stunden wollte ich mich nicht noch mal aus- und dann wieder anziehen.

Als ich später am Gartentor zum Aufstieg nach Machu Picchu ankam, standen bereits eine Handvoll Leute davor. Pünktlich um 5.30 Uhr kam dann tatsächlich ein Wärter vorbei und schloss die Tür auf. Vor mir gingen 16 Leute hindurch. Ich nahm mir vor, sie alle auf dem Weg zu überholen und als Erster in der Ruinenstadt anzukommen. Ich wetteifere immer gerne, hier aber gab mir allein die Vorstellung, eine Aussicht auf das menschenleere Machu Picchu zu bekommen, ordentlich Antrieb. Wir alle legten ganz schön Tempo vor, doch nach und nach hielten immer mehr Leute an, um kurz zur Puste zu kommen oder etwas zu trinken. Ich gönnte mir keine Pause und kletterte die hohen Stufen eine nach der anderen

weiter hinauf. Unter meiner nicht sonderlich atmungsaktiven Regenjacke schwitzte ich bereits wie aus Eimern. Als ich sie öffnete, um mich ein wenig abzukühlen, stieg richtig Dampf daraus empor.

Am Anfang des Aufstiegs hatte ich mir vorgenommen, die Stufen zu zählen, doch die Kletterei wurde so anstrengend, dass ich es irgendwann aufgab. Mit jedem pausierenden Wanderer rückte ich näher an die Pole Position heran. Ganz schaffte ich es allerdings nicht: Ich erreichte das Ziel als Achter. Als ich am 13. Juni 2013 also endlich einen meiner größten Reiseträume erfüllte, standen sieben Leute vor mir am Eingang, an dem die Eintrittskarten eingescannt wurden. Gleichzeitig kamen auch die ersten Busse an.

Als ich an der Reihe war und mein Ticket eingescannt wurde, fiel mir auf, dass die sieben Personen vor mir direkt hinter dem Eingang

DIE LEBEN HIER. DIE DÜRFEN DAS!

»Ja, Nick, du hast
es geschafft! Du hast es
dir selbst erarbeitet,
alles dafür getan,
viel Energie hineingesteckt –
und jetzt bist du hier!«

BEIM ANBLICK VON MACHU PICCHU KAM ICH AUS DEM STAUNEN NICHT MEHR RAUS.

stehen geblieben waren. Offenbar gehörten sie zusammen und warteten noch auf jemanden. Das war meine Chance! Ich fragte mich zwar, ob es vielleicht noch nicht erlaubt war, hineinzugehen, aber dann preschte ich einfach vor. Ich stiefelte einen kleinen Berg hinauf, bog um eine Linkskurve und konnte dann schon grüne Wiesen und die ersten Ruinen von Machu Picchu sehen. Ich bog um eine weitere Ecke – und dann lag sie da: die Ruinenstadt in all ihrer Pracht. Kein Mensch war zu sehen, alles breitete sich still und friedlich vor mir aus. Für ungefähr drei Minuten hatte ich Machu Picchu komplett für mich alleine. Es war unglaublich schön. Wieder einmal erlebte ich dieses großartige Gefühl, das aufkam, wenn man etwas, das man sich vorgenommen hatte, auch wirklich erreichte. Das gleiche Gefühl hatte ich damals im Flugzeug gehabt, als ich zu meiner ersten Weltreise aufgebrochen war. Ein riesiges Grinsen breitete sich auf meinem Gesicht aus, das der Welt verkündete: »Ja, Nick, du hast es geschafft! Du hast es dir selbst erarbeitet, alles dafür getan, viel Energie hineingesteckt – und jetzt bist du hier!« Die schönste Belohnung, die ich hatte bekommen können, waren diese drei wunderschönen Minuten allein mit Machu Picchu.

Weil es noch früh am Tag war, steckte die Ruinenstadt noch größtenteils im Nebel, und nach drei Minuten kamen die anderen Besucher hinzu. Ich stieg ein Stück weiter auf eine kleine Anhöhe und setzte mich auf den Boden. Ich beobachtete, wie abwechselnd dünne und dicke Nebelschwaden vorbeizogen. Immer wieder lag Machu Picchu komplett unsichtbar unter mir. Der Berg im Hintergrund war von Wolken verdeckt. Besucher, die in genau solchen Momenten um die Ecke bogen, stießen dann enttäuschte Seufzer aus: Da hatten sie solche Anstrengungen unternommen, nur damit sie jetzt absolut nichts sehen konnten? Ich rief ihnen dann jeweils zu, dass sie einfach nur ein bisschen warten mussten, dann würden sie schon sehen, was passierte.

Es war ein unglaubliches Naturschauspiel: Immer wieder lichteten sich die Wolken, und die Sonne zerriss das komplette Nebelfeld. Dann sah man Machu Picchu plötzlich in seiner ganzen Pracht. Man konnte sogar Lamas beobachten, die sich über die Sonne offenbar so sehr freuten, dass sie gleich anfingen, ein wenig herumzuvögeln. Dann zogen die Wolken wieder zu, und alles begann von vorn.

Erst als es Mittag wurde, verzog sich der Nebel vollends. Bis nachmittags lief ich durch die Ruinenstadt und kehrte immer wieder zu meinem Aussichtspunkt zurück. Ich legte mich ab und zu hin und hörte Musik über meine Kopfhörer. Gelegentlich döste ich weg. Irgendwann jedoch musste ich Abschied nehmen und machte mich an den Abstieg.

> EINFACH MAL »PAUSE« DRÜCKEN, DEN MOMENT GENIESSEN UND DAS LACHEN IM GESICHT BEWUSST WERDEN LASSEN

DEATH ROAD

Weil es in Südamerika immer kälter wurde, wurde Bolivien meine letzte Station in diesem Teil der Welt. Zuerst besuchte ich La Paz, mit durchschnittlich 3.500 Metern über dem Meeresspiegel der höchstgelegene Regierungssitz der Welt.

Schon als ich aus dem Bus stieg, merkte ich, dass die Luft hier dünner war und mir deshalb das Atmen schwerer fiel. Ansonsten herrschte auf den Straßen von La Paz eine unglaubliche Leichtigkeit – allein weil die Menschen so viel Freude und Energie versprühten. Die Leute, die ich in dieser Stadt, diesem Land traf, waren der Grund dafür, warum Bolivien bis heute eines meiner Lieblingsländer in Südamerika ist. Trotzdem La Paz als gefährliche Stadt gilt, fühlte ich mich dort die ganze Zeit über pudelwohl. Ich übernachtete im Wild Rover Backpackers Hostel, das eigentlich als eine Partyhochburg bekannt ist. Zu der Zeit, als ich dort war, steppten allerdings keine Bären durch die Gegend. Das war mir nur recht. Im Hostel lernte ich eine coole Gruppe von Leuten kennen, bestehend aus ein paar Iren und Franzosen. Wir alle waren aus demselben Grund nach La Paz gekommen: Wir wollten mit einem Mountainbike die gefährlichste Straße der Welt hinunterbrettern, die Death Road oder Camino de la Muerte.

Mit einem Tourenanbieter, den ich vor Ort gefunden hatte, war ausgemacht, dass es schon am nächsten Morgen in aller Frühe losgehen sollte. Ohne genau zu wissen, was mich erwarten würde, stand ich pünktlich um 7 Uhr vor dem Hostel und sah zu, wie die Fahrräder auf Auto und Anhänger geladen wurden. Unsere Gruppe bestand außer mir noch aus acht weiteren Verrückten. Eine ganze Stunde fuhren wir durch die Pampa Boliviens. Irgendwann hielten wir auf einem verlassenen Parkplatz hoch oben auf einem Berg. Der Fahrer, der gleichzeitig unser Guide war, stellte den Motor ab. Dann drehte er sich um, grinste uns an und sagte: »Let's go!«

Jeder von uns bekam einen Overall, einen Helm und ein Bike. Weil ich noch immer keine Ahnung davon hatte, wie »Death« diese »Road« wirklich war, überprüfte ich als Erstes ausgiebig die Bremsen. Dann schaute ich mich um. Besonders beeindruckend war dieser Straßenabschnitt irgendwie nicht. Ich sah eine menschenleere asphaltierte Straße vor mir. Der Guide sprang aufs Rad und winkte uns, damit wir ihm folgten. So ging es eine ganze Weile bergab. Mich nervte es ein wenig, dass der Guide nie wirklich schnell fuhr, und so versuchte ich hin und wieder, ihn zu überholen. Da die Strecke aber eigentlich nicht für Radfahrer gemacht ist und uns ab und zu Autos entgegen kamen, war ich gezwungen, mich immer wieder hinter ihn einzureihen. Doch dann kam ein Abschnitt von ungefähr 20 Kilometern, den wir den Berg hinabrasten. Manchmal löste ich mich von meinem Sattel und stand vornübergebeugt auf den Pedalen, um noch windschnittiger zu werden und mehr Fahrt draufzubekommen. In regelmäßigen Abständen hielten wir an, tranken etwas und machten Fotos von dem grandiosen Ausblick.

Ganz ungefährlich war es nicht und vielleicht sogar etwas verrückt, aber irgendwann packte mich das Adrenalin beim Schopf. Ich raste die Serpentinen hinunter und wich Autos und Lastern im Slalom aus. Es war schon abgefahren und definitiv ein Ausflug nach meinem Geschmack. Doch die richtige Death Road sollte erst noch kommen.

Irgendwann hörte die geteerte Straße nämlich auf und ging in eine Schotterpiste über. Anfangs waren links und rechts neben uns Wälder und Wiesen zu sehen, doch schneller, als wir »Death Road« sagen konnten, wurde es unter uns immer schmaler und neben uns immer abgründiger. Schließlich wurde mir klar, was mit »Todesstraße« gemeint war: Wir

NICHT GANZ UNGEFÄHRLICH, ABER GEIL

fuhren auf einer gerade einmal zwei Meter breiten Schotterstraße, rechts neben uns zog sich eine Steilwand bis in den Himmel hoch und links neben uns ging es im 90-Grad-Winkel ein paar hundert Meter in den Abgrund. Allein das wäre schon beängstigend genug, aber wie auch die geteerte Straße zuvor, schlängelte sie sich um lauter enge Kurven. Noch viel krasser als die Kurven waren jedoch die Lkws, die uns nach wie vor entgegenkamen. Sie nahmen in etwa 95 Prozent der Straßenbreite ein, was bedeutete, dass gerade noch eine Hand zwischen uns und die Außenspiegel passte, wenn wir uns an den Rand der Straße quetschten, um die Lkws vorbeizulassen. Kaum war die Straße wieder frei, preschten wir weiter. Ich hatte meine Playlist auf den Ohren, sang lauthals bei *Pretty Fly (For a White Guy)* von The Offspring mit und trat in die Pedale. Ein Adrenalinstoß jagte den nächsten.

Schwierig wurde es jedes Mal, wenn sich zwei motorisierte Vehikel auf dieser engen Straße begegneten. Dann musste nämlich einer von beiden solange rückwärts fahren, bis die Straße irgendwann breit genug wurde, damit sie sich aneinander vorbeischieben konnten. Ich war froh, dass ich mir diese Strecke nicht als Lkw- oder auch nur als normaler Autofahrer geben musste.

Mit dem Fahrrad aber war es unglaublich berauschend, die Death Road hinunterzurasen. Die Steine spritzten unter unseren Reifen in alle Richtungen, und als wir anhielten, um ein Gruppenfoto an einem besonders steilen Abhang zu machen, sah ich, dass die Augen der anderen genauso glasig aussahen, wie meine sich anfühlten. Wir waren alle wie in Ekstase.

Mir war schon klar gewesen, dass das alles unsagbar schiefgehen konnte. Deshalb hatte ich bei der Auswahl des Touranbieters große Sorgfalt walten lassen und mir auch das Bike mehr als genau angeschaut. Dieses Vorgehen kann ich jedem nur ans Herz legen, der ebenso große Lust verspürt, seinen Hals auf der Todesstraße zu riskieren, wie ich damals. Für mich

machen diese einmaligen No-risk-no-fun-Momente das Leben ganz schön lebenswert. Ich brauche manchmal diese Erlebnisse, die mich in hohem Bogen aus meiner Komfortzone kicken und mir die Endorphine in die Blutbahn prügeln. Natürlich gibt es auch Situationen, die ich nicht unbedingt haben muss. Die Begegnung mit dem Hurrikan, als ich das erste Mal auf einem Katamaran segelte, war eher ein Just-risk-no-fun-Moment. Aber diese Death Road war einfach episch!

Während unserer Abfahrt trafen wir auch auf eine Stelle, an der kurz zuvor ein Unfall passiert war. Ein Fahrer hatte die Kontrolle verloren, und nun stand sein Auto quer auf der Straße. Uns blieben gerade einmal 30 Zentimeter, um uns zwischen Wagen und Abgrund vorbeizuschieben. Der Guide wies uns alle dazu an, abzusteigen und unsere Räder zu schieben. Diese paar Sekunden auf dem schmalen Wegstück waren ganz schön furchteinflößend. Umso enthusiastischer trat ich danach erneut in die Pedale. Die Abfahrt baute alle Anspannung in mir wieder ab. Es war ein riesengroßer Spaß: Wir durchquerten Tunnel, preschten durch Wasserlöcher und waren irgendwann so voller Schlamm, dass einige von uns ihre Over-

> »Hell yeah,
> what a ride!«

alls auszogen. Auch ich band mir Knie- und Ellenbogenschoner neu um und fuhr in kurzer Hose und Unterhemd weiter. Als wir nach insgesamt eineinhalb Stunden mit Vollkaracho unten ankamen, sprangen wir von unseren Rädern, hüpften wild herum und schrien vor Begeisterung: »Hell yeah, what a ride!«

Wir sahen aus, als hätte man uns einmal durch ein Schlammloch gezogen, und grinsten so breit, wie unsere Gesichter es zuließen. Nichts an diesem Tag hätte mir das Lachen wegwischen können. Noch am Abend, als ich im Hostelbett lag, zuckten Bruchteile der Strecke vor meinem inneren Auge herum. Ich schlief hochzufrieden ein.

BOLIVIEN KANN AUCH KALT.

IN DER SALZWÜSTE

Bevor ich Bolivien verließ, wollte ich unbedingt einen Abstecher in die Salzwüste machen. Deshalb verschlug es mich als nächstes in den Südwesten, nach Uyuni. Dort war es mit minus fünf Grad Celsius eisig kalt. Dennoch schien die Sonne den ganzen Tag. Die Stadt hatte einen ganz anderen Flair als La Paz. Obwohl Menschen unterwegs waren, wirkte Uyuni wie ausgestorben. Als ich durch die Stadt ging, fühlte es sich fast so an, als würde ich durch eine Winterlandschaft laufen. Die Geräusche meiner eigenen Schritte wurden ähnlich verschluckt wie im tiefen Schnee, obwohl kein Schnee zu sehen war, sondern nur Staub.

In dem Hostel, in dem ich übernachtete, stand ein kleiner Korb mit warmer Kleidung, die man sich ausleihen konnte. Bevor

UYUNI ALS WÜSTENSTADT

PARTYMOBIL ON TOUR

ich gemeinsam mit drei Italienerinnen, einer Kolumbianerin und einem Franzosen zu einem Trip in die Salar de Uyuni, die Salzwüste, aufbrach, schnappte ich mir daraus einen weiteren dicken Hoodie. Wir engagierten einen Fahrer, der uns am Morgen an einer Bushaltestelle in der Nähe abholte. Besonders in den frühen Stunden des Tages wirkte Uyuni wie eine Geisterstadt. Ich fror mir fast den Hintern ab. Die ganze Nacht über hatte ich schon vor mich hingebibbert. Aus einer warmen Dusche war auch nichts geworden, da es im Hostel nur Kaltwasser gegeben hatte.

Unsere Tour dauerte insgesamt drei Tage und war ausgesprochen günstig: Für Jeep, Fahrer, Sprit und Übernachtungen zahlten wir jeder nur etwa 50 Euro.

Ziemlich bald nachdem wir losgefahren waren, erreichten wir eine Art Zugfriedhof. Das war ein wirklich beeindruckendes Setting: In klirrender Kälte unter einem strahlend blauen Himmel standen eine Menge verrosteter brauner Züge mitten in der kargen Landschaft.

Während der ganzen Fahrt hatten wir einen Mordsspaß. Wir drehten das Radio auf und sangen lauthals zu den Vengaboys mit. Unser Fahrer, ein kleiner knuffiger Bolivianer Ende zwanzig, war anfangs ein wenig schüchtern, taute dann aber richtig auf und erzählte uns, dass er unbedingt mal aufs Tomorrowland fahren wolle, ein Festival für Electro-Musik in Belgien.

Die ganze Zeit über fühlte ich mich wie auf einem anderen Planeten. Als würden wir mit einem Raumfahrzeug über die Marslandschaft fahren. Wenn wir aus dem Auto stiegen, umgaben uns Temperaturen, die sich wie minus 20 Grad anfühlten. Zusätzlich wehte ein scharfer, kalter Wind. Dennoch drückte uns das nicht aufs Gemüt, da immerzu die Sonne schien. Mittlerweile befanden wir uns ungefähr auf 4.000 Metern über dem Meeresspiegel. Die Luft war sehr dünn. Das merkte ich besonders, als uns einmal einer der Schlafsäcke vom Dachgepäckträger wehte und ich versuchte, ihn wieder einzufangen. Er flatterte quer durch die Wüstenlandschaft, und ich rannte ihm hinterher. Schon nach ein paar Sekunden rang ich nach Atem. Schließlich mussten wir dem flüchtenden Schlafsack mit dem Jeep hinterherdüsen, um ihn einholen zu können. Die kurze Zeit, die ich brauchte, um aus dem Auto und auf den Schlafsack zu springen, ihn wieder zusammenzurollen und auf dem Dach zu verstauen, hatte mich komplett ausgekühlt.

Wir fuhren tatsächlich auf Salz!

Als wir nach einiger Zeit in der richtigen Salzwüste ankamen, waren wir alle baff. Die Ebene erstreckte sich kilometerweit – und wir fuhren tatsächlich auf Salz! Hin und wieder durchquerten wir kleine Ortschaften, in denen Menschen lebten, die sich mit der Salzgewinnung beschäftigten. Unser Fahrer erklärte uns, was wir sahen: Hier wurde das Salz abgetragen und zum Austrocknen zu kleinen Pyramiden aufgetürmt, bevor es auf Lkws umgeschichtet und zu Raffinerien gebracht wurde.

»Wenn ihr Glück habt und es regnet, dann verwandelt sich die ganze Salzwüstenfläche in

RESPECT THE LOCALS!

einen riesigen Spiegel«, fügte er noch hinzu.

Ich wünschte wirklich, es hätte während meines Aufenthalts wenigstens ein bisschen genieselt. Doch alles, was wir schließlich noch bekamen, war Schnee. Für Regen war es einfach viel zu kalt.

Die zweite Nacht verbrachten wir in einem richtigen Salzhotel. Es war tatsächlich komplett aus Salzsteinen erbaut. Außer unserer war noch eine andere Gruppe da, ansonsten wirkte auch hier wieder alles wie ausgestorben. Ich weiß nicht, ob mir schon mal so kalt war, wie in diesem Hostel. Vielleicht bei meiner Übernachtung damals auf Vancouver Island, als ich nach meinem langen Fußmarsch kein freies Zimmer mehr gefunden hatte. Jetzt wusste ich: Die Salzwüste war schlimmer als die Strandnacht in Kanada. Draußen hatte es um die minus 25 Grad. Auch drinnen war es nur unwesentlich wärmer. Ich hatte alles angezogen, was ich dabei hatte – zwei Hoodies, T-Shirt, Unterhemd, Mütze, Handschuhe, Thermounterwäsche, Multifunktionshose, Wanderboots – und trotzdem fror ich so sehr, dass ich vor Zittern kaum die wunderbar warme Suppe löffeln konnte, die es zum Abendessen gab.

Irgendwann lagen wir alle in einem großen Schlafsaal, jeder in Schlafsäcken und unter zusätzlichen zwei oder drei Decken. An Schlaf war für mich überhaupt nicht zu denken, denn mir war einfach zu kalt. Ich war nicht der Einzige, dem es so erging. Irgendwann machte einer aus meiner Gruppe den Vorschlag, dass wir uns warm tanzen könnten.

»Unser Fahrer ist doch Tomorrowland-Electro-Fan. Der müsste im Auto doch irgendwelche CDs haben…«, warf ein anderer ein.

DIE DREI DECKEN UND DER SCHLAFSACK WAREN VERDAMMT NÖTIG, UM HIER ZU SCHLAFEN.

Ich war einverstanden. Wir krabbelten aus unseren Schlafsäcken, stolperten vor das Hostel und starteten die Autos beider Reisegruppen. Hätte irgendjemand in diesem Moment eine Drohne über die Salzwüste von Bolivien geschickt oder uns über einen Satelliten angepeilt, er hätte auf 4.000 Metern Höhe ein kleines Hostel entdeckt, vor dem vier Autoscheinwerfer eine Gruppe von zwölf Personen anstrahlten, welche die kälteste Rave-Party aller Zeiten veranstalteten. Es war ausgesprochen lustig.

Obwohl wir wegen unserer generellen Erschöpfung und der dünnen Luft nicht lange durchhielten, wurde uns durch die Anstrengung endlich warm.

Als keiner von uns noch eingefrorene Gliedmaßen hatte, schalteten wir die Autos wieder aus und rannten zurück in den Schlafsaal, um schnell einzuschlafen, solange wir noch warm waren. Das klappte auch, zumindest ein paar Stunden lang, denn als ich aufwachte, war es noch stockfinster. Meine Nase war so eiskalt, dass ich meine Ärmelöffnung über mein halbes Gesicht stülpte und wie Darth Vader hinein atmete, in der Hoffnung, sie so wieder auftauen zu können. Für den Rest der Nacht machte ich kein Auge zu und war froh, als wir am nächsten Morgen wieder aufbrachen.

SALAR DE UYUNI IM JULI? DA GIBTS GEFRORENE BADEHOSEN GRATIS DAZU.

> **Nach drei Tagen des Frierens konnten wir gar nicht schnell genug in das 35 Grad warme Wasser springen.**

Noch einmal tauchten wir in die unendlichen Weiten der Salzwüste ein und drehten ein unfassbar lustiges Video. Ich stellte meine GoPro auf und wir tanzten alle zusammen den *Harlem Shake*, bei dem wir uns unsere Klamotten vom Leib rissen. Als ich mit nacktem Oberkörper einen Breakdance-Move ausführte, den Worm, hatte ich das Gefühl, meine Nippel würden einfach am Boden festfrieren.

Der krönende Abschluss unserer Tour ließ uns alle in Jubelrufe ausbrechen: Wir kamen nämlich an heißen Quellen vorbei, in denen man baden konnte. Nach drei Tagen des Frierens konnten wir gar nicht schnell genug in das 35 Grad warme Wasser springen. Mehr als eine halbe Stunde lagen und saßen wir alle zufrieden brummend in den Hot Springs.

Es kostete eine große Überwindung, wieder aus dem Wasser in die eisigen Minusgrade der Luft zu krabbeln. Deshalb machten wir einfach ein Spiel daraus. Per Schnick-Schnack-Schnuck losten wir eine Reihenfolge aus. Ich war als Zweiter an der Reihe. So stiegen wir einzeln aus den Becken, während die anderen zusahen und sich kaputtlachten, als wir nacheinander wie Road Runner durch die Gegend rasten, unsere Klamotten einsammelten, uns in Windeseile abtrockneten und uns blitzschnell wieder anzogen. Immer wenn einer fertig war, musste der nächste losrennen.

Als ich fertig angezogen war und meine Badehose vom Boden aufhob, war sie hartgefroren wie ein Brett.

Zurück in Uyuni buchte ich mir einen Nachtbus nach La Paz. Mittlerweile hatte ich so viel gefroren, dass ich mich nach einem warmen Land sehnte. Ich beschloss deshalb, mir Paraguay, Chile oder Argentinien für wärmere Zeiten aufzuheben, und buchte ein Flugticket in die USA. Steffi war zu der Zeit noch in Kanada unterwegs. Also beschloss ich, die Feierlichkeiten zum 4. Juli, dem Independence Day, in Miami mitzuerleben.

WELCOME TO MIAMI

Nur zwei Tage später stand ich auf dem Balkon einer Appartementvilla mitten in Miami und schaute mir das Feuerwerk zum Unabhängigkeitstag an. Ich war umgeben von feierwütigen Leuten, die ich tagsüber am Strand kennengelernt hatte. Miami war das komplette Kontrastprogramm zu Bolivien. Eben hatte ich noch frierend in einem Salzhostel übernachtet, nun hatte ich einen Haufen junger US-Amerikaner den ganzen Abend in einer klimatisierten Wohnung mit meinen verrückten Reisegeschichten unterhalten. Der Kontrast war so stark, dass er mich ein wenig an die Hitzewand erinnerte, die mich erwartet hatte, als ich das erste Mal in Asien aus dem Flugzeug gestiegen war. Genauso wie damals rannte ich zusätzlich zu dem veränderten Klima auch gegen eine Art »Kulturwand«. Aber das gehört zum Reisen eben dazu, dieser mitunter krasse Wechsel zwischen Kulturen. In Bolivien waren die Menschen teils sehr arm gewesen, dabei aber herzlich, freundlich, fast familiär. Hier in Miami kam mir plötzlich alles sehr künstlich und oberflächlich vor: Frauen mit Modelmaßen liefen in Bikinis durch die Gegend, Muskelprotze trainierten am Strand, überall standen die dicksten Karren herum, und der Eintritt in einen Club kostete mal eben 50 Dollar.

Dennoch genoss ich meine Zeit in Miami bewusst. Ich hatte einen wirklich netten Couchsurfinghost gefunden, Ayman, der mich sogar vom Flughafen abgeholt hatte. Wir verstanden uns großartig, und ich fühlte mich bei ihm wie zu Hause. An einem Abend schleppte mich Ayman, der homosexuell ist, in einen seiner Lieblingsclubs. Keine fünf Minuten dauerte es, da wurde ich auch schon hart angegraben. Das war für mich reichlich ungewohnt. Ayman stand daneben und amüsierte sich köstlich.

»Nick, du bist hier der einzige Heterosexuelle«, grinste er und quittierte meinen unsicheren Blick mit einem kleinen Lachanfall. Schüchtern waren die Männer in diesem Club jedenfalls nicht, und ich hatte meine liebe Not, immer wieder zu erklären, dass ich nicht daran interessiert sei, »irgendwo anders hinzugehen«. Ayman und ich hatten eine sehr lustige Zeit zusammen. Noch heute stichelt er manchmal über Facebook, wie ich, komplett grün hinter den Ohren, aus der Wäsche geguckt habe, als ich das erste Mal in einen Schwulenclub kam. Ich nenne ihn dann immer »Ayman, the devil«. Versteht sich von selbst, dass ich »Nick, the angel« bin.

VORBEREITUNG IST ALLES, ODER SO ÄHNLICH.

THE HITCH-HIKER'S GUIDE TO NORTH CAROLINA

Seit ich das Buch *On the Road* von Jack Kerouac gelesen hatte, stand auf meiner Bucketliste folgender Punkt: quer durch die USA trampen. Reisen war für mich mittlerweile wie eine Droge geworden: Ich konnte damit einfach nicht mehr aufhören und war ständig auf der Suche nach einem neuen Kick, einer neuen Herausforderung. Warum also nicht den Daumen heraushalten und ein bisschen hitchhiken? Über Facebook schrieb ich Emily an, die ich noch aus meiner Zeit im australischen Fremantle kannte. Ich wusste, dass sie irgendwo in North Carolina wohnte. Ich fragte sie also, ob ich ein paar Tage vorbeikommen könnte. Sie freute sich riesig. Natürlich erklärte ich ihr auch, wie ich zu ihr reisen wollte. Sie war gespannt darauf, ob ich es schaffen und wie lange ich dazu wohl brauchen würde. Auf jeden Fall, so Emily, war ich herzlich willkommen.

Mein Plan war also von Florida über Georgia und South Carolina bis nach North Carolina zu trampen. Dazu malte ich mir bei Ayman ein Schild, auf das ich einfach nur das Wort »North« schrieb.

KEINE WIRKLICHE HILFE, WAS DAS HITCHHIKEN ANGEHT: DIE POLIZEI. VON WEGEN FREUND UND HELFER!

Mit meinem Backpack auf dem Rücken, ordentlich angezogen und gepflegt (ein Tipp von Ayman, damit die Leute mich mitnahmen) und mit dem Schild in der Hand stand ich wenig später in South Beach an der Straße. Schon nach einer Viertelstunde hielt der erste Wagen. Leider handelte es sich um eine örtliche Polizeistreife. Die beiden Polizisten, die kurz darauf ausstiegen und auf mich zukamen, wollten wissen, was genau ich da tat. Ich erklärte, dass ich vorhatte, nach North Carolina zu trampen. Daraufhin schauten mich die Polizisten an, als ob ich nicht alle Tassen im Schrank hätte.

»Das ist ja schön und gut«, meinte der eine dann. »Aber per Anhalter fahren ist hier verboten.«

»Aber wie soll ich denn sonst von hier wegkommen? Ich muss schließlich irgendwo anfangen«, warf ich ein.

»Ja, aber nicht hier. Hier ist es nicht erlaubt.«

Die Polizisten waren, was diesen Punkt betraf, nicht umzustimmen. Auf die Frage, ob sie mich nicht ein Stück mitnehmen wollten, schmunzelten die beiden schließlich, lehnten aber ab. Also schulterte ich meinen Backpack und lief los, nur um sofort wieder mein Schild hochzuhalten, sobald der Polizeiwagen außer Sichtweite war.

Wenig später hielt eine Frau Mitte 40 an, und ich durfte einsteigen. Sie erklärte mir, dass sie öfter mal Tramper mitnehme, sie damit aber eher die Ausnahme bildete. Die Leute in Florida wuchsen nämlich mit dem Klischeedenken auf, dass es sich bei Hitchhikern ausschließlich um Leute handelte, auf die eine der folgenden Beschreibungen zutraf: Sie waren Vergewaltiger, Massenmörder, Obdachlose – oder ein Mix daraus. Ich runzelte die Stirn. Wie sich in den nächsten Tagen herausstellte, hatte die Frau allerdings nur allzu recht.

Im Auto unterhielten wir uns eine Weile und machten am Ende ein Erinnerungsfoto. Hinter Fort Lauderdale ließ sie mich dann am Highway raus, weil sie in eine andere Richtung weiterfuhr.

Es dauerte glücklicherweise nicht lange, bis ein Pick-up-Truck anhielt. In der Fahrerkabine saß ein Ehepaar. Ich umriss ihnen kurz, dass ich aus Deutschland kam, mich auf Weltreise befand und nun eine Freundin in North Carolina besuchen wollte. Sie betrachteten es daraufhin als eine Ehre (ihre Worte, nicht meine), mich ein Stück mitzunehmen zu dürfen. Ich kletterte also auf die Ladefläche, und für die nächste Wegstrecke pfiff mir dort ordentlich Wind um die Ohren. Ich war fast froh, als der Pick-up-Truck irgendwann vom Highway abfuhr und an einer Tankstelle hielt.

MANCHMAL MUSST DU FLEXIBEL SEIN, WAS DEINEN SCHLAFPLATZ BETRIFFT.

So ganz ungefährlich war es hinten auf der Ladefläche nicht gewesen. Weil das Pärchen sein Ziel fast erreicht hatte, hieß es für mich nun: neuer Fahrer, neues Glück.

So reiste ich Stück für Stück in den Norden. Es war sehr interessant, die unterschiedlichen Menschen kennenzulernen, die sich bereit erklärten, mich mitzunehmen. Als ich an der Tankstelle wartete, erstellte ich mir eine Liste mit Autos, in denen ich während meines Hitchhiking-Abenteuers gerne mitfahren würde. Ich hatte auf meinen Reisen nun schon sehr oft die Erfahrung gemacht, dass Dinge einfach funktionierten, wenn ich sie in Gedanken manifestierte und bewusst das Gefühl in mir hervorrief, dass alles klappen konnte, was ich mir vornahm. Ich würde es als Tramper bis nach North Carolina schaffen. Das sagte ich mir immer wieder. Auf meiner Autoliste standen übrigens unter anderem ein 18-Tonner, eine Harley Davidson und ein Ford Mustang.

Nach einer halben Stunde Warterei kam eine Frau auf mich zu, die mich fragte, ob sie mir helfen könnte. Leider fuhr sie nicht in meine Richtung, sagte mir aber, wie mutig sie meine Aktion fand. Sie bot mir Geld an, doch das lehnte ich ab. Daraufhin bat sie mich, kurz zu warten, und ging zu ihrem Auto.

»Ich würde dir gern etwas schenken«, sagte sie, als sie zurückkam. Sie reichte mir ein blaues Armband auf dem »Tikvah« stand, das hebräische Wort für Hoffnung.

»Damit du die Hoffnung nicht aufgibst, wenn es mal nicht so klappt«, erklärte sie, wünschte mir Glück und fuhr weiter. Jahrelang trug ich dieses Band an meinem Arm. Heute befindet es sich zusammen mit anderen emotional wertvollen Reiseerinnerungen, wie zum Beispiel der Uhr, die ich von meiner Black-Jack-Abzocke in Vietnam zurückbehalten hatte, zu Hause in einer kleinen Kiste in meinem Zimmer.

Meine nächste Mitfahrgelegenheit brachte mich bis zu einer Tankstelle nördlich von Tampa Bay. Ich war an meinem ersten Tag also schon ein ganzes Stück vorangekommen, doch nun brach die Nacht an. Leider befand ich mich mitten im Nirgendwo. Keine Übernachtungsmöglichkeit war in Sicht. Ich schnappte mir also meinen Backpack, entfernte mich ein Stück von der Tankstelle und legte mich mit meinem Schlafsack hinter ein Gebüsch. Zur Sicherheit versteckte ich mein Gepäck im Gestrüpp und ließ nur eine kleine Ecke herausgucken, die ich als Kopfkissen nutzte. Ein bisschen mulmig war mir durchaus bei dem Gedanken, dass mich jemand überfallen könnte, aber irgendwann schlief ich ein.

Am nächsten Morgen konnte ich das erste Auto von meiner Auto-Wunschliste abhaken: den Ford Mustang. Für die nächsten 60 oder 70 Meilen genoss ich die Fahrt in diesem Wagen und landete schließlich an einem Motel mit Diner. Dort aß ich etwas und fand wenig später auch schon den nächsten netten Menschen, der mich ein Stück mitnahm. Dann allerdings verließ mich meine Glückssträhne für eine Weile.

Bisher waren zwar auch eine Menge Autos an mir vorbeigefahren, aber irgendetwas hatte sich am Ende immer ergeben. Nun stand ich an einer Tankstelle, es war vielleicht zehn Uhr morgens, und einfach niemand wollte mich mitnehmen. Weil sich die Tankstelle an einer Kreuzung befand, an der es in alle vier Himmelsrichtungen weiterging, schüttelten viele den Kopf, da sie nach Osten, Süden oder Westen fuhren. Erstaunlich viele jedoch wollten auch einfach keine Tramper im Auto haben. Wieder und wieder sprach ich die Leute an, die anhielten, um zu tanken, Kaffee zu trinken oder auf Toilette zu gehen – doch vergebens. Sechs oder sieben Stunden lungerte ich herum oder redete mir den Mund fusselig. Dann trat plötzlich ein Mann auf mich zu, der sich als der Besitzer der Tankstelle vorstellte.

> »Ich belästige niemanden. Ich suche nur jemanden, der mich ein Stück in den Norden mitnimmt.«

»He du«, sprach er mich an. »Ich habe jetzt den ganzen Tag über Beschwerden bekommen, dass hier draußen ein Typ herumschleicht, der meine Kunden belästigt.«

»Ich belästige niemanden«, antwortete ich. »Ich suche nur jemanden, der mich ein Stück in den Norden mitnimmt.«

Wie sich herausstellte, war mit dem Tankwart nicht zu spaßen. Er erklärte mir, dass ich seinem Ruf schadete, drohte damit, die Polizei zu rufen, und verjagte mich von seinem Grundstück.

Wütend schulterte ich meinen Backpack. Nach Stunden des Wartens hatte ich ein wenig den Glauben an die Menschheit verloren. Ich sah weder abgerissen noch gemeingefährlich aus, was also war los mit den Leuten? Ich war ziemlich enttäuscht. An der nächsten Highway-Auffahrt setzte ich mich hin, drehte mein Schild um und malte etwas auf die Rückseite. Dann hielt ich es hoch. Weil »North« wohl einfach nicht mehr klappte, hatte ich nun Folgendes draufgeschrieben: »Why not?«

Von nun an zeigten die Autofahrer auf mich, lachten oder hupten, aber es hielt nach wie vor niemand an. Ärgerlich brummelte ich jedem hupenden Fahrer Verwünschungen hinterher.

Schließlich, nach insgesamt zehn Stunden, kam ein uralter Ford neben mir zum Stehen. Normalerweise klopfte ich immer erst an die Scheibe und erklärte, wer ich war und was ich vorhatte, doch dieser Fahrer öffnete einfach die Tür und sagte, ich solle reinspringen. Ich war so dankbar, dass ich meinen Backpack auf die Rückbank warf und einstieg. Erst nach einer Weile fiel mir auf, dass der Typ irgendwie merkwürdig war.

Es fing alles ganz harmlos an. Der Mann erzählte, dass er einen wirklich beschissenen Tag gehabt hätte und alles doof war.

»Wem sagst du das«, antwortete ich und erzählte kurz von meiner Tankstellenodyssee.

Der Typ war um die 50 Jahre alt, hatte graue Haare, einen Bart, eine ziemliche Wampe und roch nach Schweiß. Er erklärte mir, dass er eine Freundin hatte, mit der er sich öfter traf, heute aber hätte sie kurzfristig abgesagt. Das hatte ihm sehr die Laune verhagelt. Dann ergänzte er etwas, von dem ich im zunächst glaubte, ich hätte mich verhört:

»Sie verdient sich immer ein bisschen was dazu, indem sie mir meinen Bauch streichelt. Ich liebe das, meinen Bauch gestreichelt zu bekommen. Aber heute hatte sie einfach keine Zeit.«

Meine Nackenhaare stellten sich ein wenig auf, während ich schwieg und fieberhaft überlegte, wo genau ich mein Messer hatte. Alles an dem Typen kam mir plötzlich unheimlich vor: sein ungepflegtes Äußeres, seine komische Laune, vor allem aber die Art, wie er mir von dieser Freundin erzählt hatte. Dass es mittlerweile 22 Uhr abends und dunkel war, machte mich noch unruhiger.

Während ich darüber nachdachte, welche Ausrede möglichst glaubhaft klingen würde, um bei der nächsten Möglichkeit den Wagen zu verlassen, erzählte er weiter.

»Es ist nicht meine feste Freundin, nur EINE Freundin. Ich bin echt enttäuscht, denn ich habe mich den ganzen Tag total drauf gefreut, dass mir jemand den Bauch massiert. Weil ich das wirklich liebe. Das ist nichts Sexuelles oder so, es macht mir nur einfach Spaß und fühlt sich so gut an.«

Mit dünner Stimme versuchte ich das Thema zu wechseln und brabbelte irgendwas über das Wetter und den Verkehr. Er ging jedoch auf keines meiner Ablenkungsmanöver ein. Stattdessen schaute er mich an, verstellte auf eine wirklich beängstigend-merkwürdige Art seine Stimme und machte den Eindruck, als wollte er gleich seine Hand auf mein Knie legen, könnte sich aber gerade noch zurückhalten.

»Also, wenn DU dir vielleicht ein bisschen Geld dazuverdienen möchtest? Du weißt, was ich meine.«

»Also, wenn DU dir vielleicht ein bisschen Geld dazuverdienen möchtest? Du weißt, was ich meine.« Er bot mir an, ihm für 20 Dollar den Bauch zu kraulen.

Mir wurde ein bisschen schlecht. Ich suchte noch immer nach einer Möglichkeit, umgehend aus dem Auto herauszukommen. Durch meinen Kopf schossen Ausreden wie: »Oje, sowas Dummes, ich habe glatt meinen kleinen Rucksack an der Tankstelle vergessen! Würdest du mich rauslassen, ich lauf dann halt zurück, kein Ding!« oder »Du, da fällt mir ein, ich treff mich hier direkt um die Ecke mit einem Freund! Würdest du bei nächster Gelegenheit rechts ranfahren?«

Auch in meinen Ohren klang das alles ganz schön durchsichtig, und ich wollte den Typen wirklich nicht verärgern. Schließlich blieb mir nichts anderes übrig, als mit offenen Karten zu spielen – wenn auch so vorsichtig wie möglich.

»Du, also, äh, ich fühl mich echt geehrt und so, und ich weiß dein Angebot wirklich zu schätzen, aber es ist so, dass ich grad kein Geld brauch. Wenn du deswegen böse bist, kannst du mich gerne einfach irgendwo an der nächsten Ausfahrt rausschmeißen.«

Der Typ sagte daraufhin nichts. Es breitete sich das unangenehmste Schweigen aus, das ich je erlebt hatte. Ich betete innerlich, dass er nicht plötzlich ausflippte oder gar eine Waffe bei sich trug.

Als er irgendwann den Blinker setzte und rechts ranfuhr, jubelte ich innerlich vor Erleichterung. So schnell ich konnte, schnappte ich meinen Rucksack und sprang aus dem Auto. Ich murmelte noch ein »Thank you« und sah zu, dass ich Land gewann.

Ein paar hundert Meter weiter setzte ich mich in ein Diner und bestellte mir eine bodenlose Tasse Kaffee, also eine, die immer nachgefüllt wurde. Nach diesem Tag war ich unendlich müde und nickte am Tisch immer wieder ein. Ich war zu erschöpft, um mir noch irgendwo ein Hostel oder Motel zu suchen. Das Diner hatte schließlich 24 Stunden geöffnet, also konnte ich auch einfach sitzen bleiben. Immer wieder kamen Trucker herein, ließen sich ihre Thermoskannen auffüllen, aßen eine Kleinigkeit und gingen dann wieder. Nach meiner Erfahrung mit dem Bauchkrauler hatte ich keine Muße mehr, einen von ihnen anzusprechen. Irgendwann jedoch betrat ein schmächtiger Typ in meinem Alter das Diner. Er machte einen normalen, sogar fast coolen Eindruck. Ich gab mir einen Ruck und sprach ihn an.

äußerlich anzusehen, denn der Typ meinte plötzlich: »Ach, weißt du was: Scheiß drauf, ich nehm dich mit.« Er stellte sich mir als Wladimir vor und erklärte, dass er nach Georgia fuhr. Ich war überglücklich.

Als wir bei seinem Truck ankamen, staunte ich nicht schlecht: Es war ein nagelneuer, moderner Wagen, der mich mit seiner roten Farbe an Optimus Prime von den *Transformers* erinnerte.

Auf der Fahrt nach Georgia unterhielten wir uns lange. Er erzählte mir, dass er ursprünglich aus Atlanta stammte und mit dem Truckfahren ein bisschen Kohle machen wollte. Unterwegs hörte er eine Menge Podcasts, um sich weiterzubilden. Irgendwann wollte er sich mit dem angesparten Geld dann selbst etwas aufbauen. Ich muss nach einer Weile eingeschlafen sein, denn plötzlich rüttelte Wladimir mich wach. Es war sechs Uhr morgens.

»Pass auf, Nick. Wir sind jetzt gleich an meiner Endstation. Ich muss den Truck dort abgeben, aber wenn du möchtest, kann ich dich noch ein Stück in meinem eigenen Auto mitnehmen. Dann schmeiße ich dich einfach am Highway Richtung South Carolina raus«, schlug er vor. Ich willigte sofort ein.

Als ich später, durch mein Nickerchen im Truck etwas ausgeruht, am Highway stand, war meine Glückssträhne vollends wieder da. Ich musste nicht lange warten, schon hielt

> »Ach, weißt du was:
> Scheiß drauf,
> ich nehm dich mit.«

»Hey, entschuldige, dass ich dich einfach so anquatsche, aber ich bin gerade auf dem Weg nach North Carolina. Könntest du mich vielleicht ein Stück mitnehmen?«

Der Typ blickte mich nachdenklich an.

»Trucker dürfen eigentlich keine Anhalter mitnehmen, das hat versicherungstechnische Gründe«, sagte er.

Ich sackte innerlich etwas zusammen. Kein Wunder, dass nie ein 18-Tonner angehalten hatte. Offenbar war mir meine Reaktion auch

ICH DACHTE ECHT, DAS WÄRE EINFACHER IN DEN USA. NA JA, WIEDER WAS GELERNT.

ein Auto und nahm mich mit. Drinnen saß ein Familienvater, der mir von seiner Tochter und ihrem bevorstehenden Roadtrip erzählte. Als er mich fragte, wer ich war und woher ich kam, erzählte ich ihm auch meine Geschichte. Er war sofort hellauf begeistert. Als es Zeit für ein Mittagessen war, wollte er mich unbedingt einladen. Wir hielten bei einem typisch amerikanischen Diner, und er sagte der Kellnerin, dass er heute einen Special Guest bei sich habe, einen Hitchhiker aus Deutschland. Die Bedienung lächelte freundlich und tischte mir ordentlich auf. Der Mann nahm mich im Anschluss noch ein ganzes Stück mit, und am Ende tauschten wir sogar unsere Facebook-Kontakte aus.

Insgesamt fuhr ich auf meinem Hitchhiking-Trip bei 15 verschiedenen Leuten mit. Der letzte Typ, der mich mitnahm, fuhr sogar einen Umweg von 80 Kilometern, um mich zu meinem Zielort zu bringen. Er wollte dafür nicht einmal ein bisschen Geld haben.

Alles in allem hatte ich es innerhalb von drei Tagen und drei Nächten nach Charlotte in North Carolina geschafft. Zum Glück war die Erfahrung mit dem Kerl in dem alten Ford die einzige schlechte gewesen. Alle anderen Menschen waren sehr freundlich und hilfsbereit. Leider kam keiner von ihnen mit einer Harley Davidson um die Ecke.

RICHIE RICH

Als ich bei Emily ankam, war ich ziemlich k. o. Ich war allerdings noch wach genug, um zu bemerken, dass ich durch eine ziemlich feine Gegend lief. Kurz überlegte ich, ob ich die Adresse falsch verstanden hatte, da öffnete sich die Tür, und Emily sprang mir entgegen. Ich brachte die Low-Budget-Backpackerin, mit der ich in Australien Dumpster Diving gemacht hatte, überhaupt nicht mit dieser *Desperate-Housewives*-Gegend überein. Alles war unglaublich gepflegt, grün... und reich. Schon als ich durch die Nachbarschaft lief, in der überall Nobelkarossen parkten, befürchtete ich, mit meinem im Vergleich abgerissenen Äußeren bald von der Polizei aufgegriffen zu werden.

Die Haustür, aus der Emily freudig stürzte, gehörte zu einer riesigen Villa. Innendrin blieb mir regelrecht der Mund offen stehen. In mein Zimmer hätte so ziemlich meine ganze Wohnung in Deutschland gepasst. Ich hatte ein King-Size-Bett, ein eigenes, ebenfalls riesiges Bad und eine Terrasse, die auf den parkähnlichen Garten hinausführte.

Emily stellte mich ihren Eltern vor, zwei sehr netten Menschen. Das war bei Emily auch nicht anders zu erwarten gewesen. Ihr Vater ist irgendeine Art Diplomat, der durch die Welt reist, und mit Sicherheit befand sich das ein oder andere Milliönchen auf dem Familienkonto.

> **Ich denke, nicht jeder, der in solch einem Luxus aufwächst, verspürt das Bedürfnis, mit wenig Geld um die Welt zu reisen.**

Ich muss sagen, dass ich es Emily hoch anrechnete, wie sehr sie auf dem Boden geblieben war. Nie im Traum hätte ich in Australien geglaubt, dass sie so privilegiert war. Als wir später alleine im Garten standen, fragte ich trotzdem nach: »Sag mal, Emily, wohnst du hier wirklich?«

»Ja. Warum?«, fragte sie.

Ich erzählte ihr meine Gedanken. Sie lachte und erklärte mir, wie wichtig es ihr immer gewesen ist, auf eigenen Beinen zu stehen und unabhängig zu sein. Für ihre Weltreise hatte sie sich deshalb auch nicht von ihren Eltern helfen lassen und ihr eigenes Geld verdient. Ich hatte Emily vorher schon gemocht, jetzt aber war ich tief beeindruckt. Ich denke, nicht jeder, der in solch einem Luxus aufwächst, verspürt das Bedürfnis, mit wenig Geld um die Welt zu reisen.

ERST IM GEBÜSCH GESCHLAFEN, JETZT IN DIESER VILLA

hatte Motoren in die Dinger einbauen lassen, die auf den ersten 70 Metern sogar einen Porsche Carrera hinter sich ließen. Emily zeigte irgendwann auf die andere Seite des Sees und meinte: »Dort drüben ist übrigens das Sommerhaus von Michael Jordan.« Ich dachte, sie wolle mich verarschen, aber sie meinte es tatsächlich ernst.

> **Ich war unglaublich erholt und froh, Emily besucht zu haben. Doch jetzt wollte ich mehr von den USA sehen.**

Am nächsten Morgen – ich hatte nach den drei Tagen hitchhiken unglaublich gut geschlafen – weckte mich Emily mit einer Tasse Kaffee und fragte, was wir unternehmen wollten. Sie schlug vor, eine Runde Jetski zu fahren. Das Grundstück der Familie grenzte an einen See, es gab sogar einen privaten Steg. Neben einem kleinen Boot standen zwei Jetskis bereit, und damit heizten wir übers Wasser. Ihr Vater

SCHNELLER ALS EIN PORSCHE? JA, MANN!

Die Zeit bei Emily war mal wieder ein Kulturschock der besonderen Art. In so einer Gegend, in so einem Haus hatte ich noch nie gelebt. Gemeinsam mit ihren Freunden veranstalteten wir ein Barbecue im Garten, besuchten ein Hip-Hop-Festival und gingen im Anschluss auch noch auf eine private Aftershow-Party, weil Emily einen der DJs kannte. Während ich feierte und vor den Turntables stand, dachte ich daran, wie ich wenige Tage zuvor noch von einer Tankstelle verjagt worden war.

An einem der Tage bei Emily rief mich mein Bruder an und verkündete mir, dass ich im Februar des nächsten Jahres Onkel würde. Das setzte meiner guten Laune das Sahnehäubchen auf.

Irgendwann rückte natürlich der Abschied näher. Ich war unglaublich erholt und froh, Emily besucht zu haben. Doch jetzt wollte ich mehr von den USA sehen. Mein Weg führte mich weiter nach Washington, D.C. und dann nach New York. Hier traf ich einige andere Reisefreunde wieder – unter anderem meinen Freund Dan, mit dem ich so eine gute Zeit auf den Fidschis und in Australien gehabt hatte. Gemeinsam unternahmen wir einen Roadtrip

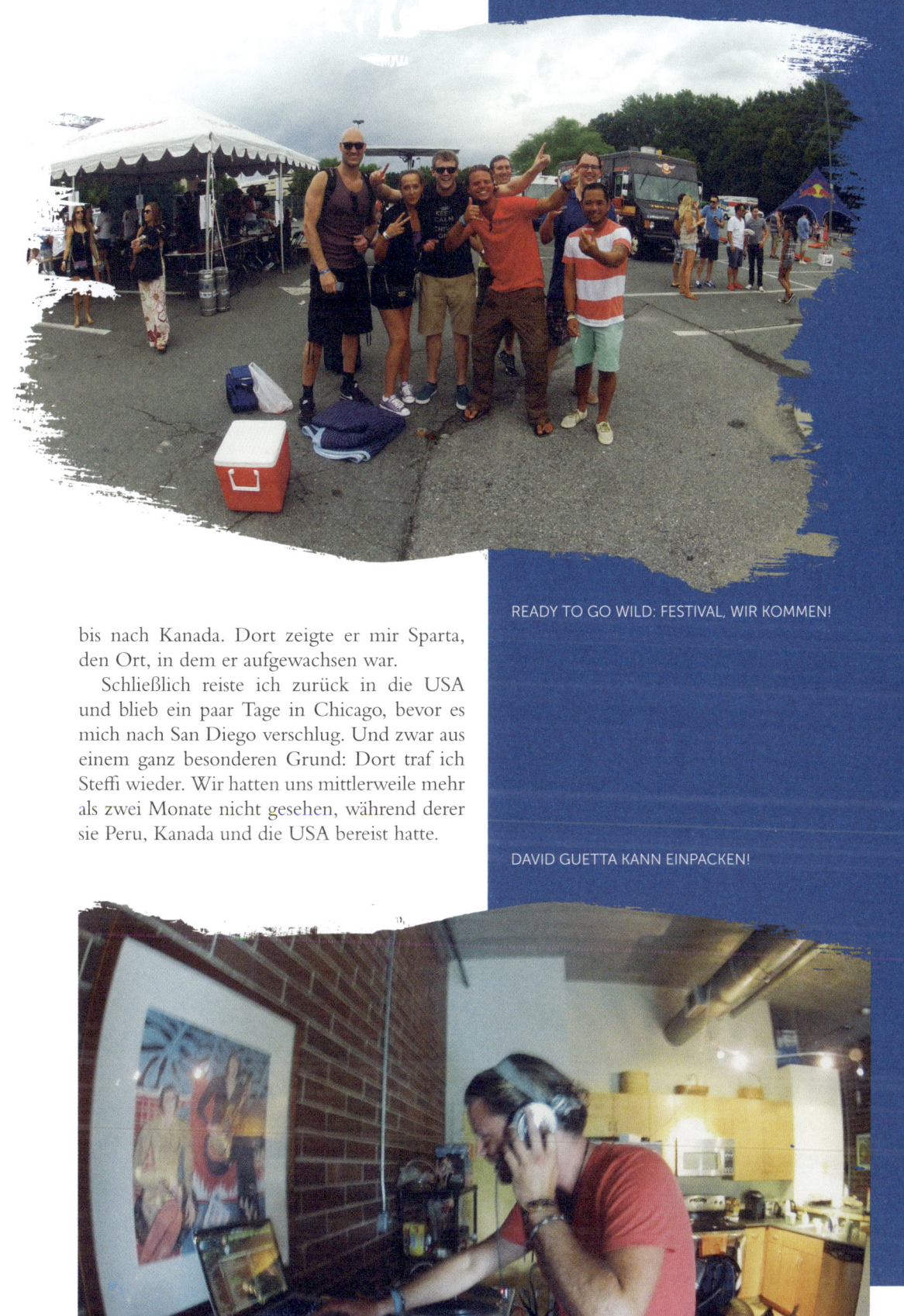

READY TO GO WILD: FESTIVAL, WIR KOMMEN!

bis nach Kanada. Dort zeigte er mir Sparta, den Ort, in dem er aufgewachsen war.

Schließlich reiste ich zurück in die USA und blieb ein paar Tage in Chicago, bevor es mich nach San Diego verschlug. Und zwar aus einem ganz besonderen Grund: Dort traf ich Steffi wieder. Wir hatten uns mittlerweile mehr als zwei Monate nicht gesehen, während derer sie Peru, Kanada und die USA bereist hatte.

DAVID GUETTA KANN EINPACKEN!

NEW YORK REVIVAL MIT DAN UND CO.

KAPITEL 13
WIEDER VEREINT

DOPPELPACK-GLÜCK

Egal wie man reist, es hat alles seine Vor- und Nachteile. Ist man alleine unterwegs, muss man auf niemanden Rücksicht nehmen, kommt schneller mit anderen in Kontakt und ist insgesamt offener und flexibler. Man verbringt viel Zeit mit den eigenen Gedanken, läuft immer der Nase nach und lernt sich selbst besser kennen.

Zu zweit hingegen kommt man öfter mal ins Diskutieren und muss sich absprechen. Auf der anderen Seite spart man als Pärchen eine Menge Kosten, weil man sich vieles teilen kann – sei es nun Sprit oder ein Doppelzimmer, das oft billiger ist als zwei Betten in einem Hostel-Dorm. Noch viel wichtiger als die Kosten sind jedoch die gemeinsamen Erfahrungen, von denen man noch jahrelang zehren kann. Es ist einfach etwas anderes, wenn man mit einem Partner gemeinsam Abenteuer erlebt. Mit Steffi zu reisen war generell cool. Sie ist super aktiv, spontan und offen für alle möglichen Ideen. Durch Steffi erfuhr ich mehr und mehr, wie recht Albert Schweitzer hatte, als er sagte: »Das Glück ist das Einzige, was sich verdoppelt, wenn man es teilt.«

Als Steffi und ich uns also endlich wiedersahen, freuten wir uns total. Sie war schon einen Tag früher angekommen und hatte bei meinem alten Couchsurfinghost Abraham übernachtet. Ich feierte also in mehrfacher Hinsicht ein glückliches Wiedersehen: Nicht nur Steffi wartete in San Diego auf mich, auch Abraham und Thi sah ich endlich mal wieder.

Nach ein paar Tagen beschlossen Steffi und ich, ein Auto zu mieten und einen Roadtrip durch die USA zu machen. Diese Fahrt wurde eines der schönsten Abenteuer, die ich bisher zusammen mit Steffi erlebt habe. Drei Wochen

DAS LIEBLINGSFOTO MEINER MUM. NICHT.

DER SCHÖNSTE NATIONALPARK AN DER WESTKÜSTE DER USA: YOSEMITE

lang fuhren wir von San Diego aus bis nach Denver in Colorado. Wir hielten in Las Vegas, bei der Hoover-Talsperre an der Grenze zwischen Nevada und Arizona und fuhren nach Utah ins Monument Valley. Wir stoppten am Horseshoe Bend am Colorado River, einer Flussbiegung, die sich über Jahrtausende hufeisenförmig in die Steine gefressen hatte. Im Yosemite-Nationalpark wanderten wir zwischen den alten Riesenmammutbäumen und

WIRKLICH SATTSEHEN KANN MAN SICH IN DEN CANYONLANDS NICHT.

kletterten auf den berühmten Granitberg Half Dome. In der Nähe von Moab in Utah stiefelten wir durch den Canyonlands-Nationalpark. Dort entstand übrigens auch das Titelbild, das ich später für meine Live-Shows nutzte.

In Las Vegas übernachteten wir im Luxor Hotel, aber meistens schliefen wir einfach im Auto. Wenn wir Hunger hatten, hielten wir nach All-you-can-eat-Buffets Ausschau und deckten uns dort heimlich für mehrere Tage mit Essen ein. Wir nutzten es total aus, dass man seinen Softdrink-Becher bei McDonald's immer wieder auffüllen konnte. Natürlich war dieser Service nur auf eine Filiale beschränkt, aber es fiel nie jemandem auf, wenn wir mit unseren Bechern bewaffnet in einen anderen McDonald's auf unserem Weg marschierten. Einmal lief ich sogar mit einem 5-Gallonen-Kanister in einen McDonald's rein und füllte ihn dort zur Hälfte mit Wasser auf.

Genau genommen war das nicht gerade die feine Art, aber wir stumpften, was das Kostensparen anging, ganz schön ab. Für die Abende kauften wir uns in Supermärkten Zutaten und kochten dann am Lagerfeuer.

Eines Nachts, wir befanden uns gerade mitten in einem kleinen Wald und schliefen hinten im Auto, hörte ich Steffi plötzlich ganz schnell atmen.

»Was ist denn los?«, fragte ich sie schlaftrunken.

»Ich kann nicht schlafen, ich habe furchtbare Angst«, antwortete sie keuchend.

Sie erzählte mir, dass sie einmal einen Horrorfilm gesehen hatte, der sie total an die Situation erinnerte, in der wir uns gerade befanden. In dem Film hatte ebenfalls ein Pärchen in einem Auto mitten im Wald geschlafen. Der Typ war nachts ausgestiegen, und irgendwer hatte ihm seinen Kopf abgesägt, der dann über die Motorhaube kullerte.

»Aber hier ist doch überhaupt niemand. Beruhige dich einfach«, sagte ich ein wenig genervt. Es war mitten in der Nacht, und ich war irre müde.

DER ANTELOPE CANYON LIEGT GLEICH IN DER NÄHE VOM HORSESHOE BEND. BEIDES SEHENSWERT!

GERMAN SUNSET

Unterwegs kamen wir immer mal wieder bei unseren Reisebekanntschaften unter. Wir beide hatten mittlerweile so viele Leute getroffen, dass wir überall irgendwen kannten. In Denver Springs, Colorado, besuchten wir einen Freund von Steffi, den sie in Peru kennengelernt hatte. Wir verbrachten ein paar coole Tage in seinem Haus, besuchten den lokalen Farmers' Market, gingen wandern und machten abends Barbecue.

Ich hatte kurze Zeit später das dringende Bedürfnis, über Quantenphysik zu diskutieren. Auf Englisch.

Steffi versuchte, ihre Angst abzustellen, aber es gelang ihr einfach nicht.

»Ich weiß selber, wie total bescheuert das ist, sich wegen eines Horrorfilms solche Gedanken zu machen. Aber ich kann nicht aufhören!«

»Gut«, sagte ich. »Dann lass uns jetzt unsere Sachen draußen einsammeln und wegfahren.«

»Nein!«, schrie Steffi. »Genauso war es auch im Film. Der Typ wollte einfach nur kurz mal raus, und dann wurde er getötet!« Steffi war immer noch voller Panik, musste aber mit Tränen in den Augen auch etwas lachen, weil ihre Angst so abwegig war. Wir einigten uns schließlich darauf, ohne auszusteigen loszufahren und unser verbliebenes Sixpack Bier sowie unseren Müll am nächsten Tag abzuholen.

Nach einer kurzen Fahrt fanden wir einen Walmart, auf dessen Parkplatz wir übernachten konnten. Steffis Puls beruhigte sich, und so fanden wir beide doch noch ein bisschen Schlaf. Am nächsten Tag fuhr ich die Strecke zurück und sammelte unseren Kram ein. Dann ging es weiter.

Eine Besonderheit an Colorado ist, dass dort Marihuana legal ist. Das Einzige, was man dazu braucht, ist eine Art Apothekenausweis, der bestätigt, dass man Gras kaufen darf. Steffis Kumpel war ein guter Kunde der Weed-Apotheken, denn er und seine Freunde rauchten, was das Zeug hielt. Eines Abends, als wir zu fünft beisammen saßen und gerade ein leckeres Barbecue gegessen hatten, bekamen Steffi und ich auch mal Lust, eine Bong mitzurauchen. Das Marihuana, das auf dem Tisch lag, trug

HIER ENTSTAND DAS SPÄTERE COVERFOTO MEINER SHOW.

den Namen Hawaiian Sunrise. Das letzte Mal, dass ich eine Bong in der Hand gehabt hatte, war über 15 Jahre her. Daher hatte ich vollkommen vergessen, dass man nur kurz an so einem Ding zieht. Da ich ein großer Wasserpfeifen-Fan bin, inhalierte ich also viel zu sehr. Innerhalb von zehn Sekunden sah ich alles nur noch in Zeitlupe und hatte kurze Zeit später das dringende Bedürfnis, über Quantenphysik zu diskutieren. Auf Englisch. Steffi hingegen wurde umgehend müde und legte sich ins Bett. Auf sie wirkte Marihuana immer sehr einschläfernd. Das wusste ich, weil wir schon einmal zusammen in Mexiko gekifft hatten. Sie hingegen hatte noch deutlich vor Augen, dass ich mich damals schrecklich übergeben hatte, und im Bett liegend befürchtete sie das Schlimmste.

Als ich eine halbe Stunde später ins Schlafzimmer gestolpert kam, verkündete ich, wie sie vorausgeahnt hatte, dass mir sehr schlecht sei. Doch zunächst ließ ich mich einfach auf die Bettkante fallen. Wir bekamen einen unglaublichen Laberflash und lachten uns kaputt. Worüber, wissen wir heute nicht mehr. Nach rund einer Stunde jedoch kam das Unvermeidliche: Ich stürzte zur Toilette und veranstaltete noch mal ein Barbecue – nur rückwärts. Ich glaube nicht, dass ich jemals zuvor so unglaublich gekotzt hatte, nicht einmal bei meinen beiden Lebensmittelvergiftungen. Ich saute alles voll. Ewigkeiten ging das so, bis ich irgendwann zitternd neben der Toilette saß und es überstanden hatte. Das war das letzte Mal, dass ich Marihuana geraucht habe. Heute vertrage ich nicht mal mehr den Geruch.

Am nächsten Morgen begrüßten uns die anderen grinsend am Frühstückstisch.

»Na, schöne Nacht gehabt?«, fragte Steffis Kumpel.

»Mhpf«, antwortete ich nur. Mir war noch immer ausgesprochen flau zumute.

Die anderen lachten, denn sie hatten natürlich gehört, wie ich meinen Magen im Bad einmal auf links gedreht hatte.

»Wir haben das Hawaiian Sunrise übrigens umbenannt«, Steffis Kumpel grinste noch immer über beide Ohren. »Es heißt jetzt German Sunset.«

EIN IRRER MIT DREIZACK

Nach unserem Roadtrip herrschte in unseren Reisekassen allmählich gähnende Leere. Wie damals bei meiner ersten Weltreise hieß es nun also: Wir mussten irgendwie Geld verdienen. Wir beschlossen, nach Neuseeland zu reisen und dort per Work-and-Travel-Visum zu jobben. Zuvor legten wir allerdings noch einen Zwischenstopp auf den Fidschis ein.

Ich war seit meinem Harpunen-Unfall auf Kuata Island nicht mehr hier gewesen. Es fühlte sich erst ein wenig komisch an, wurde dann aber einfach nur schön. Zwei Wochen lang »hüpften« wir von Insel zu Insel, ich ließ jedoch bewusst Marna Island aus. Manche Orte auf der Erde behält man nicht nur wegen ihrer Schönheit in fantastischer Erinnerung, sondern vor allem wegen der Erfahrungen, die man dort gemacht hat. Ich wusste, dass ein Aufenthalt auf Marna Island für mich nur enttäuschend sein konnte, denn Dan und die anderen würden jetzt nicht dort sein. Bestimmt war die Insel auch nicht mehr dieselbe, denn alles wurde immer touristischer. Die Orte verändern sich – und man selbst verändert sich auch immerzu. Ich wusste, wenn ich versuche, dort noch einmal so eine tolle Zeit zu haben, würde das nicht funktionieren. Es gibt eine Handvoll Orte auf der Welt, die ich über alles liebe, und ich möchte, dass sie in meiner Erinnerung genauso perfekt bleiben, wie ich sie erlebt hatte.

Die Zeit mit Steffi auf den Fidschis war natürlich auch unglaublich schön. Wir hatten eine Menge Spaß, konnten uns kaum am türkisen Wasser und den ganzen Sonnenuntergängen sattsehen und schnorchelten viel. Nur eine einzige Erfahrung erinnerte mich massiv an mein schreckliches Harpunenerlebnis.

Zusammen mit einem Guide wollten wir Speerfischen lernen. Der Guide wirkte ein bisschen verrückt, was vor allem an seiner Stimme lag, die sich anhörte wie die des Jokers aus *The Dark Knight*. Er lief mit einem

Dreizack bewaffnet durch das flache Wasser. Ich war sehr vorsichtig, denn der Dreizack kam mir von Anfang an vor wie die kleine Schwester der Harpune. Als Steffi dran war, das Speerfischen auszuprobieren, winkte der Guide uns plötzlich zu sich und zeigte auf eine etwa 30 Zentimeter lange schwarzweiße Schlange.

»Oh, ist die giftig?«, wollte Steffi wissen.

»Ich denke schon«, sagte der Guide und lachte merkwürdig keckernd. »Aber solange wir ihr nichts tun, wird sie uns in Ruhe lassen.«

Obwohl er gerade selber gesagt hatte, dass wir sie besser in Ruhe ließen, nahm er Steffi den Dreizack aus der Hand und versuchte, die Schlange aufzupieksen – was ihm allerdings nicht gelang. Die Schlange, vollkommen angepisst über den Tötungsversuch, wurde wild und schoss schnurstracks auf mich zu. Wir alle drei nahmen sofort Reißaus in Richtung Strand. Ich rannte so schnell ich konnte. Weil das Wasser knietief war, musste ich riesige Sprünge machen, um schnell vorwärts zu kommen. Ich war unglaublich wütend auf den Guide, denn der rannte mit dem Dreizack weg, obwohl die Schlange noch immer hinter mir her war. Gegen die Giftschlange hätte ich niemals eine Chance gehabt, wenn sie nicht beschlossen hätte, plötzlich von mir abzulassen. Um ein Haar hätte ich zu meinen Fidschi-Abenteuern noch den Biss einer Giftschlange hinzufügen müssen. Dass es nicht so weit kam, war auf jeden Fall in keinster Weise diesem Guide zu verdanken.

> **Gegen die Giftschlange hätte ich niemals eine Chance gehabt, wenn sie nicht beschlossen hätte, plötzlich von mir abzulassen.**

ZURÜCK IN NEUSEELAND

Fidschi sollte für längere Zeit der letzte »Urlaub vom Urlaub« sein. Denn jetzt wartete Neuseeland auf uns – und damit eine ganze Menge Arbeit. Als ich aus dem Flieger stieg, dachte ich daran, dass hier vier Jahre zuvor alles angefangen hatte. Damals war ich für drei Wochen hierher gereist und hatte damit den Grundstein für meine erste Weltreise gelegt. Wer weiß, wie mein Leben jetzt aussähe, wenn ich diesen Urlaub nicht gemacht hätte.

Unsere Work-and-Travel-Visa hatten Steffi und ich bereits von den USA aus beantragt. Jetzt waren die ganzen weiteren organisatorischen Dinge zu klären: Steuernummer beantragen, Bankkonto eröffnen, SIM-Karte besorgen, Bewerbungen aktualisieren. Wir schrieben uns dafür To-do-Listen, um alles möglichst schnell über die Bühne zu bringen. Dann machten wir uns an die Jobsuche.

Wir waren in Auckland bei Rick untergekommen, den ich auf den Fidschis kennengelernt hatte und der bei meiner Harpunen-Verletzung dabei gewesen war. Er war mittlerweile nach Neuseeland gezogen und bot uns an, bei ihm zu wohnen, solange wir wollten. Als wir ankamen, regnete es. Davon ließen wir uns nach zwei Wochen Fidschis nicht die Stimmung verderben. Wir begannen, sämtliche Bars und Cafés in Auckland abzuklappern. Steffi fand gleich am ersten Tag zwei Möglichkeiten zum Probearbeiten: In einem Café als Barista und im Hotel DeBrett im Servicebereich. Bei mir lief es ähnlich: Ich lief durch Downtown Auckland und kam an einem Café vorbei, das mich sehr an das Café Bellino in Australien erinnerte. Es hieß Café Remedy und war einer der gechilltesten Orte, die ich mir vorstellen konnte. Es war etwas alternativ angehaucht, aus den Boxen klang Old-School-Hip-Hop, überall lagen Comic-Bücher herum, und ein langhaariger Typ hinterm Tresen begrüßte mich lässig mit: »Hello mate, how're you doin'?« An den Tischen saßen Anzug-

RICKS HAUS, IN DEM ER UNS FÜRS ERSTE UNTERSCHLUPF GEWÄHRTE

träger, tranken Kaffee oder heiße Schokolade und lasen Spiderman. Ich war sofort verliebt in diesen Laden. Ich fragte den Typen hinter der Bar, ob sie einen Job zu vergeben hätten – und das hatten sie. Mein Bewerbungsgespräch bestand im Grunde darin, dass er mich fragte, ob ich Kaffee zubereiten könne. Ich bejahte, und schon bekam ich ein Probearbeiten. Dieses lief so gut, dass die beiden Geschäftsführer, Rich und Dave aus England, mich wenig später einstellten.

Ein paar Tage darauf holte ich Steffi von ihrer ersten Schicht im Hotel ab, war aber ein wenig zu früh dran. Deshalb wartete ich in einer Bar gegenüber mit dem Namen Highstreet One. Es war ein relativ großer Laden, der auch gleichzeitig als Eventlocation vermietet wurde. Tagsüber fungierte die Bar als Restaurant, abends trafen sich die Locals hier, um ihr Feierabendbier zu trinken. Auch dieser Laden gefiel mir auf Anhieb, also fragte ich nach einem Job als Barkeeper. Eine Frau hinterm Tresen meinte, sie müsse mit der Personalchefin reden, aber ich könne meine Bewerbungsunterlagen dalassen. Ich kramte in meinem Backpack und reichte sie ihr.

»Was? Du reist schon seit vier Jahren um die Welt?«, fragte sie erstaunt, als sie einen Blick drauf geworfen hatte. Sie war ziemlich begeistert und wollte am liebsten alles wissen: wie es dazu gekommen und wo ich bisher überall gewesen war. Sie sagte noch mal, dass sie mit der Chefin reden würde, aber ihrem Gesicht nach zu urteilen, standen meine Chancen mittlerweile extrem gut. Tatsächlich bekam ich schon einen Tag später eine Einladung zum Probearbeiten.

DAS GECHILLTESTE CAFÉ DER WELT

Innerhalb weniger Tage hatte also jeder von uns zwei Jobs gefunden. Wobei Steffi ihre Arbeit im Café bald wieder aufgab, da das Hotel ihr viele Schichten anbot. Wir hatten vor, ein halbes Jahr in Neuseeland zu bleiben und so viel zu arbeiten, wie es ging. Jeder von uns arbeitete also 70 bis 80 Stunden die Woche, und den Rest der Zeit lebten wir auf

Sparflamme, damit unsere Reisekassen wieder richtig anwachsen konnten.

Ich stand jeden Tag um halb sechs auf und eine halbe Stunde später im Café auf der Matte. Zusammen mit Rich bereitete ich dann alles vor, damit der Laden pünktlich um halb sieben geöffnet werden konnte. Dann schmissen wir für ein paar Stunden das Frühstücksgeschäft alleine, bis Dave und ein paar weitere Mitarbeiter dazukamen. Gegen 14 oder 15 Uhr machte ich Feierabend und lief zur Bar. Dort arbeitete ich dann bis zum Abend.

Zwischendurch suchten Steffi und ich uns eine eigene Unterkunft. Wir fanden ein kleines, günstiges Apartment an einem steilen Berg in der Liverpool Street 43, das nur etwa fünfzehn Minuten Fußweg vom Hotel und der Bar sowie zehn Minuten vom Café Remedy entfernt lag. Um weitere Kosten zu sparen, gründeten wir hier wenig später eine Art »Zweck-WG« mit zwei Südkoreanern. Von da an lebten wir zu viert in drei Zimmern und Mini-Küche auf wirklich engem Raum, zahlten dafür aber jeder nur 70 Dollar Miete pro Woche. Die Südkoreaner waren zwei ganz nette Typen. Ich kann mich nicht mehr an beide Namen erinnern, aber ich weiß noch, dass Asiaten in Neuseeland die Möglichkeit haben, sich einen neuen Namen auszusuchen, wenn sie für ein Freiwilliges Soziales Jahr oder Ähnliches ins Land kommen. Die eigentlichen Namen auszusprechen oder aufzuschreiben stellt alle nämlich immer wieder vor große Herausforderungen. Wer wollte, konnte es sich also vereinfachen. Der eine Südkoreaner hatte sich den Namen »Arnold« ausgesucht. Er war ein total lustiger Typ. Der andere war eine ziemliche Schlaftablette, der zu Hause kaum etwas anderes tat, als zu pennen oder Computer zu spielen.

So richteten wir uns in den ersten Wochen unser kleines Zuhause ein, mit Jobs, Wohnung und den ersten Bekanntschaften, die hauptsächlich aus Arbeitskollegen bestanden. Freizeit hatten wir nicht großartig, aber das war uns auch lieber so. Wir wussten ja, wofür wir so viel wie möglich arbeiten wollten: um danach wieder die großartigen Freuden des Reisens zu genießen und neue Abenteuer zu erleben.

ABSOLUTE SELTENHEIT IN NEUSEELAND: FREIZEIT. ABER WENN WIR MAL EINE FREIE MINUTE HATTEN, DANN HABEN WIR DIESE AUCH RICHTIG AUSGENUTZT, ETWA BEI EINEM BBQ MIT UNSEREN NEUEN BEKANNTSCHAFTEN.

WAIT FOR IT... ZZZZZ

Das Schönste an der Zeit in Neuseeland war definitiv die Arbeit im Café Remedy, in dem ich mich pudelwohl fühlte. Wir hatten viel zu lachen, was hauptsächlich an meinem Chef Dave lag, der an einer Art Narkolepsie litt, der er selbst mit viel Humor begegnete.

Anfangs arbeitete ich im Service und hinter der Kaffeemaschine, jedoch fand ich immer mehr Gefallen an den Aufgaben in der Küche. Auf gerade einmal drei Quadratmetern hatten Dave und ich uns schon nach kurzer Zeit wahnsinnig gut eingespielt. Wir arbeiteten im Akkord, schmierten Sandwiches, bereiteten Frühstück zu und sangen dabei laut Songs von De La Soul.

Dave ist eine der nettesten Personen, die ich in meinem Leben kennengelernt habe. Dabei hat er es wirklich nicht leicht, und niemand hätte es ihm verübeln können, wenn er ein griesgrämiger Typ geworden wäre. Er konnte nämlich nachts überhaupt nicht schlafen – wirklich überhaupt nicht. Meist las er dann ein Buch nach dem anderen, was dazu führte, dass er wie eine wandelnde Enzyklopädie durchs Leben ging. Weil er nachts die ganze Zeit wach war, forderte sein Körper am Tag seinen Tribut. Normalerweise merken wir es, wenn wir müde werden. Bei Dave kündigte sich eine Schlafphase aber nur kurz, manchmal sogar gar nicht an. Er schlief einfach ein, egal, ob er gerade ein Sandwich zubereitete, redete, schrieb oder aß. Der komplette Schlaf-Wach-Rhythmus, wie man ihn kennt, funktionierte bei Dave nicht. Selbst in den allerstressigsten Phasen, wenn wir wirklich hart rotierten, kam es vor, dass sein Körper einfach beschloss, herunterzufahren und sich eine Auszeit zu nehmen. Er versuchte oft, mit Kaffee oder indem er herumlief, dagegen anzukämpfen, aber er war im Grunde machtlos. Manchmal bemerkte ich, wie seine Bewegungen immer langsamer wurden, und sagte ihm dann, er solle sich hinsetzen. Dann schlief er ein paar Minuten wie ein Toter, manchmal auch eine halbe Stunde, und – zack – war er wieder wach. Das ging ebenso schnell wie das Einschlafen. Als hätten wir nur kurz ein anregendes Gespräch unterbrochen, schreckte er hoch und sagte Sachen wie: »Okay! Okay! Wo sind wir stehengeblieben?«

Man konnte einfach nicht anders, als sich darüber zu amüsieren, auch wenn es im Grunde absolut nicht witzig ist, unter so einer Störung zu leiden. Dave allerdings machte selbst viele Scherze darüber. Ich wollte ihn oft einfach nur knuddeln, wenn er mal wieder aufschreckte und sich in Windeseile versuchte zu orientierten. Er konnte einfach nichts dafür, aber wir konnten damit umgehen.

Einmal war ich gerade dabei, eines der beliebtesten Sandwiches des Ladens zuzubereiten, eines mit Pulled Chicken. Ich verbrauchte dabei unseren letzten Hühnchenvorrat in der Küche, also bat ich Dave, in den Keller zu gehen und ein neues Huhn zu holen. Dieses wollte ich dann für die Sandwiches des nächsten Tages vorbereiten.

»Alles klar«, erwiderte Dave und verschwand.

Nach ein paar Minuten wunderte ich mich, wo er blieb, aber da viel zu tun war, machte ich mir vorerst keine weiteren Gedanken. Erst als Rich nach ungefähr einer halben Stunde seinen Kopf in die Küche steckte und mich fragte, wo Dave sei, merkte ich, wie lange er schon fort war.

»Ich habe ihn in den Keller geschickt, um ein Huhn zu holen«, sagte ich.

»Oh, oh. Na dann schau besser mal nach ihm«, antwortete Rich und ging wieder nach vorne ins Café, das gerade aus allen Nähten platzte.

Als ich in den Keller ging, bemerkte ich zunächst ein ungewöhnliches Licht. Es kam nicht von der Deckenlampe, sondern von dem offenen Kühlschrank. Davor lag Dave mit dem Hühnchen im Arm auf dem Boden und schlief. Es sah so unfassbar komisch aus, wie er da am Kühlschrank lehnte, dass ich beinahe umkippte vor Lachen. Ich rüttelte ihn wach. Als er mein grinsendes Gesicht sah und bemerkte, wie er mit dem Huhn kuschelte, konnte er auch nicht umhin, aufzulachen. So war Dave. Ich hatte ihn unheimlich gern.

EINMAL EINE TASSE AUS DIESER MASCHINE, UND MAN WILL NIE WIEDER FILTERKAFFEE TRINKEN

GOODBYE AGAIN

So verging Woche um Woche in Auckland. Jeden Dienstag spielte ich mit Rich in dessen Fußballmannschaft. Hier veränderte sich der sonst so freundliche und ausgeglichene Engländer in eine wahre Furie. Fluchend und schimpfend rannte er auf dem Platz herum. Der Sport, so merkte ich, war sein Ventil. Trotzdem ich kein sonderlich guter Fußballer bin – wenn ich nach links schießen möchte, müssen sich die Leute auf der rechten Seite immer sehr in Acht nehmen – genoss auch ich diesen Ausgleich.

Wenn in der Bar nicht viel los war, wurde ich auch mal als Promoter in die Fußgängerzone geschickt, um Leute in den Laden zu holen. Nach einer Weile jedoch wechselte ich vom Highstreet in Steffis Hotel und die zugehörige Corner Bar, weil ich dort mehr verdienen konnte. Den Job hätte ich mir fast versaut, weil ich beim Vorstellungsgespräch von meinen Erlebnissen auf Fidschi und den meiner Meinung nach nicht so wahnsinnig cleveren Fidschianern erzählte. Es stellte sich heraus, dass die Personalchefin des Hotels von den Fidschi-Inseln stammte. Allerdings nahm sie mein Fettnäpfchen mit Humor und stellte mich ein.

Die Arbeit war die ganze Zeit unsere Priorität. Es war eine stressige aber schöne Zeit, die auch wieder ein Stück Lebenserfahrung mit sich brachte. Steffi und ich arbeiteten wie die Weltmeister, und oft kam es vor, dass wir uns aufgrund unterschiedlicher Schichten kaum sahen. Wenn ich nach Hause kam, schlief sie schon, und wenn sie losmusste, war ich noch nicht aufgewacht.

Weihnachten verging, wir arbeiteten auch an Silvester – und dann kam nach vier oder fünf Monaten der schon erwartete Anruf meines Bruders: die Geburt meines Neffen stand kurz bevor. Weil ich unbedingt dabei sein wollte, beschlossen Steffi und ich, unsere Work-und-Travel-Zeit für eine Weile zu unterbrechen und nach Deutschland zu fliegen. Der Abschied fiel uns ganz schön schwer, da wir uns mittlerweile so gut eingelebt hatten. Dennoch stiegen wir Mitte Februar in den Flieger und standen nach eineinhalb Jahren Weltreise wieder zu Hause vor der Tür.

MEINE CORNER-BAR: KLEIN ABER FEIN

KAPITEL 14
SHIT GETS REAL

MEINE LIEBLINGSBESCHÄFTIGUNG, WENN ICH AM FLUGHAFEN AUF DAS BOARDING WARTE: GEDANKEN NOTIEREN UND KREATIV SEIN

WIEDER ZU HAUSE

Ich kann nicht leugnen, dass ich schon Tage zuvor ein mulmiges Gefühl bekam, wenn ich an die erneute Rückkehr nach Hause dachte. Natürlich freute ich mich auf meine Familie und meine Freunde. Gleichzeitig konnte ich mich aber auch sehr gut erinnern, wie es mir 2011 ging, als die Travel-Depression mich in ihren Klauen hatte. Es gab jedoch gravierende Unterschiede zwischen der damaligen Rückkehr und der jetzigen. Erstens: Ich wusste, was mich zu Hause erwartete. Niemand würde Loopings schlagen, weil ich eineinhalb Jahre gereist wer. Keiner meiner Freunde würde jedes Detail meiner Abenteuer erfahren wollen. Jeder lebte sein eigenes Leben, und das Reisen tat ich für mich. Zweitens: Ganz anders als nach meiner ersten Weltreise war ich nicht mehr orientierungslos. Ich wusste zwar damals schon, dass ich unbedingt weiterreisen wollte, aber jetzt wusste ich auch wie. Ich hatte nicht nur meine Klamotten, sondern eine Menge mehr Erfahrung in meinem Backpack. Drittens: Ich war nicht alleine. Steffi saß neben mir im Flieger, wir hatten so vieles gemeinsam erlebt, und selbst wenn wir in einen kleinen dunklen Brunnenschacht fallen sollten: Zu zweit konnten wir eine Räuberleiter machen und waren im Nu wieder draußen.

Am Ende überwog also die Wiedersehensfreude. Gleich am ersten Abend feierten wir, dass wir alle wieder zusammen waren. Bei der Gelegenheit lernte ich auch endlich Steffis Eltern kennen, mit denen ich bisher nur über Skype gesprochen hatte.

Als wenige Tage später mein Neffe Joshua auf die Welt kam, schlich sich wieder dieses Grinsen auf mein Gesicht, das ich bisher nur vom Reisen kannte. Ich wurde sein Patenonkel. Diesmal war ich zu Hause – und wirklich glücklich.

Natürlich brannten Steffi und ich darauf, sobald wie möglich wieder loszuziehen, aber aus unseren Plänen, wieder nach Neuseeland zurückzukehren, wurde vorerst nichts. Zwei Monate später heiratete nämlich einer meiner besten Kumpels – und wo wir schon einmal in Deutschland waren, blieben wir natürlich bis zu diesem Ereignis. Als die Hochzeit vorbei war, hielt uns der herannahende Winter auf der Südhalbkugel zurück. Es machte nicht wirklich viel Sinn, genau jetzt nach Neuseeland zu fliegen.

Wir verlagerten das weitere Arbeiten für unsere Reisekassen also erst einmal auf Deutschland. Steffi fand einen Job beim Stadtmagazin in Würzburg, der ihr unglaublich gut gefiel. Sie ging darin richtig auf, weil sie es einfach liebt, mit Menschen zu kommuni-

> **Die Herausforderung nahm ich gerne an, und ich hielt einen kleinen Impulsvortrag über das Reisen und darüber, was es bedeutet, seine Träume zu leben.**

zieren. Mich inspirierte das auf eine gewisse Weise, denn auch ich fing an zu überlegen, was ich neben dem Reisen besonders mochte.

Weil ich jedoch wusste, dass dies nicht im Bereich IT-Systemkaufmann zu finden war, besuchte ich ein IHK-Seminar zum Thema Selbständigkeit. Das fand lustigerweise im selben Institut statt, in dem ich vor einigen Jahren die Maßnahme für Langzeitarbeitslose besucht hatte. Auch der Seminarleiter war ein alter Bekannter, denn er war damals einer meiner Dozenten gewesen. Während eines Vortrags sah er mich im Publikum sitzen und erkannte mich wieder. In meinem Kopf spukten Ideen wie »Selbständigkeit« oder »Reiseinspiration« herum und ich stellte Fragen dazu. Am Ende des Vortrags schaute der Dozent in meine

Richtung und sagte: »Machen wir doch mal die Probe aufs Exempel. Herr Martin, kommen Sie doch mal vor und tragen Sie ein bisschen was zur allgemeinen Erheiterung und Inspiration bei.«

Die Herausforderung nahm ich gerne an, und ich hielt einen kleinen Impulsvortrag über das Reisen und darüber, was es bedeutet, seine Träume zu leben. Obwohl ich komplett aus dem Stand erzählte, kam der kleine Vortrag beim Publikum extrem gut an. Im Anschluss kam der Dozent zu mir und fragte mich, ob ich mir vorstellen könnte, am Institut zu arbeiten. Ich konnte.

Ein paar Tage später stand ich als Dozent vor genauso einer Gruppe Arbeitsloser wie der, in der ich selbst gesessen hatte. Ich gab Tipps, versuchte zu helfen und vor allem: Ich hörte zu. Der Job machte mir unwahrscheinlich viel Spaß. In einer Sitzung bat ich meine Teilnehmer, alles auf ein Papier zu schreiben, was sie in ihrem Leben nervte, alle negativen Dinge, die ihnen einfielen. Sie hörten gar nicht mehr auf zu schreiben. Als ich sie aber bat, auf der Rückseite aufzulisten, was sie alles an ihrem Leben schätzten und liebten, kamen nur sehr wenige Punkte zusammen – einige hatten sogar gar nichts geschrieben. Ich fand das sehr bezeichnend. Wie sollte jemand, der gar nichts Positives mehr an seinem Dasein sah, plötzlich einen Job finden, der ihn erfüllte? Hier setzte ich an. Wir redeten unglaublich viel, und ich versuchte zu vermitteln, wie man selbst dafür sorgen konnte, dass das Glas halb voll war. Wie man seine Einstellung änderte, indem man den Blickwinkel wechselte. Wir machten Übungen, um herauszufinden, wo die eigenen Stärken lagen, was genau die Leidenschaften von jedem waren. Und indem ich mich dort so intensiv mit den Teilnehmern beschäftigte, fand ich nach und nach meine eigene. Genau das war es nämlich, was ich konnte: an Menschen positiv herantreten und sie auf meine eigene Art und Weise dazu inspirieren, ihre Träume anzugehen. In dieser Zeit wurde irgendwie ein erster Dominostein angestoßen, der im Laufe der Zeit viele weitere zum Fallen bringen würde.

KAMPF UM DEN SCHWEIZER TRAUMJOB

In den kommenden Wochen arbeitete ich also am Institut, während Steffi für das Stadtmagazin tätig war. Eines Tages schaute ich in mein E-Mail-Postfach und fand eine Nachricht von Borkman. Er schickte mir einen Link mit den Worten: »Nick, schau dir das mal an, das sieht ganz nach dir aus.«

Ich klickte auf den Link, und es startete ein Marketingvideo der Airline Swiss, in dem es um einen Aufruf ging. Gesucht wurde der sogenannte Swiss Explorer, also eine Person, die dafür bezahlt werden würde, um die Welt zu reisen und ihre Erfahrungen übers Internet

BEWERBUNGSFOTO 2.0

zu teilen. Es klang insgesamt einfach zu gut, um wahr zu sei. Obwohl Borkman meinte, dass ich mich unbedingt bewerben müsse, tat ich es nicht. Zumindest nicht sofort. Am selben Tag bimmelte mein Postfach auf Facebook noch ein paarmal, und ich erhielt Nachrichten von anderen Reisebekanntschaften, unter anderem von Abraham aus San Diego, die mir denselben Link schickten. Immer hieß es: »Nick, das bist du, bewirb dich da mal!«

Ich bin niemand, der großartig an Zeichen glaubt, aber wenn sie sich so dermaßen aufdrängen wie damals bei dem Swiss-Video, dann muss ja etwas dahinterstecken. Also schnitt ich ein kleines Bewerbungsvideo zusammen und schickte es raus. Später erfuhr ich, dass es insgesamt 1.440 Leute gewesen waren, die an Zeichen geglaubt und sich beworben hatten.

Wenige Tage später klingelte mein Handy, und mir wurde mitgeteilt, dass ich es in die nächste Bewerbungsphase geschafft hatte. Es folgte eine Einladung zum Assessment-Center in Zürich. Einen Tag saß ich dort mit den anderen Auserwählten und musste verschiedene Aufgaben lösen. Es waren alles super Leute, und wir hatten eine gute Zeit. Ich kämpfte nicht verbissen um den Job, es waren einfach so viele Bewerber, dass es mir hauptsächlich darum ging, ein paar Erfahrungen zu sammeln. Die Abschlussaufgabe bestand darin, zwei Stunden am Flughafen Zürich herumzulaufen und mit Fotos, Video und Text zu beschreiben, was es dort alles zu erleben gab. Als ich am Ende mein Ergebnis auf einem USB-Stick einreichte, rechnete ich noch immer nicht damit, dass ich es in die engere Auswahl schaffen würde. Obwohl ich mir natürlich sehr viel Mühe gegeben hatte. Doch ich hatte die anderen Teilnehmer kennengelernt – die waren alle wirklich cool und hatten einiges drauf.

Als bald darauf wieder mein Telefon klingelte und ich erneut die Schweizer am Telefon hatte, klappte mir die Kinnlade bis auf die Knie: Ich hatte es tatsächlich unter die letzten vier Bewerber geschafft. Wie krass war das denn?

Ab sofort änderte sich meine Einstellung gegenüber der ganzen Sache, da der Hauptgewinn plötzlich in greifbare Nähe gerückt war: Nun ging es mir nicht mehr nur um die Erfahrung – jetzt wollte ich gewinnen.

Ich flog also wieder nach Zürich. Dieses Mal in Hemd und Anzug, da es jetzt um Vertragliches und Gehaltsvorstellungen ging. Außer mir waren noch eine weitere Deutsche und zwei Schweizer, ein Typ und ein Mädel, im Rennen. Am Ende des Tages kam die Deutsche im übertragenen Sinn als Letzte ins Ziel. Das bedeutete: Zwei Schweizer und ein Deutscher machten sich auf in die Endrunde.

Das Finale fand einige Zeit später statt und bestand aus einer ganz besonderen Aufgabe: Jeder von uns wurde in eine bestimmte Stadt geflogen, über die wir dann in einem selbst gedrehten und geschnittenen dreiminütigen Video berichten sollten. Dafür hatten wir insgesamt 36 Stunden Zeit. Die Videos sollten dann im Anschluss auf der Swiss-Facebook-Seite hochgeladen werden. Derjenige, dessen Video am meisten Likes erzeugte, würde gewinnen.

Die Schweizerin wurde nach Barcelona geschickt, der Schweizer landete in Berlin und für mich ging es wieder einmal nach Zürich. Ich gab alles: Von Freitagabend bis Samstagabend lief ich durch die Stadt, erkundete für mich unbekannte Ecken, holte mir von meinen Reisebekanntschaften Tipps und filmte, was das Zeug hielt. Auf dem Rückflug arbeitete ich weiter, sprach am Sonntag noch eine Tonspur drauf und hinterlegte alles mit dem Lied *Easy* von Cro. Mein Kumpel Dan half mir mit den Texten, denn wir mussten alles auf Englisch abliefern. Montagmorgen um 5 Uhr lud ich das Video hoch und hatte es damit zwei Stunden vor Ablauf der offiziellen Abgabefrist geschafft. Nun lag alles in den Händen der Internetnutzer, die eine Woche Zeit hatten, für ihren Favoriten abzustimmen.

Schon Wochen zuvor hatten wir geplant, an diesem Montag mit den Freunden von Steffi nach Österreich zu fahren. Ich war komplett k. o., mega nervös, weil ich wirklich gewinnen wollte, und froh, dass ich durch unsere kleine Reise ein wenig Abstand gewinnen konnte. In den Bergen Österreichs hatten wir kaum Handyempfang, und so bemerkte ich zuerst nicht, dass einer der Schweizer Projektmanager etliche Male versucht hatte, mich zu erreichen. Als er mich endlich an die Strippe bekam, sank mir mein Herz in die Hose: Youtube hatte mein Video gesperrt, weil ich das Cro-Lied aus lizenzrechtlichen Gründen nicht hätte verwenden dürfen. Ich Depp! Da ich keinen Computer dabei hatte, konnte ich nichts tun. So traurig ich war, dachte ich mir: Everything happens for a reason – es hat nicht sollen sein.

Als ich am Donnerstag wieder zu Hause angekommen war, setzte ich mich trotzdem noch einmal an den Laptop, löschte die Musik und unterlegte mein Video mit einem neuen Lied. Der Schaden war allerdings schon angerichtet: Die Schweizerin hatte mittlerweile um die 500 Likes, der Schweizer ganze 800, und ich bildete mit gerade einmal 67 Stimmen das Schlusslicht. Auf der anderen Seite: Das waren eigentlich ziemlich viele Stimmen für ein Video, welches dank der GEMA gar nicht zu sehen war.

> **Tag und Nacht verbrachte ich vor dem Rechner und unternahm alles, was mir einfiel, um den Wind zu meinen Gunsten zu drehen.**

Obwohl der Zug für mich abgefahren schien, wallte in mir erneut Ehrgeiz auf. Borkman, Abraham, Thi, Marc und Kat, Maria, Laura, Thomas, Dan, Efs, Sophie sowie alle anderen Reisebekanntschaften und Freunde unterstützten mich und stimmten ab. Sogar mir fremde Menschen posteten und trugen dazu bei, dass meine Likes unter dem Video langsam aber stetig nach oben gingen. Bei meinen Konkurrenten allerdings auch. Der härtere Gegner war der Schweizer, denn er kam aus dem Marketingbereich und hatte ein richtig abgefahren cooles Video abgeliefert. Mit dem Video der Schweizerin konnte ich locker mithalten, und so kam es, dass ich nach und nach zu ihr aufschloss. Tag und Nacht verbrachte ich vor dem Rechner und unternahm alles, was mir einfiel, um den Wind zu meinen Gunsten zu drehen.

Am Samstag verzeichnete ich den ersten Erfolg, denn ich überholte die Schweizerin. Sie verstand, dass sie nun keine Chance mehr hatte, und fing an, ihren Landsmann zu unterstützen. Wenn schon einer den Traumjob der Schweizer Airline gewinnen sollte, so ihre Meinung, dann wenigstens ein Schweizer. Wir lieferten und ein echtes Kopf-an-Kopf-Rennen. In der Nacht zum Sonntag erreichten wir Gleichstand, und ich flippte beinahe aus. Der Sieg war so nah! Im Sekundentakt aktualisierte ich die Webseite: Mal war der Schweizer ein paar Likes voraus, mal ich. Als es in die letzten Minuten der Abstimmung ging, war ich komplett übermüdet, wurde aber von meinem hohen Adrenalinspiegel wachgehalten. Am Ende gewann ich mit acht Stimmen Vorsprung. Ich konnte mein Glück kaum fassen. Am nächsten Morgen klingelte mein Telefon, und der Projektleiter machte es offiziell: Ich hatte das Rennen um den Titel »Swiss Explorer« gewonnen.

Steffis und mein Neuseelandplan war damit in noch weitere Ferne gerückt. Nun hieß es für mich erst einmal: ab in die Schweiz und von dort aus ein halbes Jahr als Reisejournalist um die Welt jetten. Diverse Zeitungen und Zeitschriften in der Schweiz berichteten über die Aktion, es gab ein großes Interesse an der Story. Obwohl sich viele für mich freuten, gab es doch auch mal eher negative Berichterstattung. So titelte beispielsweise der Schweizer *BLICK* ein großes Bild von mir mit der Schlagzeile: »Deutscher schnappt sich Schweizer Traumjob!«

MEIN »ZUHAUSE« IN DER SCHWEIZ: ICH WAR NIE MEHR ALS ZWEI TAGE PRO WOCHE HIER.

ALS SWISS EXPLORER UM DIE WELT

Von September 2014 bis März 2015 wohnte ich mit einer Studentin und einer Flugbegleiterin in einer Zürcher WG in Kloten, ganz in der Nähe des Flughafens. Jede Woche flog ich mittwochs zu einer von Swiss Airlines vorgegebenen Destination und hatte dort drei Tage Zeit, die besten Ecken zu erkunden und alles per Fotos und Videos festzuhalten. Immer samstags ging es zurück nach Zürich. Sonntags saß ich meist acht Stunden im Büro der Fluggesellschaft und arbeitete wie verrückt, um die ganzen Notizen und Erfahrungen in Texte zu verpacken und die Videos zu schneiden. Viele Marketingkanäle mussten befüllt werden: Twitter, Facebook, Instagram, ein Reiseblog, eine Onlinekolumne und ein fester Artikelplatz im Bordmagazin. Es war unendlich viel Arbeit, vor allem weil jeder Text jeweils auf Englisch und Deutsch verfasst werden musste. Im Büro hatte ich ein Marketingteam, das mir half, die Texte abzurunden. Montags ging also alles, was ich produziert hatte, ins Lektorat, während ich die Fotos bearbeitete und mich noch mal an den Videoschnitt machte. Dienstags wurde der ganze Kram dann hochgeladen. Danach fing ich direkt an für das nächste Reiseziel zu recherchieren. Es ging also alles wieder von vorne los. Ich arbeitete sieben Tage die Woche und führte mit Steffi eine richtige

Fernbeziehung, da wir uns nur etwa einmal im Monat sahen. Manchmal konnten wir es so lösen, dass sie mich bei meinen Trips begleiten durfte. Aber viel hatte sie dann auch nicht von mir, weil ich nur durch die Gegend rannte und versuchte, so viel wie möglich zu entdecken, damit ich auch etwas zu berichten hatte.

Der Flughafen Zürich wurde mein zweites Zuhause. Immerzu war ich dort – oder eben im Flugzeug. In meiner Zeit als Swiss Explorer besuchte ich Orte wie Hamburg, Stockholm, Lissabon, Riga, Dublin, Manchester, Kopenhagen, Los Angeles, San Francisco, New York, Tokio, Tansania, Sansibar oder Mumbai und kam bei Langstreckenflügen in den Genuss der Businessclass, wo ich Champagner gereicht bekam. Als leidenschaftlicher Backpacker, der normalerweise low-budget-mäßig unterwegs ist, war das alles eine ganz neue Welt. Diese vielen unterschiedlichen Orte der Welt zu besuchen war großartig, aber auch unheimlich anstrengend. So flog ich beispielsweise an einem Mittwoch nach L. A., am Samstag zurück nach Zürich, am Mittwoch drauf nach Tokio, dann wieder zurück nach Zürich, bevor es dann vier Tage später nach New York ging. Mein Kopf funktionierte dank des Jetlags irgendwann gar nicht mehr richtig, doch die Arbeit hörte nicht auf. Ich hatte keine Zeit,

WÄHREND MEINER ZEIT BEI SWISS DURFTE ICH SOGAR MAL IN EINER SCHWEIZER FERNSEHSENDUNG MITSPIELEN. HIER WURDE GERADE AM FLUGHAFEN GEDREHT ...

mich an neue Städte, Länder und Kulturen zu gewöhnen, sondern musste sofort funktionieren – und zwar immer. Es gab keine Pause. Meine Kamera lief die ganze Zeit, und wenn ich in Zürich war, saß ich nur vorm Computer.

Unterwegs kam es vor, dass mich Menschen erkannten, Selfies machen wollten oder um Autogramme auf ihrem Bordmagazin baten. Das war toll, aber auch sehr ungewohnt. Ich war dankbar für die Möglichkeiten, die mir dieser Job bot, und die Arbeit machte mir auch viel Spaß. Sie forderte allerdings meine ganze Kraft. Schön war, dass ich auf meinen Reisen viele alte Reisebekanntschaften und Freunde treffen konnte, wie Maria in New York, Andrea in L. A. oder Dan in Stockholm. Ich hatte auch die Gelegenheit, hinter die Kulissen einer Fluggesellschaft zu gucken. Ich arbeitete unter anderem einen Tag als Flugbegleiter, durfte bei einem Langstreckenflug im Cockpit mitfliegen und eine Firma besuchen, die das Flugzeugessen zubereitete.

Anfangs wurden mir die Themen meiner Berichte vorgegeben, nach einer Weile durfte ich auch selbst entscheiden. So wanderte ich beispielsweise drei Tage durch den Dharavi-Slum von Mumbai oder besuchte Dhobi Ghat, die größte Freiluftwäscherei der Welt. In L. A. sollte ich über die besten Burger der Stadt berichten, und so fuhr ich tagelang von einem Restaurant zum nächsten, bis mir das Essen zu den Ohren herauskam. Es war eine wirklich tolle Zeit. Eine Kehrseite der Medaille gab es leider auch, denn nicht jeder fand meine Texte und Videos gut. Immer mal wieder las ich Nachrichten oder Kommentare von irgendwelchen Menschen, die richtig auf mich abhassten. Weil ich jeden Tag wie ein Bekloppter arbeitete und mein Allerbestes gab, zog mich das teilweise schon ziemlich runter. Doch auch das verbuchte ich als Erfahrungen, aus denen ich lernen konnte.

Alles in allem erlebte ich wirklich unglaublich viel – unter anderem fuhr ich in Riga mit einem Olympia-Teilnehmer eine Bobbahn hinunter –, aber ich war dennoch froh, als das halbe Jahr vorbei war und ich endlich mein normales Leben zurückbekam.

WEITER GEHT'S

Um mich von diesem unglaublichen Arbeitspensum zu erholen, flog ich im Anschluss einen Monat nach Bali und lernte das Surfen noch einmal von der Pike auf. So richtig mit Surfkurs und allem drum und dran.

Steffi hatte während der ganzen Zeit beim Würzburger Stadtmagazin gearbeitet. Als ich nach der Bali-Zeit wieder zu Hause war, nahm auch ich meine Dozententätigkeit am Institut wieder auf. Mein Gedankenkarussell wurde wieder angeworfen, und ich überlegte, was ich im Leben erreichen wollte. Meine Weltreisen und auch die Zeit als Swiss Explorer hatten mich näher an die Antwort gebracht. In einer seiner berühmtesten Reden sagte Steve Jobs einmal etwas zu seinem studentischen Publikum, das sehr gut darauf passt. Er sagte in etwa: »Man kann die Punkte nicht verbinden, wenn man sie vor sich hat. Die Verbindung ergibt sich erst im Nachhinein. Man muss also darauf vertrauen, dass sich die Punkte irgendwann einmal zusammenfügen. Man muss an etwas glauben – Intuition, Schicksal, Leben, Karma, was auch immer. Diese Haltung hat mich nie enttäuscht, sie hat mein Leben entscheidend geprägt.« Ich hatte mittlerweile das Gefühl, dass sich auch bei mir nach und nach verschiedene Punkte im Leben verbanden und ich langsam herausfand, wer ich eigentlich war.

Mittlerweile hatte ich meinen Reiseblog *Travel Echo* gegründet und spielte mehr und mehr mit dem Gedanken, mir irgendeine Form von Selbstständigkeit aufzubauen, durch die ich das Reisen und Arbeiten besser verbinden konnte. Mein erstes Produkt war ein digitales Kochbuch, also ein E-Book, in dem ich die vielen unterschiedlichen Rezepte für Gerichte vorstellte, die ich auf der ganzen Welt kennen- und lieben gelernt hatte. Der Titel lautete damals *Fuck Pasta 'n' Ketchup* und spielte darauf an, dass man auch als Low-Budget-Backpacker mehr machen konnte, als sich in Hostel-Gemeinschaftsküchen Nudeln mit Tomatensauce zu kochen.

Bei meinen Recherchen zum Thema Onlinebusiness stolperte ich eines Tages über die Werbung für eine Konferenz: DNX, die Digitale-Nomaden-Konferenz. Hier lernte ich auf einen Schlag viele Menschen kennen, die genauso tickten wie ich: Es waren in der Mehrzahl Weltreisende, die sich ihr Leben über ein ortsunabhängiges Business finanzierten und es auch heute noch tun. Unter diesen positiv denkenden Leuten, die – so wie ich – ausgetretene Pfade verlassen und etwas Neues ausprobieren wollten, fühlte ich mich auf Anhieb zu Hause. Bei der ersten Konferenz war ich noch Teilnehmer. Bei der zweiten, ein halbes Jahr später, meldete ich mich bereits als Speaker für meinen eigenen Vortrag an. Ich erzählte von meinen Abenteuern, meinen Erfahrungen und wie ich es geschafft hatte, das Leben zu führen, das ich liebte. Das Feedback, das ich daraufhin bekam, festigte meinen Wunsch, irgendetwas mit meinem Leben anzufangen, das andere Menschen dazu inspirierte, ihre eigenen Träume wahr werden zu lassen.

So verging der Frühling und der Sommer 2015 mit lauter Ereignissen, die mich immer mehr auf meinen eigenen Weg lenkten. Zwischendurch unternahm ich Kurztrips mit Steffi und reiste zwei Wochen per Anhalter durch Tschechien, Slowenien, Ungarn und Österreich. Als es schließlich September wurde, beschlossen Steffi und ich, dass es Zeit war, unsere Backpacks zu packen und in die Ferne zu reisen. Parallel hatten wir vor, an unseren neu aufgesetzten Reiseblogs zu arbeiten.

FIGHT!

Das Flugzeug katapultierte uns aus dem langsam kälter werdenden Deutschland ins warme Asien. Für uns beide war es das erste Mal auf den Philippinen. In unserem Hostel in der Hauptstadt Manila lernten wir schon am ersten Abend Keisha kennen, eine kleine, etwas korpulente US-Amerikanerin mit großem Herz. Sie fragte uns, ob wir sie und ein paar andere Backpacker am Abend mit in die Stadt begleiten wollten. Dort feierte ein mexikanisches Restaurant sein fünfjähriges Bestehen, und zu diesem Anlass gab es Margaritas für umgerechnet fünf Cent (!). Eigentlich waren wir beide ziemlich müde, aber wir ließen uns überreden.

Im mexikanischen Restaurant schlugen wir uns die Bäuche voll und investierten ganze 50 Cent in Margaritas. Dementsprechend angetütert, beschlossen wir mit ein paar Locals, mit denen wir im Restaurant ins Gespräch gekommen waren, noch ein wenig durch das Nachtleben von Manila zu ziehen. Irgendwann landeten wir auf der städtischen Partymeile und dann in einer dunklen Bar, in der einzig einige indirekte Lichtquellen für ein bisschen Helligkeit sorgten. In der Mitte des Raumes wurde ein Boxring angestrahlt, in dem sich zwei kleinwüchsige Männer mit überdimensional großen Boxhandschuhen bekämpften.

Kurze Zeit später liefen einige Promoter durch den Laden und suchten im Publikum einen Schiedsrichter für den nächsten Kampf. Natürlich war ich es, der zwei Minuten später im Ring stand. Ich bin ja generell nicht so der Typ, der sich als Letzter meldet, aber gepaart mit den Margaritas war ich sofort am Start.

Als nächstes kämpften zwei Philippinerinnen gegeneinander, wieder mit diesen riesigen Boxhandschuhen. Die Kämpfe waren natürlich nicht ernst gemeint, sondern eher Spaßkämpfe. Uns wurden die Regeln erklärt, und dann ging es auch schon los. Sobald ich »Fight!« rief, stürzten sich die Mädels aufeinander. Immer wieder trennte ich sie, bis sie irgendwann beschlossen, direkt auf mich loszugehen. Eine sprang mir auf den Rücken, die andere traktierte mich von vorne. Das Publikum johlte. Als wir schließlich fix und alle aus dem Ring stiegen, wurde ich von einem Promoter abgefangen, der mich mit einem typischen Promotertrick dazu brachte, den beiden Philippinerinnen und mir Tequila zu spendieren. Er schlug das Tequila-Trinken so vor, als würden wir eingeladen, am Ende wurde dann aber mir die Rechnung hingehalten. Steffi schüttelte darüber den Kopf, dass ich auf so eine billige Masche hereingefallen war, nun 20 Dollar blechen musste und überhaupt mit zwei leicht bekleideten Philippinerinnen im Ring gerauft hatte. Ich schüttelte auch den Kopf – allerdings vor lachen und dem bittern Geschmack des Tequilas.

FISHFA

Unsere Asienreise hatte mit diesem ersten Abend in Manila auf jeden Fall einen glorreichen Einstieg gefunden. Von dort aus reisten wir nach Bohol Island, wo uns freundliche Menschen anlachten und zuwinkten, wohin wir auch kamen. Wir sahen Koboldmakis, winzige Kulleraugenäffchen, die in Baumkronen saßen und mich an Gollum aus *Der Herr der Ringe* erinnerten. Im Nu waren wir also wieder mittendrin im Reisen.

Keisha hatte uns den White Beach in der Nähe von Manila empfohlen, und so stand unser nächstes Ziel nach Bohol Island auch schon fest. Während Steffi und Keisha, die uns dorthin begleitet hatte, unterwegs waren, hing ich eine Weile am Strand ab. Hier fand gerade ein kleiner Filmdreh statt, bei dem ich

DIE BRÜSTE DER NATUR, GENANNT AUCH CHOCOLATE HILLS

eine Weile zuschaute. Plötzlich trat einer der Kameramänner auf mich zu.

»Hey, wir sind von einer Filmagentur und drehen einen Weihnachtswerbespot für Philippine Airlines.[1] Hättest du Lust, ein bisschen mitzuwirken?«

»Wie jetzt? Also gleich? Klar«, antwortete ich – und schon ging es los. Ich musste irgendwelche Sätze auf Filipino in die Kamera sagen (»*Pupulupot Lupot Paikot ng Paikot*«) und mich mit einem Stock drehen, als hätte ich einen Selfiestick in der Hand. Als Steffi dazustieß, wurde auch sie für den Werbespot rekrutiert. Den ganzen Tag brachten wir damit zu, verschiedene Szenen zu spielen. Am Ende wurden wir zu einem Abendessen mit dem gesamten Filmteam eingeladen.

Nachdem wir also auch das Thema »Filmstars werden« auf unserer Bucketliste abhaken konnten, reisten wir weiter nach El Nido. Dort und auf den umliegenden Inseln erwarteten uns puderweiße Strände und türkises Wasser. Neben den Fidschis und Sansibar hatten es die Inseln rund um Palawan in meine Top 3 der schönsten Stranddestinationen geschafft.

Als wir eines Abends vor unserem Hostel saßen und das Treiben in der Stadt beobachteten, kamen wir mit einem Holländer ins Gespräch, der bereits seit eineinhalb Jahren auf den Philippinen lebte und als Tauchlehrer arbeitete. Wir verstanden uns gut, und so machten wir es uns mit ihm und anderen Gästen vor dem Hostel gemütlich und quatschten stundenlang. Zu der Zeit war auf den Philippinen ein Rum im Umlauf, der weniger kostete als eine Flasche Cola. Die Quittung dafür kam am nächsten Morgen, als wir mit Kopfschmerzen aufwachten, die jenseits von Gut und Böse waren. Aber auch hier war es den Spaß wieder eindeutig Wert gewesen.

Mit dem Holländer hingen wir auch in den nächsten Tagen viel ab. Einmal waren wir mit einer Gruppe von vielleicht zehn Leuten unterwegs und bereits wieder ein wenig

---

[1] Such mal bei Youtube nach »Foreigners Love Celebrating Paskong Pinoy«!

AUSGERAUBT

ZU EINEM SPÄTEREN ZEITPUNKT WAREN WIR HIER ZU ELFT AUF DIESEM GEFÄHRT.

Nach ein paar Tagen Schnorcheln, »Fishfa«, Schwimmen und Sonnen auf den traumhaften Inseln rund um El Nido landeten Steffi und ich irgendwann auf Cebu. Diese Insel hatten wir ursprünglich nur als Zwischenstopp vorgesehen, um von dort aus weiter nach Siargao zu reisen. Doch es kam alles anders, denn auf Cebu erwartete uns ein regelrechter Albtraum.

Als wir ankamen, checkten wir zuerst in ein Hostel ein. Bevor wir uns in die Stadt aufmachen wollten, um noch etwas zu essen, gingen wir in das Acht-Bett-Zimmer, in dem wir zwei Betten gebucht hatten, und richteten unsere Lager ein wenig her. Der Einzige, der sich ebenfalls gerade im Zimmer aufhielt, war ein tschechischer Backpacker, mit dem wir uns eine Weile unterhielten. Er erzählte uns, dass er vorhatte, noch ein bisschen auf Cebu zu bleiben und dann weiter durch Asien zu reisen.

Wir selbst waren zu dieser Zeit nur mit Handgepäck unterwegs. Für das Herumreisen auf den Inseln brauchten wir nicht viel, also hatten wir die sperrigen Backpacks solange im Hostel in Manila gelassen. So hatten wir hauptsächlich unsere Dokumente, ein paar Klamotten, unsere Kulturbeutel und ein wenig Technik dabei, wie zum Beispiel Steffis Kamera und unsere Handys samt Zubehör. Als wir fertig waren, schlossen wir unsere Taschen in die Schließfächer auf dem Gang und liefen los.

Wir steuerten ein Einkaufscenter an und setzten uns in ein Restaurant. Anschließend hingen wir dort noch ein wenig herum und machten uns etwa eineinhalb Stunden später schließlich wieder auf den Rückweg. Als wir auf der Rolltreppe standen, zeigte Steffi nach unten und sagte: »Guck mal, da sitzt der Tscheche aus unserem Zimmer!«

Auch der Typ hatte uns gesehen und schaute uns mit großen Augen an.

Als wir ins Hostel zurückkamen, setzten wir uns zu ein paar anderen Backpackern auf einen großen Balkon. Ein Mädel sprach uns an: »Habt ihr schon gehört? Jemand hat ein paar Schließfächer aufgebrochen und Sachen geklaut!«

Rum-selig. Ein Tuk-Tuk-Fahrer trat zu uns und schlug uns vor, uns alle irgendwo hinzufahren, was wir nicht verstanden. Ich fragte deshalb nach:

»Wo möchtest du uns hinfahren?«

»Zu einem Fishfa!«, antwortete er begeistert.

»Was ist denn ein Fishfa?«, fragte ich zurück. Die anderen hatten auch keine Ahnung.

»Na, ein Fishfa. Ich zeig es euch!«, rief er erneut aus.

Da wir einen lustigen Abend und nichts Besonderes vorhatten, quetschten wir uns schließlich inklusive Fahrer zu elf in das Tuk-Tuk, das eigentlich nur für etwa fünf Personen ausgelegt war. Die ganze Fahrt über lachten wir uns kaputt und versuchten, dem Fahrer zu entlocken, was dieses »Fishfa« war. Doch wir fanden es erst heraus, als er anhielt und uns bedeutete auszusteigen. Wir waren bei einem Fisch-Spa angekommen! Als wir begriffen, dass der kleine, freundliche Tuk-Tuk-Fahrer das Wort einfach nur nicht hatte aussprechen können, löste das den nächsten Lachkrampf aus. Es war ein herrlicher Abend. Im Fisch-Spa hielten wir unsere Füße in kleine Aquarien voller Fische, welche tote Hautzellen von unseren Füßen knabberten, hatten ein BBQ und spielten Karten.

Steffi sprang sofort auf und rannte los. Irgendwie ahnte ich es schon, und tatsächlich hörte ich Steffi ein paar Sekunden später nach mir rufen:

»Noooooo! Fuck! Niiiiiiiick! Niiiiiiiiick! Fuck!«

Ich rannte sofort zu ihr. Als ich ankam, saß Steffi komplett aufgelöst vor ihrem Schließfach. Ihres und ein weiteres der ungefähr 16 Schließfächer hatte es getroffen: Sie waren komplett ausgeräumt worden, und nichts war mehr da.

Wir rannten umgehend runter zur Rezeption, wo schon ein kanadisches Pärchen stand und ebenso aufgelöst war wie Steffi. Zu ihnen hatte das Gepäck im zweiten Schließfach gehört. Auch wenn es nur Steffis Backpack getroffen hatte, fühlte ich mich ebenso ausgeraubt. Ich war nur froh, dass wir unsere Laptops in Manila gelassen hatten, denn das kanadische Pärchen hatte es echt hart getroffen: Sie hatten Computer, Kameras und eine Menge sonstiger Technik im Wert von rund 9.000 Euro dabeigehabt.

Zu viert standen wir an der Rezeption, wo die Kanadier schon eine ganze Weile auf drei Rezeptionisten eingeredet hatten. Die Männer allerdings bewegten sich nicht großartig und behandelten uns wie Luft – vermutlich standen sie ein wenig unter Schock, da wir, aufgebracht wie wir waren, nach und nach immer lauter wurden.

Die Rezeptionisten starrten also lediglich auf die Überwachungskameras. Bloß: Auf denen war nichts zu sehen, denn keine hatte auf die Wand mit den Schließfächern gefilmt. Ich fragte mich, wozu es die Kameras überhaupt gab, wenn sie nicht einmal die wichtigsten Ecken filmten.

Weil die Männer hinter der Rezeption so teilnahmslos waren und überhaupt nicht auf uns eingingen, trat Steffi irgendwann vor lauter Wut gegen einen Stuhl und brach sich dabei fast noch die Zehen. Sie hatte wirklich gar nichts mehr außer den Klamotten, die sie gerade trug, und ihrem Handy, das in ihrer Hosentasche gesteckt hatte.

Die Polizei war laut der Rezeptionisten bereits alarmiert, also konnten wir nichts weiter tun, als warten.

Ich nahm Steffi zur Seite, damit sie sich etwas beruhigte. Außerdem redete ich auf sie ein, dass sie sofort ihre Kreditkarten sperren müsste. Sie war jedoch so aufgelöst, dass sie das alleine gar nicht hinbekam. Also nahm ich ihr Handy und ließ mir von ihr die Passwörter diktieren, um die Sache schnell hinter uns zu bringen.

Für mich war der Fall klar: Er musste der Dieb sein!

Wir waren alle froh, als nach über einer halben Stunde endlich zwei Uniformierte ins Hostel kamen. Sie schauten sich erst einmal in aller Seelenruhe die Überwachungsbänder an, nachdem wir ihnen geschildert hatten, was vorgefallen war. Doch wie wir bereits wussten, war auf den Aufnahmen nichts zu sehen. Einzig der tschechische Backpacker lief mit seinem riesigen Rucksack einmal durchs Bild. Das machte mich stutzig: Hatte der Typ nicht gesagt, er wolle noch ein paar Tage bleiben? Warum checkte er dann so urplötzlich aus? Mit so viel Gepäck? Ich erinnerte mich an den komischen Blick, den er uns zugeworfen hatte, als wir ihn im Einkaufszentrum gesehen hatten. Für mich war der Fall klar: Er musste der Dieb sein!

Sofort forderte ich von den Rezeptionisten seine Ausweiskopie, die beim Check-in gemacht worden war. Das ist zum Glück immer so: Will man sich in ein Zimmer einbuchen, muss man seine Papiere vorlegen. Die Männer gaben die Kopie jedoch nicht mir, sondern den Polizisten. Diese ließen mich nicht einmal einen Blick drauf werfen.

»Nein«, sagte der eine Polizist ruhig. »Das betrifft laufende Ermittlungen und fällt unter den Datenschutz. Ich kann Ihnen die Ausweiskopie weder geben, noch zeigen.«

Klar, ich verstand das schon, fragte mich aber langsam, ob hier alle ein bisschen bescheuert waren. Meine Freundin und die Kanadier waren gerade komplett ausgeraubt worden, wir wussten, wer es gewesen sein könnte, und trotzdem sah sich keiner in der Pflicht, mal einen Zahn zuzulegen, solange der Typ vielleicht noch in der Nähe war!

Stattdessen mussten wir den Polizisten nun erst einmal im Entenmarsch zum nicht weit entfernten Polizeirevier folgen. Dort ging dann alles noch mal von vorne los: Wir mussten eine Anzeige aufgeben, erneut schildern, was passiert, und dann im Detail aufsagen, was alles geklaut worden war. Bei Steffi waren es ihre Klamotten, ihr Kulturbeutel samt Kontaktlinsen und die dazugehörige Lösung, ihre Brille, die Kamera samt Zubehör, ihr iPhone-Ladekabel, sämtliche Papiere wie Reise- und Impfpass sowie Kreditkarten, ihr Bargeld und ihre GoPro. Während Steffi einen Gegenstand nach dem anderen aufzählte, flossen ihr mehr und mehr die Tränen. Als sie fertig war, kamen die Kanadier an die Reihe. Auch hier wurden die Anzeige und die Aussagen aufgenommen und wurde eine Liste der geklauten Gegenstände angefertigt. Danach mussten wir uns auf ein paar Stühle setzen und ewig warten. Das alles dauerte so lange, der Dieb hätte rückwärts fliehen können und wäre trotzdem nicht

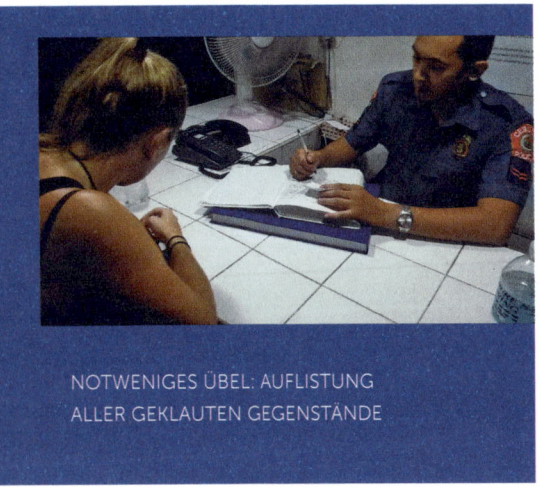

NOTWENIGES ÜBEL: AUFLISTUNG ALLER GEKLAUTEN GEGENSTÄNDE

einzuholen gewesen. Währendessen ernteten wir komische Blicke der eingesperrten Insassen, die sich im gegenüberliegenden Zellenblock wie die Kulleraugenäffchen an die Gitter klammerten und uns vier anstarrten.

Eine ganze Weile später wurden wir dann in das Büro des Polizeichefs gerufen. Er hatte den Bericht vor sich liegen und wiederholte auch noch mal alles, was darin stand. Als wir die Richtigkeit der Angaben bestätigt hatten, seufzte der Typ und meinte, er wisse genau, wie wir uns jetzt fühlen. Das war der Moment, in dem ich dann endgültig ausrastete. Ich schrie den Polizeichef an, dass er einen Scheiß wisse, denn schließlich sei nicht er ausgeraubt worden, sondern meine Freundin, die nichts mehr hatte, als die Klamotten, die sie am Leib trug. »Und anstatt hier irgendetwas zu unternehmen oder mal nach dem Typen zu suchen, der es mit hoher Wahrscheinlichkeit gewesen ist, bringen wir hier Stunden um Stunden mit irgendwelchem Bürokram zu!«, setzte ich nach. Ich ließ eine ganze Litanei vom Stapel, was uns alles geklaut worden war und wie lange es dauern würde, allein die ganzen Dokumente wieder zu beantragen. Dass Steffi hier jetzt festsitzt ohne gültiges Reisedokument, wir uns zukünftig nur von meinem Reisebudget von Brot und Wasser ernähren müssten etc. Irgendwann legte einer der anderen Polizisten eine Hand auf meine Schulter und sagte mir ernst, dass ich mich jetzt wieder beruhigen sollte.

»Wir haben das Foto des Verdächtigen, und wir haben seine Angaben bereits an die umliegenden Reviere gefaxt«, sagte der Polizeichef. »Das Problem bei der Sache ist, dass es sich um einen Touristen handelt und wir nicht wissen, wo er sich hinbegeben wird. Bei einem Landsmann wüssten wir, welche Schwarzmärkte wir sofort überprüfen müssten.«

Jetzt war es der Kanadier, der plötzlich aus der Haut fuhr. Er fing sich jedoch schnell wieder und erklärte, dass er demjenigen, der seine Sachen – auch anonym – zurückbrächte, 2.000 Euro zahlen würde. Offenbar schloss er die Möglichkeit nicht aus, dass die Polizisten mit dem Dieb unter einer Decke stecken könnten.

Ich wiederum wollte nicht lockerlassen, was die Ausweiskopie anging. Ich argumentierte, dass ich ein großes Netzwerk hätte und sich so über Facebook vielleicht etwas herausfinden ließ.

»Und wenn er es nicht war?«, fragte der Polizeichef zurück. »Wie willst du den Schaden dann wieder gut machen, ihn öffentlich als Dieb hingestellt zu haben?«

Ich musste zugeben, dass an diesem Argument etwas dran war. Dennoch wollte ich zumindest den Namen wissen. Ich hob gerade wieder zu einem neuen Schwall Argumente an, als mich der Polizeichef mit einer Geste unterbrach.

»Ich verstehe dich ja, das tue ich wirklich. Aber ich darf euch diese Ausweiskopie nicht geben.« Er machte eine kurze Pause und schob die Kopie über den Schreibtisch, sodass sie in der Mitte lag. »Aber sagen wir mal so: Ich kann auch nicht verhindern, dass ihr einen Blick drauf werft, wenn ich es gerade nicht merke.«

In Windeseile zückte ich mein Handy und fotografierte den Zettel.

Schon als wir das Polizeirevier verließen, hing ich über dem Smartphone und googelte den Namen des Tschechen. Gleichzeitig checkte ich Facebook. Leider stellte sich heraus, dass der Typ in Tschechien einen sehr geläufigen Namen hatte. So wie bei uns »Müller« oder »Schmidt«. Meine Internetrecherche führte also zu keinem Ergebnis. Steffi seufzte und sagte: »Nick, uns bleibt nichts anderes übrig, als jetzt noch eine Runde einkaufen zu gehen.« Und so machten wir uns zum zweiten Mal an diesem Tag auf ins Einkaufszentrum. Es war mittlerweile nach 22 Uhr, aber die Läden waren zum Glück noch offen. Wir besorgten Steffi alles, was sie am dringendsten benötigte und fielen danach vollkommen erledigt ins Bett. Es brauchte noch eine ganze Weile, bis wir einschlafen konnten. Vor allem Steffi war unglaublich traurig, und die Tränen kullerten.

BAYERISCHE HERZLICHKEIT

Die Deutsche Botschaft auf den Philippinen befindet sich in Manila. Da wir uns aber auf Cebu befanden und dort ohne Reisepass nicht wegkamen, hieß es nun erst einmal recherchieren. Glücklicherweise fanden wir schnell heraus, dass es auch auf Cebu ein deutsches Konsulat gibt. Das wurde dann unsere erste Station des Tages. Nachdem wir der Vorzimmerdame geschildert hatten, was unser Problem war, wurden wir ins Büro des Konsuls gebeten. Bei diesem handelte es sich um einen gemütlichen Ur-Bayern Mitte 50, der uns in breitestem Bayerisch begrüßte: »Ouh, des hört si scheise an, sog i moi, oje, oje, kimmd east-moi mid 'nei!«

Als wir Platz genommen und ihm die ganze Geschichte erzählt hatten, schaute er uns voller Mitleid an und sagte: »Wisst ihr wos, 'etz dringt east moi oan Schnaps!« Und tatsächlich holte er aus einem Schrank eine Flasche Zwetschgenschnaps von seiner Mutter aus Bayern sowie zwei Gläser und schenkte uns ein.

Danach erklärte er uns bedauernd, dass wir ohne Dokumente tatsächlich nicht ausreisen konnten. Allerdings hatte Steffi unter der Schutzhülle ihres Handys aus irgendeinem Grund ihren Führerschein verstaut gehabt. Sie reichte ihm diesen und fragte, ob es damit vielleicht ginge. Tatsächlich war es damit möglich, so der Konsul, zumindest innerhalb der Philippinen zu reisen. Nach Manila würden wir also auf jeden Fall kommen. Als wir uns schließlich verabschiedeten, machten wir noch ein Foto zusammen. Dieser herzliche Bayer war für uns ein echter Lichtblick gewesen.

DER ERSTE SYMPATHISCHE DEUTSCHE BÜROKRAT: ER HAT EINFACH MAL DEN SCHNAPS RAUSGEHOLT.

DIE BÜROKRATIE-HÖLLE VON MANILA

Zurück in Manila checkten wir erst einmal, ob unsere großen Backpacks noch sicher im Hostel verwahrt waren. Zum Glück war alles noch da, und Steffi war froh, endlich wieder ein paar ihrer eigenen Klamotten wiederzuhaben. Doch die Freude währte nur kurz, denn jetzt ging der ganze Bürokratieterror so richtig los.

Die erste Schwierigkeit war, überhaupt erst einmal in die Deutsche Botschaft hineinzukommen, denn uns erwartete eine ganze Reihe von Sicherheitskontrollen. Als wir endlich am Schalter standen, mussten wir zum gefühlt hundertsten Mal erklären, was passiert war. Die Sachbearbeiterin war eine junge, sehr freundliche Philippinerin. Wir legten ihr den Polizeibericht und Steffis Führerschein vor, und sie erklärte uns, dass deutsche Pässe gerne geklaut wurden, da sie auf dem Schwarzmarkt sehr viel Geld einbrachten. Manche Touristen verkauften ihre Pässe sogar selbst und gaben dann einfach an, beklaut worden zu sein.

Steffi, die immer unglaublich organisiert ist, hatte ihren Reisepass abfotografiert und zeigte ihn der Frau. Doch leider reichte das nicht aus, um einen neuen Pass ausgestellt zu bekommen.

»Ich brauche Passbilder von ihnen und diese Reisepasskopie in ausgedruckter Form. Dann müssten Sie mir außerdem noch diese Formulare ausfüllen. Am besten Sie organisieren das alles und kommen morgen noch mal vorbei.« Sie reichte uns besagte Formulare und wünschte uns trotz allem einen schönen Tag.

Um es kurz zu machen: Den hatten wir nicht. Zuerst gingen wir zurück ins Hostel, wo wir Steffis Reisepasskopie ausdruckten. Dann erkundigten wir uns, wo wir Passbilder machen lassen konnten und bekamen eine Adresse genannt. Kaum hatten wir unsere Unterkunft verlassen, da fing es auch schon an zu regnen wie aus Kübeln. Wir rannten zwei Blocks zum nächsten Taxistand. Weiter kamen wir allerdings nicht, denn ums Ver-

WAS ZUM TEUFEL IST EIN AFFIDAVIT OF LOST?

recken wollte uns kein Taxi nach Downtown Manila zum Passbilder-Shop bringen. Auch kein Uber-Fahrer war zu überreden. Niemand hatte Bock, sich wegen uns durch den dichten Verkehr zu quetschen und stundenlang im Stau zu stehen. Steffi, die nach der ganzen Zeit seit dem Diebstahl mit den Nerven wirklich am Ende war, setzte sich irgendwann in ein Taxi und weigerte sich, wieder auszusteigen, obwohl auch dieser Fahrer uns partout nicht nach Downtown bringen wollte. Ewigkeiten später fanden wir schließlich jemanden, der sich erbarmte.

Als wir in Downtown ankamen, brauchten wir noch einmal eine halbe Stunde, um den winzigen Fotoladen zu finden. Auf den nassen Straßen rutschte ich insgesamt dreimal aus, da ich nur Flipflops trug. Wir waren mittlerweile

WER HAT STÄRKERE NERVEN? ICH ODER DIE BÜROKRATIE DER PHILIPPINEN?

komplett nass, durchgefroren und äußerst gereizt. Im Fotoladen sagten wir kaum noch ein Wort und gaben nur äußerst einsilbige Antworten auf die Fragen des Verkäufers. Dieser wies Steffi am Ende freundlich darauf hin, dass sie bei biometrischen Bildern auf keinen Fall lächeln dürfe. Ich glaube, es ist ihr noch nie so leicht gefallen, diese Art von Passfotos zu machen, wie an diesem Tag. Pitschnass und verstrubbelt stellte sie sich vor die Kamera und lächelte nicht im Entferntesten. Aus Solidarität tat ich es ihr, unrasiert und ebenfalls verstrubbelt, wie ich war, einfach nach. Wer weiß, wozu ich noch mal Passbilder brauchen würde. Die Fotos, die wir am Ende in den Händen hielten, waren jedenfalls Weltklasse.

ALLES OFFIZIELL UND SO ... AHA!

Am nächsten Tag ging es wieder in die Deutsche Botschaft. Hier teilte uns die Sachbearbeiterin mit, dass wir nun alle erforderlichen Unterlagen beisammen hätten. Den Reisepass würden wir jedoch frühestens am nächsten Tag in der Einwanderungsbehörde abholen können.

Also machten wir uns einen Tag später auf den Weg dorthin. Wieder einmal mussten wir quer durch die Stadt fahren. Als wir endlich ankamen, fühlte ich mich wie bei *Asterix erobert Rom*, denn wir wurden den halben Tag lang von einem Büro zum nächsten geschickt. Zuerst mussten wir eine Wartenummer am Schalter für ausländische Pässe ziehen. Nachdem wir dort eineinhalb Stunden gewartet hatten, gab man uns einen Abholschein und schickte uns in ein anderes Büro im zweiten Stock. Hier bekamen wir erneut eine Wartenummer und standen uns die Beine in den Bauch. Als wir endlich an der Reihe waren, teilte man uns mit, dass noch ein bestimmtes Formular fehlte, und zwar das Affidavit of Loss, die Eidesstattliche Versicherung bei Verlust. Die war allerdings nicht in der Einwanderungsbehörde zu bekommen, sondern nur bei einem Notar, ungefähr hundert Meter die Straße runter. Ich rauchte innerlich vor Zorn, weil die ganze Warterei umsonst gewesen war. Aber es half alles nichts.

Das Notariat war nicht viel mehr als ein Hinterhof neben einem Garagenverkauf, in dem lange Tische aufgestellt waren. Mehrere Reihen von Menschen standen an den unterschiedlichen Tischen an. Wir konnten gar nicht glauben, dass dies eine offizielle Stelle sein sollte, bei der man notariell beglaubigte Formulare bekam. Auf Nachfrage wies man uns zur Reihe sieben, und wir warteten wieder. Als wir dran waren, reichten wir den Polizeibericht und die Reisepasskopie und bekamen dann alles abgestempelt zusammen mit dem Affidavit of Loss zurück.

Schweigend gingen wir zurück zur Einwanderungsbehörde, wehrten die Wartenummer am Eingang ab und liefen gleich in den zweiten Stock. Hier verzichteten wir ebenfalls auf die Wartenummer, klopften kurz an und marschierten einfach ins Büro. Die Sachbearbeiterin seufzte und wollte unsere Dokumente trotzdem entgegennehmen, doch ein Kollege hielt sie zurück.

»Nein, tut mir leid, hier muss alles seine Ordnung haben, sonst halten Sie die ganzen Prozesse auf. Ihnen fehlt noch die Mappe«, sagte er.

»Was für eine Mappe?«, erwiderte ich äußerst genervt.

»Sie hätten vom Notar einen Mappe bekommen müssen, in die alle Dokumente einsortiert werden.«

Ich konnte es nicht fassen und war kurz vorm Platzen. Doch gegen die Bürokratie kamen wir nicht an. Wir mussten also wieder zurück zum Hinterhof-Notar. Dort stellten wir uns gar nicht erst an, drängelten uns einfach vor und verlangten die Mappe, die man uns vergessen hatte auszuhändigen. Wir erfuhren, dass diese ausschließlich zwei Reihen weiter käuflich zu erwerben war. Wir sahen langsam richtig rot, stellten uns aber dennoch wieder hinten an.

> Wir machten Nägel mit Köpfen – und schon zwei Tage später ließen wir die Philippinen hinter uns.

Als wir in der Einwanderungsbehörde waren und die Mappe abgegeben hatten, ließ man uns noch einmal warten, denn jetzt fehlte noch das Visum. Nach Stunden hielten wir dann endlich Steffis vorläufigen Reisepass in den Händen. Die Story von Asterix und Obelix war wirklich nichts dagegen.

Abends im Hostel war uns klar, dass wir die Philippinen sobald wie möglich verlassen wollten, um möglichst viel Abstand zwischen uns und die Ereignisse der letzten Tage zu bringen. Wir brauchten einen Ort, an dem wir die nächsten Wochen verbringen konnten, um auf Steffis neue Kreditkarten zu warten. Nach ein wenig Überlegen fiel Steffi eine Freundin ein, die sie auf ihrer ersten Australienreise kennengelernt hatte und die auf Bali lebte. Wir schrieben ihr, und noch am selben Abend lud sie uns ein, eine Weile bei ihr zu wohnen. Wir machten Nägel mit Köpfen – und schon zwei Tage später ließen wir die Philippinen hinter uns.

SURF SIDE OF LIFE

Nach Bali zu fliegen war für Steffi und mich die richtige Entscheidung gewesen. Genau genommen war es sogar die beste, die wir hatten treffen können. Hier konnten wir uns nach all der Wut und dem Frust richtig erholen und bekamen die schönen Seiten des Reisens auf einem Silbertablett serviert. Wir genossen es in vollen Zügen.

Die ersten paar Tage verbrachten wir wie abgesprochen bei Steffis Freundin in Denpasar. Von hier war es nicht weit bis Canggu, dem Küstenort, den ich direkt nach meiner Zeit als Swiss Explorer besucht hatte. Im Frühjahr war ich hier vier Wochen im SurfWG Bali Surf Camp gewesen. Ich schlug Steffi vor, dass wir uns einen Roller mieten und dort einfach mal vorbeischauen könnten. Wer weiß, vielleicht war sogar einer der Surfguides da, die ich kennengelernt hatte?

Als wir vom Roller stiegen und ich gerade ein paar Meter gelaufen war, hörte ich hinter mir eine Stimme: »Hä, Nick? Bist du das?«

Ich drehte mich um und erkannte Susi, die Frau von Frank, der das Surfcamp gegründet hatte. Zufällig waren die beiden auch gerade auf Bali. Sie kommen etwa drei- bis viermal im Jahr aus Deutschland vorbei, um zu checken, ob alles läuft.

Das wusste Steffi allerdings nicht. Das Einzige, was sie sah und dachte war: Na super, kaum laufen wir drei Schritte, kennt schon die

EIN ORT DER ENTSPANNUNG: DAS CHICKEN CASHEW DER SURF-WG IST MEGA LECKER.

erste hübsche blonde Frau meinen Freund. Als sie mir das später sagte, mussten wir ziemlich lachen.

Zusammen mit Frank feierten wir unser Wiedersehen und setzten uns zu viert in das zum Surfcamp gehörende Warung, ein indonesisches Mini-Restaurant, in dem man, ähnlich wie bei einem Imbiss, ein paar kleine Speisen bestellen kann. Vom Nachmittag bis zum Abend saßen wir so beisammen und unterhielten uns über Gott und die Welt. Natürlich erzählten wir Susi und Frank auch die Umstände, unter denen es uns nach Bali verschlagen hatte. Frank, der aus Bayern kommt, reagierte ziemlich genau wie der Konsul in Cebu, wenn auch mit nicht ganz so starkem Dialekt: »Ja mei, do miassn mia erst moi a Bier dringa.«

Aus einem indonesischen Bintang Beer wurden zwei, aus zweien immer mehr – und schließlich hatten wir alle vier gut einen sitzen. Steffi meinte deshalb irgendwann: »Ich glaube, wir sollten mal langsam aufhören, wir müssen noch mit dem Roller nach Denpasar zurückfahren.«

Das wurde von Frank entschieden abgewehrt. Er bestand darauf, dass wir in einem seiner freien Zimmer übernachteten – und Susi besiegelte das Ganze, indem sie eine Flasche Jägermeister auf den Tisch stellte.

Am nächsten Morgen saßen wir alle glücklich-matschig am Frühstückstisch und ließen uns die Sonne aufs Gesicht scheinen. Frank hatte sich in der Zwischenzeit ein paar Gedanken gemacht, die er uns jetzt mitteilte: »Was meint ihr, wollt ihr nicht einfach die nächsten Wochen hier bei uns auf die Kreditkarten warten, anstatt in Denpasar zu bleiben?«

An sich fanden wir die Idee natürlich verlockend, doch leider waren unsere Reisekassen anderer Meinung. Vor allem, nachdem Steffi gerade erst ihre Kreditkarten gestohlen wurden und wir beide uns von meiner Reisekasse ernährten.

»Wirklich gerne, Frank«, sagte ich deshalb. »Aber für ein paar Wochen hier im Surfcamp haben wir gerade nicht das Budget.«

Doch Frank hatte gleich die nächste Idee:

»Kein Problem, dann machen wir es so: Ihr wechselt einfach immer mal in Zimmer, die gerade nicht belegt sind, und im Gegenzug erstellt ihr in der Zeit, in der ihr hier seid, ein kleines Imagevideo für unser Surfcamp.«

Dieses Angebot konnten wir nicht ablehnen, und so kam es, dass wir insgesamt vier tolle Wochen bei Susi und Frank verbrachten. Als hätte das Karma beschlossen, uns für das schlechte Erlebnis auf den Philippinen zu entschädigen. Jeden Tag gingen wir surfen und lernten nach und nach auch die anderen Gäste kennen. Unter ihnen gab es eine Deutsche, Lisa, mit der wir uns sehr gut verstanden. Sie erzählte uns, dass ihre Eltern in drei Wochen aus Deutschland dazustoßen würden, und bot an, dass sie bei der Gelegenheit auch Steffis Kreditkarten mitbringen könnten. Das war ein großartiger Vorschlag, und so wurde es dann auch gemacht.

Bis es soweit war, ließen wir so richtig unsere Seelen baumeln, entspannten, schlossen neue Freundschaften, probierten uns im Yoga, gingen surfen und drehten nebenbei das Imagevideo.

Zusammen mit drei der Surfguides und ein paar anderen Jungs fuhr ich einmal für vier Tage auf eine kleine Surf-Tour auf die Insel Java. Im Gegensatz zum touristischen Bali wirkte Java wie unberührt. Wir fuhren fast sechs Stunden durch die Gegend, um G-Land zu erreichen. Dort, wo wir unterkamen, gab es nichts bis auf ein paar sehr einfache Zimmer inklusive Kaltwasserduschen. Jeden Tag standen wir gegen 5 Uhr früh auf, wachsten unsere Surfbretter und stürzten uns in die Wellen. Das taten wir dann mit kleinen Pausen so ziemlich den ganzen Tag. An den Abenden grillten wir am Strand und fielen meist schon gegen 19 Uhr todmüde, aber glücklich grinsend in unsere Betten.

Die Wellen dort am Strand waren der absolute Wahnsinn. Beim Surfen misst man Wellenhöhen am Körper – es gibt beispielsweise »waist high« (hüfthoch), »shoulder high« (schulterhoch) oder »head high« (kopfhoch). Da man flach auf dem Brett liegt, wirken selbst die schulterhohen Wellen riesig. Die Wellen am Strand in Java waren allerdings »head high«, also noch mal eine Nummer größer. Beim

meinem Knöchel nach meiner Leash, um mich zum Brett hochzuziehen. Meist blieb dann gerade einmal Zeit für einen schnellen Atemzug, bevor die nächste Welle über mir zusammenkrachte. Diese gefühlt unendlichen Momente unter Wasser sind ziemlich nervenaufreibend, aber sie gehören zum Surfen einfach dazu. Umso mehr freute es mich deshalb, wenn ich an der Wasseroberfläche blieb und eine Welle nach der anderen bekam.

SWELL CHECKEN UND AB IN DIE WELLEN

MIT DEM BLICK AUF DIE PALMENHAINE BALIANS

Auslaufen formten sie richtige Barrels, was bedeutet, dass sie sich überschlugen und Tunnel bildeten, durch die man hindurchfahren konnte. Bis heute habe ich es allerdings noch nie geschafft, durch so ein Barrel zu fahren. Das tat meinem Surfspaß jedoch keinen Abbruch, denn auf Java surfte ich erfolgreich meine ersten kopfhohen Wellen. Obwohl ich anfangs ganz schön Muffe davor hatte, merkte ich schnell, dass das nur eine Frage der Einstellung war. Ich musste einfach bei mir bleiben und in mir ruhen.

Ich liebte dieses Gefühl, wenn ich den Schub der Wassermenge unter meinem Brett spürte, aufspringen und dann die Welle nehmen konnte. Für mich war Surfen eine Art Meditation geworden. Egal wie schlecht mein Tag gewesen war: Wenn ich ein Brett nahm und die erste Welle ritt, ging es mir einfach wieder gut.

Natürlich geriet ich auch in so einige Waschmaschinen, die einem ganz schön Angst machen können. Dann verlor ich unter Wasser komplett die Orientierung, hoffte inständig, nicht mit dem Kopf voran auf irgendein Riff geschleudert zu werden, und angelte an

Vom G-Land aus fuhren wir auch zu einigen anderen Surfspots, fingen Fische und brieten sie über einem Lagerfeuer. Wir fühlten uns die ganze Zeit wie kleine Kinder an Weihnachten, die gerade den neuesten Kram von Lego bekommen hatten und nun den ganzen Tag damit spielen durften. Der Abschied von Java fiel uns allen unglaublich schwer. Bis heute gehören einige meiner schönsten Surf-Erlebnisse und Java untrennbar zusammen.

Bei einem weiteren mehrtägigen Surftrip ging es für mich zum Balian Beach, zwei Stunden nördlich von Canggu. Dieser Strand war dafür bekannt, dass hier hin und wieder zwei Tigerhaie gesichtet wurden. Tigerhaie sind eine andere Nummer als die Riffhaie, denen ich bisher begegnet war. Sie werden gern mal über fünf Meter lang und sind dement-

EIN LACHEN STECKT AN.

sprechend gefährlicher. Mein Drang, auf den Wellen am Balian Beach zu surfen, war jedoch größer als meine Furcht vor einer eventuellen Hai-Begegnung. Schließlich hatten auch die Surfer in Australien inmitten von Weißen Haien gesurft – no risk, no fun. Dass sich bereits zwischen zehn und fünfzehn Surfer im Wasser befanden, beruhigte mich zusätzlich, und ich hüpfte in die Wellen. Von Tigerhaien war weit und breit nichts zu sehen, also verdrängte ich den Gedanken an die mögliche Gefahr erfolgreich.

Um mich für immer an das Gefühl zu erinnern, das ich in Balian erlebte, schrieb ich an einem der Nachmittage dort folgende Zeilen in mein Reisetagebuch:

Nur du, das Meer, die Wellen und der seinesgleichen suchende Anblick blühend grüner Palmenhaine, welche sich vom heißen, schimmernden schwarzen Sandstrand über die steilen Klippen Balians erstrecken. Eine leichte Brise lässt die Palmenblätter in der Ferne schwebend Freudentänze zelebrieren. Es scheint fast so, als ob das grüne Dickicht sich mit dem gleichen Rhythmus wie dein im Kreis springendes Herz bewegt. Pure Freude. Vollkommen zufrieden. Ein Lachen im Gesicht. Der Wind gibt den Takt. Für die Wellen, die Wolken und die unaufhaltbaren Sonnenstrahlen, welche durch die watteförmigen weißen Schwaden am Himmel unaufhaltbar ihren Weg suchen, um das sich aufbäumende Wasser im perfekten Licht anzustrahlen und mit Wärme zu umarmen. Eine farbenfrohe Symphonie der Natur.

Nach ein paar Wochen landeten Lisas Eltern schließlich auf Bali und übergaben Steffi ihre heiß ersehnten Kreditkarten. An Weihnachten feierten wir eine spontane Party zusammen mit allen Gästen, Surfguides sowie Frank und Susi im Surfcamp. Wir hörten Musik, tanzten, sangen Karaoke und sprangen schließlich alle mitsamt unseren Klamotten in den Pool. Doch obwohl wir uns bei Frank und Susi richtig wohlfühlten und jeden Moment genossen, waren Steffis neue Kreditkarten wie ein Startschuss fürs Weiterreisen. Unser nächstes Ziel nach Neujahr war Myanmar.

DIE FREUNDLICHSTEN MENSCHEN DER WELT

Von Myanmar – auch Burma – hatte ich keine genaue Vorstellung. Ich war nur einmal ganz kurz in diesem Land gewesen, als ich einen sogenannten Visa Run von Thailand aus gemacht hatte. Visa Run bedeutet: Man reist aus einem Land aus und gleich wieder ein, um so sein Visum zu verlängern. Als ich das tat, warf ich nur einen kurzen Blick in den Norden Myanmars, in dem man als Tourist wegen bewaffneter Konflikte zwischen Rebellengruppen und dem Militärregime kaum herumreisen kann. Ich sah eigentlich nur ein paar Schwarzmarkthändler, die billig Zigaretten und Spielkarten mit Bildern von Saddam Hussein drauf verkauften – das wars. Im Grunde war ich also noch nicht wirklich in Myanmar gewesen.

Die erste Stadt, die wir besuchten, war die größte des Landes mit dem Namen Yangon. Um vom Flughafen dorthin zu kommen, besorgten wir uns ein Taxi. Taxifahrer bedienen oft ein bestimmtes Klischee – und zwar das von Typen, die Touristen einfach nur das Geld aus der Tasche ziehen wollen. In meiner Rangordnung der schlimmsten Menschen kommen sie gleich nach den lebensmüden kolumbianischen Busfahrern. Der Mann, der uns fuhr, sorgte aber dafür, dass ich mein Bild wieder etwas revidierte. Er überraschte uns nämlich mit unfassbarer Freundlichkeit.

»Woher kommt ihr?«, fragte er in gebrochenem Englisch, als wir gerade losgefahren waren.

»Aus Deutschland«, antwortete Steffi.

»Oh, toll! Seid ihr vorher schon einmal in Myanmar gewesen?«

»Nicht direkt«, erwiderte ich.

»Könnt ihr ein bisschen Burmesisch?«

Steffi und ich schüttelten beide den Kopf, woraufhin der Taxifahrer mit der rechten Hand neben sich herumkramte und uns dann einen kleinen Zettel nach hinten reichte. Auf diesem hatte er handschriftlich einige englische Wörter sowie die zugehörige Übersetzung samt Aussprache notiert. Wir absolvierten also in unseren ersten Minuten in Myanmar direkt einen lustigen kleinen Sprachkurs mit unserem Taxifahrer.

Normalerweise dauert eine Fahrt vom Flughafen ins Zentrum etwa 40 Minuten. Unser Taxifahrer war aber so enthusiastisch bei der Sache, dass er mit uns noch eine Stadtrundfahrt machte und uns unheimlich viele Tipps gab, was wir uns unbedingt anschauen sollten, solange wir hier waren. Als wir an einem kleinen Markt hielten, fragte ich etwas grübelnd: »Ist hier unser Hostel?«

»Nein, nein«, erwiderte der Taxifahrer. »Ich gehe nur schnell auf den Marktplatz und hole euch eine Kleinigkeit zu essen.«

Nach ein paar Minuten kehrte er mit zwei Gemüsespießen zurück, die großartig schmeckten. Danach fuhr er uns in unser Hostel.

In den nächsten Tagen wanderten wir durch Yangon. Die Stadt ist in etwa genau so, wie man sich asiatische Großstädte vorstellt: laut und voll mit sehr viel Verkehr sowie jeder Menge Essens- und Verkaufsständen. Die Menschen jedoch waren anders als die, die ich bisher oft in asiatischen Ländern kennengelernt hatte. Sie sahen in uns nicht nur die Touristen, aus denen man eine Menge Geld rausholen konnte. Wir hatten niemals den Eindruck, eine Sonderrolle einzunehmen. Die Burmesen hießen uns mit ihrer freundlichen Art willkommen und gaben uns das Gefühl, ganz selbstverständlich zu ihnen zu gehören.

DER CIRCLE TRAIN IN YANGON IST EIN MUSS FÜR JEDEN, DER SICH DIE STADT ANSCHAUEN WILL.

Besonders aufregend war die Fahrt mit dem Yangon Circle Train. Dieser fährt in rund drei Stunden in einem riesengroßen Kreis einmal komplett um die Stadt herum und streift die ganzen Außenbezirke. Anfangs befanden wir uns alleine in einem Abteil, in dem auf jeder Seite lange Bänke unter den Fenstern installiert waren. Wir saßen also nebeneinander und schauten aus dem gegenüberliegenden Fenster. An jeder Station stiegen Leute hinzu, auch viele Locals, sodass sich unser Waggon mehr und mehr füllte. Das Lustige daran, wenn Einheimische einstiegen, war Folgendes: Kaum hielt der Zug an einer Station, wurden plötzlich lauter Tüten und Taschen mit Gemüse, Obst und persönlichen Gegenständen durch die Fenster und Türen geschmissen. Die Locals, die zu dem Gepäck gehörten, kamen erst hinterher rein. Als wir das zum ersten Mal erlebten, erschraken wir ein wenig, weil uns plötzlich lauter Tüten um die Ohren flogen.

Sobald der Zug losfuhr, machten es sich die freundlichen Burmesen erst einmal gemütlich. Sie setzten sich auf die Bänke und den kompletten Boden und fingen an, ihr Gemüse zu sortieren oder Essen vorzubereiten, das sie dann für kleines Geld an die Mitfahrer verkauften.

An einer Haltestelle stiegen ein paar Verkäuferinnen mit Bauchläden ein, in denen Gewürze, Früchte und Blätter verstaut waren.

»Boah, guck mal, die machen so Naturkaugummis«, sagte ich zu Steffi und gab einer der Frauen ein Zeichen. Sie nickte mir zu und fing an, weißes Zeug in eines der Blätter zu schmieren. Dann streute sie ein paar der Gewürze und Früchte darüber, klappte das Blatt zu und reichte es mir. Ich steckte es mir gleich in den Mund. Es schmeckte ziemlich komisch, und ich konnte es kaum kauen. Wie ich da so stand und mir alle Mühe gab, das Zeug mit den Zähnen zu zerkleinern, schaute ich durch das Abteil und bemerkte, dass mich viele Mitfahrer interessiert beobachteten und anfingen zu lachen. Ich wusste nicht warum, war aber auch ordentlich mit Kauen beschäftigt. Ich versuchte sogar vergeblich, das Zeug herunterzuschlucken. Es schmeckte immer ekliger. Mit vollem Mund blickte ich auf einige Locals, die versuchten, mir per Handzeichen zu verstehen zu geben, dass ich das Ganze ausspucken sollte. Das tat ich schließlich. Als ich auf die braune Masse blickte, dämmerte mir dann auch, was alle anderen so witzig gefunden hatten: Ich hatte keinen KauGUMMI gekauft, sondern KauTABAK!

Aus meiner Sicht gibt es in Myanmar vier große Touristenziele: Yangon, die Königsstadt Bagan, den Inle-See und Mandalay, die zweitgrößte Stadt nach Yangon. Auch wenn sich hier wirklich so einige Touristen tummeln, standen diese Ziele für die knapp drei Wochen, die wir in Myanmar verbringen wollten, auch auf unserer Unbedingt-anschauen-Liste. Für uns ging es im Anschluss an Yangon deshalb weiter nach Bagan.

Die alte Königsstadt ist mit ihren rund zweitausend kleinen Tempeln ein bisschen das Aushängeschild von Myanmar. Wenn wir das nicht schon vorher gewusst hätten, spätestens durch die ganzen Busse, aus denen Heerscharen von Touristen ausstiegen, wäre es uns aufgefallen. Wir machten uns aber nichts daraus und versuchten die Stadt trotzdem ein wenig abseits der ausgetretenen Pfade zu erkunden. Dazu mieteten wir uns zwei kleine Elektroroller und standen schon um vier Uhr mor-

WEIL VIELE LOCALS IN MYANMAR NICHT SCHWIMMEN KÖNNEN, GEHEN SIE MEIST NUR MIT SCHWIMMRINGEN BADEN.

gens auf, um den Sonnenaufgang hoch oben von einem Tempel aus zu beobachten. Es war ein unglaublich magisches Schauspiel. Selbst wer noch nicht in Bagan gewesen ist, kennt meist die typischen Bilder der dortigen Sonnenaufgänge aus dem Internet: Nebel hängt zwischen grünen Baumkronen und goldenen Tempelspitzen, während am Horizont langsam unzählige Heißluftballons aufsteigen. Arm in Arm saßen Steffi und ich da, sprachen kein Wort und sogen jede Sekunde dieses Anblicks in uns auf.

Die Zeit auf den schmalen Mauern des Tempels verging wie in Zeitlupe. Ich hatte alles um mich herum vergessen. Die aufgehende Sonne warf einzelne Lichtkegel durch die Wolken auf die atemberaubenden Tempellandschaften. Es war komplett still. Steffi und ich drückten uns fester in den Arm und schauten uns an. Unsere Kommunikation bestand einzig aus einem warmen Lächeln und einem Kuss. Wir hatten wohl beide die gleichen Gedanken: Reisen ist nicht immer schön. Du wirst mental und körperlich immer wieder gefordert. Unbequeme Betten, unzählige Moskitos, die Hitze, Horrorbusfahrten, Hirntacos, gestohlene Kreditkarten, Harpunen, Lebensmittelvergiftungen... doch Steffi und ich haben in genau diesem Moment, als wir über den Tempeln Bagans saßen und die Sonne in unser Gesicht schien, gefühlt, warum wir reisen. Ein Moment wie dieser bleibt für immer in deinem Herzen. So etwas kann dir keiner mehr nehmen.

Im Süden von Myanmar mieteten wir uns einen Roller und fuhren dann stundenlang die Strände entlang. Den ganzen Tag durchquerten wir die Natur abseits der Städte. Ab und zu stießen wir auf Flüsse, die ins Meer mündeten, und wo wir mit winzigen Fähren, die an Seilen gezogen wurden, ans andere Ufer übersetzen konnten. Immer wieder begegneten wir Locals, die am Strand tanzten oder im Meer badeten. Letzteres übrigens immer mit Schwimmreifen, da die meisten Einheimischen nicht schwimmen können.

Gerade als wir durch einen Palmenhain fuhren, blieb unser Roller stehen: Steffi und ich hatten keinen Sprit mehr. Umzukehren machte keinen Sinn, denn wir waren auf dem ganzen Weg an keiner einzigen Tankstelle vorbeigekommen. Also setzten wir uns erst einmal für eine kleine Pause unter die Palmen, um uns zu beratschlagen. Es waren kaum ein paar Minuten vergangen, da kamen zwei Locals vorbei, die stehenblieben und fragten, was wir machten. Wir erklärten ihnen, was unser Problem war.

»Habt ihr Durst?«, fragte der eine und bot uns an, Kokosnüsse von einer Palme zu holen.

ÜBER DEN DÄCHERN HANOIS SPONN ICH MEINE IDEE ZUR ABENTEUERSHOW WEITER.

Als wir bejahten, kletterte er in Windeseile an einer ungefähr zehn Meter hohen Palme hinauf und drehte an den Kokosnüssen, bis sie herunterfielen. Einige platzten am Boden auf, doch manche blieben heil. In diese bohrte er dann im Anschluss mit einer Machete kleine Löcher. Es schmeckte einfach köstlich. Natürlich gingen wir davon aus, dass der Mann dafür nun entsprechend bezahlt werden wollte. Er schüttelte aber energisch den Kopf. »Warum solltet ihr denn für eine Kokosnuss von einer Palme Geld bezahlen?«, fragte er verständnislos.

»Wenn ihr wollt, wartet hier im Schatten, und wir besorgen euch Sprit für den Roller«, sagten die beiden nach einer Weile. Erfreut, dass sie uns ihre Hilfe anboten, gaben wir ihnen circa 7 Euro für das Benzin. Eine Viertelstunde später waren sie zurück und unser Roller wieder vollgetankt. Sie hatten außerdem eine Tüte mitgebracht.

»Was ist denn in der Tüte?«, fragte ich den einen.

»Es war noch ein bisschen Rückgeld übrig, deshalb haben wir euch auf dem Markt noch Gemüse und Obst besorgt, falls ihr Hunger habt«, antwortete er.

Ich kenne so viele Orte, an denen für die Hilfe auf jeden Fall Geld verlangt oder zumindest ein Teil des Tankgeldes einbehalten worden wäre. Nicht aber in Myanmar. Da wurde vom Restgeld einfach noch Essen gekauft. Erlebnisse wie dieses sorgten dafür, dass ich so ein bisschen mein Herz an Myanmar und seine Einwohner verlor. So viel Freundlichkeit und Hilfsbereitschaft gepaart mit der herzlichen Willkommenskultur waren einfach schön.

Leider weiß ich auch, dass der immer stärker werdende Tourismus negative Veränderungen auslösen kann, wie es andernorts bereits passiert ist. Einerseits profitieren die Einwohner natürlich von dem Geld, das ins Land gebracht wird. Sie können für sich und ihre Familien ein angenehmeres Leben aufbauen. Andererseits machen Touristenströme oft genug die zuvorkommende Mentalität der Locals kaputt. Irgendwann werden Touristen dann verständlicherweise einfach zu wandelnden Einnahmequellen – und die Authentizität eines Landes geht an vielen Orten unweigerlich flöten.

DIE GEILSTE LÜCKE IM LEBENSLAUF

Im Anschluss an Myanmar reisten Steffi und ich weiter nach Chiang Mai in Thailand. Was durch meine Zeit als Swiss Explorer und durch die Besuche der beiden Konferenzen für digitale Nomaden angestoßen worden war, bekam in dieser Zeit immer schärfere Umrisse: Ich war mittlerweile mehr als fünf Jahre auf der Welt unterwegs, und in mir drin verfestigte sich der Gedanke, dass sich dies auf absehbare Zeit auch nicht ändern würde. Ich interessierte mich mehr und mehr für das Digitalnomadentum. Dabei stand für mich weniger im Vordergrund, tatsächlich ein ortsunabhängiges Business aufzubauen. Vielmehr war ich davon begeistert, plötzlich so viele Menschen zu kennen, die das gleiche Mindset hatten wie ich: Leute, die ihren 9-to-5-Job an den Nagel gehängt hatten, um ihre Träume zu verwirklichen; die ihr Geld nicht mehr mit Dingen verdienen wollten, an denen sie keine Freude empfanden. Gleichgesinnte zu treffen, die sich für ihre Träume aus der Komfortzone herauswagten, um einfach mal auszuprobieren, ob etwas funktionierte, war unfassbar inspirierend und pushte mich enorm.

In Thailand stellte ich mein digitales Kochbuch fertig. Schon nachdem wir aus Neuseeland nach Deutschland zurückgekehrt waren, hatte ich begonnen, alle Gerichte nachzukochen und zu fotografieren. Nun standen auch die Texte, und mein Kumpel JK half mir von Deutschland aus mit der Formatierung. Als wir mit allem fertig waren, bot ich das E-Book online zum Kauf an. Ich war tierisch aufgeregt und bewarb es in Facebookgruppen zu den Themen Work-and-Travel oder Backpacker. Stundenlang saß ich in den Internetcafés von Chiang Mai und sammelte meine ersten E-Commerce-Erfahrungen. Ich hatte keine Ahnung, wie das alles

> **Es war wirklich möglich, Dinge wahr werden zu lassen, wenn man fest an sich glaubte und nicht aufgab.**

funktionierte, aber irgendwann verdiente ich auf diese Weise meinen ersten Euro online. Es war ein unglaubliches Gefühl. Zwar handelte es sich nur um einen einzigen Euro, aber für mich war es so viel mehr als das. Ich hatte eine Idee gehabt, war drangeblieben, hatte sie umgesetzt – und es funktionierte! In diesem Moment machte es bei mir noch mal so richtig Klick: Es war wirklich möglich, Dinge wahr werden zu lassen, wenn man fest an sich glaubte und nicht aufgab. Was für ein Wahnsinnsgefühl!

Als ich am nächsten Morgen aufwachte, ging ich direkt wieder in ein Internetcafé, um zu schauen, was in der Zwischenzeit rund um das Kochbuch passiert war. Ich checkte den Status und war sprachlos: Ich hatte über Nacht ganze 20 E-Books verkauft! Von nun an hieß es für mich, bei allem, was ich mir vornahm: The sky is the limit. Vorausgesetzt, ich klemmte mich wirklich dahinter und war bereit, viel Zeit zu investieren, mir Wissen anzueignen und keine Angst davor zu haben, Fehler zu machen oder auch mal auf die Fresse zu fliegen. Denn jede negative Erfahrung, die erst einmal nach einem Rückschlag aussieht, ist einfach nur eine Erfahrung, aus der ich lernen kann.

Ich hatte damals noch nicht die geringste Ahnung von Selbständigkeit, Produkterstellung, E-Commerce oder was es bedeutete, ein Unternehmen zu führen. Aber ich war über die Maßen motiviert, das alles zu lernen.

Aus diesem Grund meldeten Steffi und ich uns bei einem DNX-Camp auf der Insel Ko Lanta an, das die Gründer der DNX-Konferenz organisierten. Hier trafen sich einige digitale Nomaden und verbrachten rund zehn Tage, um gemeinsam zu arbeiten, zu brainstormen und sich gegenseitig zu helfen.

Einige der Teilnehmer waren »onlinemäßig« schon viel weiter als ich, wodurch ich die Chance bekam, von ihnen zu lernen und dadurch zu wachsen. Bei den sogenannten Masterminds stellten wir uns gegenseitig in kleinen Gruppen unsere Ideen vor und diskutierten sie im Anschluss. Hier sprach ich folgende Tatsachen zum ersten Mal so richtig vor anderen aus:

Erstens: Das Reisen war meine Leidenschaft, ich tat es nun seit fast sechs Jahren. Zweitens: Jedes Mal, wenn ich anderen meine Geschichte erzählte, bekam ich positives Feedback. Die Leute fanden meine Erzählungen witzig oder inspirierend – oder beides. Manche hatte ich dadurch sogar schon motiviert, selbst ein paar ihrer Ideen in die Tat umzusetzen. Drittens: Ich liebte es, auf der Bühne zu stehen.

Ich schaute in die Runde und ergänzte: »Und das Ganze möchte ich irgendwie in eine Tätigkeit verpacken, die Sinn macht, an der ich Spaß habe, die andere unterhält, ihnen hilft und mit der ich bestenfalls auch noch die eine oder andere Hostelübernachtung finanzieren kann. Was ist eure Meinung?«

Es folgte eine für mich ausgesprochen wichtige und lebensverändernde Diskussion, denn es war die Geburtsstunde meiner Show *6 Jahre Weltreisen – die geilste Lücke im Lebenslauf*.

Immer wieder kam ich an diesen Punkt, den ich schon beschrieben habe: dass wir unser Leben vorwärts leben, aber im Rückblick Weichen erkennen können, die so gestellt wurden, dass wir irgendwann an einen Punkt gelangten, an dem alles einen Sinn ergibt. Ich war in meinem alten Job unzufrieden gewesen, hatte so lange vom Reisen geträumt und es dann einfach getan. Damals wusste ich nicht, wohin mich diese Entscheidung sechs Jahre später führen würde. Ich erlebte Abenteuer, machte positive und negative Erfahrungen, beging einige Fehler, lernte aus Enttäuschungen – und jetzt fühlte sich alles mehr und mehr an wie eine Fügung. Als würden immer mehr Puzzleteile zusammenfinden und ein Bild ergeben. Die Freude, die ich damals auf der Bühne bei der IHK und als Dozent in der Arbeitsamtmaßnahme empfand, gehörte auch dazu. Warum sollte ich nicht auf diese Weise alle Learnings, die ich auf meinem Weg gesammelt hatte, an andere weitergeben, damit auch sie ihre Träume lebten? In meinem Kopf war eine Maschinerie angesprungen, die sich nicht mehr aufhalten ließ und die meinen ganzen Körper zum Kribbeln brachte. War es das, was ich gesucht hatte? Fand ich gerade irgendeine Art von Bestimmung?

So oft lassen sich Menschen von der Kritik anderer oder den ersten negativen Erlebnissen auf ihrem Weg aufhalten. Ich bin jemand, der eher alle Knöpfe ausprobiert, als einmal das Handbuch zu lesen. Dadurch stolperte ich oft und falle auch mal hin. Doch eine meiner Stärken war es schon immer gewesen, gerade dann weiterzumachen. Ganz nach dem Motto: Jetzt erst recht! Ich hatte gelernt, dass es eigentlich niemanden wirklich interessierte, was ich tat, denn jeder war mit seinem eigenen Leben und den darin enthaltenen Problemen beschäftigt. Also warum darum kümmern, was andere denken oder hinter deinem Rücken reden? Nur auf einen selbst kommt es an, wenn es darum geht, am Ende die eigene Erfüllung zu finden.

Natürlich kann ich niemandem den Sinn des Lebens erklären, für andere Probleme lösen oder Hindernisse aus dem Weg räumen. Aber ich kann meinen eigenen Weg als Beispiel geben und andere mit meinen Gedanken inspirieren. Ob diese nun ebenfalls reisen möchten oder etwas ganz anderes sehen, wenn sie ihre Augen schließen, ist dabei völlig egal. Indem ich auf der Bühne ganz authentisch von meinen Reiseerfahrungen erzähle, so dachte ich, von der Heulerei bei meiner Kündigung bis hin zu dem Punkt, an den ich irgendwann gelangt war – wer weiß, was ich damit anstoßen könnte?

Schon nach den ersten Tagen auf Ko Lanta stand ich dermaßen unter Strom, dass ich mit meiner Energie irgendwo hinmusste. Ich hatte so viele Ideen. Tagelang saß ich da und schrieb alles in ein Notizbuch. Ich hatte so Lust, direkt zu starten. Ich spürte tief in mir, dass es genau das war, was ich machen wollte. Und plötzlich ging dann alles Schlag auf Schlag: Zuerst fand ich den Titel für die Show. Der ergab sich einfach aus den fast sechs Jahren seit meiner Kündigung und der Tatsache, dass Menschen, denen ich damals erzählte, was ich vorhatte, vor allem folgende Dinge sagten: »Was machst du dann mit deinem Lebenslauf? Wie erklärst du diese Lücke bei deinen Bewerbungsgesprächen im Anschluss? Und was bedeutet das für deine Rente, wenn du so lange nichts in die Kasse einzahlst?« Der Titel *6 Jahre Weltreisen – die geilste Lücke im Lebenslauf* war da irgendwie naheliegend.

Um zu testen, ob meine Idee auf Interesse stoßen würde, erstellte ich nach dem DNX-Camp ein Facebook-Event mit diesem Titel. Weil wir weiter durch Asien reisten, hatte ich im Anschluss drei Tage kein Internet. Als ich mich dann wieder einloggte, staunte ich nicht schlecht: In Berlin war die Eventidee ein bisschen viral gegangen, denn es gab bereits über 7.000 Interessenten für die Veranstaltung. Ein positives Feedback in dem Umfang hatte ich im Leben nicht erwartet, und ich reagierte gleichzeitig sprachlos und mit einem Fragezeichen im Gesicht. Nun brannte ich darauf, richtig anzufangen. Ich wollte die Show ausarbeiten, das Event planen, lernen, wie ich das mit dem Ticketverkauf regeln könnte, und so weiter. Ich wusste: Dazu musste ich zurück nach Deutschland. Genau das hatten Steffi und ich auch vor, nach Hause fahren, doch zuerst musste ich noch etwas erledigen, was ich mir schon bei meiner ersten Weltreise vorgenommen hatte. Etwas, das ich für mich tun musste, um mit einer ganz besonderen »negativen« Erfahrung wirklich abzuschließen. Also trennten sich Steffis und meine Wege noch einmal für vier Wochen, und ich reise nach Vietnam.

GLÜCK KANN MAN NICHT KAUFEN. EIN MOTORRAD SCHON.

DAS IST TATSÄCHLICH DIE EINZIGE AKZEPTABLE STRASSE IN GANZ VIETNAM!

Vollgepumpt mit Energie erreichte ich wenige Tage später Ho-Chi-Minh-Stadt, um mir einen lang ersehnten Traum zu erfüllen: eine Motorradtour quer durch Vietnam. Damals, 2011, war dieser Plan durch das schicksalhafte Black-Jack-Spiel, bei dem ich um all mein Geld gebracht worden war, durchkreuzt worden. Vietnam war seit dieser Zeit ein rot leuchtender Punkt auf meiner gedanklichen Bucketlist gewesen. Ich wusste: Irgendwann würde ich zurückkehren und meinen Plan in die Tat umsetzen. Jetzt war es also so weit.

Während Steffi mit Freunden in Kambodscha unterwegs war, besuchte ich noch mal den Ort, an dem ich Jahre zuvor so verzweifelt gestanden hatte: die Straßenkreuzung, an der ich hätte abgeholt werden sollen. Stundenlang hatte ich dort gestanden und mit wachsender Panik gewartet. Nun, fünf Jahre später, stand ich wieder hier, und ein Lächeln schlich sich in mein Gesicht: Was war seit diesem Tag alles passiert! Ich bemerkte, dass sich in mir ein Gefühl des Stolzes ausbreitete: Ich hatte mich nicht unterkriegen lassen – und jetzt war ich zurück! Um es mit den Anfangsworten meines Lieblingsliedes *Without Me* von Eminem zu sagen: Guess who's back, back again …

Mein Plan war es, die 2.000 Kilometer lange Strecke von Ho-Chi-Minh-Stadt bis Hanoi mit einem Motorrad zurückzulegen. Das stellte mich zunächst vor zwei Herausforderungen. Erstens: Ich hatte nicht wirklich Ahnung, wie man Motorrad fährt. Zweitens: Ich hatte kein Motorrad. Noch nicht.

Die nächsten drei Tage verbrachte ich also damit, mich zu informieren, wie ich am besten an ein Motorrad kommen konnte. Über Facebook fand ich schließlich einen anderen Deutschen, der gerade eine Tour durch Vietnam beendet hatte und jemanden suchte, der ihm seine Maschine abkaufte, eine Honda Win. Perfekt.

Wir trafen uns, und er erklärte mir alles, was ich über das Motorrad wissen musste. Es war nicht in seinem allerbesten Zustand – der Tacho funktionierte nicht, und auch die Kilometeranzeige hatte den Geist aufgegeben –, aber es hatte seinem Besitzer gute Dienste geleistet und kostete mich nur 250 Dollar.

Was das Motorradfahren selbst anging, sprang ich wie üblich einfach ins kalte Wasser. Es war sicher nicht die beste Idee, das in einer Millionenmetropole in Vietnam zu üben, in der sich absolut niemand an die Straßenverkehrsordnung hält, aber so war es nun einmal. Als ich überzeugt war, dass ich das schon hinkriegen würde, schnallte ich mein Gepäck auf die Ablage und machte mich auf den Weg.

Der Straßenverkehr in Vietnam ist wirklich die Hölle. Ich stellte mir den Wecker zwar schon auf drei Uhr morgens, um gut aus der Stadt herauszukommen, aber der Highway war am Ende nicht besser. Riesige Trucks fuhren nur Zentimeter an mir vorbei. Jedes Mal, wenn mich so ein Riese anhupte, erschrak ich bis auf die Knochen. Ich fuhr deshalb die ersten sechs oder sieben Stunden am Stück durch, um so schnell wie möglich an die Küste zu gelangen. Ich brauchte trotzdem beinahe zwei Tage, um in Mũi Né am Südchinesischen Meer anzukommen. Spätestens jetzt wusste ich: Mit einem Motorrad durch Vietnam reisen dauert ewig.

Doch wie bei allem im Leben galt auch hier: Der Weg ist das Ziel. Die Wege in Vietnam hielten allerdings so einiges bereit, unter anderem Schlaglöcher, die eher etwas von Schlagkratern hatten. Doch auch von Kühen, Schafen und Hühnern, die seelenruhig auf den Straßen entlang spazierten, bis zu umgefallenen Kokosnuss-Trucks war alles dabei. Am gefährlichsten waren jedoch die anderen Verkehrsteilnehmer. Egal ob man einfach geradeaus fahren, abbiegen oder parken will, überall gilt: Friss oder werde gefressen!

Einmal überholte ein riesiger Lastwagen auf der Gegenfahrbahn einen Pkw. Dazu fuhr er auf der zweispurigen Straße eine Weile auf meiner Seite. Er beschleunigte immer weiter und machte überhaupt keine Anstalten, sich wieder einzufädeln, da ich ihm ja offensichtlich entgegenkam. Als mir klar wurde, dass er nicht ausweichen würde, musste ich in einen Straßengraben fahren, um eine Kollision zu vermeiden. Der Fahrer hatte sicherlich kurz abgewogen, wer von uns beiden gewinnen würde, sollten wir aufeinanderprallen, und war zu der logischen Schlussfolgerung gekommen, dass ihm deutlich weniger passieren würde.

So verging kein Tag, an dem ich nicht Dutzende Male meinen eigenen Unfalltod vor Augen hatte. Das klingt vielleicht krass, aber so war es tatsächlich. Irgendwann merkte ich, dass ich mit Rücksichtnahme oder grundle-

EINFACH MAL RUNTER VOM GASPEDAL DES LEBENS

genden Sachen wie Blinken nicht weit kam. Ich beschloss also, mich den Verhältnissen anzupassen, und fuhr irgendwann auch wie ein Irrer hupend samt gefährlichen Spurwechselmanövern durch die Gegend. Anders war es beispielsweise auch nicht möglich, aus einem mit Dutzenden Rollern, Pkws und Trucks vollgestopften Kreisverkehr zu entkommen. Nur wenn man sein eigenes Tempo hielt und, ohne zu bremsen, genau dahin fuhr, wo man hinwollte, konnten die anderen einschätzen, was man vorhatte. Aus irgendeinem Grund funktionierte das dann auch.

Ich fuhr also durch den Kite-Surfing-Ort Mui Ne, nach Da Lat im Bergland von Südvietnam und habe mir auch die Möglichkeit nicht entgehen lassen, das Landesinnere auf dem Ho-Chi-Minh-Pfad zu durchqueren. Doch ich fuhr auch ganze Strecken nur an der Küste entlang und durchquerte Städte wie Hoi An oder Hue. Trotz des haarsträubend gefährlichen Straßenverkehrs war die Fahrt ein echter Traum.

Als ich an einer Tankstelle hielt, lernte ich zwei Typen kennen – Nico aus Aachen und Kyle aus Wales. Schon als ich den ersten Blick auf die beiden warf, war mir klar, dass es sich ebenfalls um Touristen handelte. Wie Locals sahen sie einfach nicht aus. Wir kamen schnell ins Gespräch und beschlossen, gemeinsam weiterzufahren. Das taten wir dann für insgesamt zwei Wochen. Obwohl wir in einer Kolonne fuhren, verloren wir uns oft im Trubel des Verkehrs. Aber an den Zielorten trafen wir uns immer wieder.

Wir fuhren über lange Serpentinenstraßen durch die Berge und kamen öfter an abge-

HIGHLIGHTS IN VIETNAM? DAS GANZE LAND IST EIN HIGHLIGHT!

DAS NÄCHTLICHE TREIBEN VON HOI AN

UNSER TÄGLICHES RITUAL, WENN WIR KEINEN UNFALL HATTEN: DAS LEBEN FEIERN

KEINE SELTENHEIT IN VIETNAM: ÜBER SOLCHE HÄNGEBRÜCKEN ZU FAHREN

EINE SELTENHEIT IN VIETNAM: EINE NORMALE STRASSE OHNE GROSSE RISIKEN, EINEN UNFALL ZU BAUEN

POSEN GING GANZ GUT. ZUM GLÜCK SIEHT NIEMAND KYLES MINION-SOCKEN AUF DIESEM BILD!

legenen Ortschaften vorbei, von denen aus uns halbnackte Kinder entgegen rannten. Sie wollten uns bei voller Fahrt High Fives geben. Hielten wir an, wollten sie uns unbedingt anfassen, Fotos mit uns schießen und Süßigkeiten von uns haben.

Die Freiheit, die ich auf diesem Trip spürte, war unglaublich schön. Es gab nur uns, die Motorräder, unser Gepäck und die schönsten Landschaften, die man sich vorstellen kann. Um nichts in der Welt wollte ich jetzt in irgendeiner Touristenhochburg sein. Manchmal fuhren wir so lange die Berge hoch, dass wir sogar die Wolken unter uns ließen.

Einmal übernachteten wir in einer Art Motel, in dem wir uns ein Dreierzimmer buchten, um Übernachtungskosten zu sparen. Obwohl wir jeder nur etwa fünf Dollar bezahlten, standen riesige King-Size-Betten in dem Raum. Wir schmissen uns überglücklich in die Federn. Doch bevor einer von uns auch nur ein Auge zumachen konnte, hörten wir plötzlich einen lauten Bass durchs Zimmer wummsen. Wir standen auf und folgten dem Lärm ein paar Treppen hinunter, um herauszufinden, was los war. Im zweiten Stock öffneten wir eine Tür und uns schlug eine Wand aus Zigarettenqualm entgegen. Die Bassgeräusche kamen aus verschiedenen Zimmern, die von dem Gang abgingen, in dem wir standen. Es dauerte nur wenige Sekunden, bis wir begriffen, dass das Motel eine hauseigene Karaokebar mit einzeln buchbaren Musikzimmern hatte. Plötzlich öffnete sich eine der Türen, und ein paar ziemlich betrunkene Vietnamesen stürzten in den Flur. Sie lachten uns an und luden uns in ihr Karaokezimmer ein. Kyle, der zu nichts nein sagt, worauf das Wort Alkohol steht, fackelte nicht lange und lief schnurstracks hinterher. Nico und ich zögerten noch, setzten uns dann aber schließlich auch in Bewegung. Im Nullkommanichts hatten wir alle Bier in der einen und Zigaretten in der anderen Hand und schmetterten gemeinsam mit den vietnamesischen Männern und Frauen irgendwelche Karaoke-Songs. Es wurde ein ausgesprochen lustiger und sehr langer Abend. Als wir betrunken und komplett erledigt zurück in unser

ESSEN MACHT GLÜCKLICH. DA STIMME ICH SOFORT ZU.

Zimmer stolperten, schliefen wir ein, sobald unsere Köpfe die Kissen berührt hatten. Das stundenlange Motorradfahren hatte uns schon einiges abverlangt, der Abend mit den Vietnamesen hatte uns kräftemäßig dann den Rest gegeben.

Als wir an einem anderen Tag durch einen kleinen Ort im Landesinneren fuhren, bemerkte ich, dass mein Motorrad immer wieder ins Schwanken kam. Dass ich anhielt, bemerkten die beiden anderen nicht, weil ich als Letzter in der Reihe fuhr. Nach einem kurzen Check stellte ich fest, dass mein Gepäckträger an den Schweißnähten gebrochen war. Ich musste selbst lachen und sagte in Gedanken zu mir: »Here we go again. Darf ich kurz vorstellen: Nick-Herausforderung. Herausforderung-Nick. Ihr kennt euch ja mittlerweile ganz gut. Viel Spaß!« Ich stand eine Weile herum, bis ein Local auf einem Motorrad neben mir hielt. Ich konnte kein Vietnamesisch, der Typ sprach kein Wort Englisch, doch mit Händen und Füßen kann man sich auf der ganzen Welt verständigen. So verstand er schnell, wo mein Problem lag, und bedeute mir, dass ich ihm mein Gepäck geben und ihm folgen sollte. Er schnallte also meinen Backpack auf seinen Gepäckträger und lotste mich zu einer kleinen Werkstatt in der Ortschaft. Während Freunde von ihm damit beschäftigt waren, meinen Gepäckträger wieder zusammenzuschweißen, stand ich vor der Werkstatt und trank einen Kaffee, den mir der Mann angeboten hatte. Ein paar Kinder kamen vorbei, zeigten auf mich, lachten und staunten mich unverhohlen an. So einen weißen, langhaarigen Hünen bekamen sie wohl selten zu Gesicht. Weil Asiaten wenig Körperbehaarung haben, waren die Kinder fasziniert von meinen Arm- und Beinhaaren und konnten gar nicht aufhören sie anzufassen. Da stand ich nun, als halber Chewbacca und wurde von den Kindern immer wieder aufgefordert, Fotos mit ihnen zu machen und sie ihnen im Anschluss auf dem Display zu zeigen. Sie lachten sich jedes Mal kaputt. Es war einfach unglaublich süß.

Als die Schweißerarbeiten an meinem Motorrad fertig waren, bezahlte ich drei Dollar für die ganze Reparatur. Der Mann, der mich aufgelesen hatte, zeigte mir dann noch stolz ein Fahrrad, an das er einen Motor gebaut und seinem elfjährigen Sohn zum Geburtstag geschenkt hatte. Als ich mich wieder auf den Weg machte, um die anderen beiden einzuholen, begleitete mich der kleine Junge auf seiner Maschine noch ein ganzes Stück aus dem Ort raus und machte sich einen wilden Spaß daraus, mich mit seiner kleinen Kiste zu überholen.

Ich will nichts beschönigen: Der Motorradtrip durch Vietnam entpuppte sich an vielen Stellen als ausgesprochen lebensgefährlich. Doch es heißt ja so schön: No risk, no fun! Deshalb kann ich diese Tour jedem Adrenalinjunkie, der auf Abenteuer steht, von Herzen empfehlen. Sie gehört zu den tollsten Reisen, die ich je gemacht habe. Besonders die Zeit mit Nico und Kyle bleibt unvergesslich. Wir hatten uns als Fremde an einer Tankstelle im Nirgendwo getroffen und uns als Freunde verabschiedet.

Irgendwann jedoch erreichte ich Hanoi, und meine Tour fand ihr Ende. Das Motorrad hatte mir auf den gesamten 2.000 Kilometern gute Dienste geleistet, und ähnlich wie bei meinem Van Bumblebee in Australien fiel es mir unglaublich schwer, mich wieder davon zu trennen. Dennoch musste es sein, und ich verkaufte meinen treuen Gefährten für 200 Dollar an einen Backpacker, der sich denselben Traum erfüllte: Er hatte vor, von Hanoi nach Ho-Chi-Minh-Stadt zu fahren. Mein Motorrad würde also direkt wieder auf Tour gehen – und das war gut so.

KEINE SPUR VON TERMINEN, KUNDENSERVICE ODER GARANTIE: HIER WIRD EINFACH GESCHWEISST, WAS DAS ZEUG HÄLT.

ALLES FÜGT SICH

Die Rückkehr nach Deutschland lief dieses Mal ganz anders ab.

Beim ersten Mal war ich orientierungslos in ein tiefes Loch gestürzt. Ich wusste nicht, was aus mir werden sollte, ich wusste nur: So wie bisher ging es nicht weiter.

Bei meiner zweiten Rückkehr war da kein Loch mehr. Ich hatte zwar immer noch keine konkrete Idee, wie meine Zukunft aussehen sollte, aber es gab eine Ahnung und die ersten ausgestreckten Fühler in Richtung Selbständigkeit und Onlinebusiness.

Als ich jetzt, nach insgesamt sechs Jahren, zum dritten Mal nach Hause zurückkehrte, hatte ich einen Plan.

Ich saß in einem winzigen Raum. Hoch nervös. Hummeln im Arsch. Es war der Backstage Room vom Badehaus auf dem RAW-Gelände in Berlin. Mein Herz klopfte bis zum Anschlag. Steffi kam zur Tür rein: »O Gott, hast du die ganzen Leute gesehen?«.

Ich atmete lang und tief durch, zog meine Baseball-Cap zurecht und musste daran denken, wie mir vor ein paar Jahren meine Brust schmerzte, als ich versuchte, tief zu atmen. Im Kopf war ich zurück auf den Fidschis. Ich musste daran denken, wie ich mir die Harpune aus der Brust gerissen und Panik bekommen hatte. Dann dachte ich an Dan und die tolle Zeit auf Mana Island. In meinen Gedanken sprang ich von den Fidschis nach Mexiko.

Dorthin, wo alles angefangen hatte. Danach hatte ich mich auf dem Katamaran wiedergefunden, und von da war es über Kanada nach Australien gegangen. Von Bolivien nach Vietnam. Die letzten 6 Jahre spulten sprunghaft in meinem Kopf herum.

Steffi drückte und küsste mich und flüsterte in mein Ohr: »Voll dein Ding. Genieß es!« Als ich die Tür öffnete, erkannte ich am Geräuschpegel, dass viele Menschen gekommen waren. Ich erntete die Blicke einiger Personen, die sich an der Bar noch etwas bestellten. Ich lief Richtung Vorhang. Es war stickig und dunkel und erinnerte mich etwas an den verrückten ersten Abend in Manila, als ich mit zwei Frauen im Boxring gestanden hatte. Dann nahm ich das Mikro in die Hand. Meine Hände zitterten, und mein ganzer Körper bebte. Ich schloss die Augen.

Ich wusste, ich würde nun einen Satz sagen, der ein neues Kapitel in meinem Leben startete. Einen einzigen Satz, der ein ganzes Buch dafür braucht, um erklärt zu werden. Ein Wortgefüge, das für mich mehr als nur eine Aneinanderreihung von Subjekt, Prädikat und Objekt war. Es war eine Verknüpfung von Ereignissen, Träumen, Ideen, Herausforderungen, Rückschlägen und letztendlich einer Vision. Ich öffnete meine Augen und blickte in einen Raum mit knapp 200 Personen. Alle Augen waren auf mich gerichtet. Ich grinste auf und fing an: »Willkommen zu *6 Jahre Weltreisen – die geilste Lücke im Lebenslauf!*«

Es machte einen irrsinnigen Spaß. Natürlich lief nicht immer alles wie am Schnürchen – und besonders bei meinen ersten Shows machte ich immer wieder »Fehler«, oder es gingen irgendwelche Sachen schief. Den einen oder anderen Stolperstein hätte ich vermeiden können, wenn ich vorher das Handbuch gelesen hätte. Aber wie gesagt: Ich bin mehr der Typ, der alle Knöpfe ausprobiert und sich auf diese Weise seine Sporen verdient. Ich lerne am besten, wenn ich Dinge einfach tue.

MEINE ERSTE SHOW VON *6 JAHRE WELTREISEN* IM BADEHAUS. TATSÄCHLICH BIN ICH NOCH HEUTE VOR JEDEM AUFTRITT TOTAL NERVÖS.

Mit meiner Bühnenshow Mitte 2016 in Berlin habe ich den Grundstein für Europas erfolgreichste Reise- und Abenteuershow gelegt. Bis heute habe ich 70 Shows in vier Ländern gegeben. Mehr als 20.000 Menschen haben *6 Jahre Weltreisen – die geilste Lücke im Lebenslauf* gesehen. Niemals hätte ich mit so einem Erfolg gerechnet, als ich damals auf Ko Lanta über dem Titel brütete. Umso stolzer bin ich auf das, was ich bisher erreicht habe. Es macht mich unglaublich glücklich, auf einer Bühne zu stehen und wie ein Kind von meinen Träumen zu erzählen.

War's das? Habe ich meinen Backpack an den Nagel gehängt? Im Gegenteil.

Meine folgenden Reisen führten mich zu den Nordlichtern in Island, in die ägyptischen Wadis und zurück nach Südamerika. Ich tanzte in den Strandbars Brasiliens, bestaunte die Landschaften Argentiniens und surfte entlang der Küsten Indonesiens. Auch kehrte ich nach El Salvador zurück und empfing 2017 meinen guten Freund Borkman bei mir zu Hause in Würzburg. Reisen wird für mich immer ein großer Bestandteil meines Lebens sein.

Natürlich habe ich auch in Sachen Unternehmertum Blut geleckt. So zu arbeiten, dass es sich eigentlich nicht wie arbeiten anfühlt, sondern einfach nur wie leben, ist ein wunderbares Geschenk. Es ist ein Geschenk, das ich mir selbst gemacht habe. Niemand ist auf mich zugekommen und hat gesagt: »Nick, du siehst nicht sehr glücklich aus... Hier hast du das Leben, das du dir erträumt hast.« Der Weg bis hierher war ein langer, lehrreicher Weg voller Abenteuer, Herausforderungen, Enttäu-

schungen, Rückschläge, Zweifel und Freude. Es war nicht immer einfach, aber jeder Schritt war wichtig. Auf jeder Teilstrecke fand ich Menschen an meiner Seite, die mich begleiteten, mir Mut zusprachen, mich unterstützten, mir ihre Freundschaft und Liebe schenkten und einfach mit mir lebten. Es gab aber auch Menschen, die mir Steine in den Weg legten oder sogar schaden wollten. Für jede einzelne dieser Begegnungen bin ich dankbar, denn nur zusammen haben sie mich zu dem Menschen gemacht, der ich heute bin.

Am dankbarsten jedoch bin ich für die Fähigkeit, andere Menschen erreichen zu können. Jetzt, drei Jahre nach der ersten Idee für die Show, blicke ich zurück auf so viel positives Feedback, dass die natürlich auch niemals ausbleibenden negativen Stimmchen locker übertönt werden. Ich bekam E-Mails, Briefe, Nachrichten und Anrufe von Menschen, die meine Show besucht und im Anschluss ihr Leben verändert hatten. Ein Typ schrieb mir beispielsweise, dass er durch meine Erzählungen angefangen hatte, Verantwortung zu übernehmen und auf sein Herz zu hören. Mittlerweile war er seit einem Jahr auf der Welt unterwegs, hatte seine Freundin kennengelernt und lebte nun in Costa Rica, von wo aus er auch seine Zeilen getippt hatte. Er schrieb, er

DAS ABENTEUER GEHT WEITER: HIER HABE ICH DEN NORDEN ARGENTINIENS UNTER DIE LUPE GENOMMEN

DAS GEFÜHL, DIE NORDLICHTER SELBST ZU ERLEBEN: UNBEZAHLBAR

wolle mir einfach mal danke sagen für den verbalen Arschtritt, den ich ihm gegeben hatte.

So ein Feedback sorgt bei mir für Pipi in den Augen. Es ist mir mehr Wert als jedes Eintrittsgeld. Genau aus diesem Grund stehe ich auf der Bühne, das ist mein *WARUM*. Aus dem gleichen Grund haben Steffi und ich 2018 zusammen die Travel University ins Leben gerufen. Wir möchten anderen dabei helfen, ihre eigenen Reiseträume zu realisieren. Anfang 2019 wurde ich dafür vom Bundesministerium für Wirtschaft und Energie als Kultur- und Kreativpilot ausgezeichnet. Durch das, was ich jetzt tue, bekomme ich unendlich viel mehr zurück, als ich jemals durch einen Job als IT-Systemkaufmann hätte erwarten können. In meinem früheren Leben hatte mir der Sinn gefehlt, der doppelte Boden, das große Ganze. Das WARUM? kam für mich erst durch meine Reisen.

ran im Unterwasserleuchten und im Pfeifen des Hurrikans gesteckt, befand sich zwischen den ganzen nackten Fahrradfahrern in Seattle und auf den Roulettetischen von Las Vegas. Ich habe meinen Sinn in den Augen der ganzen Menschen gefunden, die ich unterwegs in mein Herz geschlossen habe. Er saß mit mir auf Marcs und Kats Terrasse, war in den kanadischen Wäldern als Elch verkleidet gewesen und hatte mich als Harpunenpfeil angeschossen. Er betrog mich um mein ganzes Geld und pushte mich im Anschluss, als ich mir in Australien den Hintern abarbeitete. Er hatte mich zu Steffi geführt und Borkman in mein Leben gebracht. Er hatte mich durch zig Länder begleitet und so lange an mir gerüttelt, bis ich ihn schließlich erkannte, beim Schopf packte und sagte: »Hey, da bist du ja endlich. Lass uns richtig loslegen.« Oder wie man in Thailand so schön sagt: »Hello handsome, want some bumbum?«

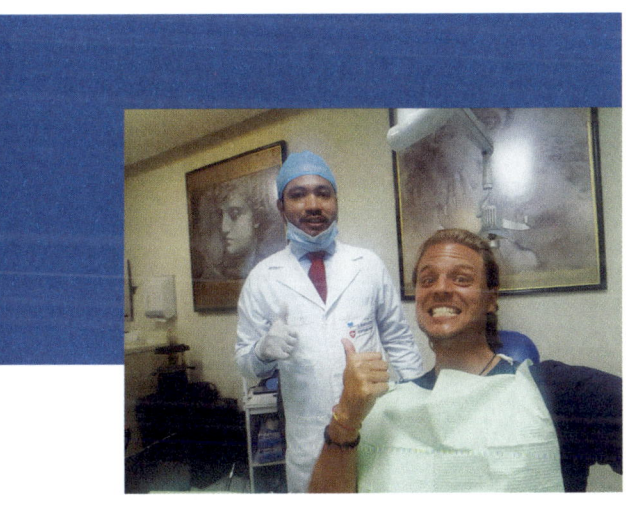

DR. BORKMAN AUF DER ARBEIT. MITTLERWEILE HABE ICH BORKMAN NOCH DREI WEITERE MALE GETROFFEN.

Es mag sein, dass es manchmal ein ganzes Leben braucht, um einen Sinn hinter dem eigenen Dasein zu entdecken – oder zumindest eine Ahnung davon. Meinen persönlichen jedoch hatte ich in den sechs Jahren voller Abenteuer entdeckt. Er war in Neuseeland am Strand verborgen gewesen, in Mexiko in der Sprachschule, er hatte auf dem Katama-

Dennoch ist sie glücklich, weil ich glücklich bin.

Die »Lücke in meinem Lebenslauf« ist keine Lücke mehr – in Wirklichkeit ist sie auch nie eine gewesen. Das Reisen ist für mich längst nicht mehr nur ein Lebensabschnittsgefährte, sondern ein großer Bestandteil meines ganzen Seins. Ich bin deshalb unfassbar dankbar, mit Steffi eine Partnerin gefunden zu haben, die dieses Leben voll und ganz mit mir teilt. Ich kann mit Fug und Recht behaupten, dass mir diesbezüglich echt die Sonne aus dem Arsch scheint.

Ich bin unwahrscheinlich froh, die Unterstützung meiner Familienmitglieder zu haben, die alle stolz auf mich sind, auch wenn sie mich oft vermissen. Besonders meine Mutter hat wegen der teilweise langen Abwesenheiten oft zu kämpfen. Dennoch ist sie glücklich, weil ich glücklich bin. In Sachen Familie habe ich also definitiv einen Sechser im Lotto mit Zusatzzahl.

EPILOG

Als ich am Morgen nach den nächtlichen Schüssen den Vorhang beiseite schob und Borkman, der bereits am Frühstückstisch saß, ins Gesicht blickte, war die größte Panik abgeklungen. Ich erzählte Borkman, wie viel Sorgen ich mir gemacht hatte, und fragte ihn, ob es öfter vorkam, dass nachts geschossen wurde.

»Nicht ständig«, sagte er. »Aber es kommt immer wieder vor. Es sind die Gangs, die sich hier bekriegen. Meist geht es um Drogen, Ehre oder grundsätzliche Rivalitäten, die seit Jahren gewachsen sind. Wir haben gelernt, damit zu leben und das Beste draus zu machen.«

Der kleine Borkman hatte mich von Sekunde eins immer wieder erstaunt. Selten habe ich Menschen mit einer solch positiven Einstellung und unglaublichen Kraft getroffen. Wenn Borkman in der Nähe ist, wird alles optimistischer und fröhlicher – es ist einfach unglaublich. Auch aus diesem Grund ist er für mich bis heute eine unerschöpfliche Quelle der Inspiration und ein sehr guter Freund.

Extremsituationen wie in der Nacht in El Salvador spiegeln genauso das Leben wieder wie jeder noch so vorhersehbare Tag. Das Leben geht niemals nur den Berg hinauf, sondern oft genug auch steil bergab. Es gibt Tag, es gibt Nacht, kalt und warm, Schmerz und Freude, Liebe und Liebeskummer und eben auch Wohlfühlen und Gefahr. Würde man bei seinem Lebenspuzzle jedes Mal das richtige Teilchen ziehen, wie langweilig wäre das Leben. Ich betrachte Fehltritte, Rückschläge und andere Extremsituationen wie Puzzleteilchen, die eben gerade nicht passen. Ich kann aus ihren falschen Umrissen lernen, sie zurück in den Karton legen und stattdessen das richtig geformte Puzzleteil suchen. Negative Erfahrungen helfen mir, die guten Momente zu erkennen und mehr zu genießen. Oder wie ich zu sagen pflege: Das Leben ist halt nicht immer nur Pommes und Disco. Zu erkennen, dass es im Grunde keine Sicherheiten gibt, und trotzdem in der Lage zu sein, die Scheuklappen abzulegen und mit offenem Herzen durch die Welt zu gehen, ist eine der wichtigsten Lektionen, die ich bisher gelernt habe.

Einmal erzählte mir jemand eine Geschichte, die ich bis heute nicht vergessen habe und mit der ich immer meine Liveshows abschließe. Es ist nicht wirklich eine Geschichte, mehr ein Bild: Jeder Mensch hat die Möglichkeit, auf zwei verschiedene Arten durch das Leben zu reiten. Beide Varianten haben ihre Berechtigung und ihre Vor- und Nachteile.

Variante 1:
Du hast keine Ahnung vom Reiten, schaust, wie die anderen es machen, und tust es ihnen nach.

Variante 2:
Du hast keine Ahnung vom Reiten, aber das stört dich nicht weiter, und du probierst es einfach mal aus.

Variante 1: Du hast keine Ahnung vom Reiten, schaust, wie die anderen es machen, und tust es ihnen nach. So reitest du durch die Stationen deines Lebens und versuchst, überall dein Bestes zu geben und nicht zu scheitern. Du trabst durch den Kindergarten, die Schule, die Ausbildung, das Studium, den Job, die Ehe, die Familiengründung, den Hausbau, die Rente. Indem du gemächlich vor dich hinreitest, störst du niemanden, erfüllst gesellschaftliche Erwartungen, eckst nicht an, hast den Vorteil, auf Sicherheit spielen zu können, und minimierst auf diese Weise böse Überraschungen. Am Ende des Lebens wirst du dich im Sattel umdrehen und auf einen geraden Weg zurückblicken können. Du wirst sagen: »Eh ja, das war ein schönes Leben, ein angenehmer Ritt.«

Variante 2: Du hast keine Ahnung vom Reiten, aber das stört dich nicht weiter, und du probierst es einfach mal aus. Am Anfang ist es sehr holprig und dich schleudert es im Sattel ziemlich hin und her. Dir tun oft genug die Knochen weh. Doch nach einer Weile lernst du zu galoppieren. Du gibst deinem Pferd die Sporen, und ihr reitet wild durch die Gegend. Weil du in dem Tempo nicht immer abwägen kannst, was hinter der nächsten Kurve lauert, lernst du, deiner Intuition zu vertrauen und auf dein Herz zu hören. Weil du mitunter ganz schön durchs Unterholz krachst, eckst du öfter mal an. Hin und wieder liegt ein Baumstamm im Weg. Du brauchst genug Schwung, um solche Hürden zu überspringen. Manchmal schaffst du es nicht gleich beim ersten Anlauf, und dich haut es vom Pferd. Aber auch im Wiederaufsteigen bekommst du irgendwann Übung. Du lässt dich nicht unterkriegen, und am Ende des Lebens liegst du quer im Sattel, wendest dich um und blickst auf einen ganz anderen Weg zurück: Er ist verschlungen, voller Gestrüpp und herabhängender Äste, die dir Schrammen verpasst, deine Haare zerzaust und deine Kleidung zerrissen haben. Er führt Berge hinauf und hinunter, liegt mal in der Sonne, mal im Schatten und führt nicht auf direktem Weg zum Ziel. Aber du wirst bis über beide Ohren grinsen und lauthals schreien: »Hell yeah! What a ride!«

Ich wünsche dir, dass du am Ende deines Lebens genau dieses Gefühl hast – das Gefühl, dein Leben richtig ausgekostet zu haben. Egal welche Variante du leben möchtest: Hauptsache, du bist happy damit. Mit all den Fehlern und Schrammen, die dazugehören und die sich oft als unwahrscheinlich wichtige Wissensquellen entpuppen. Also geh raus, finde deine Leidenschaft, mach dein Ding, lass dir nicht reinreden und scheiß einfach drauf, wenn andere dich dafür kritisieren, dass du versuchst, deinen Traum zu leben. Denk nicht über Lücken nach. »Lücke« bedeutet, dass es nach einer Weile genauso weitergeht wie vorher. Das muss es nicht, wenn du das nicht willst. Mach die Lücke zu deinem Standard.

Das habe ich zum Beispiel getan, um dieses Buch zu schreiben: Ich habe mich umgedreht und zurückgeschaut. Und glaube mir, ich habe gerade ein dickes Grinsen im Gesicht!

Wo seh' ich mich in fünf Jahren? In zehn Jahren? Ich habe nicht die geringste Ahnung, welche Pfade in meinem Leben noch darauf warten, von mir entdeckt zu werden. Doch was einen Punkt angeht, bin ich mir völlig sicher: Wenn ich irgendwann den Löffel abgebe, werde ich mit einem Lächeln im Gesicht darauf zurückblicken und laut schreiend behaupten können: »Hell yeah, what a ride!«

In diesem Sinne: Wir sehen uns draußen in der Welt.

INFOS UNTER

HOMEPAGE:
TRAVEL-ECHO.COM

TRAVEL UNIVERSITY:
TRAVEL-UNI.DE

**FACEBOOK.COM/
NICKMARTIN.TRAVELECHO**

**INSTAGRAM.COM/
TRAVEL_ECHO**

NACHWORT VON ANITA VETTER

Ich begegnete Nick zum ersten Mal auf einer Konferenz zum Thema Reisen und Arbeiten. Um die einhundert Personen quetschten sich in einen klassenzimmergroßen Raum. Vorne am Beamer stand ein blonder Typ, einigermaßen aufgeregt, der gleich etwas über seine geilste Lebenslauflücke erzählen würde. Wie sich später herausstellte, war es Nicks allererster Vortrag dazu. Ich hockte auf dem Boden und schaute an einem Tischbein vorbei auf die Bilder, die Nick an die Wand warf. Und was soll ich sagen: Dieser lebensfrohe, positive, mitreißende Mensch hat mich innerlich komplett gepackt. Ich habe Tränen gelacht, stimmte allem zu, was er da vom Stapel ließ, und ging deshalb am Ende des Vortrags direkt zu ihm hin.

»Danke, das war toll! Kann ich dich mal drücken?«

»Klar«, sagte Nick und umarmte mich einmal dolle.

Das war der Beginn einer mittlerweile Jahre andauernden Freundschaft. Nick und ich teilen die Freude am Entdecken neuer Orte, am Geschichtenerzählen und vor allem: denselben Humor. Natürlich teilen wir mittlerweile auch einige Abenteuer. So surften wir bereits in den marokkanischen Wellen vor Taghazout, reisten mit einem Van die portugiesische Küste runter oder schnorchelten am berühmten Blue Hole von Dahab.

Als an einem grauen Novemberabend mein Telefon klingelte und Nick mich fragte, ob ich seine Abenteuer gemeinsam mit ihm aufschreiben würde, gab es deshalb für mich nur eine mögliche Antwort: »Ja, Mann!«

Die Reiseabenteuer einer Hochsee-WG

Was passiert, wenn man 200 Studenten aus 40 Ländern an Bord eines Ozeanliners zusammenpfercht und auf Weltreise von Athen bis nach Shanghai schickt? Statt zu lernen, stürzen sie sich ins Abenteuer – sei es quer durch den Dschungel der Bord-Beziehungen oder quer durch den Dschungel von Panama.

Mittendrin: der Kölner Mark Herfurt, der es sich bislang in seinem heimeligen Leben bequem gemacht hat und von der großen Welt völlig überfordert ist. Doch nach und nach findet er echte Freunde in der illustren Bordgemeinschaft. Mit ihrer Hilfe macht er sich zwischen Hochsee-Hörsaal, Tahitis Stränden und Chinas Megacitys auf die Suche nach seinem Platz auf dem blauen Planeten.

Christopher David
Die Wellenbrecher
Abenteuer einer Studenten-Crew
auf Weltreise

ⓘ ISBN 978-3-95889-207-1
ⓔ ISBN 978-3-95889-274-3